CURSO DE DIREITO COMERCIAL

DIREITO DE EMPRESA

CURSO DE DIREITO COMERCIAL

SÉRGIO CAMPINHO

DIREITO DE EMPRESA

21ª edição
2025

- O autor deste livro e a editora empenharam seus melhores esforços para assegurar que as informações e os procedimentos apresentados no texto estejam em acordo com os padrões aceitos à época da publicação, *e todos os dados foram atualizados pelo autor até a data da entrega dos originais à editora.* Entretanto, tendo em conta a evolução das ciências, as atualizações legislativas, as mudanças regulamentares governamentais e o constante fluxo de novas informações sobre os temas que constam do livro, recomendamos enfaticamente que os leitores consultem sempre outras fontes fidedignas, de modo a se certificarem de que as informações contidas no texto estão corretas e de que não houve alterações nas recomendações ou na legislação regulamentadora.

- Data do fechamento do livro: 13/10/2024

- O autor e a editora se empenharam para citar adequadamente e dar o devido crédito a todos os detentores de direitos autorais de qualquer material utilizado neste livro, dispondo-se a possíveis acertos posteriores caso, inadvertida e involuntariamente, a identificação de algum deles tenha sido omitida.

- Direitos exclusivos para a língua portuguesa
  Copyright ©2025 by
  Saraiva Jur, um selo da SRV Editora Ltda.
  Uma editora integrante do GEN | Grupo Editorial Nacional
  Travessa do Ouvidor, 11
  Rio de Janeiro – RJ – 20040-040

- Atendimento ao cliente: https://www.editoradodireito.com.br/contato

- Reservados todos os direitos. É proibida a duplicação ou reprodução deste volume, no todo ou em parte, em quaisquer formas ou por quaisquer meios (eletrônico, mecânico, gravação, fotocópia, distribuição pela Internet ou outros), sem permissão, por escrito, da **SRV Editora Ltda.**

- Capa e diagramação: Tiago Fabiano Dela Rosa

- DADOS INTERNACIONAIS DE CATALOGAÇÃO NA PUBLICAÇÃO (CIP)
  VAGNER RODOLFO DA SILVA – CRB-8/9410

C196c   Campinho, Sérgio
    Curso de Direito Comercial - Direito de Empresa / Sérgio Campinho. – 21. ed. –
        [2. Reimp.] – São Paulo : Saraiva Jur, 2025. (Curso de Direito Comercial)

    360 p.
    ISBN 978-85-5362-703-5 (Impresso)

    1. Direito. 2. Direito Comercial. 3. Direito de Empresa. I. Título.

	CDD 346.07
2024-3233	CDU 347.7

Índices para catálogo sistemático:
1. Direito comercial   346.07
2. Direito comercial   347.7

PREFÁCIO

O Professor Sérgio Campinho, que herdou geneticamente a cultura jurídica e o interesse pelo direito comercial, de seu respeitado e festejado pai, o Professor Amaury Campinho, presta relevante serviço à comunidade jurídica, ao lançar mais um excelente livro sobre a matéria da qual já é hoje, com justiça, considerado um dos maiores especialistas.

Dividindo, com rara competência, seu tempo como confiável e respeitado advogado militante, na área empresarial e de consultoria, e como renomado professor, querido de seus alunos, o autor acumulou, na matéria a que tanto se dedica, invejável conhecimento, mesclado pela profundidade dogmática do jurista e pelo pragmatismo do advogado.

Tendo a honra de ser seu colega, como professor das Faculdades Cândido Mendes, posso testemunhar o prestígio acadêmico de que ele desfruta, com toda justiça, estendendo sua atuação na área do bacharelado e da pós-graduação, onde, há anos, coordena o curso de extensão em Direito Empresarial.

O livro que ora lança não podcria ser mais útil e atual, versando sobre as perspectivas do direito comercial, com o advento do novo Código Civil, servindo de guia seguro e confiável para que possamos entender e aplicar as profundas transformações no campo do direito privado.

A inclusão, no novo Código Civil, do Livro II da Parte Especial, versando sobre o direito de empresa e promovendo a unificação das obrigações civis e comerciais, exige, dos estudiosos, profunda reflexão.

O Professor Sérgio Campinho percebeu, com sua sensibilidade de jurista, a relevância do momento, e aceitou e venceu o desafio de enfrentar as intrincadas questões jurídicas que emergem desse novo tempo.

Uma de suas primeiras e árduas tarefas foi a de distinguir quais as leis especiais sobre matéria comercial, que permanecem em vigor, naquilo em que não conflitarem com o novo Código, e quais as que restam revogadas, especialmente no que concerne à ampliação do conceito de empresário e das regras sobre falências e concordatas.

As soluções por ele aventadas me parecem corretas, inclusive no que diz respeito ao mundo acadêmico, onde ele recomenda que se mantenham os professores de Direito Comercial, mesmo nas áreas que migraram para a lei civil.

O livro ainda aborda o regime jurídico das sociedades comerciais, sendo leitura obrigatória para os aplicadores do direito.

Também são enfrentadas, com mão segura, as questões intertemporais, que certamente explodirão nos Tribunais quando entrar em vigor o novo Código, especialmente quanto à regra do seu art. 2.035.

A leitura do livro do Professor Sérgio Campinho, que recomendo com a certeza de estar fazendo justiça, nos conduzirá, com segurança e prazer, pelos instigantes caminhos do direito comercial, enriquecendo, como nenhum outro, as letras jurídicas brasileiras, que tanto ficam a lhe dever.

Percebe-se, nas entrelinhas, a saudável influência de seu pai, que também dedicou sua vida à advocacia empresarial e ao magistério, formando gerações de comercialistas, que até hoje têm, nos seus livros, permanente e segura fonte de consulta e citação.

Incluo-me, com orgulho, na legião de leitores e alunos do autor, sempre aguardando seus próximos trabalhos.

Este é um dos raros lançamentos que dispensam votos de êxito editorial, que já está garantido pela excelência do texto e pelo renome merecido do autor.

Des. Sylvio Capanema de Souza

SUMÁRIO

Prefácio.. V

CAPÍTULO 1 – INTRODUÇÃO 1

1.1. Aplicação supletiva da "legislação comercial" 1

1.2. O desaparecimento da figura do comerciante 2

1.3. O direito comercial como direito de empresa 3

1.4. Fontes do direito de empresa 4

    1.4.1. Fonte primária 5

    1.4.2. Fontes secundárias 5

        1.4.2.1. Usos e costumes 5

        1.4.2.2. Analogia e princípios gerais de direito 7

        1.4.2.3. Jurisprudência 7

1.5. A superação da teoria de empresa diante de um novo paradigma: o agente econômico 7

CAPÍTULO 2 – A EMPRESA E O EMPRESÁRIO 11

2.1. A empresa 11

2.2. O empresário 12

2.3. O empresário individual 13

2.4. Os que exercem profissão intelectual, de natureza científica, literária ou artística... 15

2.5. O empresário rural e o pequeno empresário (MEI).................................... 15

2.6. Requisitos para a aquisição da condição jurídica de empresário 19

2.6.1. O menor 20

2.6.2. O curatelado 23

2.6.3. Continuação da empresa pelo incapaz 23

2.6.4. A pessoa com deficiência 24

2.7. Os legalmente impedidos de exercer atividade de empresário.................. 25

2.8. O registro como declaratório e não constitutivo da condição de empresário.... 27

2.9. O empresário regular.. 31

CAPÍTULO 3 – AS SOCIEDADES... 33

3.1. As pessoas jurídicas de direito privado 33

3.2. Conceito de sociedade... 36

3.2.1. Interesse, fim e objeto social 37

3.3. Espécies de sociedades: empresária e simples... 38

3.3.1. Definição 38

3.3.1.1. Sociedade de pequeno porte 40

3.3.1.2. *Holding*... 42

3.3.2. Adoção da forma de sociedade por ações 44

3.3.3. Sociedade que exerce atividade rural... 44

3.3.4. As atividades elencadas no parágrafo único do art. 966.................. 45

3.3.5. Efeitos da aquisição da condição de empresária pela sociedade....... 48

3.3.6. Tipos societários.. 49

3.3.7. Classificação das sociedades 50

3.3.7.1. Responsabilidade dos sócios... 50

3.3.7.2. Sociedades de pessoa e de capital 51

3.3.7.3. Sociedades contratuais e institucionais........................ 53

3.3.7.4. Sociedades de capital fixo e de capital variável....................	55
3.3.7.5. Sociedades personificadas e não personificadas.................	56
3.3.8. Sociedade unipessoal	56
3.3.9. Sociedade entre cônjuges..	58
CAPÍTULO 4 – PERSONALIDADE JURÍDICA DAS SOCIEDADES.....	61
4.1. Aquisição da personalidade jurídica.................................	61
4.2. Efeitos da personificação	62
4.3. A desconsideração da personalidade jurídica...........................	63
4.4. A desconsideração inversa...	72
CAPÍTULO 5 – SOCIEDADES NÃO PERSONIFICADAS	73
5.1. Sociedade em comum...	73
5.2. Sociedade em conta de participação......................................	75
5.2.1. Natureza e relevância...	75
5.2.2. Conceito e responsabilidade dos sócios..............................	76
5.2.3. O registro do contrato de participação.............................	77
5.2.4. O patrimônio especial e a liquidação da sociedade.....................	78
5.2.5. A falência da sociedade em conta de participação....................	78
5.2.6. Nome social	80
5.2.7. A sociedade em conta de participação na esfera civil	80
CAPÍTULO 6 – SOCIEDADE SIMPLES	81
6.1. Origem e vocação jurídica	81
6.2. Constituição..	82
6.2.1. Forma e registro	82
6.2.2. Conteúdo contratual	84
6.2.3. Pactos em separado...	85
6.3. Sociedade leonina (simples ou empresária)	86
6.4. Obrigações dos sócios...	87

6.4.1. Espécies 87

6.4.2. Início 88

6.4.3. Contribuição para a formação (ou aumento) do capital 88

6.4.4. O sócio remisso 91

6.4.5. Cessão da quota social e substituição de funções 93

6.5. Direitos dos sócios 94

6.6. Deliberações sociais 95

6.6.1. Interesse conflitante 95

6.6.2. *Quorum* de deliberação 96

6.7. Administração 97

6.7.1. Órgão da sociedade 97

6.7.2. Competência do administrador 98

6.7.3. Nomeação do administrador 98

6.7.4. Responsabilidade do administrador 99

6.7.5. Revogação dos poderes de administração 101

6.8. Da responsabilidade dos sócios pelas dívidas sociais 103

6.8.1. Previsão contratual 103

6.8.2. Responsabilidade ilimitada 103

6.9. Dos direitos dos herdeiros do cônjuge do sócio e do cônjuge separado judicialmente 104

6.10. O credor particular do sócio 105

6.11. Da resolução da sociedade em relação a um sócio 106

6.11.1. Morte de sócio 106

6.11.2. Do recesso do sócio 107

6.11.3. Exclusão do sócio 109

6.11.4. Apuração dos haveres 111

6.11.5. Da dissolução da sociedade 113

CAPÍTULO 7 – SOCIEDADE LIMITADA 117

7.1. Evolução 117

7.2. A introdução das sociedades limitadas no Brasil.......................... 122

7.3. Característica fundamental 123

7.4. Número de sócios e capital 125

7.5. Nome empresarial 126

7.6. Constituição da sociedade 130

7.7. Alteração do contrato social pela maioria..................................... 136

7.8. Natureza jurídica... 139

7.9. A cota social 142

    7.9.1. Divisão do capital em quotas... 142

    7.9.2. Conceito 143

    7.9.3. Natureza jurídica.. 144

    7.9.4. Copropriedade e indivisibilidade da quota.......................... 145

    7.9.5. Representação da quota 146

    7.9.6. Integralização da quota... 146

    7.9.7. Aumento e redução do capital social................................... 149

    7.9.8. Aquisição das quotas pela própria sociedade 151

    7.9.9. Cessão de quotas 155

    7.9.10. Caução da quota.. 159

    7.9.11. Penhorabilidade das quotas 159

7.10. O sócio-cotista 163

    7.10.1. Sócio remisso.. 164

    7.10.2. A solidariedade entre os sócios.. 166

    7.10.3. Responsabilidade ilimitada dos cotistas............................ 169

    7.10.4. Sócio oculto 171

    7.10.5. Sucessores do sócio-cotista... 172

    7.10.6. O cônjuge do sócio-cotista 173

XII CURSO DE DIREITO COMERCIAL – DIREITO DE EMPRESA

7.10.7. O menor cotista 174

7.10.8. Transferência de quotas de ascendente para descendente 177

7.10.9. Sociedade entre cônjuges 178

7.10.10. Sobrevida da sociedade com um único sócio e adoção da unipessoalidade superveniente 179

7.10.11. Retirada de sócio 181

7.10.12. Exclusão de sócio 185

7.11. Dissolução da sociedade 188

7.11.1. Ação de dissolução parcial de sociedade 192

7.11.2. Legitimidade passiva 193

7.11.3. Legitimidade ativa 196

7.12. Apuração de haveres 199

7.13. A administração da sociedade 207

7.13.1. Nomeação e destituição do administrador 210

7.13.2. Administrador pessoa jurídica 212

7.13.3. Remuneração dos administradores 213

7.13.4. Caução dos administradores 213

7.13.5. Poderes de gestão 214

7.13.6. Responsabilidade do administrador 214

7.13.7. Abuso (ato *ultra vires*) e uso indevido do nome empresarial 221

7.14. Fiscalização dos atos de administração – conselho fiscal 225

7.15. Conselho de administração 227

7.16. Deliberações sociais 227

7.16.1. Recuperação judicial e falência 228

7.16.2. Foro de deliberação: assembleia ou reunião de sócios 229

7.16.3. Convocação 231

7.16.4. Instalação, curso dos trabalhos e instrumentalização da deliberação... 232

7.16.5. Assembleia anual 234

7.16.6. *Quorum* de deliberação 234

7.16.7. Deliberações na microempresa e na empresa de pequeno porte.... 239

7.16.8. Participação e voto a distância: assembleias digitais e semipresenciais ... 242

7.17. Sociedades limitadas de grande porte 243

7.17.1. Padrões contábeis 243

7.17.2. Sociedades de grande porte 244

7.17.3. A limitada de grande porte 245

7.18. A extinção da empresa individual de responsabilidade limitada – EIRELI..... 247

CAPÍTULO 8 – SOCIEDADE EM NOME COLETIVO 251

CAPÍTULO 9 – SOCIEDADE EM COMANDITA SIMPLES................. 253

CAPÍTULO 10 – SOCIEDADES POR AÇÕES 255

CAPÍTULO 11 – SOCIEDADE COOPERATIVA 257

CAPÍTULO 12 – SOCIEDADES DEPENDENTES DE AUTORIZAÇÃO 259

12.1. Sociedade nacional 260

12.1.1. Conceito 260

12.1.2. Autorização de funcionamento 261

12.2. Sociedade estrangeira.. 262

12.2.1. Atuação direta 262

12.2.2. Participação no capital de sociedade nacional 266

12.2.3. Restrições a atividades de estrangeiros................................ 266

CAPÍTULO 13 – SOCIEDADES COLIGADAS, CONTROLADORAS
E CONTROLADAS 269

13.1. A concentração empresarial e a defesa da concorrência (o papel do CADE).... 271

CAPÍTULO 14 – TRANSFORMAÇÃO, CONVERSÃO, INCORPORAÇÃO,
FUSÃO E CISÃO DAS SOCIEDADES 275

14.1. Transformação 275

14.1.1. Conversão 277

14.2. Incorporação 278

14.3. Fusão 279

14.4. Cisão 280

14.5. Reflexo em relação aos credores 280

CAPÍTULO 15 – LIQUIDAÇÃO DAS SOCIEDADES CONTRATUAIS 283

15.1. Liquidação extrajudicial 283

15.2. Liquidação judicial 285

CAPÍTULO 16 – ESTABELECIMENTO EMPRESARIAL 289

16.1. Noção 289

16.2. Designações 290

16.3. Natureza jurídica 291

16.4. Elementos 292

    16.4.1. Elementos corpóreos 293

    16.4.2. Elementos incorpóreos 295

        16.4.2.1. O ponto empresarial 295

        16.4.2.2. Nome empresarial 296

        16.4.2.3. Título do estabelecimento 296

        16.4.2.4. Patentes de invenção e de modelo de utilidade ... 298

        16.4.2.5. Desenhos industriais 300

        16.4.2.6. Marcas 301

        16.4.2.7. Aviamento 306

16.5. Negociabilidade 308

    16.5.1. Alienação ou transferência do estabelecimento 308

    16.5.2. Concorrência 309

CAPÍTULO 17 – NOME EMPRESARIAL 311

17.1. Conceito 311

17.2. Espécies 311

17.3. Microempresa e empresa de pequeno porte 317

17.4. Princípios informadores 317

17.5. Alienabilidade 318

17.6. Proteção ao nome empresarial 318

17.7. Conflito entre nome, marca e título de estabelecimento 322

CAPÍTULO 18 – O REGISTRO DE EMPRESAS 325

CAPÍTULO 19 – PREPOSTOS DO EMPRESÁRIO............................ 331

CAPÍTULO 20 – LIVROS EMPRESARIAIS 335

20.1. Livros obrigatórios e facultativos 335

20.2. Livros fiscais 336

20.3. Exibição judicial dos livros empresariais e sua força probante ... 337

Referências 339

Capítulo 1

INTRODUÇÃO

O Código Civil, instituído pela Lei n. 10.406, de 10 de janeiro de 2002, publicada no *Diário Oficial da União* de 11 de janeiro de 2002, em vigor um ano após sua publicação, imprimiu consideráveis modificações ao clássico direito comercial, promovendo a unificação do direito obrigacional e consagrando, de forma definitiva, a teoria da empresa em nossa estrutura legislativa e, consequentemente, acadêmica.

O denominado direito de empresa vem disciplinado no Livro II da Parte Especial do Código, o qual, no âmbito das Disposições Finais e Transitórias, promoveu a revogação expressa da Primeira Parte do Código Comercial (art. 2.045). Assim, a Lei n. 556, de 25 de junho de 1850, não restou totalmente revogada, estando ainda em vigor quanto às suas regras aplicáveis ao comércio marítimo, regulado na Parte Segunda do secular Código Comercial.

1.1. APLICAÇÃO SUPLETIVA DA "LEGISLAÇÃO COMERCIAL"

A intitulada "Lei Comercial", ou seja, a legislação referente a comerciantes (individuais e sociedades comerciais) e a atividades mercantis em geral, então existente, permaneceu ainda em vigor, sendo aplicável, naquilo em que não conflitar com as disposições do Código Civil de 2002, aos empresários e às sociedades empresárias (art. 2.037).

Portanto, aplicam-se aos empresários individuais e às sociedades empresárias as regras não colidentes referentes ao registro público de empresas mercantis e atividades afins (Lei n. 8.934/94 e seu regulamento – Decreto n. 1.800/96), aos direitos e obrigações relativos à propriedade industrial (Lei n. 9.279/96), às sociedades por ações (Lei n. 6.404/76), dentre outras.

Cabe, pois, ao intérprete verificar em que pontos as leis comerciais extravagantes anteriores conflitam com o Código Civil para: a) realizar as devidas adaptações; b) deixar de aplicá-las por inteiro, por restarem revogadas; c) deixar de aplicá-las em parte, isto é, quanto a algum ou alguns dispositivos que se indisponham com a nova ordem imposta pelo aludido *codex* (revogação parcial).

Nesse curso, por exemplo, encontra-se por completo revogado o Decreto n. 3.708/1919, que disciplinava as sociedades por quotas de responsabilidade limitada, porquanto esse tipo societário passou a ser inteiramente regulado no Capítulo IV do Subtítulo II do Título II do Livro II do Código Civil, nominado como sociedade limitada.

1.2. O DESAPARECIMENTO DA FIGURA DO COMERCIANTE

Com a nova ordem consagrada em nosso direito positivo, presenciou-se o desaparecimento da clássica figura do comerciante, que foi absorvida pela moldura do empresário.

No entanto, o empresário não se mostra como simples versão moderna do comerciante. O seu conceito nos conduz a uma visão de maior amplitude, para um alargamento de horizontes, com o fito de impor uma nova leitura para aqueles que exercem profissionalmente uma atividade econômica organizada, colocando-os sob um regramento único.

Destarte, o empresário encampa não só o tradicional comerciante, modernamente chamado pela doutrina de empresário comercial, já na trilha da construção do direito de empresa, mas também algumas das espécies de empresários civis, que exercem atividade econômica, na qual reside, nesse gênero, a clássica sociedade civil com fim lucrativo.

Abandona-se, pois, ao menos em parte, a obsoleta distinção, e consequente dualidade de tratamento existentes no direito anterior, entre as sociedades comerciais e as sociedades civis com fins econômicos.

É de se destacar a ressalva acima efetivada – ao menos em parte –, porquanto o Código de 2002 contemplou a existência das intituladas sociedades simples.

Dessa feita, irão coexistir as sociedades empresárias, caracterizadas como aquelas que têm por objeto o exercício de atividade empresarial, ou seja, própria de empresário, e simples, as demais, às quais se chega, por exclusão, como aquelas que não exercem a atividade própria de empresário. As primeiras estarão sujeitas a registro no Registro Público de Empresas Mercantis da respectiva sede (manteve-se o título do registro, como hoje vigente na Lei n. 8.934/94, que seria o registro do empresário e das sociedades empresárias) e subordinam-se à falência e à recuperação judicial e extrajudicial (art. 1º da Lei n. 11.101/2005); as segundas devem inscrever os seus atos constitutivos no Registro Civil das Pessoas Jurídicas do local onde estão sediadas e não se encontram sujeitas à falência, não podendo requerer recuperação judicial nem propor e negociar com credores plano de recuperação extrajudicial.

Como se vê, o Código deixou de reunir a integralidade das nominadas sociedades civis de fins econômicos ou lucrativos sob um mesmo manto. Elas poderão ser, desse modo, sociedades empresárias, juntando-se às antigas sociedades mercantis – que sempre serão empresárias –, ou simples, tema que será mais adiante aprofundado.

Por esse fato é que afirmamos ter desaparecido em parte a distinção vigente no direito anterior ao Código Civil de 2002 no que se refere ao tratamento das sociedades civis com fins econômicos em face das sociedades mercantis, o que nos pareceu indesejável. O ideal seria acabar de vez com esse regramento diferenciado, não se justificando o resíduo que ainda persistiu na esteira do Código de 2002, notadamente no que diz respeito ao registro[1].

1.3. O DIREITO COMERCIAL COMO DIREITO DE EMPRESA

Classicamente se definia o direito comercial como o direito dos comerciantes e dos atos de comércio. Erigia-se como o ramo do direito privado que regulava as relações resultantes da atividade do comerciante no exercício direto ou indireto da sua profissão, além daqueles atos reputados pela lei como comerciais, mesmo que praticados por não comerciantes.

Não se restringiu o direito comercial a disciplinar mera intermediação de produtos entre produtor e consumidor. Ele contemplou outras atividades conexas, para impor seu campo de incidência a alcançar atividades industriais, de transporte, securitárias, de banco, dentre outras relações de cunho econômico que viessem a integrar a intitulada matéria de comércio, isto é, definidas como comerciais pela lei.

Modernamente, a doutrina já vinha pugnando pela consideração do direito comercial como direito de empresa, o que, com o substrato legal trazido pelo Código Civil de 2002, passou a ser realidade consolidada. Definitivamente se incorporou à legislação codificada a teoria da empresa que já se desenhava em algumas legislações esparsas, como na Lei n. 8.245/91 (Lei de Locações), na parte relativa à renovação compulsória da locação, e na Lei n. 8.934/94 (Lei de Registro Público de Empresas Mercantis e Atividades Afins).

---

[1] Sobre o tema, confira-se a análise crítica por nós desenvolvida no capítulo intitulado "Sociedades Simples e Empresárias: necessidade de uma revisão de conceitos", integrante da obra coletiva *Reflexões sobre o Projeto de Código Comercial*, coordenada por Fábio Ulhoa Coelho, Tiago Asfor Rocha Lima e Marcelo Guedes Nunes, São Paulo: Saraiva, 2013, p. 425-436. No referido estudo, concluímos que o estágio atual de nosso ordenamento é irradiador de insegurança na distribuição dos regimes jurídicos entre empresários e não empresários, fator esse que intensamente se agrava na exploração da atividade econômica por sociedade. Cada vez é mais acentuada a ideia da necessidade de uma revisão de conceitos, notadamente no que concerne ao regime societário. A adoção da sociedade simples como espécie societária não se mostrou acertada, pela notória ineficiência em garantir um ambiente de negócios mais seguro e atrativo. Assim, sustentamos que o Projeto de um Código Comercial é oportunidade efetiva para se desenhar um novo sistema, que ao menos reduza esse campo de incertezas. E essa pode ser uma contribuição relevante para o mercado.

O modelo do Código Civil brasileiro de 2002 inspira-se no perfil do Código Civil italiano de 1942, reunindo numa única lei as regras de direito privado (regras civis e mercantis), como reforço à superação da ideia do direito comercial como direito dos comerciantes e dos atos de comércio, passando o seu núcleo a ser a empresa. O que releva é disciplinar as relações decorrentes das atividades privadas, implementadas com o escopo de produção ou circulação de bens ou serviços destinados ao mercado. A regulamentação da atividade econômica sintetiza-se na teoria da empresa.

O fato acima constatado, em nossa visão, não irá alterar a autonomia do direito comercial, sob a nova veste do direito de empresa, embora tenha ocorrido a sua unificação legislativa com o direito civil. A uma, porque a Constituição Federal de 1988, ao dispor sobre as matérias de competência privativa da União, segue se referindo autonomamente ao direito comercial (art. 22, I). A duas, porque a autonomia didática e científica não vem afetada pelo tratamento em um único diploma legal. A três, porque a adoção da teoria da empresa não compromete essa autonomia, na medida em que ao empresário e ao exercício empresarial da atividade econômica se aplica toda legislação relativa à atividade mercantil não revogada (Código Civil, art. 2.037).

O que se tem é um alargamento do campo do clássico direito comercial que, dentro de uma nova ótica, com novo núcleo na teoria da empresa, propõe uma hodierna leitura das relações de direito privado. Teremos, assim, num diploma unificado, o regramento de relações particulares, coexistindo os empresários e os que exercem atividades não empresariais, ditas, desse modo, civis (tais como os executores de atividades profissionais intelectuais – profissionais liberais –, sociedades simples, cooperativas e empresários rurais não inscritos no registro de empresas).

É nesse espírito que sustentamos, por exemplo, continuarem os títulos de crédito a integrar o currículo do direito comercial das universidades, seja com a denominação cadeira de direito comercial, direito empresarial, direito de empresa, ou o que se melhor convencionar, sendo ministrada pelos professores especializados em direito comercial e fazendo parte integrante da literatura especializada.

1.4. FONTES DO DIREITO DE EMPRESA

Como fonte do direito de empresa entende-se o modo pelo qual surgem as regras jurídicas de índole empresarial. Releva-nos identificar as fontes formais, por representarem as regras jurídicas que deverão ser aplicáveis a um determinado caso concreto para solucioná-lo adequadamente. A forma externa de manifestação dessas regras é que inspira o presente estudo. Nesse passo, relegam-se a um plano secundário as denominadas fontes materiais, as quais se traduzem nos elementos que contribuem para a formulação e elaboração das leis.

INTRODUÇÃO

Dentro da ótica proposta, dividem-se as fontes do direito de empresa em fonte primária ou direta e em fontes secundárias, subsidiárias ou indiretas.

1.4.1. *FONTE PRIMÁRIA*

A principal fonte do direito de empresa, por isso chamada de fonte primária, consiste nas leis empresariais, isto é, naquelas normas jurídicas que externalizam o direito positivo na disciplina do empresário, das sociedades empresárias e das atividades e relações jurídicas qualificadas como empresariais. Nesse contexto, além da Constituição Federal com a qual toda legislação infraconstitucional deve se harmonizar, temos o Código Civil, as disposições de lei por ele não revogadas referentes a comerciantes, ou a sociedades comerciais, bem como a atividades mercantis[2], e as demais leis extravagantes e os tratados e convenções internacionais[3] que versam sobre os temas alusivos a empresários e atividade empresarial.

1.4.2. *FONTES SECUNDÁRIAS*

São fontes secundárias, subsidiárias ou indiretas os usos e costumes empresariais, a analogia, os princípios gerais de direito e a jurisprudência.

1.4.2.1. USOS E COSTUMES

Os usos e costumes são regras subsidiárias das normas do direito de empresa. Essa vocação repousa suas raízes históricas no fato de o clássico direito comercial ter, em seus primórdios, emergido como um direito consuetudinário.

Revelam-se pela prática reiterada de determinados procedimentos que acabam por se cristalizar como regra obrigatória para, na ausência de lei, reger determinados negócios empresariais. Sua caracterização exige, pois, a prática constante e uniforme, durante um certo período de tempo, de um específico procedimento. Devem ser exercidos de boa-fé, não podendo malferir a imperatividade da norma legal. Não se admite, assim,

---

[2]   São os casos da Lei n. 6.404/76, que regula as sociedades por ações; da Lei n. 8.934/94, que dispõe sobre o Registro Público de Empresas Mercantis; da Lei n. 5.474/68, que cuida das duplicatas; da Lei n. 6.024/74, que dispõe sobre a intervenção e liquidação extrajudicial das instituições financeiras; da Lei n. 4.728/65, que disciplina o mercado de capitais; da Lei n. 4.595/64, que dispõe sobre a política e as instituições monetárias, bancárias e creditícias, cria o Conselho Monetário Nacional e dá outras providências; do Decreto n. 1.102/1903, que institui regras para o estabelecimento de empresas de armazéns gerais, determinando os seus direitos e obrigações; da Segunda Parte do Código Comercial – Lei n. 556/1850; da Lei n. 9.279/96, que regula a propriedade industrial, dentre outras.

[3]   Tem-se, nesse complexo, a Lei Uniforme de Genebra, em matéria de letras de câmbio e notas promissórias, adotada como direito interno pelo Decreto n. 57.663/66; a Convenção da União de Paris, adotada por meio do Decreto n. 75.572/75 como direito interno, dentre outras.

sejam *contra legem*. Parafraseando Carvalho de Mendonça[4], seriam, em síntese, considerados o direito de empresa não escrito.

Os usos e costumes, conforme a área territorial de sua extensão, podem ser classificados em locais – restritos a uma determinada praça –, regionais, nacionais e, até mesmo, internacionais, como se verifica no comércio exterior.

O interessado em invocar um certo uso ou costume para servir de base à solução de uma controvérsia poderá, de forma segura, prová-lo por certidão passada pela Junta Comercial, a quem incumbe o seu assentamento (Lei n. 8.934/94, art. 8º, VI, e seu regulamento, Decreto n. 1.800/96, arts. 87 e 88). Os usos e costumes de natureza empresarial devem ser coligidos e assentados em livro próprio pela Junta Comercial, *ex officio*, por provocação de sua Procuradoria ou de entidade de classe interessada. Quinquenalmente as Juntas Comerciais promoverão a revisão e publicação da coleção dos usos e costumes assentados.

O assentamento de um costume exige a observância de procedimento formal instituído pelos §§ 2º a 4º do art. 87 do Decreto n. 1.800/96. Inicialmente, incumbe à Procuradoria da Junta a verificação da inexistência de disposição legal contrária ao uso ou prática a ser assentada, porquanto não podem ser, como já se disse, *contra legem*. Não havendo o conflito, o Presidente da respectiva Junta Comercial solicitará o pronunciamento escrito das entidades diretamente interessadas, as quais deverão se manifestar dentro do prazo de noventa dias, fazendo, ainda, publicar convite a todos os interessados para que se manifestem no mesmo prazo. Cumprida a etapa, a Junta Comercial decidirá se é verdadeiro e registrável o uso ou prática, em sessão a que compareçam, pelo menos, 2/3 dos respectivos vogais. A aprovação fica condicionada ao voto de, no mínimo, metade mais um dos presentes. Proferida a decisão, anotar-se-á o uso ou costume, com a devida justificação, efetuando sua publicação no órgão oficial da União, do Estado ou do Distrito Federal, conforme a sede da Junta Comercial.

Mas essa não é a única forma de fazer dita prova. Parece-nos possível ao interessado prová-lo por qualquer meio lícito de prova, nos precisos termos do art. 369 do Código de Processo Civil de 2015, como seria a hipótese da produção de depoimentos e declarações escritas, com firmas reconhecidas, de empresários ou representantes legais de sociedades empresárias ou de entidades de classe de uma determinada praça, da qual se invoque a existência do uso ou costume. O juiz, dentro do princípio do livre convencimento motivado, pode ter o fato como provado e aplicar a prática invocada como base de solução do conflito. Aplicado o fato como costume ou uso reconhecido, recomenda-se que o juiz oficie a Junta Comercial da unidade federativa respectiva, a fim de que esta promova o seu assentamento.

---

[4] *Tratado de direito comercial brasileiro*, vol. I, 4. ed., p. 139 e ss.

Para que o juiz resolva a contenda com base em direito consuetudinário, não há, em nossa visão, a necessidade de sua invocação por uma das partes. Como fonte subsidiária da lei, pode o juiz, tendo conhecimento de sua existência, aplicá-lo independentemente de provocação. Sendo o costume ou uso invocado pela parte e, não tendo o juiz dele conhecimento, poderá, nos termos do art. 376 do Código de Processo Civil de 2015, determinar que aquele que o alegue prove o seu teor e a sua vigência.

1.4.2.2. ANALOGIA E PRINCÍPIOS GERAIS DE DIREITO

Igualmente, qualificam-se como fonte subsidiária do direito de empresa a analogia e os princípios gerais de direito, conforme comando do art. 4º da antes denominada Lei de Introdução ao Código Civil, hoje intitulada Lei de Introdução às Normas do Direito Brasileiro (Decreto-Lei n. 4.657/42).

Portanto, não havendo disposição de lei específica nem uso ou costume empresarial, o juiz decidirá o caso conforme uma dessas duas metodologias de solução de conflitos, encontrando a fórmula para a resolução da questão inspirado nos fundamentos utilizados para resolver um caso semelhante ou análogo, ou, ainda, a partir dos princípios que se encontram a fundamentar o nosso ordenamento jurídico, condicionando e orientando a sua compreensão.

1.4.2.3. JURISPRUDÊNCIA

A jurisprudência, a despeito da controvérsia que paira sobre o tema, cuja análise refoge ao objeto desta obra, é, para nós, fonte formal do direito, servindo como meio efetivo de suprir as lacunas da lei.

Como curial, uma decisão isolada, ainda que oriunda de uma instância superior, como o Supremo Tribunal Federal ou o Superior Tribunal de Justiça, não constitui jurisprudência. Seu conceito reclama a adoção, pelo Tribunal, de um ponto de vista uniforme, formando orientação doutrinária a respeito do tema. Revela-se por meio de decisões continuadas do Tribunal, ou dos Tribunais, sobre determinada matéria ou questão, firmando um regramento, um princípio que sirva de orientação no sistema jurídico.

Diversamente se apresenta a doutrina, que não seria uma fonte formal do direito, mas sim uma fonte intelectiva, que contribui para a compreensão, o aprimoramento e o desenvolvimento do ordenamento jurídico.

1.5. A SUPERAÇÃO DA TEORIA DE EMPRESA DIANTE DE UM NOVO PARADIGMA: O AGENTE ECONÔMICO

O Código Civil de 2002, inspirado no modelo do Código Civil italiano de 1942, adotou a teoria da empresa, consoante já se consignou no item 1.3 deste Capítulo. O nosso *codex* é o resultado de um projeto de lei de 1975, período no qual o estágio do direito comercial já vinha alterando o seu eixo, abandonando, paulatinamente, o seu núcleo clássico, para deixar de ser o direito dos comerciantes e dos atos de comércio e regular atividade econômica compreendida na teoria da empresa.

Porém, em 2002, e muito mais nos dias atuais, a atividade econômica modificou-se para encampar um novo paradigma: o do agente econômico. A evolução e a dinâmica dos fatos sociais orientam a sua nova essência, cujo núcleo central repousa não mais na figura do empresário, de viés claramente restritivo na conceituação acolhida e, assim, incapaz de agasalhar outros agentes que notadamente promovem a criação e o fluxo de riquezas, a partir da produção ou circulação de bens ou serviços.

O exercício da atividade econômica, com efeito, encontra-se pautada nos objetivos almejados pelo agente econômico, perpassando a um plano secundário o fundamento clássico da propriedade dos meios de produção[5]. O destaque está justamente na economicidade da atividade, refletida a partir da sua aptidão de geração de riquezas. O agente econômico, portanto, exerce relevante papel no contexto econômico e social de uma nação, cumprindo-lhe realizar, pois, os objetivos sociais preconizados na Constituição Federal.

O sistema do ato de empresa adotado pelo Código Civil, mormente quando projetado para o âmbito da crise da empresa, ainda que por imprecisão técnica encontrada na Lei n. 11.101/2005, apresenta resultado francamente insatisfatório, deixando à margem de sua disciplina formal inúmeros agentes econômicos. A teoria da empresa, é fato inconteste, não mais responde aos anseios atuais do direito da insolvência, que se constitui como instrumento de controle da economia, na medida em que deve preservar os agentes econômicos viáveis e excluir do mercado os inviáveis, mas sempre projetando o seu célere retorno à atividade econômica.

Os agentes econômicos não enquadrados formalmente como empresários pelo regime do Código Civil, tais como as sociedades simples e certas associações que empreendem atividade econômica, por exemplo, também são fontes produtoras responsáveis pela geração direta e indireta de empregos, de tributos, de bens ou serviços para o mercado, promovendo, com isso, uma efetiva função social da atividade econômica.

No plano das sociedades simples, cumpre desde já apontar para a infeliz escolha feita pelo Código Civil ao reproduzir o correspondente dispositivo do direito italiano[6]

---

[5] Fábio Konder Comparato. *O poder de controle na sociedade anônima*. 3. ed. Rio de Janeiro: Forense, 1983, p. 296.

[6] Art. 2.238 do Codice Civile: "Se l'esercizio della professione costituisce elemento di un'attività organizzata in forma d'impresa, si applicano anche le disposizioni del Titolo II

no parágrafo único do art. 966 – o qual será objeto de análise específica no item 3.3.4 do Capítulo 3 –, que não considera empresária a atividade intelectual, de natureza científica, literária ou artística, salvo se o seu exercício configurar *elemento de empresa*. Com a opção, relega a um plano menor a relevância econômica da atividade na geração de riquezas, fato incompatível com a realidade vivenciada no século XXI, no qual a produção de serviços intelectuais atinge relevante papel nas economias contemporâneas. A imprecisão da figura legal do *elemento de empresa* é promotora, inclusive, de incertezas, desafiando diversas opiniões doutrinárias visando a definir o seu contorno, mas sem a indispensável aptidão de evitar inúmeros problemas de ordem prática, notadamente nos campos da crise da empresa e tributário.

(2.082 e seguenti). In ogni caso, se l'esercente una professione intellettuale impiega sostituti o ausiliari, si applicano le disposizioni delle Sezioni II, III, IV del Capo I del Titolo II (2.094 e seguenti)".

CAPÍTULO 2

A EMPRESA E O EMPRESÁRIO

2.1. A EMPRESA

O Código Civil brasileiro de 2002, adotando o mesmo critério do Código Civil italiano, não conceituou a empresa, preferindo fixar o conceito apenas de empresário.

A empresa, como precisamente propõe Rubens Requião[1], apresenta-se como um elemento abstrato, sendo fruto da ação intencional do seu titular, o empresário, em promover o exercício da atividade econômica de forma organizada.

Manifesta-se como uma organização técnico-econômica, ordenando o emprego de capital, trabalho e tecnologia para a exploração, com fins lucrativos, de uma atividade econômica.

Nasce a empresa a partir do início da atividade economicamente organizada, sob o comando do empresário. Ela será exercida através do fundo de empresa (estabelecimento).

A empresa, portanto, não é detentora de personalidade jurídica. Não concebe o Direito brasileiro a personificação da empresa, sendo, pois, objeto de direito. O empresário, titular da empresa, é quem ostenta a condição de sujeito de direito.

Não se confunde, assim, como muitos no cotidiano costumam confundir, empresa com sociedade, procedimento esse que presenciamos, inclusive, em alguns textos legais.

Poderá existir sociedade sem empresa, ainda que seu objeto compreenda atividade própria de empresário, bastando, para isso, que seus atos constitutivos sejam inscritos na Junta Comercial sem, de fato, entrar em atividade, deixando de exercer a exploração do objeto. Teremos, desse modo, uma sociedade, mas não a empresa, que só surgirá com o fim da inatividade. A partir desse momento, inclusive, é que passa a ostentar a condição de sociedade empresária, como demonstraremos no item 2.8 deste Capítulo.

---

[1] *Curso de direito comercial*, 1º vol., 24. ed., p. 59.

A empresa, embora realizada pelo empresário, não tem apenas nele o seu foco de interesse. Por ser um organismo vivo, de múltiplas relações com terceiros, cujos direitos deve respeitar, também a eles interessa. Às expectativas individuais do empresário de obtenção de lucro deve inexoravelmente corresponder o anseio metaindividual daqueles que sobre o seu eixo – o da empresa – gravitam, como os interesses dos consumidores de bens e serviços produzidos, de seus empregados e colaboradores, do Fisco, da preservação do meio ambiente, enfim, os de toda a comunidade em que atua, os quais são juridicamente protegidos.

Por ser a empresa um centro produtor de riquezas e, consequentemente, de desenvolvimento econômico e social, sua preservação emerge como um princípio relevante do direito comercial. O aludido princípio tem em mira proteger a atividade econômica como objeto de direito que interessa não apenas, como se disse, ao empresário. É um princípio explícito em diversas disposições infraconstitucionais e implícito na Constituição Federal. Na Lei Maior, resulta do princípio da função social da empresa, o qual também vem nela tratado de modo subjacente. Do princípio constitucional da função social da propriedade (arts. 5º, XXIII, e 170, III) extrai-se o princípio da função social da empresa. O empresário é o titular dos bens de produção e os organiza para a exploração da atividade econômica por meio do estabelecimento, o qual lhe serve de instrumento. Nesse contexto, tem-se que a propriedade dos meios de produção deve cumprir a sua função social.

2.2. O EMPRESÁRIO

O Código Civil, no Capítulo I do Título I do Livro II, passa a cuidar da caracterização e da inscrição do empresário. Nessa primeira etapa, a disciplina normativa se estabelece a partir da pessoa física do empresário. Tem em mira, portanto, a figura do empresário individual. Mas, a partir da definição a ele traçada (art. 966), podemos conceituar o empresário, genericamente falando, como a pessoa física ou jurídica que exerce profissionalmente (com habitualidade, *expertise* e escopo de lucro) atividade econômica organizada para a produção ou a circulação de bens ou de serviços no mercado.

O empresário empreende, pois, a organização da produção ou circulação de bens ou serviços de maneira profissional.

Do conceito sobressaem os três elementos para se caracterizar o empresário: (a) o profissionalismo, grifado pelo exercício da atividade de maneira habitual, com *expertise* e com finalidade de lucro; (b) a organização, isto é, a ordenação dos fatores de produção, compreendidos pelo capital, pelo trabalho e pela tecnologia; e (c) a produção ou a circulação de bens ou serviços.

2.3. O EMPRESÁRIO INDIVIDUAL

No conceito acima proposto, o empresário individual seria justamente a pessoa física, titular da empresa.

O exercício da empresa pelo empresário individual se fará sob uma firma, constituída a partir de seu nome, completo ou abreviado, podendo a ele ser aditada designação mais precisa de sua pessoa ou do gênero de atividade. Poderá ele, alternativamente, fazer uso do número de sua inscrição no CNPJ como nome empresarial, consoante veio autorizado no art. 35-A da Lei n. 8.934/94, introduzido pela Lei n. 14.195/2021[2].

No exercício de sua empresa, ele responderá com todas as forças de seu patrimônio pessoal, capaz de execução, pelas dívidas contraídas, uma vez que o Direito brasileiro não admite a figura do empresário individual com responsabilidade limitada e, consequentemente, a distinção entre patrimônio empresarial (o patrimônio do empresário individual afetado ao exercício de sua empresa) e patrimônio particular do empresário, pessoa física.

Não há que confundir o empresário individual com o sócio de uma sociedade empresária. O sócio, com efeito, não é empresário, mas sim integrante de uma sociedade empresária. O empresário poderá ser pessoa física, que explore pessoal e individualmente a empresa (empresário individual), do qual estamos agora tratando, ou uma pessoa jurídica, a qual, detentora de personalidade jurídica própria, distinta da de seus membros, exerce diretamente a atividade econômica organizada (sociedade empresária).

Também não há confundi-lo com o denominado profissional autônomo. O empresário exerce atividade econômica organizada. Sua atividade profissional baseia-se em uma organização que compreende a articulação, a ordenação de trabalho e os meios materiais, podendo ser ela de pequena monta ou de grande expressão. Esse é o ponto que os distingue. Assim é que, por exemplo, o pipoqueiro ou o vendedor de águas de coco em uma "carrocinha" não pode ser visto como empresário, mas sim como um vendedor autônomo. Todavia, se uma pessoa natural adquire algumas "carrocinhas" e as equipa para venda de pipocas ou águas de coco, contratando pessoas para operar as vendas, criando elementos distintivos de seus produtos, ter-se-á o explorador dessa atividade como empresário, pois exerce atividade econômica organizada, ainda que o padrão de organização seja de pequeno vulto, ainda que a atividade revele negócio de pequeno porte.

O empresário, para ser considerado regular[3], deverá inscrever-se no Registro Público de Empresas Mercantis da respectiva sede, a cargo das Juntas Comerciais, antes de iniciar a sua atividade econômica.

---

[2] A abordagem mais aprofundada do nome empresarial é realizada no Capítulo 17.

[3] Cuidaremos do empresário irregular, fixando os efeitos dessa forma do exercício da atividade econômica, no âmbito das sociedades em comum, em Capítulo próprio desta obra.

O requerimento de registro deverá conter: a) seu nome, nacionalidade, domicílio, estado civil e, se casado, o regime de bens; b) a firma sob a qual exercerá a atividade, com a respectiva assinatura autógrafa, ou seja, o modo como assinará a firma individual; c) o capital; d) o objeto; e) a sede[4].

Caso ocorra a instituição de sucursal, filial ou agência, em localidade sujeita à jurisdição de outra Junta Comercial, esta poderá efetivar-se por meio de instrumento de inscrição, com endereço completo da filial[5].

Em adição, há de se anotar que deverão ser arquivados e averbados na Junta Comercial os pactos e as declarações antenupciais do empresário, o título de doação, herança ou legado de bens clausulados de incomunicabilidade ou inalienabilidade, sem prejuízo do registro efetivado perante o Registro Civil competente. Igualmente, a sentença que decretar ou homologar a separação judicial do empresário e o ato de reconciliação deverão ser arquivados no Registro Público de Empresas Mercantis, sob pena de não poderem ser opostos a terceiros.

Caso o empresário individual queira admitir sócio ou sócios, objetivando que a exploração da empresa passe a ser realizada por sociedade empresária, fica-lhe facultado requerer, perante o Registro Público de Empresas Mercantis, a transformação de seu registro de empresário individual para o de sociedade empresária, que, assim, venha a constituir. A implementação dessa faculdade garante a permanência da regularidade do exercício da atividade empresária, que não sofre, pois, solução de continuidade, apesar da alteração do sujeito que a realiza (§ 3º do art. 968 do Código Civil). Com o advento da Lei n. 13.874/2019, que, acrescendo o art. 1.052 do Código Civil dos §§ 1º e 2º, introduziu no ordenamento jurídico nacional a sociedade limitada unipessoal, parece ser também plenamente possível transformar o registro de empresário individual para o de sociedade limitada unipessoal.

---

[4] Fica ressalvado o disposto no inciso I do § 1º do art. 4º da Lei Complementar n. 123/2006, que institui o Estatuto Nacional da Microempresa e da Empresa de Pequeno Porte, para prever que o processo de abertura, registro, alteração e baixa da microempresa e da empresa de pequeno porte, bem como qualquer exigência para o início de seu funcionamento, deverão ter trâmite especial e simplificado, preferencialmente eletrônico, opcional para o empreendedor. Para esse fim, poderão ser dispensados o uso da firma, com a respectiva assinatura autógrafa, o capital, requerimentos, demais assinaturas, informações relativas ao estado civil e regime de bens, assim como remessa de documentos, na forma estabelecida pelo Comitê para Gestão da Rede Nacional para Simplificação do Registro e da Legalização de Empresas e Negócios (CGSIM). No caso do microempreendedor individual (art. 18-A da Lei Complementar n. 123/2006), também se observa semelhante sistemática, adicionando-se, ainda, a dispensa de informação relativa à nacionalidade (§§ 4º e 5º do art. 968 do Código Civil).

[5] Semelhante procedimento deverá ser observado em relação às sociedades empresárias que estabeleçam filiais em lugar sujeito à circunscrição de outro Registro Público de Empresas Mercantis. A abertura pode ser efetuada por meio de ato de constituição, com a indicação do endereço completo da filial.

O fato é relevante, por exemplo, para fins de contagem do prazo de dois anos de exercício regular da empresa, exigido como condição subjetiva ao requerimento de recuperação judicial e à negociação com os credores de plano de recuperação extrajudicial (Lei n. 11.101/2005, *caput* do art. 48 e *caput* do art. 161). Mas é importante ressaltar que essa transformação registral não modifica nem prejudica os direitos dos credores anteriores ao ato de transmutação.

2.4. OS QUE EXERCEM PROFISSÃO INTELECTUAL, DE NATUREZA CIENTÍFICA, LITERÁRIA OU ARTÍSTICA

Na caracterização do empresário, a lei expressamente excluiu dessa condição certas pessoas. Portanto, determinadas atividades profissionais não têm o condão de se caracterizar como atividade de natureza empresarial, muito embora possam consistir em uma atividade de cunho econômico.

Nesse diapasão, não são considerados empresários aqueles que exercem profissão intelectual, de natureza científica, literária ou artística, ainda que se valham do concurso de auxiliares ou colaboradores. Não são, pois, juridicamente empresários, devendo observar o regime do direito civil.

Entretanto, ressalvou-se, também de modo expresso, a hipótese na qual o exercício de uma daquelas indigitadas profissões constitua-se em elemento da empresa, ocasião em que não seria verificada a supressão da condição de empresário.

Sobre esse tema nos debruçaremos de forma mais aprofundada quando abordarmos as sociedades empresárias e simples (item 3.3.4 do Capítulo 3), uma vez que no âmbito societário é que a matéria se mostra com maior relevo, sobretudo do ponto de vista pragmático.

2.5. O EMPRESÁRIO RURAL E O PEQUENO EMPRESÁRIO (MEI)

O Código Civil de 2002, considerando as peculiaridades da atividade agrícola nacional, propõe regulação especial para o praticante de atividade rural.

Fica o denominado empresário rural[6] submetido ao regime do direito civil, não lhe sendo aplicáveis as normas do Código Civil, as da Legislação Comercial não revogada e aquelas supervenientes referentes aos empresários. Não estará, desse modo, sujeito à falência, nem poderá requerer recuperação judicial ou propor e negociar com credores plano de recuperação extrajudicial (art. 1º da Lei n. 11.101/2005) e estará dispensado de manter escrituração especial (arts. 1.179 e 1.180 do Código Civil). Não é, assim, considerado juridicamente empresário.

---

[6] Entende-se como empresário rural aquele cuja atividade rural constitua sua principal profissão.

No entanto, permite-se ao empresário rural requerer a inscrição no Registro Público de Empresas Mercantis da sua respectiva sede, iniciativa essa que, após a inscrição, equipara-o, para todos os efeitos, ao empresário sujeito a registro na Junta Comercial, ou seja, passa a ser considerado juridicamente empresário, submetendo-se ao seu regime legal correspondente (art. 971).

A opção pelo registro na Junta Comercial poderá se justificar para que, desfrutando da posição jurídica de empresário, o empresário rural possa se valer das figuras da recuperação judicial e da recuperação extrajudicial, que se apresentam como eficientes meios de viabilizar a reestruturação e preservação da atividade empresarial, instrumentos bem mais abrangentes e eficazes do que aquele posto à disposição do devedor civil (concordata civil – art. 783 do Código de Processo Civil de 1973, mantido em vigor pelo art. 1.052 do Código de Processo Civil de 2015).

Prevê, ainda, o vigente Código Civil, em seu art. 970[7], que "a lei assegurará tratamento favorecido, diferenciado e simplificado ao empresário rural e ao pequeno empresário, quanto à inscrição e aos efeitos daí decorrentes". Essa regra, como facilmente se pode perceber, não é capaz de trazer qualquer comando imediato quanto ao registro das pessoas nela indicadas, nem muito menos dispensá-las de realizá-lo. Na verdade, apenas enuncia um princípio que deverá ser observado pelo legislador. A dispensa do registro na Junta Comercial para o empresário rural deflui, efetivamente, da inteligência do art. 971 antes mencionado.

No que se refere aos pequenos empresários, estes passaram a ser definidos no art. 68 da Lei Complementar n. 123/2006. São, assim, os empresários individuais, devidamente registrados, caracterizados como microempresa que auferiram receita bruta anual de até R$ 81.000,00 (oitenta e um mil reais), batizados de microempreendedores individuais (MEI). Percebe-se que o registro é sempre obrigatório, sem o que não poderão ser enquadrados como microempresários, na forma do *caput* do art. 3º da citada lei complementar.

---

[7] A redação do art. 970 resultou de emenda do Senado. Originariamente, o seu texto, localizado no art. 973 do Projeto de Lei da Câmara, concebia expressamente a dispensa de inscrição ao empresário rural e ao pequeno empresário, o que restou prejudicado com a nova redação que lhe foi dada. Como referência histórica, vale a pena reproduzi-lo: "Art. 973. São dispensados de inscrição e das restrições e deveres impostos aos empresários inscritos: I – O empresário rural, assim considerado o que exerce atividade destinada à produção agrícola, silvícola, pecuária e outras conexas, como a que tenha por finalidade transformar ou alienar os respectivos produtos, quando pertinentes aos serviços rurais. II – O pequeno empresário, tal como definido em decreto, à vista dos seguintes elementos, considerados isoladamente ou em conjunto: *a*) Natureza artesanal da atividade. *b*) Predominância do trabalho próprio e de familiares. *c*) Capital efetivamente empregado. *d*) Renda bruta anual. *e*) Condições peculiares à atividade, reveladoras da exiguidade da empresa exercida".

Gozarão, tais quais os demais microempresários e empresários de pequeno porte[8], do benefício de simplificação das suas inscrições e eventuais alterações, dispensando-os os

---

[8] A definição de microempresa e empresa de pequeno porte deflui do art. 3º da Lei Complementar n. 123/2006, cabendo reproduzir os principais textos normativos que compõem o preceito: "Art. 3º Para os efeitos desta Lei Complementar, consideram-se microempresas ou empresas de pequeno porte a sociedade empresária, a sociedade simples, a empresa individual de responsabilidade limitada e o empresário a que se refere o art. 966 da Lei n. 10.406, de 10 de janeiro de 2002 (Código Civil), devidamente registrados no Registro de Empresas Mercantis ou no Registro Civil de Pessoas Jurídicas, conforme o caso, desde que: I – no caso da microempresa, aufira, em cada ano-calendário, receita bruta igual ou inferior a R$ 360.000,00 (trezentos e sessenta mil reais); e II – no caso da empresa de pequeno porte, aufira, em cada ano-calendário, receita bruta superior a R$ 360.000,00 (trezentos e sessenta mil reais) e igual ou inferior a R$ 4.800.000,00 (quatro milhões e oitocentos mil reais). § 1º Considera-se receita bruta, para fins do disposto no *caput* deste artigo, o produto da venda de bens e serviços nas operações de conta própria, o preço dos serviços prestados e o resultado nas operações em conta alheia, não incluídas as vendas canceladas e os descontos incondicionais concedidos. § 2º No caso de início de atividade no próprio ano-calendário, o limite a que se refere o *caput* deste artigo será proporcional ao número de meses em que a microempresa ou a empresa de pequeno porte houver exercido atividade, inclusive as frações de meses. [...] § 4º Não poderá se beneficiar do tratamento jurídico diferenciado previsto nesta Lei Complementar, incluído o regime de que trata o art. 12 desta Lei Complementar, para nenhum efeito legal, a pessoa jurídica: I – de cujo capital participe outra pessoa jurídica; II – que seja filial, sucursal, agência ou representação, no País, de pessoa jurídica com sede no exterior; III – de cujo capital participe pessoa física que seja inscrita como empresário ou seja sócia de outra empresa que receba tratamento jurídico diferenciado nos termos desta Lei Complementar, desde que a receita bruta global ultrapasse o limite de que trata o inciso II do *caput* deste artigo; IV – cujo titular ou sócio participe com mais de 10% (dez por cento) do capital de outra empresa não beneficiada por esta Lei Complementar, desde que a receita bruta global ultrapasse o limite de que trata o inciso II do *caput* deste artigo; V – cujo sócio ou titular seja administrador ou equiparado de outra pessoa jurídica com fins lucrativos, desde que a receita bruta global ultrapasse o limite de que trata o inciso II do *caput* deste artigo; VI – constituída sob a forma de cooperativas, salvo as de consumo; VII – que participe do capital de outra pessoa jurídica; VIII – que exerça atividade de banco comercial, de investimentos e de desenvolvimento, de caixa econômica, de sociedade de crédito, financiamento e investimento ou de crédito imobiliário, de corretora ou de distribuidora de títulos, valores mobiliários e câmbio, de empresa de arrendamento mercantil, de seguros privados e de capitalização ou de previdência complementar; IX – resultante ou remanescente de cisão ou qualquer outra forma de desmembramento de pessoa jurídica que tenha ocorrido em um dos 5 (cinco) anos-calendário anteriores; X – constituída sob a forma de sociedade por ações; XI – cujos titulares ou sócios guardem, cumulativamente, com o contratante do serviço, relação de pessoalidade, subordinação e habitualidade. § 5º O disposto nos incisos IV e VII do § 4º deste artigo não se aplica à participação no capital de cooperativas de crédito, bem como em centrais de compras, bolsas de subcontratação, no consórcio referido no art. 50 desta Lei Complementar e na sociedade de propósito específico prevista no art. 56 desta Lei Complementar, e em associações assemelhadas, sociedades de interesse econômico, sociedades de garantia solidária e outros tipos de sociedade, que tenham como objetivo social a defesa exclusiva dos interesses econômicos das microempresas e empresas de pequeno porte [...]".

§§ 1º e 2º do art. 9º[9] da aludida lei complementar de certas exigências a que estão submetidos os empresários em geral, não enquadrados, pois, como microempresas ou empresas de pequeno porte[10]. O MEI, aqui referido, consiste, portanto, em modalidade de microempresa[11-12].

---

[9] "Art. 9º O registro dos atos constitutivos, de suas alterações e extinções (baixas), referentes a empresários e pessoas jurídicas em qualquer órgão dos 3 (três) âmbitos de governo, ocorrerá independentemente da regularidade de obrigações tributárias, previdenciárias ou trabalhistas, principais ou acessórias, do empresário, da sociedade, dos sócios, dos administradores ou de empresas de que participem, sem prejuízo das responsabilidades do empresário, dos titulares, dos sócios ou dos administradores por tais obrigações, apuradas antes ou após o ato de extinção. § 1º O arquivamento, nos órgãos de registro, dos atos constitutivos de empresários, de sociedades empresárias e de demais equiparados que se enquadrarem como microempresa ou empresa de pequeno porte bem como o arquivamento de suas alterações são dispensados das seguintes exigências: I – certidão de inexistência de condenação criminal, que será substituída por declaração do titular ou administrador, firmada sob as penas da lei, de não estar impedido de exercer atividade mercantil ou a administração de sociedade, em virtude de condenação criminal; II – prova de quitação, regularidade ou inexistência de débito referente a tributo ou contribuição de qualquer natureza. § 2º Não se aplica às microempresas e às empresas de pequeno porte o disposto no § 2º do art. 1º da Lei n. 8.906, de 4 de julho de 1994 [...]."

[10] Especificamente, poderiam, ainda, desfrutar, esses pequenos empresários, de certas vantagens previdenciárias e trabalhistas temporárias, previstas no art. 53 da Lei Complementar n. 123/2006, instituídas como fonte de estímulo ao exercício da atividade formal. Contudo, foi o citado preceito revogado pela Lei Complementar n. 127/2007. O texto vinha assim redigido: "Art. 53. Além do disposto nos arts. 51 e 52 desta Lei Complementar, no que se refere às obrigações previdenciárias e trabalhistas, ao empresário com receita bruta anual no ano-calendário anterior de até R$ 36.000,00 (trinta e seis mil reais) é concedido, ainda, o seguinte tratamento especial, até o dia 31 de dezembro do segundo ano subsequente ao de sua formalização: I – faculdade de o empresário ou os sócios da sociedade empresária contribuir para a Seguridade Social, em substituição à contribuição de que trata o *caput* do art. 21 da Lei n. 8.212, de 24 de julho de 1991, na forma do § 2º do mesmo artigo, na redação dada por esta Lei Complementar; II – dispensa do pagamento das contribuições sindicais de que trata a Seção I do Capítulo III do Título V da Consolidação das Leis do Trabalho – CLT, aprovada pelo Decreto-Lei n. 5.452, de 1º de maio de 1943; III – dispensa do pagamento das contribuições de interesse das entidades privadas de serviço social e de formação profissional vinculadas ao sistema sindical, de que trata o art. 240 da Constituição Federal, denominadas terceiros, e da contribuição social do salário-educação prevista na Lei n. 9.424, de 24 de dezembro de 1996; IV – dispensa do pagamento das contribuições sociais instituídas pelos arts. 1º e 2º da Lei Complementar n. 110, de 29 de junho de 2001. Parágrafo único. Os benefícios referidos neste artigo somente poderão ser usufruídos por até 3 (três) anos-calendário".

[11] O instituto do MEI traduz-se em política pública, cujo escopo é promover a formalização de pequenos empreendimentos realizados pela pessoa natural, que se qualifica como empresária à luz do art. 966 do Código Civil, e se enquadra como microempresa, proporcionando sua inclusão social e previdenciária. A formalização do MEI, destarte, não tem caráter eminentemente econômico ou fiscal, como vem, inclusive, declarado na própria legislação.

[12] Supervenientes alterações legislativas ampliaram as hipóteses de enquadramento do MEI. Assim é que, como MEI, podem ser compreendidos os empreendedores que exerçam as atividades de industrialização, comercialização e prestação de serviços no âmbito rural, os

Em especial, o pequeno empresário (MEI) encontra-se dispensado da exigência de escrituração e de levantamento anual de balanços patrimonial e de resultado econômico, nos moldes do art. 1.179 do Código Civil (art. 68 da Lei Complementar n. 123/2006 c/c o § 2º do art. 1.179 do Código Civil). Dessa obrigação não escapam os demais empresários, ainda que enquadrados como microempresa, mas não caracterizados como pequenos empresários (MEI)[13].

2.6. REQUISITOS PARA A AQUISIÇÃO DA CONDIÇÃO JURÍDICA DE EMPRESÁRIO

À vista das disposições trazidas pelo Código Civil de 2002 e dos princípios que delas se podem extrair, sustentamos que a condição jurídica de empresário individual reclama a concorrência dos seguintes requisitos: exercício profissional de atividade própria de empresário, tal qual definida no art. 966, e capacidade.

A qualificação do empresário, e isto não é restrito aos individuais, decorrerá, necessariamente, do efetivo exercício profissional da atividade econômica organizada para a produção ou circulação de bens ou de serviços. É a partir desse exercício que alguém pode obter a qualidade jurídica de empresário individual ou de sociedade empresária.

A outra condição para o empresário individual consiste na capacidade (art. 972). Toda pessoa é capaz de direitos e deveres na ordem civil, iniciando-se a personalidade civil a partir do nascimento com vida e terminando a existência da pessoa natural com a morte. Contudo, para que se adquira plena capacidade, o Código Civil exige dezoito anos completos, quando, então, fica a pessoa natural habilitada à prática de todos os atos na vida civil, podendo, dessa maneira, exercer profissão de empresário. Portanto, como regra de princípio, toda pessoa maior de dezoito anos e que não seja incapaz relativamente a certos atos ou à maneira de os exercer, independentemente de sexo, estado civil e nacionalidade, pode, pelo exercício de atividade econômica organizada para a produção ou circulação de bens ou serviços, constituir-se como empresário.

Tem-se, assim, que o incapaz não pode exercer atividade empresarial, não podendo ser enquadrado como empresário.

---

executores de atividades de comercialização e processamento de produtos de natureza extrativista, o transportador autônomo de cargas, bem como aqueles que exerçam as atividades que venham a ser estabelecidas pelo Comitê Gestor do Simples Nacional (CGSN), como forma de evitar a fragilização das relações de trabalho (§ 1º do art. 18-A e art. 18-F da Lei Complementar n. 123/2006).

[13] Cumpre ressaltar que nem todo microempresário é pequeno empresário, para os fins do Código Civil.

Resta-nos, dentro desse prisma, verificar, em complementação, a posição do menor e a do curatelado.

2.6.1. *O MENOR*

O Código Civil permanece a distinguir os menores absoluta e relativamente incapazes (arts. 3º e 4º). O primeiro grupo, integram os menores de dezesseis anos; e, o segundo, os maiores de dezesseis e menores de dezoito anos. Contudo, o menor relativamente incapaz pode adquirir plena capacidade antes de completar dezoito anos. As hipóteses que permitem a aquisição prematura da capacidade encontram-se definidas no parágrafo único do art. 5º. Cessa a incapacidade por concessão dos pais, ou de um deles na falta do outro, mediante instrumento público; por sentença após oitiva do tutor; pelo casamento; pelo exercício de emprego público efetivo; pela colação de grau em curso de ensino superior; e pelo estabelecimento civil ou comercial, ou ainda pela existência de relação de emprego, desde que, em função deles, o menor tenha economia própria. Economia própria, como anota Rubens Requião[14], "é o estado econômico de independência do menor, que decorre da propriedade de bens que o mesmo adquire proveniente de seu trabalho, de herança não administrável pelo pai ou alguma doação ou legado nessas condições". Tendo a disposição de tais bens e se estabelecendo em exercício profissional, o menor passa a adquirir plena capacidade, como conclui o citado autor, escrevendo, ainda, sob a égide do Código Civil de 1916, mas cujos conceitos doutrinários permanecem plenamente aplicáveis à nova ordem introduzida. O estabelecimento com economia própria é uma questão de fato e, como tal, pode ser comprovado por todos os meios lícitos de prova.

Estando emancipado o menor, fica-lhe permitido exercer a atividade de empresário e, como tal, ser qualificado, visto que passa a estar em pleno gozo da capacidade civil (art. 972), devendo a prova da emancipação ser levada a registro na Junta Comercial.

A questão por ora a enfrentar reside em saber se o menor emancipado empresário estará sujeito à falência.

O revogado Decreto-Lei n. 7.661/45, com o intuito de afirmar a possibilidade de declaração da falência de certas pessoas e figura (espólio) que estariam em posição particularizada, capaz de gerar dúvidas sobre o cabimento ou não da falência, tratava de explicitar poder ser ela decretada em relação ao menor, com mais de dezoito anos, que mantivesse estabelecimento comercial com economia própria (inciso II do art. 3º).

A regra se justificava ao tempo de sua edição, porquanto a maioridade civil se dava a partir dos 21 anos.

---

[14]　Ob. cit., p. 87.

Sob o império do Código de 1916 escreveu Requião[15]:

> A Lei de Falência, no art. 3º, II, determina que pode ser declarada a falência do menor, com mais de dezoito anos, que mantenha estabelecimento comercial com economia própria. Há um descompasso entre as normas, a esse respeito, do Código Civil e as da Lei de Falências. O menor relativamente incapaz (dezesseis a vinte e um anos) adquire capacidade se houver estabelecido com economia própria, tornando-se empresário comercial aos dezesseis anos de idade, segundo o preceito civil (art. 9º, § 1º, V); mas a Lei de Falências só o admite falido se tiver mais de dezoito anos. Existe, consequentemente, um período vazio, entre os dezesseis e dezoito anos de idade, durante o qual o menor sendo empresário comercial não estará sujeito à falência.

Na verdade, a regra do inciso II sob foco vinha motivada pelo entendimento, predominante na doutrina e na jurisprudência, segundo o qual a emancipação do menor pelo estabelecimento comercial com economia própria exigia dezoito anos cumpridos[16], embora sempre nos pareceu de melhor ciência o argumento sustentado por Requião,

---

[15] *Curso de direito falimentar*, 1º vol., 17. ed., p. 50.

[16] Trajano de Miranda Valverde: "Tanto os absoluta, como os relativamente incapazes não podem ser comerciantes, pelo que também não podem incidir em falência. Todavia o menor (filho-família), com mais de 18 anos, pode ser autorizado a comerciar. Essa autorização difere da emancipação, pela qual o menor, com 18 anos cumpridos, adquire a maioridade, seja por concessão de quem lhe pode dar, seja porque mantém estabelecimento civil ou comercial com economia própria" (*Comentários à Lei de Falências*, 1º vol., 1948, n. 28, p. 50). Nelson Abrão: "Devemos tornar claro que não vemos no dispositivo qualquer divergência entre a lei comum (Código Civil) e a especial (de Falências). Isto porque entendemos que a emancipação concedida pelo art. 9º, V, do Código Civil ao menor 'pelo estabelecimento civil ou comercial' se refere àquele com dezoito anos cumpridos, não bastando que seja relativamente incapaz (dezesseis anos em diante). A interpretação está em harmonia com os demais incisos do referido art. 9º, segundo os quais nenhuma hipótese de cessação da incapacidade pode ocorrer antes dos dezoito anos (salvo excepcionalmente para a mulher que se casa a partir dos dezesseis). Exegese diferente levaria ao ilogismo de admitir-se empresário, mesmo de direito, não sujeito à falência" (*Curso de direito falimentar*, 1978, n. 12, p. 18). Silva Pacheco: "A jurisprudência sobre o comércio do menor tem-se manifestado no sentido de que para que cesse a incapacidade do menor, por efeito do estabelecimento comercial com economia própria, é necessário o atingimento da idade de 18 anos, exigida para a habilitação do comerciante (cf., p. ex.: Ac. 6ª Câm., TJ do antigo DF, rel. Des. Pontes de Miranda, *Rev. de Direito*, 104/398)" (*Processo de falência e concordata*, 12. ed., p. 138 e 139). Eunápio Borges: "A atual Lei de Falências (Dec.-Lei n. 7.661, de 21 de junho de 1945) pôs termo à controvérsia ao dispor em seu art. 3º, n. II, que 'pode ser declarada a falência do menor, com mais de dezoito anos, que mantém estabelecimento comercial, com economia própria'. Isto é, a Lei de Falências, revogando em parte o n. 3 do art. 1º do Código Comercial, tornou dispensável a autorização paterna para o menor tornar-se comerciante se, tendo mais de 18 anos, ele mantiver estabelecimento comercial, com economia própria. Dispensada assim a autorização prévia, mas exigida a idade mínima de 18 anos, não há mais lugar para as dúvidas e incertezas que apontamos: nos termos do n. V do § 1º do art. 9º do Código Civil ficará emancipado, não o menor de qualquer idade, mas unicamente aquele que, com ou sem a autorização paterna, tendo mais de 18 anos, mantiver estabelecimento comercial com economia própria" (Ob. cit., p. 136).

anteriormente transcrito, concluindo pela emancipação do menor entre dezesseis e 21 anos, em face dos expressos termos do inciso V do § 1º do art. 9º do Código Civil de 1916, que não autorizava a restrição.

À luz do Código de 2002, podia-se concluir, como afirmávamos em edições anteriores, que a regra do inciso II do art. 3º da antiga Lei Falimentar não mais se sustentava, uma vez que aos dezoito anos cessa a menoridade. Passou a ser norma vazia de conteúdo e fundamento e, desse modo, inaplicável, tal qual já se tinha em relação ao inciso III do mesmo preceito[17], a partir do advento da Lei n. 4.121/62, quando a mulher casada foi considerada plenamente capaz, não mais necessitando de outorga marital para exercer o comércio. Sustentávamos, assim, dentro dessa ordem de ideias, que o menor relativamente incapaz, se emancipado, estando no pleno gozo da capacidade civil, podendo exercer atividade de empresário e como tal ser considerado, estaria sujeito à falência, a partir do disposto no art. 1º do Decreto-Lei n. 7.661/45, não mais existindo o óbice que se encontrava no inciso II do art. 3º daquele mesmo Diploma.

A Lei n. 11.101/2005 não aborda, de modo expresso, a questão do menor que se emancipa pelo estabelecimento com economia própria, estando sua submissão ao procedimento falimentar arrimada na regra geral de sujeição passiva insculpida em seu art. 1º, na medida em que passa a qualificar-se como empresário.

Não nos sensibiliza o eventual argumento no sentido de que o menor emancipado empresário não seria sujeito passivo de falência, porque não responderia por crime falimentar. A inimputabilidade penal não pode servir de amparo a tal conclusão. As órbitas jurídicas são distintas; os bens jurídicos tutelados, diversos. A falência afigura-se como uma solução judicial à situação jurídica de insolvência do empresário, sem condições de obter recuperação, promovendo a liquidação do seu patrimônio insolvente entre os credores, alinhados segundo uma ordem legal de preferência. Essa finalidade deve ser prestigiada independentemente de estar ou não o sujeito passivo apto a responder por crime falimentar. Porque diversas as órbitas jurídicas, civil e penal, permite a lei que o menor emancipado se qualifique como empresário, apesar de encontrar-se imune a qualquer responsabilização penal. O exercício da atividade de empresário pelo menor, como curial, poderá resultar na prática de diversos crimes, como aqueles contra a economia popular e as relações de consumo, sem falar nos de emissão de duplicatas frias, estelionato e outras fraudes. Nem por isso o menor emancipado fica tolhido de exercer a atividade empresarial, apesar de, repita-se, ser penalmente inimputável. Ao revés, o Código Civil de 2002 o autoriza a como empresário se estabelecer.

---

[17] "Art. 3º Pode ser declarada a falência: [...] III – da mulher casada que, sem autorização do marido, exerce o comércio por mais de 6 (seis) meses, fora do lar conjugal."

No que pertine à recuperação, entretanto, a ela não faz jus o menor emancipado. Não em razão da circunstância ligada diretamente à sua condição. A vedação resulta de requisito genericamente estabelecido em lei: exigência de exercício regular da atividade empresarial há mais de dois anos (art. 48 da Lei n. 11.101/2005). Por questões concretas, não terá o menor emancipado empresário condições de atender à exigência legal. Isso se verifica não só na recuperação judicial, como também na extrajudicial, a qual obedece às mesmas condições preliminares daquela (art. 161 da Lei n. 11.101/2005).

2.6.2. *O CURATELADO*

Os curatelados são incapazes relativamente a certos atos ou à maneira de os exercer. São eles: a) os ébrios habituais; b) os viciados em tóxico; c) aqueles que, por causa transitória ou permanente, não puderem exprimir sua vontade; e d) os pródigos.

Encontram-se, pois, os curatelados obstados de exercer a atividade de empresário e, por lógico, de iniciar o seu exercício.

2.6.3. *CONTINUAÇÃO DA EMPRESA PELO INCAPAZ*

O curatelado, ainda que por meio de seu curador, sem dúvida, não pode iniciar a atividade empresarial que não exercia, como antes afirmado. Contudo, se a sua relativa incapacidade aflorar no curso do exercício da atividade de empresário, poderá ser dada continuidade à empresa por ele antes exercida enquanto capaz?

A matéria, que no direito anterior ao atual Código Civil gerava polêmica na doutrina, passou a ser legalmente admitida, em total prestígio à teoria da preservação da empresa, reconhecida como um organismo vivo, de múltiplas relações com terceiros, gerando empregos, recolhimento de tributos e promovendo a produção e distribuição de bens e serviços no mercado.

Dispõe o Código Civil, em seu art. 974, que o incapaz, por meio de representante ou devidamente assistido, poderá dar continuidade à empresa por ele antes exercida, enquanto capaz, ou ainda àquela exercida por seus pais ou pelo autor da herança.

O incapaz referenciado no preceito não se limita, como se extrai de sua parte final, à figura do curatelado. Em seu contexto devem estar também inclusos os menores não emancipados, que poderão, representados ou assistidos, dar continuidade à empresa exercida por seus pais falecidos ou, ainda, àquela de que tenham recebido a respectiva titularidade por força de sucessão hereditária.

Todavia, em todas as hipóteses, haverá necessidade de precedente autorização judicial para continuação da empresa, competindo ao juiz o exame das circunstâncias e dos riscos envolvidos. A autorização, quando concedida, o será em caráter precário, podendo ser a qualquer tempo revogada, após a oitiva dos pais, tutores ou representantes legais do menor ou do curatelado, conforme o caso, sem prejudicar, entretanto, os direitos adquiridos por terceiros.

Com o intuito de preservar o patrimônio do incapaz, o Código põe a salvo dos resultados da empresa os bens por ele já titulados ao tempo da sucessão ou da sujeição à curatela, desde que estranhos ao acervo utilizado para o exercício da atividade econômica, o que deverá constar do alvará de autorização. Tais bens, portanto, ficam imunes à ação dos eventuais credores.

A prova da autorização ou a da sua eventual revogação deverão ser levadas a registro na Junta Comercial.

Caso o representante ou assistente do incapaz seja pessoa legalmente impedida de exercer atividade própria de empresário, deverá ser nomeado, com a aprovação do juiz, um ou mais gerentes, fato esse que não exonerará o representante ou assistente das responsabilidades pelos atos dos gerentes nomeados. A nomeação de gerentes deverá ocorrer, outrossim, em todos aqueles casos em que o juiz entender ser conveniente.

O uso da nova firma, nesse ambiente de excepcionalidade e precariedade, competirá, conforme a situação, ao gerente; ou ao representante do incapaz; ou, ainda, a este próprio, quando puder ser para tal autorizado.

2.6.4. *A PESSOA COM DEFICIÊNCIA*

A Lei n. 13.146/2015, com o apelido de Estatuto da Pessoa com Deficiência, foi editada com o escopo de assegurar e promover a inclusão social e a cidadania da pessoa com deficiência, garantindo-lhe, em condições de igualdade, o exercício dos direitos e das liberdades fundamentais.

Para os fins da lei, considera-se pessoa com deficiência aquela que tem impedimento de longo prazo de natureza física, mental, intelectual ou sensorial, o qual, em interação com uma ou mais barreiras, pode obstruir sua participação plena e efetiva na sociedade em igualdade de condições com as demais pessoas (art. 2º da Lei n. 13.146/2015).

Os impedidos por causa transitória ou permanente de exprimir suas vontades são, como se anotou anteriormente, incapazes relativamente a certos atos ou à maneira de os exercer (art. 4º, III, do Código Civil) e sujeitos à curatela (art. 1.767, I, do Código Civil)[18]. E, à luz do aludido art. 2º do Estatuto, inserem-se no conceito de pessoa com deficiência.

---

[18] A curatela, que afetará apenas os atos relativos a direitos de natureza patrimonial e negocial, é medida extraordinária e proporcional às necessidades e às circunstâncias de cada caso (arts. 84 e 85 do Estatuto da Pessoa com Deficiência).

Mas não se pode perder de vista que nem toda pessoa com deficiência é incapaz relativamente. A pessoa com deficiência, de uma maneira geral, tem assegurado o direito ao exercício de sua capacidade (arts. 6º e 84 do Estatuto). Por isso, como regra de princípio, pode ser empresária. Esse acesso é vedado apenas àquelas pessoas com deficiência que se enquadrem como relativamente incapazes, assim entendidos os impedidos por causa transitória ou permanente de exprimir suas vontades.

À pessoa com deficiência no exercício de sua capacidade é facultada a adoção do processo de tomada de decisão apoiada (§ 2º do art. 84 do Estatuto e art. 1.783-A do Código Civil), pelo qual elege pelo menos duas pessoas idôneas, com as quais mantenha vínculo e goze de sua confiança, com o fim de que prestem apoio na tomada de decisão sobre os atos da vida civil e empresarial, fornecendo-lhe os elementos e informações necessários ao exercício de sua capacidade. O seu pedido de tomada de decisão apoiada será objeto de apreciação e pronunciamento judicial.

Nos moldes do § 4º do art. 1.783-A do Código Civil, a decisão tomada por pessoa apoiada terá validade e eficácia perante terceiros, sem qualquer restrição, desde que esteja inserida nos limites do apoio acordado que, a teor do § 1º do mesmo artigo, deve constar de termo judicialmente apresentado e chancelado pela pessoa com deficiência e seus apoiadores, o qual deverá, ainda, espelhar o prazo de vigência desse acordo.

Mas, em se tratando de exercício da empresa, sustentamos que, diante do regime de publicidade desenhado pelo sistema jurídico, o referido termo deverá ser levado a registro na Junta Comercial. Igualmente deverá ser levado a registro a eventual destituição do apoiador, a exclusão de sua participação no processo de tomada de decisão apoiada, a nomeação de substituto, além do próprio término do acordo firmado no referido processo.

O terceiro que mantenha relação negocial com a pessoa apoiada pode solicitar que os apoiadores contra-assinem os contratos e títulos, especificando, por escrito, sua função em relação ao apoiado (§ 5º do art. 1.783-A do Código Civil).

Havendo divergência de opiniões entre a pessoa apoiada e um dos apoiadores em relação a negócio jurídico que possa trazer risco ou prejuízo relevante, caberá ao Juiz, após a oitiva do Ministério Público, decidir sobre a questão (§ 6º do art. 1.783-A do Código Civil).

2.7. OS LEGALMENTE IMPEDIDOS DE EXERCER ATIVIDADE DE EMPRESÁRIO

No item anterior (2.6) enfrentamos os pressupostos para a qualificação jurídica de empresário e neles deixamos de contemplar a inexistência de impedimento legal para esse mister, por entendermos que a hipótese não se circunscreve nos requisitos necessários à obtenção da sua condição jurídica.

O legalmente impedido de exercer atividade empresarial não é incapaz. Assim, embora ao arrepio da proibição legal, se vier a exercê-la, responderá pelas obrigações contraídas (art. 973), o que revela não restar maculado pela pecha de nulidade o ato praticado pelo impedido, o qual, ao revés, mostra-se válido e eficaz.

Portanto, o exercício da atividade própria de empresário, malgrado a proibição legal, torna aquele que a realiza empresário, mas empresário irregular ou de fato.

Ante o insucesso na atividade, revelando-se insolvente, estará sujeito à falência (art. 1º da Lei n. 11.101/2005) e não fará jus à recuperação judicial (*caput* do art. 48 da Lei n. 11.101/2005) ou extrajudicial (*caput* do art. 161 da Lei n. 11.101/2005), além de, certamente, incorrer em crime falimentar (art. 178 da Lei n. 11.101/2005 c/c art. 1.181, *caput* e parágrafo único, do Código Civil de 2002).

Conveniências de cunho administrativo ou de ordem pública justificam a incompatibilidade de certas pessoas com o exercício da atividade própria de empresário. A violação dessa proibição implicará punições de ordem administrativa e criminal para o infrator.

Como de há muito já se tem assente, a questão da incompatibilidade deve estar adstrita a leis penais e administrativas, não devendo ser tratada na legislação comercial. Nessa trilha é que o Código Civil não se arvorou em buscar uma definição das atividades funcionais incompatíveis com o exercício da atividade de empresário.

A matéria encontra-se, como elucida Requião[19], atualmente regulada em leis esparsas, que vão "desde a Constituição Federal até os estatutos do funcionalismo civil e militar".

O Código Civil não inovou na espécie, sendo ainda atual, portanto, a enumeração apresentada pelo prefalado comercialista, formulada anteriormente ao vigente Código, a demonstrar que a proibição "atinge os governadores de Estado; funcionários públicos, sejam federais, estaduais ou municipais, nos termos dos respectivos estatutos; os militares da ativa das Três Armas; os magistrados; os corretores e leiloeiros; os cônsules; os médicos, em farmácias, drogarias ou laboratórios farmacêuticos".

O alcance desse impedimento legal, em princípio, impõe limitação apenas ao exercício individual da atividade de empresário (empresário individual) por parte daqueles que, em razão de função exercida ou por outro motivo ponderável, sofrem a proibição.

Sob esse prisma, salvo exceções expressamente capituladas em lei, podem ditas pessoas integrar uma sociedade empresária, na condição de sócios.

No caso do funcionário público (Lei n. 8.112/90, art. 117), o respectivo estatuto permite a sua participação como sócio cotista, comanditário ou acionista, vedando-lhe, entretanto, o exercício de cargo de administração.

---

[19] *Curso de direito comercial*, 1º vol., 24. ed., p. 94-95.

Os magistrados também poderão ser sócios cotistas ou acionistas, estando-lhes obstada a função de administrador, conforme disciplina a Lei Orgânica da Magistratura Nacional (Lei Complementar n. 35/79, art. 36, I e II).

Os militares, igualmente, podem participar de sociedade empresária limitada ou anônima, como cotistas ou acionistas, respectivamente, sem integrar a administração, consoante o Código Penal Militar (Decreto-Lei n. 1.001/69, art. 204).

O falido deve também integrar o rol daqueles que legalmente estão impedidos de exercer atividade de empresário.

A partir da decretação da falência, preceitua o art. 102 da Lei n. 11.101/2005, fica ele inabilitado para exercer qualquer atividade empresarial. Os efeitos se estendem até que se verifique o trânsito em julgado da sentença extintiva de suas obrigações. Entretanto, se foi condenado a crime previsto na Lei de Recuperação e Falência, é possível também decorrer como efeito dessa condenação a sua inabilitação, consoante prevê o inciso I do art. 181 daquela lei. Mas dito efeito não é automático. O juiz, ao proferir a sentença condenatória, deverá motivá-lo e declará-lo. Uma vez imposta a restrição, a inabilitação para o exercício de atividade empresarial perdurará até cinco anos após a extinção da punibilidade, podendo, contudo, antes cessar por força da reabilitação penal. Esta se realiza nos moldes do art. 94 do Código Penal[20].

Além da inabilitação acima contemplada, são, nas mesmas condições, também efeitos da condenação criminal, por crime previsto na Lei n. 11.101/2005, o impedimento para o exercício de cargo ou função de gestão – conselho de administração ou diretoria – nas sociedades simples e empresárias (Lei n. 11.101/2005, inciso II do art. 181; Código Civil, § 1º do art. 1.011; e Lei n. 6.404/76, § 1º do art. 147) e a impossibilidade de gerir o estabelecimento por mandato ou gestão de negócios (Lei n. 11.101/2005, inciso III do art. 181).

2.8. O REGISTRO COMO DECLARATÓRIO E NÃO CONSTITUTIVO DA CONDIÇÃO DE EMPRESÁRIO

Em capítulo próprio, cuidaremos do registro a que estão os empresários individuais e as sociedades empresárias obrigados.

---

[20] "Art. 94. A reabilitação poderá ser requerida, decorridos 2 (dois) anos do dia em que for extinta, de qualquer modo, a pena ou terminar sua execução, computando-se o período de prova da suspensão e o do livramento condicional, se não sobrevier revogação, desde que o condenado: I – tenha tido domicílio no País no prazo acima referido; II – tenha dado, durante esse tempo, demonstração efetiva e constante de bom comportamento público e privado; III – tenha ressarcido o dano causado pelo crime ou demonstre a absoluta impossibilidade de o fazer, até o dia do pedido, ou exiba documento que comprove a renúncia da vítima ou novação da dívida."

Preferimos, contudo, já aqui enfrentar a natureza e os efeitos desse registro: se declaratório ou constitutivo da condição de empresário.

Isso se justifica em razão de neste Capítulo (item 2.6), termos discorrido sobre as condições para a obtenção da qualidade jurídica de empresário.

Abordadas as condições, fixamos em dois elementos os pressupostos para a qualificação jurídica do empresário individual: capacidade e exploração efetiva e de forma profissional de atividade econômica organizada para a produção ou a circulação de bens ou de serviços, ressaltando que esse último se aplica a todo empresário (individual e sociedade empresária), não se restringindo às pessoas físicas empresárias.

Temos, assim, o registro como declaratório e não constitutivo da qualidade de empresário. O arquivamento dos atos constitutivos das firmas individuais ou das sociedades na Junta Comercial não assegura, pelo só efeito do registro, a condição de empresário que se verifica pelo exercício profissional da atividade que lhe é própria, tal qual definida no art. 966.

Da inscrição no Registro Público de Empresas Mercantis resulta a presunção de se ter alguém dedicado a exercer atividade própria de empresário. É uma prova *prima facie*, mas que pode ser elidida por prova mais robusta em sentido contrário.

Desse modo, se determinadas pessoas celebram contrato de sociedade, tendo por objeto o exercício de atividade própria de empresário, promovendo o arquivamento do respectivo instrumento na Junta Comercial, estará a sociedade, enquanto pessoa jurídica, constituída. Todavia, somente passará a ostentar a condição de empresária se efetivamente iniciar a exploração de seu objeto, abdicando da inatividade. Enquanto não entrar em operação o seu objeto, teremos a pessoa jurídica, a sociedade constituída, mas não uma sociedade empresária. Enquanto inativa, não estará submetida às regras próprias da sociedade empresária, pois essa qualidade só se adquire pelo efetivo exercício profissional da atividade econômica organizada, voltada à produção e à circulação de bens ou de serviços para o mercado. Não se sujeita, por exemplo, à falência, instituto reservado ao empresário. Seu estatuto jurídico, no caso de não entrar em atividade, será o mesmo das sociedades simples, ou seja, o do direito civil, apesar do registro efetivado perante a Junta Comercial. É a partir dessas regras que serão solucionados os eventuais conflitos que venham a surgir com o envolvimento da sociedade inativa.

Exemplifiquemos: uma sociedade é constituída mediante o arquivamento do seu contrato social na Junta Comercial, cujo objeto seria a venda de mobiliário (atividade própria de empresário). Previamente ao início da atividade, celebra contratos com fornecedores, contrato de locação do imóvel em que estará situado seu estabelecimento físico, contrata empregados e prestadores de serviços. Contudo, ante desentendimentos graves e repentinos havidos entre os dois sócios que a compõem, comprometendo a *affectio societatis*, a sociedade, no linguajar do comércio, não "abre as suas portas", não iniciando a realização do objetivo que inspirou a sua criação. Dos contratos celebrados pela pessoa jurídica, anteriormente à ativação de seu objeto, surgem créditos em favor de terceiros. Vencidas as dívidas, os credores poderão exigi-las da sociedade. Porém, não poderão requerer a sua falência com base na impontualidade (arts. 1º e 94, I, da Lei n. 11.101/2005), porquanto lhe falta a condição de empresária.

Reforça a tese de o registro ser simplesmente declaratório e não constitutivo da condição de empresário a existência das sociedades empresárias irregulares. Enquanto não inscritos os seus atos constitutivos na Junta Comercial, a sociedade não adquire personalidade jurídica, sendo nominada pelo Código de 2002 de sociedade em comum, que nada mais é do que a tradicional sociedade irregular ou de fato. Por exercerem atividade própria de empresário, são sociedades empresárias não personificadas, ditas irregulares. A condição de empresária não nasce do registro, mas sim do exercício de sua atividade. O registro é que lhe vai conferir a condição de sociedade empresária regular, atribuindo-lhe personalidade jurídica e certos privilégios.

Fábio Ulhoa Coelho[21] parece comungar dessa mesma opinião, ao anotar que "a principal sanção imposta à sociedade empresária que explora irregularmente sua atividade econômica, isto é, que funciona sem registro na Junta Comercial, é a responsabilidade ilimitada dos sócios pelas obrigações da sociedade".

As sociedades irregulares, desde que qualificadas como empresárias, que desempenham atividade econômica própria de empresário, estarão sujeitas à falência, nos termos do 105, IV, da Lei n. 11.101/2005. Encontram-se submetidas à falência justamente por serem sociedades empresárias.

O próprio Capítulo I do Título I do Livro II do atual Código, ao regular a caracterização e a inscrição do empresário, desmembrando os conceitos, demonstra a independência destes. A qualidade, a caracterização de alguém como empresário, pressupõe o exercício da atividade econômica (art. 966) e não o seu registro.

Quando define, no art. 982, a sociedade empresária como aquela que tenha por objeto o exercício de atividade própria de empresário sujeito a registro, faz referência expressa ao art. 967. Isso porque a lei expressamente quer indicar o tipo de registro a que estão obrigadas ditas sociedades, isto é, aquele realizado na Junta Comercial, em contraponto às sociedades simples, também sujeitas a registro, que se fará em outro órgão, o Registro Civil das Pessoas Jurídicas (art. 998), necessário para a aquisição da personalidade jurídica (art. 985). Portanto, a referência a "empresário sujeito a registro

---

[21] *Curso de direito comercial*, vol. 1, 6. ed., p. 74.

(art. 967)", contida no texto legal, não tem o condão de gerar a interpretação de que o registro na Junta Comercial seria condição para uma sociedade ser qualificada como empresária, mas sim indicar o tipo de registro e órgão competente, diferenciando-o do outro registro posto à disposição das sociedades não empresárias, que poderá ser até mesmo efetuado junto a um órgão de classe, como é o caso das sociedades de advogados, que devem ser inscritas na Ordem dos Advogados do Brasil – OAB (Lei n. 8.906/94, art. 15, § 1º). Por outro lado, a menção "empresário sujeito a registro" se faz também para diferenciar daqueles empresários que têm tratamento especial, não estando sujeitos a registro na Junta Comercial (art. 971), o que os coloca em posição peculiar, como se demonstrou no item 2.5 *supra*, submetidos ao regime do direito civil.

Não tem, reafirme-se, a indigitada menção ao registro no texto legal a finalidade de perfilhar o registro como pressuposto da condição de empresário.

Anote-se, em abono ao afirmado, que o Código, nos arts. 971 e 984, ao permitir o registro do empresário rural e da sociedade que exerce atividade própria de empresário rural no Registro Público de Empresas Mercantis, os equipara, respectivamente, ao empresário individual sujeito a registro na Junta Comercial e às sociedades empresárias, para fins de serem considerados juridicamente empresários, afastando-os do regime do direito civil, submetendo-os ao regime correspondente aos empresários e às sociedades empresárias.

O vocábulo "equiparar" utilizado no texto legal é proposital e quer traduzir o ato de dar tratamento igual, conceder à pessoa determinado tratamento já dispensado à outra. O registro não os constitui empresários, mas a ele os equipara, para fins de tratamento legal[22].

---

[22] O Superior Tribunal de Justiça tem perfilhado o seu entendimento pela natureza declaratória do registro. Confira-se, exemplificativamente, nesse sentido, o acórdão proferido pela Terceira Turma, por ocasião do julgamento do Recurso Especial n. 1.811.953/MT, valendo destacar os seguintes trechos de sua ementa: "3. A constituição do empresário rural dá-se a partir do exercício profissional da atividade econômica rural organizada para a produção e circulação de bens ou de serviços, sendo irrelevante, à sua caracterização, a efetivação de sua inscrição na Junta Comercial. Todavia, sua submissão ao regime empresarial apresenta-se como faculdade, que será exercida, caso assim repute conveniente, por meio da inscrição no Registro Público de Empresas Mercantis. 3.1. Tal como se dá com o empresário comum, a inscrição do produtor rural na Junta Comercial não o transforma em empresário. Perfilha-se o entendimento de que, também no caso do empresário rural, a inscrição assume natureza meramente declaratória, a autorizar, tecnicamente, a produção de efeitos retroativos (*ex tunc*). 3.2. A própria redação do art. 971 do Código Civil traz, em si, a assertiva de que o empresário rural poderá proceder à inscrição. Ou seja, antes mesmo do ato registral, a qualificação jurídica de empresário – que decorre do modo profissional pelo qual a atividade econômica é exercida – já se faz presente. Desse modo, a inscrição do empresário rural na Junta Comercial apenas declara, formaliza a qualificação jurídica de empresário, presente em momento anterior ao registro. Exercida a faculdade

A EMPRESA E O EMPRESÁRIO

Diante de todos os argumentos expostos, firmamos nosso convencimento de que as regras e os princípios delas resultantes, veiculadas pelo Código de 2002, não alteraram a natureza e o efeito do velho registro de comércio, permanecendo o caráter declaratório e não constitutivo da condição de empresário. O registro é uma obrigação imposta por lei ao empresário, mas não um pressuposto para a aquisição dessa qualidade.

2.9. O EMPRESÁRIO REGULAR

O empresário individual, para ostentar a condição de regular, passando a gozar de determinados privilégios legais, deve obedecer a dois requisitos: não estar legalmente impedido de exercer a atividade e encontrar-se registrado no Registro Público de Empresas Mercantis de sua sede, desempenhado pelas Juntas Comerciais.

Faltando qualquer desses elementos, ficará qualificado como empresário irregular ou de fato, mas será sempre considerado empresário, na medida em que for capaz e exercer atividade própria de empresário.

Em conclusão, podemos sistematizar os pressupostos para a obtenção da qualidade de empresário e aqueles que outorgam a condição de empresário regular. No primeiro grupo, encontram-se a capacidade e o exercício profissional de atividade privativa de empresário; no segundo, o registro e a inexistência de vedação legal para que o agente exerça a atividade econômica própria de empresário.

Sendo sociedade, a condição de empresária deriva do exercício profissional de atividade particular de empresário, e a regularidade advém do registro na Junta Comercial da respectiva sede.

---

de inscrição no Registro Público de Empresas Mercantis, o empresário rural, por deliberação própria e voluntária, passa a se submeter ao regime jurídico empresarial. 4. A finalidade do registro para o empresário rural, difere, claramente, daquela emanada da inscrição para o empresário comum. Para o empresário comum, a inscrição no Registro Público de Empresas Mercantis, que tem condão de *declarar* a qualidade jurídica de empresário, apresenta-se obrigatória e se destina a conferir-lhe *status* de regularidade. De modo diverso, para o empresário rural, a inscrição, que também se reveste de natureza declaratória, constitui mera faculdade e tem por escopo precípuo submeter o empresário, segundo a sua vontade, ao regime jurídico empresarial. 4.1. O empresário rural que objetiva se valer dos benefícios do processo recuperacional, instituto próprio do regime jurídico empresarial, há de proceder à inscrição no Registro Público de Empresas Mercantis, não porque o registro o transforma em empresário, mas sim porque, ao assim proceder, passou a voluntariamente se submeter ao aludido regime jurídico. A inscrição, sob esta perspectiva, assume a condição de procedibilidade ao pedido de recuperação judicial, como bem reconheceu esta Terceira Turma, por ocasião do julgamento do REsp 1.193.115/MT, e agora, mais recentemente, a Quarta Turma do STJ (no REsp 1.800.032/MT) assim compreendeu".

Capítulo 3

AS SOCIEDADES

3.1. AS PESSOAS JURÍDICAS DE DIREITO PRIVADO

As sociedades são pessoas jurídicas de direito privado. São também albergadas nesse gênero as associações e as fundações. A Lei n. 10.825, de 22 de dezembro de 2003, veio expressamente contemplar no rol do art. 44 do Código Civil as organizações religiosas e os partidos políticos. Portanto, todas elas se submetem ao regime do direito privado[1].

O traço característico das fundações consiste na dotação especial, por ato volitivo do instituidor, de bens livres, afetados ao fim por ele julgado relevante (art. 62 do Código Civil). Não se perfaz da conjugação de esforços pessoais para a consecução de objetivos comuns, tenham eles ou não conteúdo econômico. Revela-se na destinação de certos bens do instituidor que estarão vinculados à realização dos fins por ele determinados, que ficam circunscritos a a) assistência social; b) cultura, defesa e conservação do patrimônio histórico e artístico; c) educação; d) saúde; e) segurança alimentar e nutricional; f) defesa, preservação e conservação do meio ambiente e promoção do desenvolvimento sustentável; g) pesquisa científica, desenvolvimento de tecnologias alternativas, modernização de sistemas de gestão, produção e divulgação de informações

---

[1] A listagem do art. 44 do Código Civil não é taxativa, mas sim enunciativa das pessoas jurídicas de direito privado disciplinadas pelo Código. A esse grupo devem ser adicionados os denominados "serviços sociais autônomos", modalidade de pessoa jurídica de direito privado que recebe contribuições parafiscais, vinculada sua aplicação à missão legal que justificou a sua criação. Nos termos do art. 240 da Constituição Federal, com efeito, ficaram ressalvadas as contribuições compulsórias dos empregadores sobre a folha de salários, destinadas às entidades privadas de serviço social e de formação profissional vinculadas ao sistema sindical, de que são exemplos o SESI, o SENAI, o SESC e o SENAC. A Lei n. 12.441, de 11 de julho de 2011, aditou esse rol para nele integrar a figura jurídica da empresa individual de responsabilidade limitada – EIRELI, figura essa que foi suprimida do ordenamento jurídico positivo, por meio da Lei n. 14.195/2021.

e conhecimentos técnicos e científicos; h) promoção da ética, da cidadania, da democracia e dos direitos humanos; e i) atividades religiosas.

Já as sociedades, na sua versão pluripessoal[2], e associações exigem o concurso de esforços pessoais de seus componentes para a realização de fins que lhes são comuns. Ocorrerá a combinação de esforços e/ou recursos de seus integrantes para lograrem atingir um objetivo comum.

Distingue as sociedades das associações a finalidade econômica que inspira essa comunhão de esforços pessoais que mantém seus integrantes associados.

Nas associações, os integrantes não visam à partilha de lucro, mas sim a realizar objetivos de natureza cultural, recreativa, esportiva, filantrópica, política, entre outros. Dentro desse espírito, vem a definição do Código Civil, ao dispor que as associações são constituídas pela união de pessoas que se organizam para fins não econômicos, não havendo, inclusive, entre os associados direitos e obrigações recíprocos (art. 53). Isso não quer dizer, pois, que a pessoa jurídica não possa auferir rendimentos no desempenho de suas atividades, como aqueles advindos da prestação de serviços remunerados. O que não se admite é que esse ganho venha a remunerar o seu quadro social, devendo ser aplicado, exclusivamente, no desenvolvimento da própria atividade, ou seja, nos fins da própria entidade.

Nas sociedades, o ponto central da união de seus integrantes é a exploração de atividade com finalidade econômica, buscando a obtenção e divisão dos ganhos havidos nessa exploração. O que motiva a aproximação dos seus integrantes, chamados tecnicamente de sócios, é o escopo de partilhar lucros.

Constituem uma sociedade as pessoas que mutuamente se obrigam a combinar esforços ou recursos para lograr fins comuns, repartindo, entre si, os dividendos. A sociedade vai resultar da união de pessoas, físicas ou jurídicas, que, reciprocamente, obrigam-se a contribuir, com bens ou serviços, para o exercício proficiente de atividade econômica e a partilha, entre si, dos respectivos resultados (Código Civil, art. 981).

Sociedade não se confunde, pois, com associação. A doutrina já vinha reclamando a reserva da denominação "associação" para as sociedades de fins não econômicos. Contudo, pelo direito positivo anterior ao Código Civil de 2002, essa distinção não se justificava. Pelo contrário: o art. 16 do Código de 1916, no seu inciso I, não autorizava a discriminação.

---

[2] As sociedades podem ser pluripessoais, reunindo dois ou mais sócios, ou ser unipessoais, quando constituídas por um único sócio, como a sociedade limitada unipessoal, por exemplo (confiram-se o conceito de sociedade, no item 3.2 seguinte, e o tópico relativo à sociedade unipessoal, item 3.3.8, mais adiante).

O próprio Código Comercial, na parte agora revogada, em diversas passagens fazia uso do vocábulo "associação" para espelhar sociedade (*vide* exemplificativamente os revogados arts. 305, n. 5, 311, 319 e 325).

Justificava-se a utilização indiscriminada das expressões em função de o conceito de sociedade estar ontologicamente ligado ao de associação, dela derivando diretamente. Salientava Brunetti[3] que a sociedade está para a associação como a espécie está para o gênero.

Com efeito, a sociedade não deixa de ser uma modalidade de associação, na qual pessoas se reúnem com finalidade de explorar uma atividade econômica. Mas na técnica jurídica adotada pelo Código de 2002, os termos "associação" e "sociedade" querem impor definições autônomas de espécies do gênero pessoa jurídica de direito privado. A associação vem definida no art. 53; a sociedade, no art. 981, daí se tem que são tipificadas como entes jurídicos formalmente distintos.

Assim, pelo perfil traçado no direito positivo atual, a associação é um tipo específico de pessoa jurídica de direito privado da qual resulta a união de pessoas que se organizam para fins não econômicos; já a sociedade também se afigura como pessoa jurídica de direito privado, só que resultante da união de pessoas para a exploração de atividade ou atividades dotadas de fins econômicos, com o escopo de partilha de lucro entre os seus membros.

Não se pode mais, em nosso conceito, afirmar que no direito positivo brasileiro essas expressões continuam a ser sinônimas, a terem o mesmo significado relativo. Dissentimos, desse modo, da opinião de Fábio Ulhoa Coelho[4], para quem essa distinção continua a ser doutrinária.

As organizações religiosas, consoante o § 1º, introduzido no art. 44 do Código Civil pela citada Lei n. 10.825/2003, são de livre criação, organização, estruturação interna e funcionamento. Fica vedado ao Poder Público negar-lhes reconhecimento ou registro dos atos constitutivos e daqueles que se fizerem necessários ao seu funcionamento. Os partidos políticos, por sua vez, devem ser organizados e funcionar conforme o que vier exposto em lei específica (§ 3º do art. 44, instituído pela Lei n. 10.825/2003).

Desse modo, tanto as organizações religiosas quanto os partidos políticos, conquanto apresentem feição de associação, não estarão submetidos ao comando do *caput* do art. 2.031 das Disposições Finais e Transitórias do Código Civil de 2002, com a redação que lhe foi conferida pela Lei n. 11.127/2005, o qual impõe a adaptação das associações, sociedades e fundações, constituídas na forma das leis anteriores, às regras do

---

3   *Trattato del diritto società*, vol. I, p. 4.
4   Ob. cit., vol. 2, p. 13.

atual Código, como se pode inferir do parágrafo único que lhe foi introduzido pela já mencionada Lei n. 10.825/2003.

Por fim, neste tópico, impende ainda demonstrar a divisão das pessoas jurídicas de direito privado em duas categorias, delineadas a partir da origem dos recursos empregados para a sua formação. Temos, dessa feita, as categorias das estatais e das particulares, como bem acentua Fábio Ulhoa Coelho[5]. Naquelas, estariam compreendidas as sociedades de economia mista, empresas públicas constituídas para a exploração de atividade econômica e as fundações governamentais, porquanto são formadas exclusivamente ou com contribuição parcial de recursos derivados do Poder Público; já as particulares são o produto do investimento de capital de particulares. São a resultante do emprego de capital exclusivamente privado, isto é, que não provém da participação direta ou indireta do Poder Público.

3.2. CONCEITO DE SOCIEDADE

A par do que acima ficou estabelecido, podemos definir a sociedade, sob o pressuposto da pluralidade de sócios, como o resultado da união de duas ou mais pessoas, naturais ou jurídicas, que, voluntariamente, obrigam-se a contribuir, de forma recíproca, com bens ou serviços, para o exercício proficiente de atividade econômica e a partilha, entre si, dos resultados auferidos nessa exploração (sociedade pluripessoal).

Tem a formação da sociedade pluripessoal como elemento fundamental a *affectio societatis*, que se traduz pela vontade dos sócios de se unirem por um vínculo societário, realizando colaborações voluntárias, conscientes e ativas para a consecução de propósitos comuns, concernentes, em *ultima ratio*, na realização do fim social. Revela, por assim dizer, o estado de espírito de estarem unidos em sociedade, marcado pela convergência dos interesses em aceitar e suportar as áleas comuns, motivados por uma causa de grupo: participação nos lucros sociais. A *affectio societatis* emerge como uma singularidade subjetiva do contrato de sociedade.

Mas aquele conceito de sociedade classicamente consagrado à luz da tradição de nosso direito positivo deve ser revisto para também contemplar a visão de poder ser a sociedade o resultado, nas hipóteses previstas em lei, do ato de vontade de uma só pessoa (sociedade unipessoal). E isso porque a pluralidade de membros deixa de ser essência para formação de uma sociedade. A sociedade unipessoal não mais ostenta, pois, um caráter meramente temporário ou de restrita exceção no atual estágio de nosso ordenamento jurídico.

---

[5]   Ob. cit., p. 12.

A sociedade, nessa perspectiva que o ordenamento veio a lhe conferir, passa a ser um recurso jurídico que a eleva a uma estrutura patrimonial e organizativa autônomas. É marcada, assim, por um esquema organizativo/patrimonial, revelado por modelos disponibilizados pela lei para servir de instrumento ao desenvolvimento de iniciativas econômicas, função essa que subsiste quando integrada por uma coletividade de membros ou por um único sócio.

Destina-se, pois, não apenas a conjugar recursos e esforços dos sócios em prol do fim comum – propósito das sociedades pluripessoais –, mas também a servir de veículo de segregação patrimonial e, nos tipos societários mais utilizados no mercado (sociedade limitada e sociedade anônima), de limitação de responsabilidade – objetivos afinados tanto à pluralidade quanto à unicidade.

Em suma, a sociedade se manifesta como uma técnica de exploração da atividade econômica, adaptável tanto à pluralidade como à unicidade de sócios.

3.2.1. *INTERESSE, FIM E OBJETO SOCIAL*

O interesse social é revelado a partir do interesse comum aos sócios para a realização do fim social.

O fim social é o da obtenção de lucro, mediante a execução do objeto social.

O objeto social, por seu turno, consiste na atividade econômica de produção ou circulação de bens ou serviços realizada pela sociedade, com o propósito de lucro (Código Civil, arts. 966, 981 e 982). O objeto social é, desse modo, o conjunto de atividades econômicas que a sociedade explora ou pretende desenvolver, nos termos determinados no contrato social. A função primordial do objeto social é a de definir, portanto, o tipo de empresa ou atividade econômica a que a pessoa jurídica irá se dedicar para atingir o seu intuito final que é, essencialmente, o de gerar lucros para os sócios.

Considerado em sua acepção abstrata, o interesse social traduz-se, pois, na orientação de se alcançar a maximização dos lucros a partir da eficiente exploração do objeto social[6].

---

[6] O interesse social vem didaticamente resumido por Coutinho de Abreu, sendo oportuna a citação: "o interesse social há de ser interesse comum aos sócios (enquanto sócios): numa mesma sociedade, uns sócios (enquanto tais) terão normalmente interesses divergentes dos outros sócios – *v.g.*, quanto à participação nos órgãos sociais e à manutenção ou aumento das respectivas posições (e correspondente poder) na sociedade. O interesse social não é feito destas divergências de interesses. É feito, sim, da comunidade de interesses dos sócios. Mas não de qualquer comunidade. Ela só é qualificável como interesse social, quando se ligue à causa comum do acto constituinte da sociedade – que é, em regra (sabemos já), o escopo lucrativo (todo e qualquer sócio pretende lucrar participando na sociedade); qualquer outro interesse coletivo ou comum de que sejam titulares os sócios já não merece tal qualificação" (*Curso de direito comercial*: sociedades, 1999, p. 291-292).

3.3. ESPÉCIES DE SOCIEDADES: EMPRESÁRIA E SIMPLES

3.3.1. *DEFINIÇÃO*

Em função do seu objeto[7] ou da forma societária adotada, as sociedades podem ser de duas espécies: empresária ou simples[8].

---

[7] Jorge Lobo sustenta não ser possível diferenciar as espécies societárias em razão do objeto, sob o pálio de haver identidade do mesmo para ambas as sociedades: exploração de atividade econômica. Dessa maneira, propõe, como elemento diferenciador, o modo pelo qual se explora a atividade (*Sociedades limitadas*, vol. I, p. 20). Todavia, discordamos do insigne comercialista. Nossa leitura do Código Civil de 2002 não nos conduz a conclusão outra senão a de distinguir as sociedades empresárias das simples em função do objeto ou da forma. A distinção em função do objeto reside no tipo, na modalidade da atividade econômica desenvolvida pela pessoa jurídica, uma vez que, como temos sustentado desde a primeira edição desta obra, a exploração da atividade econômica e a partilha de lucros são a essência do conceito de sociedade trazido pela nova ordem. Mas a atividade econômica é um gênero que comporta várias espécies, diversas ramificações, as quais, estas sim, são a fonte de diferenciação do objeto das sociedades empresária e simples. E isso também se verificava no direito anterior ao atual Código, quando conviviam as sociedades mercantis e as civis com fim econômico ou lucrativo. Ambas as espécies também desempenhavam atividade econômica (as sociedades civis é que se dividiam em sociedades civis sem fim lucrativo e com fim lucrativo ou econômico), as quais se distinguiam, igualmente, em razão do objeto. Por outro lado, em abono à nossa tese, como seria qualificar as espécies societárias em decorrência da forma de exploração da atividade? Seria afirmar que a sociedade simples explora atividade econômica de forma não organizada? Ou seria o maior ou menor grau de organização da exploração da atividade econômica que serviria para a diferenciação? Nesse caso, qual seria o limite, a fronteira para qualificar as sociedades como empresária ou como simples? O critério não seria por demais discricionário e subjetivo, variando ao sabor da decisão política do órgão responsável pelo registro, o qual poderá ou não, segundo critério de convicção próprio, na mensuração do indigitado grau de organização, aceitar ou não o pedido de registro pretendido pela pessoa jurídica? Não estaria aí violando o princípio da segurança jurídica? Em razão da inexistência de elementos capazes de apresentar segura resposta a tais indagações e, mormente, em função dos conceitos que se extraem dos arts. 966 e 982 do Código Civil de 2002, é que repudiamos qualquer outra ideia senão a de diferenciar as sociedades em razão da forma ou do objeto. Nos termos do primeiro preceito, empresário é "quem exerce profissionalmente atividade econômica organizada para a produção ou a circulação de bens ou serviços"; pelo segundo, tirante expressas exceções, "considera-se empresária a sociedade que tem por objeto o exercício de atividade própria de empresário". Na definição do objeto da atividade própria de empresário se verifica incontestável amplitude no conceito legal, uma vez que a atividade econômica organizada para a produção de bens traduz atividade industrial; a organizada para a circulação retrata a atividade comercial em sentido estrito; e a produção ou intermediação de serviços diz respeito ao prestador de serviços em amplo sentido (aqui também incluídas as atividades financeiras). Sendo assim, seguindo a própria dicção do art. 982 mencionado, simples serão as demais, isto é, aquelas que desempenham atividades econômicas não enquadradas juridicamente como empresárias, como as de empresário rural (art. 984) ou as intelectuais de natureza científica, literária ou artística, desde que o exercício da profissão intelectual não constitua elemento de empresa (parágrafo único do art. 966). Qualquer distinção que não se paute em critérios objetivos de objeto e forma, para nós, reenfatize-se, é despida de alicerce legal, prejudicando a segurança jurídica necessária.

[8] Sobre essa divisão de espécies societárias adotada pelo Código Civil, confira-se a nossa análise crítica constante do capítulo intitulado Sociedades simples e empresárias: necessidade de uma revisão de conceitos. In: COELHO, Fábio Ulhoa; LIMA, Tiago Asfor Rocha; NUNES, Marcelo Guedes (Coord.). *Reflexões sobre o projeto de Código Comercial*. São Paulo: Saraiva, 2013. p. 425-436. No referido estudo, concluímos que o estágio atual de

A sociedade empresária é aquela que tem por objeto a exploração habitual de atividade econômica organizada para a produção ou a circulação de bens ou de serviços, sempre com o escopo de lucro. Explora, pois, de forma profissional a empresa, resultado da ordenação de capital, trabalho e tecnologia.

Do conceito, destacam-se três elementos essenciais: o profissionalismo, a organização e a produção ou a circulação de bens ou de serviços. O profissionalismo vem marcado pelo exercício habitual, com *expertise* e com o escopo lucrativo da atividade. A organização pressupõe a coordenação dos fatores de produção: capital, trabalho e tecnologia. E a produção ou a circulação de bens ou serviços revelam a natureza da atividade, que, assim, compreende as esferas industrial, comercial e de prestação de serviços (estes desde que de natureza não intelectual, conforme ressalva o parágrafo único do art. 966 do Código Civil).

A sociedade simples, ao revés do que afoitamente se possa pensar, também executa atividade econômica, e seus integrantes partilham, entre si, os resultados que venham a ser auferidos. Se assim não o fosse, não seria sociedade. A exploração de atividade econômica e a partilha dos lucros são próprias do conceito de sociedade.

A sociedade simples, segundo o perfil legislativo que lhe foi destinado, empreende atividades econômicas específicas. O ordenamento jurídico positivo é quem lhe reserva o objeto.

Algumas das antigas sociedades civis com fins econômicos se enquadram como sociedade simples, por força, repita-se, de reserva expressa do ordenamento jurídico positivo.

São exemplos de sociedade simples: as cooperativas (Código Civil, parágrafo único do art. 982), certas sociedades dedicadas à atividade agrícola ou pastoril (não se enquadrando aqui as indústrias agrícolas, porquanto a atividade de transformação, própria da indústria, já lhes confere a condição de sociedade empresária) e as sociedades de advogados (parágrafo único do art. 966 do Código Civil c/c arts. 15 e 16 da Lei n. 8.906/94).

As sociedades empresárias abrigam as antigas sociedades comerciais e inúmeras das antigas sociedades civis de fim econômico.

---

nosso ordenamento é irradiador de insegurança na distribuição dos regimes jurídicos entre empresários e não empresários, fator esse que intensamente se agrava na exploração da atividade econômica por sociedade. Cada vez é mais acentuada a ideia da necessidade de uma revisão de conceitos, notadamente no que concerne ao regime societário. A adoção da sociedade simples como espécie societária não se mostrou acertada, pela notória ineficiência em garantir um ambiente de negócios mais seguro e atrativo. Assim, sustentamos que o Projeto de um Código Comercial é oportunidade efetiva para se desenhar um novo sistema, que ao menos reduza esse campo de incertezas. E essa pode ser uma contribuição relevante para o mercado.

Assim, por exemplo, são sociedades empresárias as agências de viagens, os hospitais, as casas de saúde, as administradoras de imóveis e condomínios que no direito anterior se enquadravam como sociedades civis.

Em resumo, simples serão as sociedades que adotarem forma de cooperativa ou que exercerem objeto atinente à atividade própria de empresário rural ou executarem atividades definidas por lei como não empresariais, como as localizadas no parágrafo único do art. 966 do Código de 2002, situações que serão adiante abordadas.

3.3.1.1. SOCIEDADE DE PEQUENO PORTE

Os negócios de pequeno porte explorados pela pessoa jurídica não lhe conferem, por si sós, a condição de sociedade simples, ainda que predomine o trabalho pessoal e de familiares. A lei não apoia entendimento diverso.

A regra do art. 970 do Código Civil de 2002, por nós já analisado no item 2.5 do Capítulo 2, com a redação que lhe resultou da emenda sofrida no Senado, não deixa dúvida de que se estabelece como uma fonte de princípio a ser observado pelo legislador. Não dá suporte à dispensa do registro na Junta Comercial do pequeno empresário, não o excluindo, outrossim, da condição formal de empresário, fato que só se verifica em relação ao empresário rural, por força do estatuído no art. 971. No Projeto de Lei da Câmara é que se concebia a dispensa de inscrição do pequeno empresário, tal qual viesse a ser definido em decreto, à vista de certos elementos a serem considerados, tais como natureza artesanal da atividade, predominância do trabalho próprio e de familiares, capital empregado, renda bruta anual e exiguidade da empresa exercida. Mas a regra não foi transformada em lei.

A superveniente Lei Complementar n. 123/2006 corroborou esse entendimento, sustentado desde a primeira edição desta obra, ao definir o pequeno empresário no art. 68, o qual, ao enquadrá-lo como "o empresário individual caracterizado como microempresa na forma desta Lei Complementar", torna patente a exigência do registro, visto que somente ostentarão tal condição aqueles que estiverem devidamente registrados no Registro Público de Empresas Mercantis, consoante o art. 3º do mesmo diploma complementar.

Transpondo tais princípios legais para o ambiente societário, no qual, para se formar a pessoa jurídica, haverá a necessidade de registro, não vemos alicerce para o ponto de vista, por alguns defendido[9], de que os negócios de pequeno porte, explorados sob a forma de sociedade, dispensam, só por esse fato, o registro na Junta Comercial, para

---

[9] Nesse sentido, cf. Tavares Borba, *Direito societário*, 8. ed., item 4.5, p. 22, e item 34.4, p. 82.

permiti-lo perante o Registro Civil das Pessoas Jurídicas, adotando o ente jurídico a condição de sociedade simples, por estar excluído da condição de empresário. O tamanho da empresa não serve de parâmetro para o enquadramento societário. O *status* de sociedade empresária independe do porte do negócio. Não há na lei, repita-se, arrimo para conclusão diversa. Por isso, reafirmamos nosso entendimento de que a sociedade simples tem seu objeto reservado, de forma expressa, pelo ordenamento positivo, sendo as demais atividades econômicas, independentemente do seu porte, segundo as regras vigentes, próprias das sociedades empresárias[10].

Conduzindo o raciocínio para caminho diverso, chegar-se-ia, em seu extremo, à inarredável, porém absurda, conclusão de que a figura do empresário individual estaria, no plano da qualificação jurídica, com seus dias contados, sendo espécie à beira da extinção. Com efeito, a realidade da economia nacional aponta para o incontestável fato de que o empresário individual explora pequenos negócios; a sua empresa é de pequena monta. Ora, nem por isso deixa de qualificar-se juridicamente como empresário, à luz dos arts. 966 e 970 do Código Civil de 2002, e, posteriormente, com o reforço dos arts. 3º e 68 da Lei Complementar n. 123/2006. Se assim o é no plano individual, não há motivação legal concreta para concluir de maneira distinta no plano societário, no qual apenas ocorre alteração quanto ao sujeito que explora a empresa, ou seja, muda da pessoa natural para a pessoa jurídica.

Temos nos utilizado de interessante exemplo em nossas aulas e palestras para arrimar o raciocínio defendido. A situação que apropriamos confronta exploração de atividade econômica no mundo real, que se perfaz frente a frente na Lagoa Rodrigo de Freitas, zona sul da cidade do Rio de Janeiro, onde convivem vendedores de água de coco com suas padronizadas "carrocinhas", fornecendo sombra a partir dos guarda-sóis armados ao seu redor e descanso para seus clientes em cadeiras dispostas de frente para o espelho d'água, e os intitulados "quiosques", os quais se traduzem em mini bares e restaurantes dispostos na citada orla, servindo, em mesas e por garçons, comidas que se distinguem por especialidades, como árabe, japonesa, italiana, alemã, portuguesa etc. Para exercício de raciocínio, se tais "quiosques" fossem explorados por pessoas naturais, não se teria como deixar de classificá-las como empresárias, porquanto exercem atividade econômica organizada para a venda de alimentação, embora o porte do negócio seja reduzido, podendo favorecer-se, inclusive, do benefício do "SIMPLES NACIONAL", regulado pela Lei Complementar n. 123/2006 (arts. 12 a 41), programa de cunho eminentemente fiscal. Já aquelas pessoas que se credenciam junto à administração municipal para a

---

[10]   Cf. item 3.3.1 deste Capítulo, notadamente a nota nele lançada.

venda de água de coco em "carrocinhas", não se tem dúvida, trata-se de vendedores autônomos, não se estabelecendo, juridicamente, como empresários. Destarte, verificando-se a exploração pela pessoa jurídica da venda de refeição e bebida nos citados "quiosques", os quais, em grande número, apresentam, inclusive, música ao vivo como forma de atrair maior clientela, impõe-se a mesma conclusão: são os respectivos titulares da empresa de porte reduzido sociedades empresárias. A coerência de raciocínio é imperativa, sob pena de diferenciar situações semelhantes, para as quais a lei não prevê nem apoia tratamento diverso.

Confiando nessas premissas é que temos reafirmado nosso entendimento de que inexiste na lei amparo para a afirmação de que o negócio de pequeno porte é reservado ou próprio das sociedades simples. O advento da Lei n. 11.101/2005, de certo modo, já confirmava a exegese sustentada, ao disciplinar o plano de recuperação judicial para microempresas e empresas de pequeno porte, em seus arts. 70 a 72, instituto esse reservado a empresários e sociedades empresárias.

Se assim já sustentávamos anteriormente à edição da prefalada Lei Complementar n. 123/2006, a opinião, após sua vigência, somente veio a ser ratificada. Com efeito, são enquadrados como microempresa ou empresa de pequeno porte a sociedade empresária, a sociedade simples, a empresa individual de responsabilidade limitada e o empresário individual devidamente registrados no Registro Público de Empresas Mercantis ou no Registro Civil das Pessoas Jurídicas, conforme o caso, que se encaixem nos faturamentos previstos no seu art. 3º. Assim, o micro ou o negócio de pequena monta podem ser tanto explorados por sociedades empresárias quanto simples, não servindo o porte da empresa, desse modo, como fundamento a diferenciar as espécies societárias.

3.3.1.2. *HOLDING*

É frequente, no universo empresarial, a existência de sociedades formadas com o exclusivo escopo de titularizar participações societárias de outras sociedades (sociedades de participação). A titularização de cotas ou ações, com ânimo de controle, constitui, em si, o fim da *holding*[11], *revelando a sua atividade profissional. São elas, pois, sociedades empresárias.*

---

[11]   A *holding* é, portanto, uma sociedade de participação com o fim imediato de titularizar o controle de outra ou de outras sociedades. Pura é aquela *holding* cuja única atividade é controlar sociedades; mista ou operativa é aquela que desenvolve operações de natureza diversa (comerciais, industriais, financeiras etc.), além da atividade de controle. As sociedades de mera participação, por sua vez, são aquelas que não se preocupam com o controle, mas apenas com a formação e a administração de um patrimônio em ações ou quotas de outras sociedades (participações societárias), com a obtenção dos dividendos por elas distribuídos. O fim não é o controle, mas apenas a realização de investimentos.

Tullio Ascarelli[12], enfrentando o tema no Direito italiano, já apresentava primorosa lição, demonstrando existir atividades que podem ter caráter profissional para as pessoas jurídicas, as quais não podem tê-lo em relação à pessoa física, atividades essas que podem ser consideradas empresariais quando constituírem o fim da pessoa jurídica, apesar de não o poderem ser quando realizadas por uma pessoa natural, visto que não poderiam constituir a sua profissão. Seria ela, a pessoa física, nesse caso, encarada como um capitalista, um investidor, mas não um empresário.

Tavares Borba[13], inspirado na lição de Ascarelli, também comunga do entendimento, aduzindo que a pessoa jurídica, nessas condições, seria empresária, "uma vez que sociedade se reveste sempre e necessariamente, em suas atividades, de uma conotação profissional". A organização e o caráter profissional da atividade seriam, destarte, os elementos reveladores da atividade empresarial. Os sócios não serão operadores diretos de uma atividade intelectual de natureza científica, literária ou artística (parágrafo único do art. 966 do Código Civil de 2002)[14], pois essa não é a atividade-fim exercida pela

---

[12] Pela relevância do tema e pela ciência de sua doutrina, afigura-se pertinente e útil transcrever os dizeres de Ascarelli em sua íntegra: "La profesionalidad está entonces implícita en el hecho de que la realización de la actividad constituye el fin de la persona jurídica. Por ello, pueden tener carácter profesional para las personas jurídicas y las colectividades organizadas actividades que no pueden tenerlo respecto de la persona física, actividades que así podrán ser consideradas empresarias cuando constituyan el fin de la persona jurídica o de la colectividad, mientras que no podrían serlo cuando fueran realizadas por una persona física, porque no podrían constituir la profesión de está. Así el propósito de invertir el proprio patrimonio en actividades encaminadas a la producción o al intercambio puede ser suficiente para atribuir al ente que se lo proponga la calificación de empresario, mientras la inversión no podría constituir la "profesión" de una persona física. Puesto que, como veremos, una sociedad puede ser socia de otra (fenómeno ahora corriente) existen incluso sociedades (a mi juicio empresarios, o aún mejor empresarios mercantiles) que precisamente se proponen el fin de invertir el propio patrimonio en acciones o cuotas de otras sociedades sin ejercer directamente una actividad de producción o intercambio (y se habla a este respecto de *holding*) ya para someter éstas al propio control (lo que podrá suceder cuando la inversión en la sociedad 'hija' sea suficiente para controlarla, planteándose los problemas propios de la lucha contra los monopolios) ya independientemente de este fin (por ejemplo, para conseguir los fines de un 'sindicato' de acciones o para concentrar en una sociedad que entonces tendría carácter familiar o incluso unipersonal, varias inversiones) o para permitir a los propios socios (en tal hipótesis se habla a veces de *investment trust* refiriéndose a una institución anglosajona, encaminada a la concentración de fondos para inversiones después representadas por títulos especiales y separados del capital social del gestor), conseguir indirectamente una subdivisión de la propia inversión en actividades diversas (y respecto de las sociedades que ejercen una actividad de inversión pueden plantearse problemas análogos a los que se plantean para las empresas de crédito, dado el carácter de intermediación en la financiación que éstas realizan)" (*Iniciación al estudio del derecho mercantil*, p. 174-175).

[13] *Direito societário*, 8. ed., p. 14.

[14] Cf. item 3.3.4 deste Capítulo.

pessoa jurídica, embora possam atuar como dirigentes ou administradores da sociedade. Daí se afastar o seu enquadramento como sociedade simples.

Pelas mesmas razões de fundo é que, igualmente, deve ser considerada empresária a sociedade titular de vários imóveis, cujo objeto principal ou exclusivo consista na administração de seu patrimônio. Não são raros os casos em que os sócios, visando a uma melhor organização patrimonial e benefícios tributários, transferem seu patrimônio imobiliário para a sociedade, a título de integralização do capital social, trocando, assim, a propriedade imóvel pelo domínio de ações ou cotas sociais. A sociedade tem como fim precípuo a administração desse patrimônio, constituindo sua atividade profissional, economicamente organizada, percebendo os sócios, a título de lucro, os ganhos por ela auferidos no desempenho do seu objeto.

3.3.2. *ADOÇÃO DA FORMA DE SOCIEDADE POR AÇÕES*

A sociedade por ações, independentemente de seu objeto, será sempre considerada empresária (parágrafo único do art. 982 do Código Civil). Portanto, a adoção da forma de sociedade anônima ou de sociedade em comandita por ações imprimirá à sociedade a qualidade de empresária. As sociedades por ações são sociedades empresárias em função da forma, independentemente de seu objeto. Manteve, em essência, o Código Civil de 2002 o princípio já consagrado na Lei n. 6.404/76 (§ 1º do art. 2º), que considerava mercantil a sociedade que adotasse a forma de sociedade anônima.

3.3.3. *SOCIEDADE QUE EXERCE ATIVIDADE RURAL*

A sociedade que tenha por objeto o exercício de atividade própria de empresário rural é, em princípio, uma sociedade simples, submetida ao regime do direito civil.

Desse enquadramento logo se afasta aquela sociedade que se constitua sob a forma de sociedade por ações, por ser o caráter empresarial a ela inerente.

Também não será simples a sociedade que se dedique à atividade de agroindústria, pois a atividade industrial que pressupõe a produção ou transformação de bens ou produtos lhe imprime a feição empresarial.

Afora as exceções já assinaladas, permite o Código (art. 984) que, se a sociedade vier a ser constituída segundo um dos tipos de sociedade empresária (daí logicamente excluídas as formas de sociedade anônima e de sociedade em comandita por ações) ou se operar sua transformação para adotar um desses tipos, poderá requerer inscrição no Registro Público de Empresas Mercantis de sua sede, a cargo das Juntas Comerciais, em substituição ao registro que lhe seria peculiar – Registro Civil de Pessoas Jurídicas – e, a partir da efetiva inscrição, ficará equiparada, para todos os efeitos, à sociedade empresária. Esse requerimento depende do consentimento de todos os sócios (parágrafo único do art. 984 c/c art. 1.114).

3.3.4. *AS ATIVIDADES ELENCADAS NO PARÁGRAFO ÚNICO DO ART. 966*

O art. 966 do Código Civil de 2002, pautado no exercício individual da empresa, define em seu *caput* a figura do empresário. Entretanto, no seu parágrafo único, elencou certas atividades cujo exercício, ainda que com fim econômico, não qualificaria o seu agente como empresário. Desse modo, o Código não considera empresário quem exerce profissão intelectual, de natureza científica, literária ou artística, ainda que com o concurso de auxiliares ou colaboradores, salvo se o exercício da profissão constituir elemento de empresa.

Os médicos, advogados, arquitetos, engenheiros, químicos, farmacêuticos (profissão intelectual de natureza científica), escritores (natureza literária), músicos, profissionais dedicados ao desenho artístico ou de modas, fotógrafos (natureza artística), por exemplo, não são considerados, em princípio, empresários. Os serviços ou bens produzidos resultam da simples atuação intelectual do profissional, carecendo da organização dos fatores de produção.

No âmbito das sociedades, aquelas de caráter uniprofissional também estariam à margem da qualidade de empresárias, sendo, pois, simples. Os seus sócios são os operadores diretos da atividade intelectual na qual se exaure o seu fim.

Mas tanto o profissional pessoa física quanto a sociedade que exerce profissão intelectual, de natureza científica, literária ou artística poderão vir a se qualificar, como se disse, empresários, caso o exercício da profissão venha a constituir elemento de empresa.

Estudaremos o tema sob a ótica das sociedades, criando exemplificações, a fim de buscar definir em que circunstâncias a sociedade seria empresária e não simples, apesar de seu objeto prever o exercício de profissão intelectual. Essa preferência se deve ao fato inconteste de que nas sociedades a questão terá contorno prático de maior intensidade.

As sociedades de advogados, como já foi dito nesta obra, serão sempre sociedades simples, de categoria especial, uma vez que a Lei n. 8.906/94 já definiu o seu perfil. Impõe o registro de seus atos constitutivos na Ordem dos Advogados do Brasil, perante o Conselho Seccional em cuja base territorial tiver sede; efetivado o registro, adquire a sociedade personalidade jurídica (§ 1º do art. 15). Seu objeto estará sempre limitado à prestação de serviços de advocacia por seus membros (*caput* do art. 15 e *caput* do art. 16), devendo as procurações ser individualmente outorgadas aos advogados, e não à sociedade, a qual será apenas indicada nos respectivos instrumentos (§ 3º do art. 15), vedando-se, ainda, que um sócio integre mais de uma sociedade com sede ou filial na mesma área territorial do respectivo Conselho Seccional (§ 4º do art. 15). Assim, em relação a tais sociedades, serão primeiramente aplicáveis as regras da legislação especial

(Lei n. 8.906/94 e o Regulamento Geral) e, supletivamente, no que não conflitar, as disposições do Código Civil relativas às sociedades simples[15].

Tomemos a hipótese da sociedade de profissionais de medicina. Se dois médicos constituem uma sociedade e se limitam, sob o manto da pessoa jurídica, a exercer as suas respectivas especialidades médicas, a sociedade será simples. O objeto vai se realizar e se limitar ao exercício da atividade da profissão intelectual de cada sócio, os quais, desse modo, serão os operadores diretos dessa atividade, ainda que se valham do concurso de auxiliares (atendentes e enfermeiras, por exemplo); e, na maior parte dos casos, a partilha da receita far-se-á tendo em conta o que cada um efetivamente produziu, ainda que se destaquem certos valores comuns para as despesas com manutenção e melhorias. Não haverá a organização ou a coordenação dos fatores de produção. Os serviços serão produzidos e prestados por esforço único e exclusivo dos sócios.

Diversamente é a situação das casas de saúde e hospitais onde a execução da profissão intelectual se apresenta como um dos elementos do exercício da empresa. Nessas sociedades não há um mero e exclusivo realizar da profissão a qual vai consistir em um dos elementos da atividade econômica, que será explorada de forma organizada.

Há o ordenamento da atividade, de forma a melhor realizar a sua exploração econômica, com o concurso de elementos materiais e imateriais sendo dispostos e implementados para a busca de melhor perfeição da organização. O trabalho intelectual se insere nesse contexto como simples componente daquilo que é fornecido pela sociedade.

Nessa ordenação de fatores se verifica a conjugação desses elementos adotados como estratégicos: investimentos em marketing; desenvolvimento de uma marca que lhe distinga os serviços; utilização da figura do título de estabelecimento, que consiste na identificação do estabelecimento físico onde se desenvolve a atividade, sendo a forma pela qual o empresário acaba por ser conhecido perante os seus clientes e público; desenvolvimento de técnicas de administração, com contratação de profissionais que ajudem a pensar e a executar a empresa, não sendo assim simples "auxiliares ou colaboradores" na dicção que o Código conferiu a esses vocábulos; avaliação, investimento e desenvolvimento do ponto em que se estabelecerá etc.

O exercício da profissão intelectual será, desse modo, elemento de empresa, nele não se encerrando a própria atividade. Os serviços profissionais consistem em instrumento de execução da empresa. São eles elementos de uma atividade. Organizam-se os fatores de produção para prestar serviços.

---

[15] O mesmo se tem em relação às sociedades unipessoais de advocacia, permitidas pelo já mencionado art. 15 da Lei n. 8.906/94, que também são sociedades simples de categoria especial.

É, ainda, da natureza desses estabelecimentos médicos – hospitais e casas de saúde – desenvolver espaços devidamente equipados e com apoio de serviços para que outros profissionais possam exercer suas atividades em suas dependências, recebendo por essa disponibilização do espaço e apoio de serviços técnicos e administrativos. É o caso de um cirurgião, que exerce a profissão da forma que se convencionou chamar de liberal, que realiza cirurgia nas dependências de um hospital, com todo o apoio logístico a ele disponibilizado (sala de cirurgia, CTI, aparelhos, equipamentos, medicamentos, equipe de enfermagem etc.).

Nessas circunstâncias não há a menor dúvida de que se trata de sociedades empresárias, visto que o exercício da profissão intelectual emerge como elemento de empresa. E isso se verifica porque a empresa constitui uma atividade organizada contendo diversos elementos.

Outro exemplo que podemos desenvolver, para tentar clarear os conceitos, diz respeito à atividade profissional de alta costura. Se o objeto da sociedade limita-se à concepção de moldes e modelos de vestuários, será ela uma sociedade simples, uma vez que seu objeto se exaure em desenvolver profissão intelectual de natureza artística. Contudo, se além da concepção e desenho do modelo, o objeto engloba a confecção desse modelo, artisticamente concebido, com a efetivação da veiculação da venda do produto final ao público consumidor em estabelecimentos próprios – as conhecidas lojas de grife –, não se pode ter dúvida em afirmar que se trata de uma sociedade empresária, pois o exercício da profissão intelectual artística constitui elemento de empresa.

Situação de visualização tranquila é a das sociedades dedicadas à construção civil. São sociedades efetivamente empresárias. A atividade profissional intelectual é exercida como elemento da empresa. De há muito, ditas sociedades já foram por lei erigidas à condição de sociedades comerciais (Lei n. 4.068/62, art. 1º), permanecendo, pois, como sociedades empresárias nessa nova concepção.

Qualificam-se, evidentemente, como empresárias as sociedades cujo objeto consiste em exploração de espetáculos públicos (cinemas e teatros), uma vez que não há qualquer exercício de profissão intelectual de natureza artística. É o caso, também, das conhecidas "indústrias cinematográficas", cujo objeto consiste na produção de filmes.

Empresárias, outrossim, são as sociedades cujo objeto repousa na editoração. As sociedades editoras não se enquadram, por óbvio, na excludente do parágrafo único do art. 966, porquanto não desenvolvem atividade intelectual de natureza literária. O mesmo se dá em relação às chamadas "empresas jornalísticas", que são sociedades empresárias, uma vez que o exercício da profissão intelectual é simples elemento de empresa.

3.3.5. *EFEITOS DA AQUISIÇÃO DA CONDIÇÃO DE EMPRESÁRIA PELA SOCIEDADE*

A sociedade que se qualifica como empresária passa a ter um regime jurídico particular, diverso, assim, da simples, embora o regime dessa última se lhe aplique subsidiariamente.

As sociedades empresárias, diversamente das simples, estarão sujeitas a registro na Junta Comercial (art. 982), submetem-se à falência, podem requerer recuperação judicial e negociar com credores plano de recuperação extrajudicial (art. 1º, *caput* do art. 48 e *caput* do art. 161 da Lei n. 11.101/2005)[16], bem como devem manter escrituração especial (arts. 1.179 e 1.180). Esses são os efeitos que se projetam sobre as sociedades empresárias, consoante o modelo extraído do Código Civil de 2002 e da Lei n. 11.101/2005[17].

---

[16] O art. 2º da Lei n. 11.101/2005, entretanto, afasta certas sociedades da aplicação de suas regras, deixando, por conta de lei especial, a disciplina da insolvência dessas pessoas jurídicas. Assim dispõe o indigitado preceito: "Art. 2º Esta Lei não se aplica a: I – empresa pública e sociedade de economia mista; II – instituição financeira pública ou privada, cooperativa de crédito, consórcio, entidade de previdência complementar, sociedade operadora de plano de assistência à saúde, sociedade seguradora, sociedade de capitalização e outras entidades legalmente equiparadas às anteriores". Desse modo, por exemplo, as sociedades de economia mista e as intituladas empresas públicas não podem ser sujeito passivo de falência e de recuperação judicial ou extrajudicial. No caso de restarem insolváveis, cabe ao Estado a iniciativa de dissolvê-las, arcando com os valores necessários à integral satisfação dos credores, sob pena de não se poder realizar uma dissolução regular, a que se vê obrigado em estrita observância aos princípios constitucionais da moralidade e da legalidade, inscritos no art. 37 da Constituição Federal de 1988 (cf. nossa sustentação no item 15 do livro *Falência e recuperação de empresa: o novo regime de insolvência empresarial*, 7. ed., Rio de Janeiro: Renovar, 2015). As instituições financeiras, por sua vez, não podem se valer da recuperação judicial e da extrajudicial, encontrando-se submetidas a um processo de intervenção e liquidação extrajudicial, permitindo-se, entretanto, que o Banco Central autorize o interventor a requerer a falência da entidade quando o seu ativo não for suficiente para cobrir nem sequer a metade do passivo quirografário, ou quando julgada inconveniente a liquidação extrajudicial, ou quando a complexidade dos negócios da instituição ou a gravidade dos fatos apurados aconselharem a medida (Lei n. 6.024/74, art. 12, *d*); ainda que se tenha a liquidação extrajudicial diretamente decretada, sem passar por prévio procedimento de intervenção, tal qual é permitido pelo art. 15 da Lei n. 6.024/74, é facultado ao Banco Central do Brasil autorizar o liquidante a requerer a falência da entidade quando o seu ativo não for suficiente para cobrir nem sequer metade do passivo quirografário, ou quando houver fundados indícios de crimes falimentares (art. 21, *b*). Às sociedades seguradoras, por seu turno, também é obstada a recuperação judicial e extrajudicial e a elas se confere procedimento de intervenção e liquidação extrajudicial, autorizando-se, todavia, a falência, se, decretada a liquidação, o ativo não for suficiente para satisfazer metade do valor dos créditos quirografários, ou quando forem detectados fundados indícios da ocorrência de crime falimentar (art. 26 do Decreto-Lei n. 73, com redação determinada pela Lei n. 10.190/2001).

[17] Como se aduziu no item 3.3.1, as sociedades empresárias albergam não só as antigas sociedades mercantis, mas também diversas das clássicas sociedades civis de fim econômico. Para essas últimas, houve uma alteração no seu estatuto jurídico, passando a ter regulamentação diversa da que desfrutavam no regime anterior, acima espelhado.

3.3.6. *TIPOS SOCIETÁRIOS*

As sociedades empresárias podem revestir-se dos seguintes tipos societários: a) sociedade em nome coletivo; b) sociedade em comandita simples; c) sociedade limitada; d) sociedade anônima; e) sociedade em comandita por ações.

Não manteve o Código Civil de 2002 o tipo de sociedade de capital e indústria que vinha previsto nos arts. 317 a 324 do Código Comercial. Era a sociedade que conjugava sócios de duas categorias: sócio capitalista e sócio de indústria. A primeira representava o sócio ou os sócios que ingressavam com o capital na sociedade, necessário ao desenvolvimento e à exploração da atividade mercantil; a segunda compunha-se daquele ou daqueles sócios que se limitavam a realizar a sua indústria, isto é, desenvolver um trabalho.

O Código Civil brasileiro parece mais uma vez ter se espelhado no Código italiano, que não mais disciplinou as aludidas sociedades.

No que se refere às sociedades simples, tem-se para elas reservadas regras de tipo ou de forma que lhes são particulares (arts. 997 a 1.038). Entretanto, permitiu o Código (art. 983) que elas se constituam segundo um dos tipos reservados às sociedades empresárias, passando, desse modo, após a opção e efetiva adoção, a ser reguladas pelas normas próprias da forma adotada. Mas, segundo a estrutura do Código, as normas particulares da sociedade simples são aplicáveis subsidiariamente aos tipos societários por ele contemplados. Isso quer dizer que tanto a sociedade empresária como a simples que adotar tipo societário daquela serão reguladas pelas regras especiais pertinentes ao tipo de que se revestem, sendo as normas próprias da sociedade simples aplicáveis subsidiariamente. Tal situação se verifica, inclusive, não só nas sociedades contratuais reguladas no Código (nome coletivo, limitada e comandita simples), mas também em relação às sociedades por ações, que serão regidas por leis especiais, aplicando-se-lhes, nos casos omissos, as disposições das sociedades simples que se apresentam, destarte, como regras gerais em matéria de direito societário.

Desse modo, se uma sociedade simples constituir-se sob a forma de sociedade limitada[18], nome coletivo ou comandita simples, ser-lhe-ão, em primeiro plano, aplicáveis as regras jurídicas do tipo eleito e, supletivamente, as regras particulares da sociedade simples. A adoção de um desses tipos não transforma a sociedade simples em

---

[18] Se isso acontecer, não se aplicará a regra do parágrafo único do art. 1.053 do Código Civil de 2002, o qual permite possa o contrato social prever a regência supletiva da sociedade limitada pelas normas da sociedade anônima. Na sociedade simples que adote forma de limitada, as omissões do capítulo próprio da sociedade limitada serão regidas necessariamente pelas regras da sociedade simples.

empresária, que mantém a sua condição própria. Caso, entretanto, a sociedade simples venha a adotar a forma de sociedade anônima ou de comandita por ações, verificar-se-á a perda da sua condição de simples, passando a ser empresária, submetida, a partir de então, ao seu regime jurídico, devendo ser inscrita não mais no Registro Civil, mas sim na Junta Comercial (parágrafo único do art. 982), estando sujeita à falência e podendo requerer recuperação judicial e negociar com os credores plano de recuperação extrajudicial, por exemplo.

3.3.7. *CLASSIFICAÇÃO DAS SOCIEDADES*

3.3.7.1. RESPONSABILIDADE DOS SÓCIOS

As sociedades podem ser classificadas tendo em mira a responsabilidade dos sócios. Temos, nesse contexto, três grupos de sociedades: as de responsabilidade ilimitada (sociedades em nome coletivo), as de responsabilidade mista (sociedades em comandita por ações e em comandita simples) e as de responsabilidade limitada (as sociedades limitada e anônima).

O núcleo central do conceito reside no modo de responsabilidade do sócio pelas dívidas da sociedade. Inclusive, a definição dos próprios tipos societários tem por arrimo esse princípio.

Portanto, quando se fala em sociedades de responsabilidade limitada, na verdade, esse foco da limitação se refere ao sócio e não à sociedade. Como pessoa jurídica que é, a sociedade irá sempre responder, seja qual for o tipo de que venha a se revestir, de forma ilimitada por suas obrigações. Dependendo do tipo societário, os sócios irão responder limitada ou ilimitadamente pelas dívidas contraídas pela sociedade no exercício de sua atividade. Daí ser imprópria a designação de sociedade de responsabilidade limitada ou ilimitada, uma vez que a responsabilidade da sociedade é sempre ilimitada. Mas adotamos nesse módulo essa expressão de classificação, tendo em vista a sua enunciação consagrada pela doutrina.

Feita a observação, temos que as chamadas sociedades de responsabilidade limitada são aquelas em que a responsabilidade dos sócios fica restrita às suas contribuições para o capital (sociedade anônima) ou à própria soma do capital (sociedade limitada). Ilimitadas são aquelas nas quais os sócios responderão em caráter subsidiário e ilimitado pelas dívidas sociais, podendo-se dizer que os sócios respondem de forma pessoal (patrimônio pessoal), subsidiária (pressupõe o esgotamento do patrimônio da sociedade), solidária (o credor pode exigir a integralidade do crédito em face de todos os sócios com essa modalidade de responsabilidade, sendo, pois, a solidariedade entre os sócios e não entre estes e a sociedade) e ilimitada (respondem com todas as forças do seu patrimônio pessoal). Já as mistas são as em que, no contexto social, convivem sócios com responsabilidade subsidiária e ilimitada e sócios com limitação de responsabilidade ao investimento que realizaram ou se obrigaram a realizar na sociedade.

As sociedades simples, pelo que se depreende do inciso VIII do art. 997 do Código Civil de 2002, quando não adotarem uma das formas das sociedades empresárias, poderão apresentar-se como sociedades de responsabilidade ilimitada ou limitada. Tudo vai depender da previsão que os sócios venham a realizar no contrato social, porquanto a lei considera com uma de suas cláusulas fundamentais a explicitação se os sócios respondem, ou não, subsidiariamente pelas obrigações sociais, o que será abordado especificamente no Capítulo 6, item 6.8.2.

3.3.7.2. SOCIEDADES DE PESSOA E DE CAPITAL

As sociedades podem também estar classificadas tendo em consideração a pessoa dos sócios. Dependendo da sua estruturação econômica, na qual se irá verificar a influência maior ou menor da condição pessoal do sócio, podem as sociedades ser divididas em sociedades de pessoa e sociedades de capital. Nas primeiras, a figura do sócio é o elemento fundamental da formação societária. A sociedade se constitui tendo por referência a qualidade pessoal do sócio. Fica ela, nesse contexto, subordinada à figura do sócio (conhecimento e confiança recíproca, capacitação para o negócio etc.). Nas segundas, o ponto de gravidade da sociedade não reside na qualificação subjetiva do sócio, mas sim na sua capacidade de investimento. A importância está na contribuição do sócio para a formação do capital social, sendo relegada a um plano secundário a sua qualidade pessoal. Para tais sociedades é desinfluente quem é o titular da condição de sócio, mas sim a contribuição material que ele é capaz de verter para os fundos sociais.

Essa condição pessoal do sócio a que se dá ênfase nas sociedades de pessoa acarreta situações de relevância prática para equacionar certos interesses dos sócios.

No caso de falecimento do sócio, a regra é a da liquidação de sua quota (art. 1.028), dissolvendo-se parcialmente a sociedade, sendo os haveres do falecido pagos a seus herdeiros ou legatários e cônjuge meeiro sobrevivente que não ingressam, em princípio, na sociedade como sócios.

Também a verificação do caráter *intuitu personae* da sociedade se apresenta como fonte solucionadora de questões jurídicas relevantes como a penhora da participação societária do sócio por suas dívidas particulares – o que será por nós desenvolvido no Capítulo reservado às sociedades limitadas – e a dissolução parcial da sociedade ante a ruptura da *affectio societatis*, por iniciativa do sócio dissidente.

São sociedades de pessoa a sociedade em nome coletivo, a sociedade em comandita simples, a sociedade limitada[19] e a sociedade simples. De capital são as sociedades anônimas e em comandita por ações.

No que se refere às companhias ou sociedades anônimas, sustentamos que as de capital fechado, isto é, aquelas cujos valores mobiliários de sua emissão não se encontram admitidos à negociação no mercado de valores mobiliários, podem vir a ostentar a condição de sociedade de pessoa[20]. É o caso das sociedades anônimas ditas familiares, inacessíveis a estranhos, cujas ações circulam entre os poucos acionistas que as adquirem. São sociedades, na verdade, constituídas *cum intuitu personae*, pois o *animus* que se requer dos sócios não é só material. Por essa razão é que se tem identificado em tais sociedades uma transformação ou adaptação, às vezes deformada, de uma sociedade de pessoa em sociedade de capital.

Esse fenômeno foi por nós inicialmente analisado em artigo publicado na *Revista da Faculdade de Direito da Universidade do Estado do Rio de Janeiro* – UERJ[21], no qual concluímos que, reunindo a condição de sociedade *intuitu personae*, pode a sociedade anônima fechada ser dissolvida judicialmente, e de forma parcial, quando se verificar a ruptura da *affectio societatis*, por restar, nesses casos, evidente a impossibilidade de ser preenchido o seu fim social (Lei n. 6.404/76, art. 206, II, *b*).

Posteriormente, vimos a tese começar a ganhar eco na construção pretoriana, com a publicação de acórdão do Superior Tribunal de Justiça[22] do ano de 2000, que veio assim ementado:

> Direito Comercial – Sociedade anônima – Grupo familiar – Inexistência de lucros e de distribuição de dividendos há vários anos – Dissolução parcial – Sócios minoritários – Possibilidade. Pelas peculiaridades da espécie, em que o elemento preponderante, quando do recrutamento dos sócios, para a constituição da sociedade anônima envolvendo pequeno grupo familiar, foi a afeição pessoal que reinava entre eles, a quebra da *affectio societatis* conjugada à inexistência de lucros e de distribuição de dividendos, por longos anos, pode se constituir em elemento ensejador da dissolução parcial da sociedade, pois seria injusto manter o acionista prisioneiro da sociedade, com seu investimento improdutivo, na expressão de Rubens Requião. O princípio da preservação da sociedade e de sua utilidade social afasta a dissolução integral da sociedade anônima, conduzindo à dissolução parcial.

---

[19] Confira-se, para maior aprofundamento da natureza jurídica da sociedade limitada, o item 7.8 do Capítulo 7.

[20] Idêntico raciocínio poderia ser aplicado, em tese, às sociedades em comandita por ações. Mas, por questão de ordem prática, o tema se desenvolve em relação às companhias de capital fechado.

[21] Revista n. 3, ano 1995, p. 85-90.

[22] Recurso Especial n. 111.294/PR, STJ, 4ª Turma, por maioria – *RSTJ* 146/323, out. 2001.

No ano de 2008, a 2ª Seção do mesmo Superior Tribunal de Justiça, por unanimidade, no julgamento dos Embargos de Divergência em Recurso Especial n. 419.174/SP, reafirmou o entendimento, em decisão assim ementada:

> Comercial. Sociedade anônima familiar. Dissolução Parcial. Inexistência de *affectio societatis*. Possibilidade. Matéria pacificada. I. A 2ª Seção, quando do julgamento do EREsp n. 111.294/PR (Rel. Min. Castro Filho, por maioria, *DJU* de 10.09.2007), adotou o entendimento de que é possível a dissolução de sociedade anônima familiar quando houver quebra da *affectio societatis*. II. Embargos conhecidos e providos para julgar procedente a ação de dissolução parcial.

O Código de Processo Civil de 2015 passou a prever expressamente, no § 2º do art. 599, que a ação de dissolução parcial de sociedade pode ter também por objeto a sociedade anônima de capital fechado quando demonstrado, por acionista ou acionistas que representem cinco por cento ou mais do capital social, que não pode preencher o seu fim.

3.3.7.3. SOCIEDADES CONTRATUAIS E INSTITUCIONAIS

As sociedades podem classificar-se, ainda, em razão da natureza de seu ato constitutivo, em sociedades contratuais ou institucionais.

Em ambos os casos, a sociedade vai se formar em função da manifestação volitiva de seus sócios. Nas contratuais, essa manifestação se assenta em um contrato celebrado entre os seus integrantes. Constitui-se, pois, por contrato entre os sócios. O vínculo é de natureza contratual. Nas institucionais, o vínculo já não vem revestido da natureza de contrato. O seu ato de criação não é um contrato, mas um ato complexo. Para sua formação são necessários vários atos, que se consubstanciam no seu ato constitutivo. Decorrem, assim, de um conjunto de atos dos fundadores para criar uma instituição. Ademais, a lei estabelece todo o regramento do relacionamento entre os sócios, inclusive no que tange a suas obrigações, seus deveres e responsabilidades, não se admitindo convenção em sentido diverso. Os sócios não contratam entre si os seus direitos e obrigações, como o fazem nas sociedades com vínculo contratual.

São contratuais as sociedades limitada, em nome coletivo e em comandita simples. As sociedades simples também são constituídas por contrato.

Institucionais são as sociedades anônima e em comandita por ações.

Nas sociedades por ações não há entre os subscritores do capital um contrato. Falta ao ato de subscrição a feição de contrato. Esse fato fica bem nítido na constituição da sociedade anônima mediante subscrição pública que se destina à criação de uma sociedade anônima de capital aberto. A iniciativa de formar a companhia parte de uma pessoa, física ou jurídica, denominada fundador, que pretende captar no mercado os recursos imprescindíveis à implementação do negócio concebido. Essa constituição da companhia vem composta de três fases perfeitamente distintas: a) registro da emissão na Comissão de Valores Mobiliários – CVM; b) colocação das ações a serem emitidas pela companhia à disposição dos investidores para a respectiva subscrição, devendo o capital social fixado no estatuto estar totalmente subscrito – não necessariamente integralizado, visto que a integralização que se realiza pelo pagamento do preço de emissão das ações subscritas pode se dar à vista ou a prazo – ao final do processo, sob pena de ficar sem efeito o projeto de constituição; c) assembleia dos fundadores para promover a avaliação dos bens, caso o capital social venha a ser formado com contribuições por parte dos subscritores em bens – a integralização do preço de emissão pode se fazer em dinheiro ou em bens suscetíveis de avaliação em dinheiro –, e para deliberar sobre a constituição da companhia, a qual estará constituída a partir da verificação de que foram observadas todas as formalidades legais e da inexistência de oposição por parte dos subscritores que representem mais da metade do capital social.

Quanto ao ato constitutivo das sociedades que se formam por contrato, temos que esse contrato é plurilateral. O Código Civil italiano de 1942, base inspiradora do nosso Código de 2002, adotando a doutrina professada por Tullio Ascarelli, definiu-o como o contrato com mais de duas partes, cuja prestação de cada uma se dirige à consecução de um fim comum.

Contudo, a plurilateralidade não pressupõe necessariamente a existência de mais de duas pessoas a integrar a sociedade. Rubens Requião[23] esclarece o seu real conteúdo:

> Quando se fala em plurilateralidade, em relação aos que participam do contrato, é bom explicar, não se tem em consideração o número de partes, mas a indeterminação do número, ou melhor, a possibilidade de participação de um número variável de partes. É ele *aberto* à adesão de novas partes. A circunstância de ser reduzido a dois o número de membros não tira ao contrato de sociedade o traço típico de plurilateralidade.

Tem-se, portanto, uma modalidade de contrato em que se possibilita a existência de mais de duas partes, todas elas voltadas à exploração conjunta de uma atividade econômica. As prestações dos sócios são dirigidas paralelamente para a realização de uma finalidade comum. As prestações são qualitativamente iguais e não correspectivas, sinalagmáticas, como nos contratos bilaterais nos quais preside a forma do *do ut des*. Ainda que possam existir interesses opostos entre os sócios que subscrevem o contrato de sociedade, estes são dirigidos, coordenados, para a obtenção de um fim comum, para a consecução do lucro. Encontram na colaboração de todos o meio de realização desse escopo comum. Não estão as partes colocadas uma frente à outra, mas uma ao lado da outra. Haverá uma integração de interesses, coordenados para uma direção paralela que se inspira na realização de um fim comum.

---

[23] Ob. cit., vol. 1, p. 345.

Por meio da concepção de traduzir-se o contrato de sociedade como um contrato plurilateral, a solução de certas questões relativas à dissolução parcial de sociedades fica mais fácil de ser compreendida, nas hipóteses de falecimento, retirada ou exclusão de sócio. O desfazimento do vínculo contratual atinente ao sócio falecido, que se afastou, ou foi afastado da sociedade, não compromete os demais vínculos que se estabelecem entre a sociedade e o sócio ou os sócios remanescentes. O contrato de sociedade, desse modo, não se resolve, ocorrendo, apenas, a ruptura do vínculo social em relação àquele sócio. Os vínculos são, pois, separáveis.

Nas sociedades limitadas pluripessoais, em nome coletivo, em comandita simples, e nas sociedades simples (sociedades contratuais), o ato-regra, que se confunde com o próprio ato constitutivo, recebe o nome de contrato social, enquanto, nas sociedades anônimas e em comandita por ações (sociedades institucionais), o ato-regra é nominado de estatuto e integra seu ato constitutivo, que é complexo, como se disse. Esses atos-regras disciplinam o funcionamento orgânico da sociedade e regulam as relações entre os sócios e entre eles e a sociedade.

O Código Civil se dedicou à disciplina das sociedades contratuais, permanecendo as sociedades por ações sob a regência de lei especial, chegando, entretanto, a traçar o perfil essencial da sociedade em comandita por ações.

A Lei n. 12.441/2011 alterou o Código Civil para introduzir em nosso sistema positivado a figura da empresa individual de responsabilidade limitada – EIRELI. Essa pessoa jurídica de direito privado possuía natureza jurídica de sociedade, apesar do *nomen juris* adotado. Uma sociedade unipessoal, constituída, assim, por uma única pessoa natural titular da totalidade do capital social (art. 980-A). Seu ato de constituição não tinha feição contratual. Nascia, portanto, da manifestação de vontade de uma só pessoa, o que conferia o caráter institucional ao ato de sua criação, embora com um perfil particular, diverso do das sociedades por ações. No entanto, a EIRELI não mais subsiste no direito positivo, a partir do advento da Lei n. 14.195/2021, consoante demonstrado no item 7.18 do Capítulo 7.

Com a final consagração da sociedade limitada unipessoal pela Lei n. 13.874/2019, que introduziu, para esse fim, os §§ 1º e 2º no art. 1.052 do Código Civil, tem-se mais um modelo de sociedade de natureza institucional. A sociedade limitada formada por um único sócio, pessoa natural ou jurídica, é instituída pela vontade desse sócio solitário. O seu ato constitutivo não é um contrato; guarda um perfil institucional. É criada pela manifestação volitiva do sócio único, que, desse modo, a institui.

3.3.7.4. SOCIEDADES DE CAPITAL FIXO E DE CAPITAL VARIÁVEL

As sociedades de capital fixo são aquelas em que o capital é definido em cláusula do seu ato constitutivo, só se podendo alterá-lo para mais ou para menos, mediante alteração do contrato social ou do estatuto.

As sociedades empresárias são todas de capital fixo.

Dentre as sociedades simples que em regra são igualmente de capital fixo, encontramos a exceção que se constitui nas sociedades cooperativas, as quais têm capital variável.

3.3.7.5. SOCIEDADES PERSONIFICADAS E NÃO PERSONIFICADAS

O Código Civil apropriou-se do conceito das sociedades personificadas e não personificadas. No primeiro rol temos as sociedades limitada, anônima, em comandita simples ou por ações e a em nome coletivo. A sociedade simples, também criada pelo Código, enquadra-se nesse conjunto. No segundo, têm-se as sociedades em comum (irregular ou de fato) e em conta de participação.

Portanto, a partir do Código de 2002, não há mais margem à discussão acerca da personalidade jurídica das sociedades irregulares ou de fato.

3.3.8. *SOCIEDADE UNIPESSOAL*

O Direito brasileiro, tradicionalmente, relutou em admitir a sociedade unipessoal. A regra que presidiu nosso ordenamento foi a da pluralidade de sócios.

Não obstante, a Lei n. 6.404/76, no seu art. 251, contemplou a figura da subsidiária integral, que consiste numa sociedade anônima, constituída mediante escritura pública, tendo como único acionista sociedade brasileira. O fato pode ser justificado em função de sua natureza institucional e não contratual.

A unipessoalidade também podia e pode ser vista em certas sociedades estatais, que apresentam como único sócio o Estado. A existência de tais sociedades decorre de lei especial e sua instituição se justifica em razão da necessidade de serem atendidos determinados interesses do Poder Público.

Em evolução do tema, foi editada a Lei n. 12.441/2011, a qual, alterando o Código Civil, introduziu no Brasil a figura da empresa individual de responsabilidade limitada – EIRELI, que, apesar da denominação legal empregada, apresentava-se como uma efetiva sociedade unipessoal. Era ela instituída por ato de vontade de uma única pessoa que titularizava a totalidade do capital social e com responsabilidade limitada a essa soma de capital (art. 980-A). A EIRELI, contudo, encontra-se suprimida do nosso ordenamento positivado, consoante demonstrado no item 7.18 do Capítulo 7, ao qual nos remetemos.

Ulteriormente, a Lei n. 13.247/2016, modificando a Lei n. 8.906/94 – Estatuto da Advocacia –, veio prever que os advogados podem constituir sociedade unipessoal de advocacia (art. 15 da Lei n. 8.906/94), que, à semelhança da sociedade de advogados (pluripessoal), será sociedade simples de categoria especial.

Avançando mais ainda na direção da sociedade constituída por um único sócio, veio a ser finalmente concebida no Direito brasileiro a sociedade limitada unipessoal, com a inclusão dos §§ 1º e 2º no art. 1.052 do Código Civil, pela Lei n. 13.874/2019.

A Sociedade Anônima do Futebol – SAF também pode se formar com um único acionista (Lei n. 14.193/2021, art. 2º), ostentando, dessarte, a posição de sociedade unipessoal. Afasta-se, portanto, da regra geral prevista na Lei n. 6.404/76, que exige a participação de duas ou mais pessoas como condição para a regular constituição da companhia (art. 80, I)[24]. O inciso III do art. 2º da Lei n. 14.193/2021 dispensa a pluralidade de acionistas, permitindo que a SAF seja constituída pela iniciativa de pessoa natural ou jurídica ou fundo de investimento. Esse comando legal, analogicamente, pode também espraiar-se às demais formas de sua constituição. A SAF caracteriza-se como subtipo societário, sendo uma sociedade anônima sujeita a um microssistema normativo particular, complementado, no mais, pelo macrossistema da Lei n. 6.404/76, do qual tem disciplina dependente. Não se trata, portanto, de um tipo societário autônomo.

No Direito estrangeiro, entretanto, detecta-se uma já antiga e crescente adoção da unipessoalidade societária.

Na Lei Alemã, de 4 de julho de 1980, prescreveu-se a possibilidade da existência da sociedade de responsabilidade limitada instituída por uma só pessoa, física ou jurídica.

Posteriormente, a Lei Francesa n. 85.697, de 11 de julho de 1985, alterando o art. 1.832 do Código Civil francês, veio permitir a denominada "Empresa Unipessoal de Responsabilidade Limitada", consagrando, igualmente, a sociedade de responsabilidade limitada com um só sócio.

Portugal, por meio do Decreto-Lei n. 257, de 31 de dezembro de 1996, também adotou, de forma expressa, o modelo de sociedade unipessoal por quotas.

Com efeito, a figura jurídica da sociedade unipessoal acabou por ser disseminada no Direito Europeu com a edição da Décima Segunda Diretiva da Comunidade Econômica Europeia, hoje União Europeia, que cuidou das sociedades por quotas unipessoais.

Como constatado exemplificativamente no Direito estrangeiro, e já então no Direito brasileiro, vislumbra-se a possibilidade de a lei autorizar que a sociedade seja instituída por ato de vontade de uma só pessoa.

Afora as hipóteses antes aduzidas, o nosso direito positivo exige a pluralidade de sócios como condição para se formar e permanecer constituída uma sociedade.

---

[24] O dispositivo legal já vinha mitigado no âmbito da própria Lei n. 6.404/76, na hipótese da subsidiária integral.

3.3.9. *SOCIEDADE ENTRE CÔNJUGES*

A indagação sobre a possibilidade jurídica de a sociedade ser constituída exclusivamente pelos cônjuges tem gerado polêmica ao longo do tempo.

Havia quem sustentasse a nulidade da sociedade quando os cônjuges fossem casados pelo regime de comunhão universal de bens, sob a assertiva de que, assim constituída, viria a burlar o regime de bens do casal[25].

Defendemos, ao escrever sobre a sociedade por quotas de responsabilidade limitada[26], que, após a edição da Lei n. 4.121/62, conhecida como o Estatuto da Mulher Casada, a questão pareceu-nos superada, uma vez que em seu art. 3º restou consagrado o patrimônio separado da esposa e do marido, mesmo que o regime de bens fosse o da comunhão universal, não havendo, ademais, vedação legal a que se estabelecesse uma sociedade por quotas de responsabilidade limitada exclusivamente entre os cônjuges.

O tema vinha pacificado, de longo tempo, na jurisprudência do Supremo Tribunal Federal, que afirmou no julgamento do Recurso Extraordinário n. 108.728-5/SP: "Reputa-se lícita a sociedade entre cônjuges, máxime após o Estatuto da Mulher Casada"[27].

No entanto, num verdadeiro retrocesso, contrariando a evolução dos fatos sociais, o Código Civil de 2002 vem obstar a livre contratação de sociedade entre cônjuges, ainda que um terceiro integre a pessoa jurídica (art. 977).

Facultou o atual Código aos cônjuges contratar sociedade, entre si ou com terceiros, desde que não tenham casado no regime da comunhão universal de bens ou no da separação obrigatória.

Permite-se, assim, aos cônjuges casados pelos regimes da comunhão parcial de bens, da participação final nos aquestos ou da separação convencional de bens, constituir sociedade, exclusivamente por eles formada, ou, ainda, com a integração de um terceiro.

Os cônjuges casados pelo regime da comunhão universal poderão, caso pretendam criar uma sociedade, requerer a alteração do regime de bens, na forma do § 2º do art. 1.639 do Código Civil[28]. Para tal, deverão motivar o pedido, demonstrando e compro-

---

[25] Carvalho de Mendonça, *Tratado*, 3º vol., p. 118.

[26] *Sociedade por quotas de responsabilidade limitada*, 2000, p. 109.

[27] Recurso Extraordinário n. 108.728-5/SP, 1ª Turma, Rel. Min. Néri da Silveira, decisão unânime, em 3-2-1989.

[28] Emerge entendimento no sentido de que a norma do § 2º do art. 1.639 do Código Civil de 2002 só seria aplicável aos casamentos celebrados após a sua vigência. Fundamenta-se a ideia no art. 2.039 do mesmo diploma codificado, segundo o qual o regime de bens nos casamentos celebrados na vigência do Código Civil de 1916 é por ele estabelecido e, em

vando o interesse da criação da pessoa jurídica para a exploração de atividade econômica, a fim de que obtenham a autorização judicial. Mas sempre, assegura a lei, estarão a salvo os direitos de terceiros eventualmente atingidos pela alteração do regime.

Porém, a nova ordem só se aplica às sociedades que venham a se constituir após a vigência do Código de 2002, não se fulminando de nulidade as sociedades validamente contratadas segundo as regras contemporâneas ao seu surgimento, nas quais não havia a restrição ora traçada. E isso se faz em atenção ao princípio constitucional que garante não poder a lei prejudicar o direito adquirido e o ato jurídico perfeito (Constituição Federal, art. 5º, XXXVI).

---

seu sistema, não havia semelhante previsão. Contudo, essa não nos parece ser a melhor exegese. Com efeito, o que a indigitada disposição transitória quer assegurar é a permanência da disciplina, quanto ao regime de bens, para aqueles casamentos realizados enquanto vigorava o antigo Código, não permitindo que novas disposições modificassem o regramento que motivou, à época, a respectiva opção dos nubentes. Não quer, até porque não se pode, permitir vulneração de direitos já adquiridos com a celebração de um negócio jurídico perfectibilizado. A faculdade de alteração do regime de bens, trazida pelo Código de 2002, não fere qualquer direito adquirido ou o ato jurídico perfeito. Sua implementação dependerá, num primeiro momento, da livre manifestação de vontade dos cônjuges, não sendo uma imposição concebida pelo legislador, modificadora do *status quo ante*, esta sim obstada. Destarte, em nossa opinião, podem, tanto aqueles que se casaram na vigência do atual Código quanto aqueles cujo casamento se deu na vigência do anterior, fazer uso do permissivo de alteração do regime de bens. Não vemos lógica razoável em tratar tais situações de modo desigual, até porque a norma só traz benefício para o seu sujeito. Em qualquer das hipóteses, o pedido deverá ser motivado por ambos os cônjuges e depender de autorização judicial, após apurada a procedência das razões invocadas, sempre com a ressalva dos direitos de terceiros, o que evitaria manobras fraudulentas. Cumpre anotar, em abono à tese por nós defendida desde a 1ª edição desta obra, que o Superior Tribunal de Justiça, por sua Quarta Turma, à unanimidade de votos, no julgamento do Recurso Especial n. 730.546/MG, sufragou o entendimento, no primeiro caso por ele apreciado, de que é possível a alteração do regime de bens adotado por ocasião de matrimônio realizado na vigência do Código Civil de 1916. O acórdão veio assim ementado: "Civil – Regime matrimonial de bens – Alteração judicial – Casamento ocorrido sob a égide do CC/1916 (Lei n. 3.071) – Possibilidade – Art. 2.039 do CC/2002 (Lei n. 10.406) – Correntes doutrinárias – Art. 1.639, § 2º, c/c art. 2.035 do CC/2002 – Norma geral de aplicação imediata. 1 – Apresenta-se razoável, *in casu*, não considerar o art. 2.039 do CC/2002 como óbice à aplicação de norma geral, constante do art. 1.639, § 2º, do CC/2002, concernente à alteração incidental de regime de bens nos casamentos ocorridos sob a égide do CC/1916, desde que ressalvados os direitos de terceiros e apuradas as razões invocadas pelos cônjuges para tal pedido, não havendo que se falar em retroatividade legal, vedada nos termos do art. 5º, XXXVI, da CF/88, mas, ao revés, nos termos do art. 2.035 do CC/2002, em aplicação de norma geral com efeitos imediatos. 2 – Recurso conhecido e provido pela alínea *a* para, admitindo-se a possibilidade de alteração do regime de bens adotado por ocasião de matrimônio realizado sob o pálio do CC/1916, determinar o retorno dos autos às instâncias ordinárias a fim de que procedam à análise do pedido, nos termos do art. 1.639, § 2º, do CC/2002".

Aqui não tem aplicação a regra transitória do art. 2.031[29], segundo a qual as sociedades constituídas na forma das leis anteriores terão o prazo de até 11 de janeiro de 2007 para se adaptarem às disposições do Código atual, mas sim a da primeira parte do art. 2.035[30], que sustenta dever a validade dos negócios jurídicos, aperfeiçoados precedentemente à entrada em vigor do Código, ser aferida segundo o disposto nas leis anteriores.

A regra do art. 2.031 é aplicável, por exemplo, na hipótese de uma sociedade limitada, integrada por mais de dez sócios, que passa a ter a assembleia geral como um órgão de deliberação obrigatório. Não serve, dessa feita, para nulificar uma sociedade validamente contratada pelos cônjuges anteriormente à vigência do Código. Nem seria o caso de forçar a conversão do regime de bens. A uma, porque, no caso da separação obrigatória, não há margem para a conversão; a duas, porque seria uma violência, não amparada pelo sistema constitucional, querer impor aos cônjuges casados pelo regime da comunhão universal a alteração do regime de bens como condição para manterem-se validamente sócios em uma sociedade. Seria uma surpresa para ambos, impondo-lhes uma condição inexistente à época em que fizeram as suas devidas opções. Acresce o argumento o fato de a conversão do regime não depender exclusivamente da vontade dos cônjuges, mas de decisão judicial para passar a produzir os seus efeitos.

Por fim, cumpre ressaltar o entendimento por nós professado no sentido de a regra do art. 977 merecer interpretação restrita para somente disciplinar as sociedades de natureza contratual (sociedades simples, limitada, em nome coletivo e em comandita simples), ou seja, aquelas cujo ato de criação se manifesta em um contrato, e não as que revelam um ato institucional como fonte de formação (sociedades anônima e em comandita por ações). O preceito, ao se referir à faculdade de os cônjuges contratarem sociedade, quer traduzir a celebração do contrato de sociedade, sendo um vínculo, pois, de natureza contratual, não atingindo aquelas formadas por um ato de vontade não contratual, mas sim institucional[31].

Em reforço ao argumento, emerge a regra do art. 1.089 do Código Civil, a qual reserva a regência da sociedade anônima pela lei especial, aplicando-se-lhe as regras do Código Civil tão somente nos casos omissos. Ora, o art. 80, I, da Lei n. 6.404/76 exige, apenas, que a subscrição de todas as ações em que se divide o capital social se realize, pelo menos, por duas pessoas. Permite, portanto, a lei especial, que a sociedade se forme com o mínimo de duas pessoas, físicas ou jurídicas, sem impor qualquer restrição de estado civil a pessoas naturais. Dessa feita, não se lhe aplica o disposto no art. 977 do Código Civil, uma vez que não se pode vislumbrar omissão, nessa matéria, na Lei n. 6.404/76.

---

[29] A Lei n. 11.127, de 28 de junho de 2005, atribuiu nova redação ao art. 2.031 do Código Civil, para ampliar o prazo nele previsto até 11 de janeiro de 2007.

[30] Quanto à questão da constitucionalidade da segunda parte do preceito, remetemo-nos ao que foi dito no item 3.3.5 do Capítulo 3, onde sustentamos a sua inconstitucionalidade.

[31] Confiram-se os elementos distintivos desenvolvidos no item 3.3.7.3 do Capítulo 3.

Capítulo 4

PERSONALIDADE JURÍDICA DAS SOCIEDADES

4.1. AQUISIÇÃO DA PERSONALIDADE JURÍDICA

A sociedade adquire personalidade jurídica com a inscrição, no registro próprio e na forma da lei, dos seus atos constitutivos (arts. 985 e 45).

A sociedade empresária passa a desfrutar da personalidade jurídica com o arquivamento de seu ato constitutivo na Junta Comercial; a simples, com a inscrição de seu ato constitutivo no Registro Civil das Pessoas Jurídicas.

Começa, a partir do registro, a existência legal da sociedade, existência essa que termina com a averbação, no registro competente, da ata da assembleia ou da reunião de sócios aprovando as contas do liquidante, após proceder ao pagamento do passivo e à partilha do acervo remanescente entre os sócios, acaso existente, ultimando, assim, a fase de sua liquidação, judicial ou extrajudicial[1]. A liquidação tem início com a verificação de uma causa (dissolução), como, por exemplo, o vencimento do prazo de duração da sociedade quando contratada por prazo determinado, o consenso unânime dos sócios que resolvem acertar o distrato social (dissoluções de pleno direito) e a anulação de sua constituição (dissolução judicial).

Durante o procedimento de liquidação, a sociedade dissolvida mantém a sua personalidade jurídica, justamente para que se procedam aos atos de liquidação e se os ultimem, com final partilha do patrimônio remanescente porventura verificado, após a realização do ativo e o pagamento do passivo da sociedade.

A sociedade, como pessoa jurídica que é, manifesta a sua vontade através de seus órgãos sociais. São eles que fazem presente a vontade social, afirmando, desse modo, a sua personalidade jurídica, tanto no plano interno como no externo. Dessa forma, a assembleia ou a reunião de sócios perfazem o seu órgão de deliberação. Os administradores, por seu turno, são os titulares de seu órgão de administração. Encontrando-se a

---

[1] Sobre o tema, confira-se o Capítulo 15.

sociedade em regime de liquidação, o seu liquidante atua como órgão, em substituição aos administradores.

4.2. EFEITOS DA PERSONIFICAÇÃO

Detentora de personalidade jurídica, a sociedade é capaz de direitos e obrigações, passando a ter existência distinta da de seus membros.

Portanto, inúmeras são as consequências da autonomia de personalidade jurídica entre sócio e sociedade. Dentre os efeitos da personificação destacamos:

1º) Patrimônio próprio

A sociedade, com a personalidade jurídica, adquire autonomia patrimonial. O patrimônio social não se confunde com o dos sócios. É o patrimônio da sociedade, seja qual for o tipo por ela adotado, que irá responder pelas suas obrigações. A responsabilidade é sempre ilimitada, ou seja, a sociedade irá responder pelo seu passivo com todas as forças do seu ativo. Dependendo do tipo societário, os sócios poderão vir a responder de forma subsidiária e ilimitada pelas dívidas sociais. Mas haverá sempre o benefício de ordem em favor do sócio, visto que primeiro devem ser excutidos os bens da pessoa jurídica. O alcance dos bens particulares dos sócios fica condicionado à exaustão do patrimônio social.

O patrimônio da sociedade tem formação inicial resultante da contribuição dos sócios. Afigura-se, pois, em sua visão inicial, como somatório das contribuições que cada sócio realiza ou promete realizar para a formação do capital social. Em outras palavras, o capital social representa o núcleo inicial do patrimônio da sociedade. Mas, logicamente, o patrimônio não é integrado apenas pelo capital social. Entrando em operação, a sociedade poderá revelar-se eficaz no desempenho do seu objeto, conhecendo a prosperidade, adquirindo bens e constituindo reservas, fazendo crescer esse patrimônio que, afinal, é o resultado da reunião de todos os bens, valores e direitos pertencentes a ela. O capital social poderá ficar estático, ou seja, revelado em seu valor nominal declarado no ato constitutivo, ao passo que o patrimônio poderá acrescer ou diminuir em função do sucesso ou insucesso experimentado pela sociedade.

2º) Nome próprio

Tendo existência distinta da de seus membros, a sociedade é titular de um nome próprio, diverso do nome dos sócios. É sob o nome social, que poderá ser uma firma ou uma denominação, que a sociedade exercerá direitos e se vinculará a obrigações. O nome será protegido, dado o seu conteúdo patrimonial, proteção que se adquire a partir do arquivamento dos atos constitutivos no órgão próprio.

É lícito ressaltar que as sociedades em comum (irregulares ou de fato) podem girar igualmente através de uma firma ou denominação. Contudo, o nome não gozará de proteção legal, ante a ausência do registro. É uma sanção que a lei estabelece para as sociedades que não se organizaram regularmente, na forma da lei, para o exercício da atividade econômica.

3º) Nacionalidade própria

Com a personificação, a sociedade passa a possuir nacionalidade própria, independentemente da nacionalidade de seus integrantes.

4º) Domicílio próprio

A sociedade, como pessoa jurídica que é, tem domicílio próprio, distinto do domicílio de seus sócios. O domicílio da sociedade é chamado de sede social e deverá vir fixado no contrato social ou no estatuto.

4.3. A DESCONSIDERAÇÃO DA PERSONALIDADE JURÍDICA

Em função da autonomia de patrimônio, verificável a partir da personificação da sociedade, que passa a ser titular de um patrimônio distinto, inconfundível com o patrimônio particular de cada sócio que a compõe, passou a pessoa jurídica da sociedade, em certas circunstâncias, a ser instrumento para a perpetração de fraude contra os credores. Torna-se a pessoa jurídica manipulável por sócios ou administradores inescrupulosos, com vistas à consumação de fraudes ou abusos do direito, cometidos por meio da personalidade jurídica da sociedade que lhes serve de anteparo.

Para efetivamente coibir a prática de determinados abusos, escudada na personalidade da sociedade, foi que nasceu a doutrina da desconsideração ou superação da personalidade jurídica, que tem por escopo, como acentua Rubens Requião[2] (primeiro jurista a tratar do assunto no Brasil), "em certos casos desconsiderar os efeitos da personificação, para atingir a responsabilidade dos sócios", sendo, por isso, igualmente, "conhecida por doutrina da penetração".

Tal doutrina, como esclarece o mesmo autor, não cuida de declarar nula a personificação, mas torná-la episodicamente ineficaz para a apuração de determinados atos. Autoriza, assim, ao juiz, no caso concreto sob sua análise, que desconsidere a personalidade jurídica para reprimir a fraude ou o abuso, sem que isso importe na dissolução da pessoa jurídica.

Não se nega, com sua aplicação, a autonomia de personalidade jurídica da sociedade; ao revés, reafirma-se o princípio. Somente não se a admite de modo absoluto e inflexível,

---

[2] Ob. cit., 1º vol., p. 351.

como forma de abrigar a fraude e o abuso do direito. Não se nulifica a personalidade, a qual apenas será episodicamente desconsiderada, isto é, no caso *sub judice* tão somente, permanecendo, destarte, válida e eficaz em relação a outros negócios da sociedade.

Tem aplicabilidade a teoria da desconsideração, por exemplo, quando o sócio transfere bens que, em realidade, pertencem à sociedade "A", tais como aqueles que compõem o estabelecimento empresarial (fundo empresarial), necessários ao exercício da sua empresa, mas que foram formalmente transmitidos para o patrimônio da sociedade "B", por ele também integrada, com o fito de "esvaziar" o ativo social da sociedade "A", pondo "a salvo" certos bens dos credores sociais, embora tais bens permaneçam a ser por ela utilizados no desempenho da sua empresa.

A teoria foi concebida originariamente na jurisprudência inglesa, no final do século XIX. Identifica-se no *leading case* conhecido como Salomon *vs.* Salomon & Co. a sua gênesis.

Requião[3], arrimado na monografia do Professor Piero Verrucoli, da Universidade de Pisa, intitulada *Il Superamento della Personalità Giuridica delle Società di Capitali*, descreve o caso, mostrando que o comerciante individual Aaron Salomon

> havia constituído uma *company*, em conjunto com outros seis componentes da sua família, e cedido seu fundo de comércio à sociedade que fundara, recebendo em consequência vinte mil ações representativas de sua contribuição, enquanto para cada um dos outros membros coube apenas uma ação para a integração do valor da incorporação do fundo de comércio à nova sociedade. Salomon recebeu obrigações garantidas no valor de dez mil libras esterlinas. A sociedade logo em seguida se revelou insolvável, sendo o seu ativo insuficiente para satisfazer as obrigações garantidas, nada sobrando para os credores quirografários. O liquidante, no interesse dos credores quirografários, sustentou que a atividade da *company* era atividade de Salomon que usou de artifício para limitar a sua responsabilidade e, em consequência, Salomon deveria ser condenado ao pagamento dos débitos da *company*, devendo a soma investida na liquidação de seu crédito privilegiado ser destinada à satisfação dos credores da sociedade. O Juízo de primeira instância e depois a Corte acolheram essa pretensão, julgando que a *company* era exatamente uma atividade fiduciária de Salomon, ou melhor, um seu *agent* ou *trustee*, e que ele, na verdade, permanecera como o efetivo proprietário do fundo de comércio. Era a aplicação de um novo entendimento, *desconsiderando* a personalidade jurídica de que se revestia Salomon & Co. A Casa dos Lordes reformou, unanimemente, esse entendimento, julgando que a *company* havia sido validamente constituída, no momento em que a lei simplesmente requeria a participação de sete pessoas que haviam criado uma pessoa diversa de si mesmas. Não existia, enfim, responsabilidade pessoal de Aaron Salomon para com os credores de Salomon & Co., e era válido o seu crédito privilegiado.

Mas a tese das decisões que restaram reformadas, como registra Requião, acabou por dar origem à doutrina do *disregard of legal entity*, que teve grande ênfase e desenvolvimento nos Estados Unidos e na Alemanha.

---

[3] Ob. cit., p. 352.

No Brasil, a teoria da desconsideração foi adotada, de maneira esparsa, por diversos diplomas legais.

O primeiro registro encontra-se na Lei n. 8.078/90. O Código de Defesa do Consumidor, em seu art. 28, prescreve:

> O juiz poderá desconsiderar a personalidade jurídica da sociedade quando, em detrimento do consumidor, houver abuso de direito, excesso de poder, infração da lei, fato ou ato ilícito ou violação dos estatutos ou contrato social. A desconsideração também será efetivada quando houver falência, estado de insolvência, encerramento ou inatividade da pessoa jurídica provocados por má administração.

Tem-se a teoria da superação mal encampada pelo indigitado diploma.

Registra Fábio Ulhoa Coelho[4] que a "dissonância entre o texto da lei e a doutrina nenhum proveito traz à tutela dos consumidores, ao contrário, é fonte de incertezas e equívocos". Ressalta, com oportunidade, que o preceito legal omitiu-se em relação à fraude, "principal fundamento para a desconsideração".

Estamos em total consonância com a crítica formulada. Andou bem a lei ao referir-se ao abuso do direito como fonte da desconsideração. Mas lastimável foi o envolvimento na figura legal das circunstâncias de "excesso de poder, infração da lei, fato ou ato ilícito ou violação dos estatutos ou contrato social".

A responsabilização dos administradores e dos sócios em geral, nessas situações, é diretamente realizada, não havendo, pois, necessidade de superar a personalidade jurídica.

Fábio Ulhoa Coelho[5], com clareza meridiana, traduz que a teoria da superação só se mostra pertinente

> quando a responsabilidade não pode ser, em princípio, diretamente imputada ao sócio, controlador ou representante legal da pessoa jurídica. Se a imputação pode ser direta, se a existência da pessoa jurídica não é obstáculo à responsabilização de quem quer que seja, não há por que cogitar do superamento de sua autonomia. E quando alguém, na qualidade de sócio, controlador ou representante legal da pessoa jurídica, provoca danos a terceiros, inclusive consumidores, em virtude de comportamento ilícito, responde pela indenização correspondente. Nesse caso, no entanto, estará respondendo por obrigação pessoal, decorrente do ilícito em que incorreu.

A ausência de precisão da lei no arranjo conceitual é verificada em alguns julgados que manifestam desconsiderar a personalidade jurídica da sociedade para responsabilizar os sócios na hipótese de dissolução irregular de sociedade limitada.

Efetivamente, a hipótese não é de desconsideração, na medida em que a dissolução sem a observância do devido processo legal constitui-se em ato ilícito, praticado por

---

4   Ob. cit., vol. 2, p. 49.
5   Ob. cit., vol. 2, p. 50.

todos os sócios, que estão, assim, a deliberar ao arrepio da lei, fato esse que os torna ilimitadamente responsáveis (Código Civil, art. 1.080, que tem como correspondente histórico o art. 16 do Decreto n. 3.708/1919).

Igualmente não será caso de desconsideração a vinculação da responsabilidade de um diretor de sociedade anônima que promove a alteração de dados contábeis para a sonegação de tributos. A responsabilidade se afere de forma direta, pois a conduta infracional da lei já é capaz, por si só, de vincular-se-lhe a responsabilidade pessoal (Lei n. 6.404/76, art. 158, II).

Retornando à lei consumerista, outro ponto a ser destacado é a alusão feita à desconsideração quando "houver falência, estado de insolvência, encerramento ou inatividade da pessoa jurídica provocados por má administração".

A noção de má administração, para que se verifique a desconsideração, deverá pressupor a administração ruinosa, pautada em meios fraudulentos, envolvendo dilapidação patrimonial que acabam por tornar insolvável a sociedade.

Não poderá haver, em nossa visão, a desconsideração por fato de simples incompetência administrativa do administrador. O administrador honesto, de boa-fé, porém infeliz nos atos de administração, sendo até mesmo incompetente, não poderá ser responsabilizado com estribo no preceito legal em comento.

Para nós, o conceito de má administração encontra-se sintonizado com aqueles atos que fazem presumir a falência do empresário, elencados no art. 94, III, *a* e *b*, da Lei n. 11.101/2005, embora a eles não se limite.

Propomos a interpretação racional, teleológica e sistemática do preceito, até porque a recuperação, judicial ou extrajudicial, não é negada ao empresário honesto, de boa-fé, porém incompetente.

Correta, portanto, a decisão do 1º Tribunal de Alçada Civil de São Paulo, em sua 3ª Câmara, que, em votação unânime, no julgamento da Apelação n. 507.880-6[6], decidiu:

> Percalços econômico-financeiros da empresa, tão comuns na atualidade, mesmo que decorrentes da incapacidade administrativa de seus dirigentes, não se consubstanciam, por si sós, em comportamento ilícito e desvio de finalidade da entidade jurídica. Do contrário, seria banir completamente o instituto da pessoa jurídica.

Ainda sob o foco do art. 28 da Lei n. 8.078/90, no que pertine ao encerramento ou à inatividade, sem que passe por regular procedimento de dissolução e liquidação, a hipótese estará albergada na situação antes comentada para a dissolução irregular da

---

[6] *RT* 690, p. 103.

sociedade, geradora de responsabilidade para todos os sócios, não sendo, mais uma vez, caso de desconsideração tecnicamente falando, segundo a boa doutrina. São comuns os casos em que os sócios, mantendo a sociedade registrada, paralisam as atividades sociais por falta de recursos e investimentos capazes de mantê-la em atividade. Buscando fugir aos credores, simplesmente fazem "desaparecer" a sociedade que não mais é encontrada na sede declarada nos atos constitutivos, que permanecem inalterados no registro. Em outros casos, promovem a transferência da participação societária aos conhecidos no mercado como "laranjas", ou seja, pessoas sem capacitação econômica para manter a sociedade em funcionamento, que emprestam seus nomes para a formalização da transferência da titularidade da condição de sócios, pretendendo, com isso, os antigos integrantes da pessoa jurídica, a isenção pelas responsabilidades.

Não vislumbramos outro sentido lógico para as situações de "encerramento" ou "inatividade" da pessoa jurídica provocadas por má administração referidas no texto legal. A "inatividade" deverá implicar o "encerramento" da pessoa jurídica, a partir de um processo regular de realização do ativo e pagamento do passivo. Se for verificada a insuficiência daquele para o atendimento deste, a hipótese é de confissão de falência. O que não se admite é o desaparecimento de fato da pessoa jurídica, figura essa, em nosso entender, à que a lei pretendeu referir-se. Esse é o alcance que conferimos às expressões "encerramento ou inatividade da pessoa jurídica" contidas no preceito, uma vez que o vocábulo "encerramento" não tem em si um significado jurídico apropriado. Não ocorre o "encerramento" da pessoa jurídica, mas sim a sua extinção, após regular processo de liquidação, motivado por uma causa (dissolução). O "encerramento" ou "inatividade" na norma incriminados refletem a intitulada "dissolução irregular".

Porém, tanto na hipótese acima como na anteriormente tratada (falência ou estado de insolvência), a responsabilização dos administradores ou até mesmo dos sócios não fica obstada pela personalidade jurídica da sociedade. A responsabilização se faz diretamente, sem se ter que superar a personalidade. Tecnicamente, repita-se, não são casos de desconsideração, uma vez que a autonomia de personalidade não é óbice à imputação da responsabilidade.

Para finalizar a abordagem do art. 28, cumpre contemplar o seu § 5º[7]. O parágrafo é dotado de redação igualmente infeliz, como se verificou em relação à do *caput*. Seu conteúdo interpretativo é bem definido por Fábio Ulhoa Coelho[8], cumprindo-nos abonar a forma de entendê-lo, tal qual por ele professada, nos termos ora reproduzidos:

---

[7]   "§ 5º: Também poderá ser desconsiderada a pessoa jurídica sempre que sua personalidade for, de alguma forma, obstáculo ao ressarcimento de prejuízos causados aos consumidores."

[8]   Ob. cit., vol. 2, p. 52.

Dessa maneira, deve-se entender o dispositivo em questão (CDC, art. 28, § 5º) como pertinente apenas às sanções impostas ao empresário, por descumprimento de norma protetiva dos consumidores, de caráter não pecuniário. Por exemplo, a proibição de fabricação de produto e a suspensão temporária de atividade ou fornecimento (CDC, art. 56, V, VI e VII). Se determinado empresário é apenado com essas sanções e, para furtar-se ao seu cumprimento, constitui sociedade empresária para agir por meio dela, a autonomia da pessoa jurídica pode ser desconsiderada justamente como forma de evitar que a burla aos preceitos da legislação consumerista se realize. Note-se que a referência, no texto legal, a "ressarcimento de prejuízos" importa que o dano sofrido pelos consumidores tenha conteúdo econômico, mas não assim a sanção administrativa infligida ao fornecedor em razão desse dano.

Mesmo que se queira advogar a ideia de que teria a regra do § 5º um caráter pecuniário, ainda assim nele não se poderia vislumbrar uma consagração daquilo que se optou por chamar de "teoria menor da desconsideração", pretensamente caracterizada ante a simples prova da insolvência da pessoa jurídica para realizar o pagamento de suas obrigações, fato que autorizaria a superação de sua personalidade jurídica para vincular o patrimônio de seus integrantes na implementação desse cumprimento. Com efeito, essa deformação da doutrina do *disregard* não encontra nenhum suporte dogmático, nem sequer legal, como por alguns sustentado. Não se pode ver na lei – no caso o § 5º do art. 28 em tela – mais do que ela realmente enunciou. A desconsideração vem autorizada sempre que a personalidade jurídica for obstáculo. É, assim, um meio de remover esse obstáculo resultante, necessariamente, da constatação de um desvio de finalidade ou de confusão patrimonial, quando não possível, pois, promover a imputação direta. É mister, portanto, que se verifique o abuso no manejo da pessoa jurídica. Exegese contrária significaria consagrar a derrogação da regra da autonomia da pessoa jurídica em face de seus integrantes, bem assim da limitação da responsabilidade dos sócios nas sociedades limitadas e anônimas, por exemplo[9].

Outra abordagem legal da teoria da desconsideração era identificada no art. 18 da Lei n. 8.884/94, que assim se expressava:

> A personalidade jurídica do responsável por infração da ordem econômica poderá ser desconsiderada quando houver da parte deste abuso de direito, excesso de poder, infração da lei, fato ou ato ilícito ou violação dos estatutos ou contrato social. A desconsideração também será efetivada quando houver falência, estado de insolvência, encerramento ou inatividade da pessoa jurídica provocados por má administração.

---

[9]   A jurisprudência do Superior Tribunal de Justiça, entretanto, vem vislumbrando, de modo excepcional, o acolhimento do que se convencionou chamar de teoria menor da desconsideração da personalidade jurídica no Direito do Consumidor e no Direito Ambiental, fazendo-a incidir mediante simples constatação da insolvabilidade da pessoa jurídica, independentemente de haver desvio de finalidade ou confusão patrimonial para responsabilizar os seus sócios. Cf., nesse sentido, os Recursos Especiais n. 279.273/SP, n. 737.000/MG, n. 1.096.604/DF e n. 1.862.557/DF, por exemplo.

Com a revogação quase integral da Lei n. 8.884/94 pela Lei n. 12.529/2011, a matéria passou a ser tratada em idêntico contexto pelo art. 34, assim reproduzido:

> A personalidade jurídica do responsável por infração da ordem econômica poderá ser desconsiderada quando houver da parte deste abuso de direito, excesso de poder, infração da lei, fato ou ato ilícito ou violação dos estatutos ou contrato social. Parágrafo único. A desconsideração também será efetivada quando houver falência, estado de insolvência, encerramento ou inatividade da pessoa jurídica provocados por má administração.

Facilmente se percebe a identidade de elementos da regra em relação àquela comentada do Código de Defesa do Consumidor que serviu de fundamento à sua enunciação. Sendo assim, incorreu o legislador nos mesmos equívocos conceituais já discorridos.

Uma terceira hipótese legal vem descrita no art. 4º da Lei n. 9.605/98, o qual dispõe que "poderá ser desconsiderada a pessoa jurídica sempre que sua personalidade for obstáculo ao ressarcimento de prejuízos causados à qualidade do meio ambiente". A estrutura do texto normativo é a mesma adotada pelo § 5º do art. 28 da Lei n. 8.078/90, já analisado.

Da mesma forma, portanto, não se pode pretender que o preceito traduza outra norma senão a de que fica autorizada a superação da personalidade jurídica quando for ela obstáculo, isto é, quando não se puder realizar a responsabilidade direta dos sócios ou administradores. Nesse contexto, sempre vai pressupor a configuração da fraude ou do abuso da personalidade jurídica, não a legitimando, pois, a mera inexistência ou insuficiência de bens. Essa interpretação, por outro lado, vem sintonizada com o sistema do Código Civil de 2002.

Ainda cabe destacar o art. 14 da Lei n. 12.846/2013, que dispõe sobre a responsabilização administrativa e civil de pessoas jurídicas pela prática de atos contra a administração pública nacional ou estrangeira, o qual igualmente não foi bem nos conceitos apropriados, erigindo a prática de atos ilícitos (imputação direta) como autorizadora da desconsideração. Incorreu, assim, no mesmo defeito do *caput* do art. 28 da Lei n. 8.078/90 e do *caput* do art. 34 da Lei n. 12.529/2011. Não fora isso, a regra traduz lamentável equívoco: autoriza a desconsideração por autoridade administrativa, fora, portanto, do âmbito do Poder Judiciário. Tem-se, pois, um notório conflito de interesse do Estado Administrativo sancionador, que não teria a necessária imparcialidade do Estado-Juiz. A desconsideração da personalidade jurídica no plano administrativo, movimento que vem crescendo legislativamente, é mais uma deformação de sua enunciação.

Vê-se, pois, que o tratamento da desconsideração da personalidade jurídica pela legislação de modo disperso não observou a melhor fonte dogmática, revelando-se verdadeiramente deficiente. Com efeito, o Código Civil, no *caput* do art. 50, com a nova redação conferida pela Lei n. 13.874/2019, contempla a teoria de forma mais adequada, estabelecendo:

Em caso de abuso da personalidade jurídica, caracterizado pelo desvio de finalidade ou pela confusão patrimonial, pode o juiz, a requerimento da parte, ou do Ministério Público quando lhe couber intervir no processo, desconsiderá-la para que os efeitos de certas e determinadas relações de obrigações sejam estendidos aos bens particulares de administradores ou de sócios da pessoa jurídica beneficiados direta ou indiretamente pelo abuso.

A par do que ficou explanado, partilhamos da mesma opinião exarada por Fábio Ulhoa Coelho[10], para quem, nas circunstâncias abrangidas pelo conteúdo do art. 50 do Código Civil e pelos demais dispositivos que se referem à teoria da desconsideração,

> não pode o juiz afastar-se da formulação maior da teoria, isto é, não pode desprezar o instituto da pessoa jurídica apenas em função do desatendimento de um ou mais credores sociais. A melhor interpretação judicial dos artigos de lei sobre a desconsideração (isto é, os arts. 28 e § 5º do CDC, 18 da Lei Antitruste, 4º da Lei do Meio Ambiente e 50 do CC/2002) é a que prestigia a contribuição doutrinária, respeita o instituto da pessoa jurídica, reconhece a sua importância para o desenvolvimento das atividades econômicas e apenas admite a superação do princípio da autonomia patrimonial quando necessário à repressão de fraudes e à coibição do mau uso da forma da pessoa jurídica.

No perfil apregoado, tem-se importante decisão do Tribunal de Alçada do Paraná, por sua 2ª Câmara Cível, no julgamento da Apelação n. 529/90[11], assim ementada:

> Sociedade por Cotas de Responsabilidade Limitada – Desconsideração da personalidade jurídica – aplicação que requer cautela e zelo, sob pena de destruir o instituto da pessoa jurídica e olvidar os incontestáveis direitos da pessoa física – Necessidade de que seja apoiada em fatos concretos que demonstrem o desvio da finalidade social da sociedade, com provento ilícito dos sócios.

A aludida Lei n. 13.874/2019 acresceu o art. 50 do Código Civil de cinco parágrafos. As inclusões têm em mira fornecer ao intérprete a visão conceitual de desvio de finalidade e de confusão patrimonial, bem como preconizar a denominada desconsideração inversa.

Desvio de finalidade, na dicção legal, consiste na "utilização da pessoa jurídica com o propósito de lesar credores e para a prática de atos ilícitos de qualquer natureza" (§ 1º). Não constitui desvio de finalidade a mera expansão ou a alteração da finalidade original da atividade econômica específica da pessoa jurídica (§ 5º). Dos dispositivos pode-se inferir, como adequada exegese, que a desconsideração da personalidade jurídica se realizará sempre que a personalidade jurídica for utilizada para a fraude, atuando a pessoa jurídica, pois, apartada de suas finalidades para lesar terceiros.

---

[10]   Ob. cit., vol. 2, p. 54.

[11]   *RT* 673, p. 160.

Por confusão patrimonial, deve-se entender, segundo o comando legal, a ausência de separação de fato entre os patrimônios, caracterizada por: (i) cumprimento repetitivo pela sociedade de obrigações do sócio ou do administrador ou vice-versa; (ii) transferência de ativos ou de passivos sem efetivas contraprestações, exceto os de valor proporcionalmente insignificante; e (iii) outros atos de descumprimento da autonomia patrimonial (§ 2º). Vê-se, pois, que a listagem é meramente enunciativa, cabendo a verificação da ocorrência da ausência de separação patrimonial diante de cada caso concreto.

Por derradeiro, em útil medida para a proteção dos grupamentos econômicos, vem expressamente disposto que a mera existência de grupo econômico sem a presença do requisito de desvio de finalidade ou de confusão patrimonial não autoriza a desconsideração da personalidade da pessoa jurídica (§ 4º).

De tudo o que foi exposto, podemos concluir que a *disregard doctrine* representa uma salvaguarda dos interesses de terceiros contra fraudes e abusos praticados por via da utilização indevida da autonomia de personalidade da sociedade em relação à de seus sócios (ou das pessoas jurídicas em geral, em relação à de seus membros). Entretanto, sua aplicação exige do magistrado imprescindíveis zelo e parcimônia, de modo a não vulgarizar sua utilização nos casos concretos que se apresentem, sob pena de se impor a destruição do instituto da pessoa jurídica, de construção secular e de reconhecida importância para o desenvolvimento econômico das nações. Somente verificando a prova cabal e incontroversa da fraude ou do abuso do direito, perpetrado pelo desvio de finalidade da pessoa jurídica ou pela confusão patrimonial, é que se admite a sua aplicação, como forma de reprimir o uso indevido e abusivo da entidade jurídica. Simples indícios e presunções de atos abusivos ou fraudulentos, ou ainda a simples incapacidade econômica da pessoa jurídica, por si sós, não autorizam a aplicação do instituto.

A limitação da responsabilidade vem amparada pela moldura constitucional da livre-iniciativa (art. 170 da Constituição Federal), que permite aos empreendedores e investidores balizar os riscos do capital afetado à atividade econômica desenvolvida pela sociedade e, consequentemente, suas perdas[12]. O instituto da desconsideração vem concebido para punir as fraudes perpetradas pelo abuso ou pelo mau uso da pessoa jurídica, mas não para vulnerar a limitação da responsabilidade. Não havendo fraude ou confusão patrimonial, inexiste a utilização desvirtuada da autonomia patrimonial presente entre os sócios e a sociedade. A regra da limitação da responsabilidade afigura-se como um dos instrumentos jurídicos mais importantes de segregação de riscos e de atração de investimentos, que beneficia não apenas os agentes econômicos, mas todos aqueles que

---

[12] Sérgio Campinho. Limitação da responsabilidade do acionista. In: COELHO, Fábio Ulhoa (Coord.). *Lei das sociedades anônimas comentada*. Rio de Janeiro: Forense, 2021. p. 21.

com a empresa se relacionam, como os próprios consumidores e trabalhadores, com maior oferta de produtos, serviços e preços, bem como de empregos. A garantia e o respeito à escolha dos sócios pelo modelo da limitação de suas responsabilidades consistem em conferir e garantir concretude ao princípio constitucional da segurança jurídica. Somente a má compreensão do instituto da desconsideração da personalidade jurídica é capaz de explicar a profusão de julgados que desprestigiam a vigente regra da limitação da responsabilidade dos sócios, colocando o Brasil em um patamar distinto daquele dos países economicamente desenvolvidos, nos quais a superação da personalidade jurídica é extremamente rara[13]. É um quadro que precisa mudar.

4.4. A DESCONSIDERAÇÃO INVERSA

A desconsideração da personalidade jurídica, como se viu em sua formulação, tem por escopo estender, no caso de abuso da personalidade jurídica, os efeitos de certas e determinadas relações de obrigações da pessoa jurídica aos seus sócios e/ou administradores beneficiados direta ou indiretamente pelo abuso.

Mas a doutrina e a jurisprudência já vinham sendo construídas no sentido de igualmente se possibilitar a desconsideração inversa, ou seja, desconsiderar a autonomia patrimonial para responsabilizar a pessoa jurídica por obrigação de seus integrantes ou administradores. O instituto visa a coibir o desvio de bens do patrimônio do sócio ou de administradores para o da pessoa jurídica com o fito de acobertá-los das ações de seus credores particulares. A Lei n. 13.874/2019, ao acrescer o § 3º ao art. 50, acaba por consagrar em lei a figura da desconsideração inversa.

---

[13] Fábio Ulhoa Coelho. Limitação da responsabilidade e desconsideração da personalidade jurídica. In: COELHO, Fábio Ulhoa (Coord.). *Lei das sociedades anônimas comentada*. Rio de Janeiro: Forense, 2021. p. 26.

Capítulo 5

SOCIEDADES NÃO PERSONIFICADAS

Consoante já se assinalou nesta obra (Capítulo 3, item 3.3.7.5), o Código Civil de 2002 apropriou-se da classificação que promove a separação das sociedades em personificadas e não personificadas.

Como não personificadas alinhou as sociedades em comum e em conta de participação, das quais passamos a tratar. Particularizaremos, entretanto, a abordagem dos temas à ótica da sociedade empresária.

5.1. SOCIEDADE EM COMUM

A sociedade em comum é aquela que não se apresenta com seus atos constitutivos inscritos no registro competente, a teor do disposto no art. 986 do Código Civil. Enquanto não inscrita, a sociedade será regida pelo estatuído nos arts. 987 a 990 e, supletivamente e no que for aplicável, pelas regras das sociedades simples. A exceção legalmente preconizada se dá em relação às sociedades por ações ainda em organização, devido à disciplina que lhes é própria, segundo os termos da lei especial de sua regência (Lei n. 6.404/76, Capítulos VII e VIII). A sociedade por ações em formação, durante esse processo, não pode ser considerada irregular ou de fato. Ela surge de sua constituição legal. Se os atos constitutivos não forem arquivados, os seus primeiros diretores, como regra, serão considerados responsáveis pessoal e ilimitadamente pelas obrigações, visto não poder nenhuma companhia funcionar sem que eles sejam arquivados e publicados (arts. 94 e 99 da Lei n. 6.404/76).

Conforme sustentado no Capítulo 2 (item 2.8), a sociedade obtém a condição de empresária a partir da exploração efetiva e de forma profissional de atividade econômica organizada para a produção ou a circulação de bens ou serviços. É o exercício da atividade e não o registro do seu contrato social que lhe confere a qualidade, visto ser o registro declaratório e não constitutivo da condição de empresário. O registro se apresenta como pressuposto do exercício regular da atividade. Portanto, enquanto não arquivados os atos constitutivos, e, a despeito disso, a sociedade encontrar-se no exercício da atividade econômica, ela será uma sociedade empresária em comum, também chamada de sociedade empresária irregular ou de fato.

A definição formulada por Eunápio Borges[1] para tais sociedades irregulares ou de fato, que sempre adotamos, permanece válida à luz do Código Civil de 2002. Assim, "irregulares são as sociedades que se contratam verbalmente ou as que, embora contratadas por escrito, não arquivaram o respectivo ato constitutivo no Registro do Comércio", agora denominado Registro Público de Empresas Mercantis.

Enquanto não efetuado o arquivamento dos atos constitutivos na Junta Comercial, ditas sociedades ficam desprovidas de personalidade jurídica, consideradas, portanto, pelo Código, como sociedades não personificadas.

No sistema introduzido não há mais margem para a discussão acerca da personalidade jurídica das sociedades empresárias irregulares, embora a disciplina adotada para reger a responsabilidade dos sócios perante terceiros não guarde grau de coerência desejável com a opção de não se conceder a personalidade jurídica a tais sociedades.

Os terceiros que mantiveram relações jurídicas com a sociedade poderão provar sua existência por qualquer modo lícito de prova. Quer a lei favorecer os terceiros que transacionaram com a sociedade, facilitando-lhes a prova de sua existência, de modo a poderem acioná-la ou agirem em face dos sócios com maior proficiência.

Já para os sócios, seja no âmbito de suas relações recíprocas, seja nas relações com terceiros, somente por prova escrita se admite comprovar a existência da sociedade. Temos aí uma restrição evidente às sociedades irregulares, facilitando a lei a prova da sua existência no interesse de terceiros que com ela contrataram e dificultando a mesma prova para os sócios. É no critério de restrições que a lei se pauta para impor a regularização das sociedades.

Portanto, como meio de induzir o exercício regular da atividade econômica, a legislação prescreve certas restrições à sociedade empresária irregular. Dentre elas podemos destacar, além da antes referenciada: a) vedação do acesso à recuperação judicial (art. 48, *caput*, da Lei n. 11.101/2005) e à extrajudicial (art. 161, *caput*, da Lei n. 11.101/2005), apesar de estar sujeita à falência (art. 105, IV, da Lei n. 11.101/2005); b) ausência de legitimidade para requerer a falência de outro empresário (§ 1º do art. 97 da Lei n. 11.101/2005); c) inexistência de proteção ao nome empresarial (Lei n. 8.934/94, art. 33); d) impossibilidade de requerer proteção à marca que venha a adotar para distinguir seus produtos ou serviços (Lei n. 9.279/96, art. 128); e) inviabilidade de seu enquadramento como microempresa ou empresa de pequeno porte, de forma a gozar dos respectivos benefícios (art. 3º, *caput*, da Lei Complementar n. 123/2006).

---

[1] *Curso de direito comercial terrestre*, 5. ed., 1991, p. 283.

No que pertine aos bens e às dívidas sociais, o Código os define como um patrimônio especial, do qual os sócios são titulares em comum.

Assim é que os sócios poderão partilhar o acervo social remanescente na hipótese de extinção da sociedade, segundo o que foi por eles pactuado, procedimento que se justifica em função da comunhão de interesses existente.

Quanto às dívidas, todos os sócios por elas respondem solidária e ilimitadamente. Contudo, a lei adota um caráter subsidiário, facultando aos sócios o benefício de ordem previsto no art. 1.024, segundo o qual os seus bens particulares só podem ser excutidos por dívidas da sociedade após executados os bens sociais. Só se encontra excluído do benefício o sócio que contratou pela sociedade (art. 990).

Anota-se aqui uma impropriedade: se a sociedade empresária irregular não tem personalidade jurídica, não se justifica a responsabilidade subsidiária. Com efeito, todos os sócios, e não só aquele que contratou pela sociedade, deveriam ter uma responsabilidade pessoal direta, ou seja, que pode ser exigida independentemente da exaustão do patrimônio social. Todavia, essa não foi a opção do Código, preferindo de outra forma disciplinar a matéria.

5.2. SOCIEDADE EM CONTA DE PARTICIPAÇÃO

5.2.1. *NATUREZA E RELEVÂNCIA*

A sociedade em conta de participação, apesar das críticas que vem recebendo da doutrina ao longo de sua existência legal, críticas essas a nosso ver injustas, foi mantida pelo Código Civil de 2002.

Sua preservação se deu no âmbito das sociedades, mas daquelas que o Código classifica como não personificadas.

Forma-se a sociedade em conta de participação por contrato, sendo despida, entretanto, de personalidade jurídica. Não está submetida às formalidades de constituição a que estão subordinadas as sociedades.

Não é tecnicamente falando, como temos sustentado[2], uma sociedade, mas sim um contrato associativo ou de participação. Negamos, pois, a sua natureza de sociedade no sentido técnico do termo, mas isso não autoriza o seu banimento do nosso ordenamento como proclamado por muitos doutrinadores[3].

---

[2] *Sociedade por quotas de responsabilidade limitada*, ed. 2000, nota n. 1, p. 1.

[3] Eunápio Borges, ob. cit., p. 323.

Enxergamos o contrato de participação, também erigido à condição imprópria de sociedade pelo Código francês de 1807, pelo espanhol de 1829 e pelo português de 1833, que influenciaram o mesmo tratamento dispensado pelo nosso Código Comercial em 1850, como importante instrumento de captação de recursos para o desenvolvimento de atividade econômica. Investidores podem dirigir seus fundos à realização de certos negócios que serão executados diretamente por um empresário ou sociedade empresária já constituída, que assumirá o risco direto pelo empreendimento, dividindo-se o proveito econômico ao final. Afigura-se o contrato de participação como fonte relevante de estímulo à atividade produtiva, atraindo capitais e promovendo o desenvolvimento econômico.

Por questões de simples linguagem, adotaremos a verbalização do contrato de participação como sociedade em conta de participação, sem, entretanto, desfigurar a sua verdadeira natureza jurídica.

5.2.2. *CONCEITO E RESPONSABILIDADE DOS SÓCIOS*

A sociedade em conta de participação congrega duas espécies de sócios: o sócio ostensivo e o sócio oculto ou participante. O primeiro é aquele a quem compete explorar, em nome individual e sob sua própria e exclusiva responsabilidade, o objeto definido no contrato de participação. O sócio oculto, geralmente prestador de capital, tem por escopo a participação nos resultados da exploração do objeto, sem, contudo, assumir riscos pelo insucesso do empreendimento junto a terceiros. Os seus riscos são dimensionados e se limitam à prestação pela qual se obrigou junto ao sócio ostensivo, nos termos exclusivos do contrato.

Diz-se, por isso, que a sociedade só existe entre os sócios e não perante terceiros. Os direitos e obrigações entre os sócios ostensivo e oculto são regulados pelos termos do contrato de participação. Perante terceiros a sociedade não se apresenta. Somente o sócio ostensivo é quem aparece, realizando as transações em seu nome próprio e assumindo os riscos do malogro da empreitada negocial. Os riscos do sócio ostensivo são ilimitados; já os do oculto são limitados. Os terceiros não terão ação contra o sócio oculto, mas somente em face do ostensivo. Todavia, se o sócio oculto vier a tomar parte nas relações do sócio ostensivo com terceiros, passa ele a responder solidariamente com o ostensivo pelas obrigações em que intervier.

No contexto contratual podem conviver vários sócios ostensivos e vários sócios ocultos, e não apenas um sócio representando cada categoria. Havendo pluralidade de sócios ostensivos, deverá o contrato definir a participação de cada um na exploração do objeto contratual, bem como as responsabilidades internas dos diversos sócios ocultos, acaso existentes.

Pode, a partir das notas essenciais de sua caracterização, a sociedade em conta de participação ser conceituada como um contrato associativo ou de participação, pelo qual duas ou mais pessoas, físicas ou jurídicas, obrigam-se a explorar uma ou mais atividades econômicas, em proveito comum, visando à partilha de seus resultados, mas sob o nome e responsabilidade individual daquele que praticar as operações, obrigando-se perante terceiros para a realização do objeto do contrato.

5.2.3. *O REGISTRO DO CONTRATO DE PARTICIPAÇÃO*

A constituição da sociedade em conta de participação independe de qualquer formalidade, podendo-se provar sua existência por todos os meios de direito (art. 992).

Não está sujeita, assim, às formalidades que a lei impõe para a formação de uma sociedade regular. Mas nem por isso pode ser equiparada a uma sociedade de fato ou irregular. Ela só existe entre os sócios e não perante terceiros. Em razão disso é que não tem a feição de sociedade, mas sim de um contrato associativo ou de participação. Não há, outrossim, entre os contratantes, a externalização de um *animus* de sociedade, como se verifica na sociedade de fato. O que os motiva é a oportunidade de exploração de um ou mais negócios determinados. É a oportunidade momentaneamente vislumbrada do bom negócio que inspira os contratantes. Dada tal característica, foi que o Código Comercial a nominou, no seu art. 325, de sociedade acidental ou momentânea, o que não quer dizer, entretanto, que ela não possa existir em caráter permanente, como vem admitindo certa parcela da doutrina[4]. Mas o comum, o seu traço peculiar, como até mesmo admitem aqueles que sustentam a plausibilidade de sua existência permanente, é que se organize para determinada ou determinadas operações.

Em virtude do perfil especial, a doutrina se dividia quanto à possibilidade de o instrumento do contrato de participação ser levado a registro.

Carvalho de Mendonça[5] sustentava ser-lhe defeso o registro. No mesmo sentido trilha a opinião de Fran Martins[6].

Eunápio Borges[7], crítico ardente dessas sociedades, porém o admite e até mesmo o incentiva. Para ele, a lei (Código Comercial, art. 325), dispensando-a das formalidades a que estão sujeitas outras sociedades, "não a proíbe de observá-las". O fato de a sociedade existir somente entre os sócios, prossegue o mestre mineiro, não quer dizer que o seu contrato "não possa ser conhecido de terceiros, sob pena de desnaturar-se a socie-

---

4   Fran Martins, *Curso de direito comercial*, 27. ed., 2001, p. 179.
5   Ob. cit., vol. IV, p. 233.
6   Ob. cit., p. 180.
7   Ob. cit., p. 327 e 328.

dade em conta de participação". Reforça a assertiva com o argumento de que a própria lei expressamente permitiu "que ela se constitua não só por instrumento particular, mas por escritura pública". Por fim conclui: "Não, o registro não lhe é defeso. Está ela dispensada do registro e das demais formalidades de constituição das outras sociedades. Pode, porém, e é de toda conveniência, que, constituída por escrito, seja o respectivo instrumento arquivado no registro de comércio".

O Código Civil de 2002 veio a optar pela consagração da possibilidade de o instrumento contratual ser levado a registro, o que, entretanto, não irá conferir personalidade jurídica à sociedade, como expressamente declarado. Reafirma, ainda, o princípio de que o contrato só produz efeito entre os sócios (art. 993).

5.2.4. *O PATRIMÔNIO ESPECIAL E A LIQUIDAÇÃO DA SOCIEDADE*

As contribuições do sócio oculto e do sócio ostensivo constituem, na definição legal, um patrimônio especial, objeto da conta de participação relativa aos negócios sociais. Contudo, a especialização patrimonial somente produz efeitos em relação aos sócios, reenfatizando a regra legal, a existência da sociedade exclusivamente entre eles (art. 994, *caput* e § 1º).

A liquidação da sociedade em conta de participação, seja em relação ao patrimônio especial, seja em relação aos lucros auferidos, reger-se-á pelas normas relativas à prestação de contas, obedecendo ao rito da lei processual civil. Existindo dois ou mais sócios ostensivos, as respectivas contas serão prestadas e julgadas nos autos de um mesmo processo (art. 996). Tudo isso mais acentua a sua natureza não societária.

5.2.5. *A FALÊNCIA DA SOCIEDADE EM CONTA DE PARTICIPAÇÃO*

Como por nós foi articulado, a sociedade em conta de participação só produz seus efeitos entre os sócios, não transcendendo aos limites da relação entre eles. Só existe entre os sócios ostensivo e oculto e não perante terceiros. Quem se obriga perante eles é tão somente o sócio ostensivo que, em seu nome individual e sob sua própria e exclusiva responsabilidade, exercerá a atividade constitutiva do objeto contratual.

Limitando-se a sociedade a produzir seus efeitos na órbita da relação interna entre os sócios, não se corporificando em uma pessoa capaz de entrar em relações com terceiros, ainda que seu instrumento venha a ser inscrito no Registro Público de Empresas Mercantis, não estará sujeita à falência.

Quem poderá incorrer em falência será o sócio ostensivo, empresário individual ou sociedade empresária, que se obriga direta e pessoalmente perante terceiros, ainda que no interesse da realização do objeto do contrato de participação.

Qualquer credor do sócio ostensivo poderá requerer-lhe a falência, sendo irrelevante se o crédito surgiu do desempenho do objeto do contrato de participação ou do exercício de outra atividade a que também se dedique. Como empresário, o sócio ostensivo estará sujeito ao requerimento de falência por parte de seus credores. Inclusive, o sócio oculto, na qualidade de credor do sócio ostensivo, poderá requerer-lhe a falência, da mesma forma que qualquer outro credor.

A falência do sócio ostensivo, diz o Código Civil (§ 2º do art. 994), "acarreta a dissolução da sociedade", isto é, a resolução do contrato de participação. Resolvido o contrato, dever-se-á proceder à liquidação da respectiva conta e, sendo apurado saldo em favor do sócio oculto, este constituirá crédito quirografário em seu proveito, devendo, assim, proceder à sua habilitação no passivo falimentar.

O sócio oculto, por sua vez, se empresário, também poderá incorrer em falência. Qualquer credor particular do sócio participante poderá requerer a sua falência. Obviamente que o requerimento não terá por fundamento a sua condição de sócio oculto, pois, na sociedade em conta de participação, ele não se obriga pessoalmente perante terceiros, tarefa reservada ao ostensivo.

Se requerida e decretada a falência do sócio oculto, o fato poderá vir a influir no contrato de participação. Por isso, o Código expressamente contempla a situação, prescrevendo que o contrato ficará sujeito às normas que disciplinam os efeitos da falência em relação aos contratos bilaterais do falido (§ 3º do art. 994).

Portanto, o contrato não se resolve de pleno direito pela falência (Lei n. 11.101/2005, art. 117), facultando-se, inclusive, ao administrador judicial, mediante autorização do comitê, se houver, achando conveniente para a massa falida, exigir que o contrato seja executado, isto é, cumprido, entrando os respectivos saldos devidos ao sócio oculto para a sua massa falida, como ativo destinado ao pagamento dos seus credores.

Sempre objetivando realizar o que for de conveniência para a massa, poderá o administrador judicial optar pela resolução do contrato, denunciando-o e arcando com os ônus dela decorrentes.

A fim de não impor ao outro contratante o imobilismo, a lei falimentar permite que promova a interpelação do administrador judicial, no prazo de noventa dias, contado da assinatura do termo de sua nomeação, para que, dentro de dez dias, declare se vai ou não cumprir o contrato. A declaração, sendo negativa, ou ainda o silêncio, findo esse prazo, dão ao contraente o direito à indenização, cujo valor, apurado em processo de conhecimento, constituirá crédito quirografário.

Não se pode olvidar que o procedimento acima somente se verificará se não houver no contrato de participação pacto expresso de resolução em caso de falência, cuja validade é referendada pela doutrina e jurisprudência. Nesse caso, decretada a falência, estará o contrato resolvido, devendo-se apurar o eventual e respectivo saldo em favor dos contratantes.

5.2.6. *NOME SOCIAL*

A sociedade em conta de participação não terá uma firma ou denominação social. Por isso, a sociedade é chamada de oculta ou anônima (não se confundindo o vocábulo com a indicação da sociedade anônima disciplinada na Lei n. 6.404/76).

Como se verificou, quem irá entrar em negociação com terceiros não é a sociedade, mas o sócio ostensivo, sob seu nome particular.

5.2.7. *A SOCIEDADE EM CONTA DE PARTICIPAÇÃO NA ESFERA CIVIL*

Ainda enquanto disciplinada pelo Código Comercial, a doutrina já vinha admitindo a sociedade em conta de participação na esfera civil.

Isso se dava quando o sócio ostensivo não reunia a qualidade de comerciante, hoje de empresário sujeito a registro.

Por essa razão é que o Código Civil de 2002 não veio determinar que o sócio ostensivo fosse obrigatoriamente um empresário individual ou uma sociedade empresária, na definição que para eles reservou nos arts. 966 e 982.

Por óbvio que, se não for o sócio ostensivo um empresário ou uma sociedade empresária, não estará ele sujeito à falência; mas, revelando-se insolvente, poderão seus credores requerer-lhe a declaração da insolvência civil, que o Código de Processo Civil de 1973 veio a disciplinar sob a rubrica da execução por quantia certa contra devedor insolvente (arts. 748 a 786-A), estando tais regras em vigor até que haja a edição de lei específica para cuidar das execuções contra devedor insolvente, consoante os termos do art. 1.052 do Código de Processo Civil de 2015.

CAPÍTULO 6

SOCIEDADE SIMPLES

6.1. ORIGEM E VOCAÇÃO JURÍDICA

O Código Civil de 2002 veio a incorporar em nosso Direito a figura da sociedade simples.

Sua origem remonta do Código de Obrigações suíço do final do século XIX, que a definiu, em seu art. 530, da seguinte forma: "A sociedade é uma sociedade simples, no sentido do presente título, quando ela não oferece característicos distintivos de uma das outras sociedades reguladas pela lei".

O Código Civil italiano de 1942 seguiu o exemplo suíço, incorporando em seu direito positivo interno a sociedade simples (Livro V, Título V, Capítulo II, arts. 2.251 a 2.290), o que vem agora realizado pelo Código Civil brasileiro de 2002.

O atual Código Civil, tal qual o italiano, não se preocupou em conceituar a sociedade simples. Mas se pode inferir, da estrutura codificada, que as disposições das sociedades simples são regras gerais em matéria de direito societário.

Como foi por nós sustentado no Capítulo 3, item 3.3.1, a sociedade simples está vocacionada à exploração de atividades econômicas específicas. O ordenamento jurídico positivo é quem lhe reserva o objeto. Assim é que algumas das antigas sociedades civis com fins econômicos se emolduram como sociedades simples, por força, enfatize-se, de expressa reserva da lei. Para tais sociedades, o Código reservou a espécie de sociedade simples, sendo as regras dos arts. 997 a 1.038 especiais em relação a essa espécie de sociedade, quando não adotar uma das formas destinadas às sociedades empresárias, como lhe é facultado (art. 983). Assim não o fazendo, fica a sociedade simples subordinada de modo direto a essas normas que lhe são próprias. No caso, ter-se-á a figura que a doutrina vem nominando de "simples pura", ou seja, a espécie de sociedade simples com regência exclusiva pelas normas de forma ou de tipo que lhe são próprias ou particulares.

A sociedade empresária, a outra espécie contemplada no Código, encampa as clássicas sociedades mercantis e inúmeras das antigas sociedades civis com fins econômicos. Deve ser constituída segundo um dos tipos regulados nos arts. 1.039 a 1.092. Não pode se estabelecer como sociedade simples, pois são espécies diversas. Em relação a ela, as normas da sociedade simples são aplicáveis supletivamente, na condição de regras ditas gerais em assunto de direito societário.

Confiram-se, a respeito, os arts. 1.040 – relativo à sociedade em nome coletivo –, 1.046 – tocante à sociedade em comandita simples –, 1.053 – pertinente à sociedade limitada –, 1.089 – alusivo à sociedade anônima – e 1.090 – referente à sociedade em comandita por ações. Até mesmo em relação às sociedades classificadas como não personificadas são aplicáveis, subsidiariamente, as regras da sociedade simples (arts. 986 e 996).

Exemplo de norma geral em direito societário encontra-se na regra do art. 1.008, que declara ser nula a estipulação contratual que exclua qualquer sócio de participar nos lucros. Tal dispositivo se aplica supletivamente a todos os tipos societários destinados à espécie "sociedade empresária".

Ressalte-se, aqui, que a hipótese não será de nulidade da sociedade como apregoava o Código Comercial, no seu art. 288, mas sim da cláusula contratual, prevalecendo o regramento previsto no Código Civil de 1916 para as sociedades civis de que tratava (art. 1.372).

Podemos, então, sintetizar o papel jurídico da sociedade simples da forma seguinte: a) serve de substrato às sociedades de natureza civil, não enquadráveis como empresárias, constituindo suas regras a normatização específica dessas sociedades, as quais efetivamente substitui no ordenamento trazido pelo Código Civil de 2002; b) funciona como fonte supletiva para as sociedades empresárias, sendo suas regras aplicáveis a estas em caso de omissão do regramento especial do tipo por elas adotado, por serem regras gerais em matéria de direito societário.

6.2. CONSTITUIÇÃO

6.2.1. *FORMA E REGISTRO*

A sociedade simples desfruta da natureza de sociedade contratual. Sua constituição se perfaz por contrato escrito, via instrumento público ou particular, devendo ser inscrito no Registro Civil das Pessoas Jurídicas do local de sua sede.

O Código Civil impõe prazo de trinta dias subsequentes à sua constituição para que seja requerida pela sociedade, por meio de seu representante legal, a respectiva inscrição no órgão competente. Igual prazo deve ser observado nos casos da averbação de qualquer modificação do contrato social.

A racionalidade de ser fixado prazo para a apresentação do instrumento a ser registrado, prazo esse contado da lavratura do respectivo ato, justifica-se para assegurar a sua eficácia a partir da data nele prevista. A inobservância do prazo acarreta a produção de efeitos tão somente a contar da data de concessão efetiva do registro.

Portanto, se os sócios firmam o contrato social e a sociedade logo entra em operação, sendo o instrumento respectivo levado a registro dentro do prazo de trinta dias de sua lavratura (data nele prevista), por exemplo, 25 dias após, a sociedade, embora operando no interregno com o ato constitutivo não inscrito, não terá ostentado a condição de sociedade em comum (de fato ou irregular), visto que o registro retroagirá à data preconizada no ato registrado. Contudo, se o instrumento contratual só vem a ser levado a registro 45 dias após sua lavratura, sendo o registro concedido, por exemplo, quinze dias adiante, a sociedade será tratada no período compreendido entre a data lançada no instrumento do contrato e a data de concessão do seu registro como uma sociedade irregular. É o que deflui da combinação dos arts. 1.151, 998 e 986 do Código Civil.

As pessoas obrigadas a requerer o registro responderão, em virtude da omissão ou demora, por perdas e danos junto aos prejudicados. Desse modo, se, na situação do segundo exemplo acima formulado, um sócio vier a ser pessoalmente responsabilizado por um credor da sociedade, em virtude da condição de sociedade em comum desta, em face da falta de registro, apesar de no contexto societário ter assumido o prefalado sócio responsabilidade limitada, terá ele ação de regresso contra o representante legal incumbido de veicular o registro e que descurou da sua obrigação legal de fazê-lo.

Para evitar maiores prejuízos, faculta-se, no caso de omissão ou demora por parte daquele que por lei estaria obrigado a requerer o registro, que qualquer sócio ou interessado o promova.

Não se pode esquecer da permissão para que as sociedades simples adotem uma das formas das sociedades empresárias (art. 983). Não o fazendo, subordinam-se às normas que lhe são próprias; já o fazendo, serão a elas aplicáveis as regras particulares do tipo adotado, relegando-se as disposições que lhe são particulares para a aplicação subsidiária (confira-se item 3.3.6 do Capítulo 3). Sendo assim, nesse último caso, o Registro Civil das Pessoas Jurídicas deverá, ante a adoção realizada, obedecer às normas fixadas para o Registro Público de Empresas Mercantis para proceder ao registro, aplicando-se, na hipótese, as disposições da Lei n. 8.934/94 e de seu regulamento (Decreto n. 1.800/96), naquilo em que, obviamente, for compatível. A utilização de uma das formas relativas às sociedades empresárias pela sociedade simples não impõe o seu registro na Junta Comercial, permanecendo a competência do Registro Civil das Pessoas Jurídicas. É o que se extrai da prescrição legal contida no art. 1.150 do Código de 2002, o qual vem assim redigido:

O empresário e a sociedade empresária vinculam-se ao Registro Público de Empresas Mercantis a cargo das Juntas Comerciais, e a sociedade simples ao Registro Civil das Pessoas Jurídicas, o qual deverá obedecer às normas fixadas para aquele registro, se a sociedade simples adotar um dos tipos de sociedade empresária.

A exceção somente se verifica na circunstância de adoção de forma de sociedade por ações, o que imprime à sociedade, independentemente do seu objeto, a condição de sociedade empresária e, nesse caso, em função dessa qualidade, o registro se fará na Junta Comercial.

6.2.2. *CONTEÚDO CONTRATUAL*

Quanto ao conteúdo das cláusulas contratuais, têm os sócios liberdade para estabelecê-las, dentro, obviamente, das fronteiras legais. A lei estabelece um conteúdo mínimo para o pacto social (art. 997), de observância necessária pelos sócios, cujo não atendimento legitimará a recusa do requerimento de seu registro, se não sanada a falta pelo requerente, após regular notificação expedida pelo órgão competente (art. 1.153).

O contrato social deverá obrigatoriamente mencionar: a) se pessoas naturais, o nome completo, a nacionalidade, o estado civil, a profissão e a residência dos sócios; se pessoas jurídicas, a firma ou a denominação adotada como nome social, a nacionalidade e sua sede; b) denominação social – que deverá ser a modalidade de nome social para as sociedades simples –, objeto, sede e prazo de duração da sociedade – se indeterminado ou determinado, sendo que, nesse último caso, deve o período de duração ser fixado de forma clara e inconfundível; c) capital social que deverá ser expresso em moeda corrente nacional, podendo ser integralizado pelos sócios em dinheiro ou bens suscetíveis de avaliação pecuniária; d) a quota de cada sócio no capital e o modo de realizá-la, de integralizá-la; e) as prestações a que se obriga o sócio, cuja contribuição consista em serviços; f) as pessoas naturais incumbidas da administração da sociedade, seus poderes e atribuições; g) participação de cada sócio nos lucros e nas perdas; h) se os sócios respondem, ou não, subsidiariamente pelas obrigações sociais.

As eventuais alterações do contrato social que tenham por objeto matéria circunscrita em uma dessas cláusulas de conteúdo obrigatório, elencadas nas alíneas do parágrafo precedente, só se podem implementar com o consentimento de todos os sócios. Exige-se, portanto, deliberação unânime dos sócios, de forma a proteger os termos iniciais da contratação da sociedade. Para as demais questões, contempla-se a possibilidade de serem elas decididas por maioria absoluta de votos, isto é, por deliberação de sócio ou sócios representando a maioria do capital social, salvo se o contrato determinar a necessidade de deliberação unânime.

Ao referir-se o Código à "maioria absoluta de votos" (art. 999), não quer com isso gerar a necessidade de haver uma reunião formal dos sócios em assembleia geral na qual seriam instados à votação. Não, efetivamente não pode ser essa a conclusão. Não é lícito exigir formalidade onde a lei não a impôs. A referência legal deve ser entendida no sentido de ser suficiente para legitimar a alteração a deliberação representativa da maioria do capital, bastando, para sua perfectibilidade formal, a subscrição do instrumento de alteração contratual por sócio ou sócios representando essa maioria.

A exigência de unanimidade para modificação de algumas das matérias parece-nos excessiva. Engessa-se a fluência da vida social. Não se justifica a lei impô-la em certas circunstâncias, sendo preferível que deixasse a decisão ao sabor da vontade dos sócios, que poderiam discipliná-la no contrato social, adotando o sistema da unanimidade, da maioria absoluta ou até mesmo de uma maioria qualificada – por exemplo, sócio ou sócios representando 2/3 do capital. É o caso das modificações de denominação social, objeto, sede, prazo de duração, capital social, designação de administradores e fixação de seus poderes e atribuições, nas quais não se pode abonar a opção da lei pela decisão unânime dos sócios. Em nossa opinião, o melhor é sempre prestigiar a liberdade de disposição dos sócios, como princípio. Até podemos admitir eventuais limitações legais com fins de impor a unanimidade, mas em matérias especialíssimas, capazes de desaguar em uma restrição pessoal ao sócio, justificadoras da manutenção visceral dos termos da contratação inicial que atraiu e motivou a composição da sociedade. Dessa natureza seriam a participação de cada sócio nos lucros e nas perdas, a definição se os sócios respondem ou não, subsidiariamente, pelas obrigações sociais e até mesmo as prestações a que se obriga o sócio cuja contribuição consista em serviços. Para os demais casos, parece-nos que o melhor artifício seria ter a lei deixado ao alvedrio da maioria a deliberação da alteração, garantindo-se ao dissidente o direito de retirar-se da sociedade, indenizado no justo e real valor de seus haveres.

O Código Civil italiano disciplina a matéria de forma diversa em seu art. 2.252, dispondo que o contrato social só pode ser modificado com o consenso dos sócios, salvo convenção em contrário. Deixou, assim, a possibilidade de os sócios, dentro da liberdade contratual, regularem a matéria, o que é profícuo.

6.2.3. *PACTOS EM SEPARADO*

Importante ressaltar que qualquer pactuação em instrumento separado realizada pelos sócios, em sentido contrário ao disposto no contrato social, será ineficaz em relação a terceiros. Isso quer dizer que tais ajustes podem vincular os sócios signatários nas suas relações diretas e pessoais, porque não inválidos, podendo invocar suas disposições específicas uns contra outros. A ineficácia somente será aferida em relação a terceiros, compreendidos como tais aqueles que não firmaram o pacto separado, sócios ou não sócios. Essa é a inteligência que se deve emprestar à disposição legal (parágrafo único do art. 997).

6.3. SOCIEDADE LEONINA (SIMPLES OU EMPRESÁRIA)

O velho Código Comercial, em seu art. 288, declarava nula a sociedade ou companhia em que se estipulasse que a totalidade dos lucros pertencesse a um só dos sócios, ou em que algum fosse excluído da participação nos resultados. Igualmente seria nula aquela em que se desonerasse de toda a contribuição nas perdas as somas ou os efeitos entrados por um ou mais sócios para o fundo social.

O Código Comercial vedava, em última análise, a sociedade em que se atribuísse somente a um ou a alguns sócios a totalidade dos lucros ou das perdas, fulminando-a de nulidade.

O Código Civil de 1916, disciplinando a matéria de modo diverso em relação às sociedades civis, em seu art. 1.372, limitava-se a decretar a nulidade da cláusula, e não do contrato social, através da qual fosse atribuída a um só dos sócios a integralidade dos lucros, ou que viesse a subtrair o quinhão social de alguns deles à comparticipação nos prejuízos.

A solução proposta pelo antigo Código Civil se apresentava mais sensata, pois consentânea com o princípio de que a nulidade de parte do ato não deve contaminá-lo por inteiro. Não havia sentido em invalidar a constituição da sociedade. O razoável no caso seria a invalidação tão somente da cláusula.

O Código Civil italiano de 1942 prestigiou esse fundamento ao enunciar, em seu art. 2.265, a nulidade da cláusula e não da sociedade[1].

O Código Civil brasileiro de 2002 veio a consagrar o mesmo princípio. Tem-se pela regra do seu art. 1.008 ser nula a estipulação contratual que exclua qualquer sócio de participar dos lucros e das perdas.

A sistemática que passa a ser adotada para as sociedades simples e empresárias (essa é uma das regras que a elas se aplica supletivamente) é bem mais razoável do que a outrora preconizada pelo Código Comercial de 1850. Sempre se nos afigurou radical a imposição de seu art. 288, de nulificar a sociedade por inteiro. Esse tratamento não se aninha com o escopo de preservação da empresa. Mostra-se bem mais equacionada a solução de nulificar a cláusula exorbitante.

Portanto, verificando-se essa nulidade, restabelece-se o direito de o sócio participar dos lucros. Essa participação deverá, ante a ausência de disposição válida sobre a partilha dos dividendos, observar a participação de cada sócio no capital social. Igual metodologia deve ser empregada em relação à participação nas eventuais perdas.

---

[1] Código Civil italiano, art. 2.265: "È nullo il patto con il quale uno o più soci sono esclusi da ogni partecipazione agli utili o alle perdite".

SOCIEDADE SIMPLES

Embora o art. 1.008 codificado fale em nulidade da "estipulação contratual", sugerindo seu alcance ao pacto constante do contrato social, sustentamos que a sua interpretação não deve ser literal. No seu conteúdo impende figurem inseridos os denominados pactos parassociais, ou seja, nula será também a pactuação quando firmada em acordo separado celebrado pelos sócios, como, por exemplo, num acordo de cotistas de uma sociedade limitada, no qual se convencionou a partilha dos lucros em desacordo com a regra legal. Essa é a orientação que se tem difundido na doutrina italiana[2], estendendo-se a nulidade ao *"patto parasociale"*.

6.4. OBRIGAÇÕES DOS SÓCIOS

6.4.1. *ESPÉCIES*

Ao participar de uma sociedade, nasce para o sócio a obrigação fundamental de contribuir para a formação do capital social. Segundo a doutrina majoritária, essa constitui a principal obrigação decorrente da assunção do *status* de sócio.

Não se pode confundir essa obrigação do sócio com a sua eventual responsabilidade subsidiária pelas dívidas sociais. Dependendo do tipo de sociedade, o sócio responderá limitadamente à sua quota de capital, ou até mesmo por todo o capital social declarado, ou de forma ilimitada e subsidiária pelas obrigações sociais. A responsabilidade pelas dívidas da sociedade não é fato indissociável da condição de sócio, dependendo do contexto societário no qual ele está inserido. Diferentemente é a obrigação de contribuir para a constituição do capital social, que sempre se verifica, independentemente da espécie (sociedade simples ou empresária) ou do tipo (limitada, sociedade anônima, nome coletivo e comandita por ações ou simples) de sociedade da qual participe.

Outra obrigação que ao sócio se impõe é o dever de lealdade. É um dever natural, inerente à condição de sócio. Significa que o sócio não pode orientar a sociedade no seu interesse privado ou de terceiros. Suas ações devem convergir para que ela possa, com proficiência, desenvolver o seu objeto social, justificador de sua constituição. Nenhum sócio poderá exercitar seus direitos para auferir vantagens e benefícios pessoais em detrimento da sociedade e dos outros sócios. Não se deve confrontar seu interesse privado com os interesses da sociedade. Assim é que o sócio deve sempre deliberar no interesse

---

[2] Frederico del Giudice, *in Codici Civile esplicato*, 1995, Edizione Simone, Napoli, p. 1.352 – Comentário ao art. 2.265: "Il patto leonino è nullo non solo quando è espressamente contenuto nell'atto costitutivo della società (cosa alquanto rara perché i soci, per aggirare il divieto, evitano di renderlo manifesto) ma anche quando è contenuto in un separato accordo stipulato da tutti o da alcuni dei soci (c.d. patto parasociale)".

da sociedade, sob pena de vir a responder pelo abuso de direito decorrente da deliberação que vier a causar prejuízo para a sociedade ou para os outros sócios, com o intuito de obter para si ou para outrem vantagens a que não fazem jus.

Procederemos ao seu desenvolvimento neste tópico, no âmbito da sociedade simples, mas seus princípios se aplicam supletivamente à sociedade empresária e seus tipos legais, podendo estes ter regras específicas para sua regulação, as quais, quando for o caso, serão abordadas quando do tratamento de cada tipo.

6.4.2. *INÍCIO*

Preceitua o Código Civil de 2002 que as obrigações dos sócios começam imediatamente com o contrato, se este não fixar outra data (art. 1.001).

Dessa feita, salvo convenção em contrário prevista no contrato social, as obrigações têm início a partir da celebração do respectivo instrumento, ainda que não registrado. Não é do registro o marco inicial, mas sim da data do contrato social.

Podemos afirmar, em termos genéricos, que é a partir da aquisição da qualidade de sócio que as obrigações inerentes a essa condição passam a se impor.

O sócio pode ingressar originariamente na sociedade, isto é, no momento de sua constituição, quando da assinatura do contrato social, como posteriormente, adquirindo a participação societária de outro sócio ou até mesmo tomando parte na subscrição de quotas do capital, quando de sua elevação.

Essas obrigações irão perdurar até que a sociedade seja liquidada e se verifique a extinção das responsabilidades sociais.

6.4.3. *CONTRIBUIÇÃO PARA A FORMAÇÃO (OU AUMENTO) DO CAPITAL*

A contribuição do sócio para a formação do capital social é nominada pela lei de quota social (art. 1.005). A doutrina também valida as expressões cota-capital, parte-capital e contribuição social. Nas sociedades por ações essa participação é chamada de ação.

Impõe-se que o sócio realize as entradas prometidas para a formação ou o aumento do capital social. Está ele obrigado, na forma e no prazo previstos no contrato social, a efetivar as contribuições a que se vincular. Cada sócio, assim, tem a obrigação perante a sociedade de integralizar a quota social – isto é, a quota do capital social – que subscreveu, por ocasião da formação da sociedade ou em razão do aumento de capital, nos termos em que foi pactuado no contrato social ou em sua alteração.

A integralização pode verificar-se à vista ou a prazo, dependendo das necessidades de recursos da sociedade para explorar seu objeto. Pode ser realizada em dinheiro ou em bens suscetíveis de avaliação pecuniária, inclusive créditos ou serviços.

O mais usual é que a integralização do preço da quota do capital subscrito, o que se chama de preço de subscrição, se realize em moeda corrente nacional. Contudo, não são raras as hipóteses de integralização materializada com a transferência de bens à sociedade. Nessas situações, a lei impõe a observância de disposições especiais, a fim de resguardar a incolumidade do capital social. Portanto, o sócio que, a título de quota social, promover a transferência de domínio de determinado bem de seu patrimônio para a sociedade, ou somente a posse, ou simplesmente o seu uso, responderá pela evicção. Se houver transferência de crédito, o sócio cedente ficará obrigado pela solvência do devedor (art. 1.005 c/c art. 997, III).

A cláusula do contrato social ou qualquer pactuação em separado que exclua a responsabilidade do subscritor pela evicção ou que o exonere de responder pela solvência do devedor são nulas de pleno direito.

Detectamos deficiência da previsão legal (art. 1.005), ao restringir a responsabilidade ao caso de evicção, deixando de fora os vícios redibitórios. A disciplina da Lei n. 6.404/76 sobre a matéria foi mais precisa (art. 10) ao equiparar a responsabilidade civil dos subscritores à do vendedor, na qual ficam circunscritas as responsabilidades pela evicção e pelos vícios redibitórios.

No que concerne à responsabilidade do sócio subscritor pela transferência do crédito, não se basta a lei com a garantia de sua real existência. Exige que ele responda pela solvência do devedor[3], o que quer dizer que, se o crédito não for realizado, tem a sociedade o direito de exigi-lo do sócio. Contudo, há que se observar que essa responsabilidade não é solidária, visto que a lei assim expressamente não a declarou, mas sim subsidiária. A sociedade deverá, de início, promover a sua cobrança judicial do devedor e, posteriormente, provada a frustração de seu recebimento ante a falta de bens livres e capazes de satisfazê-lo, exigir o pagamento do sócio subscritor. Tem o sócio, pois, o benefício de ordem. Mas nada impede, embora não seja próprio ao escopo da operação, venha prevista no contrato de cessão do crédito cláusula de solidariedade (Código Civil, art. 265). Nesse caso, a sociedade poderia demandar a prestação de qualquer dos devedores, não estando sujeita ao benefício de ordem. Entretanto, repita-se, a previsão deve ser expressa no contrato, uma vez que dela a lei não cogitou.

Corporificado, todavia, o crédito em título cambial ou cambiariforme (título de crédito) disciplinados em lei especial, a sua transmissão será operada segundo a forma de

---

[3]   Pelo regime ordinário de transmissão das obrigações do Código Civil, a cessão onerosa de crédito implica responsabilidade do cedente pela existência do crédito (art. 295), mas este, salvo estipulação em contrário, não responde pela solvência do devedor (art. 296).

circulação prevista na legislação própria[4]. Tratando-se, por exemplo, de título cambial (nota promissória e letra de câmbio) "à ordem", a transferência se dará por endosso (art. 11 da Lei Uniforme, promulgada pelo Decreto n. 57.663/66) e, nesse caso, o endossante ("cedente" do crédito) já emerge como garante do pagamento do título, sendo solidariamente responsável pelo seu resgate para com o endossatário ("cessionário" do crédito), não havendo, na hipótese, o benefício de ordem (arts. 15 e 47 da Lei Uniforme). Caso o endosso seja realizado com a cláusula "sem garantia" (endosso sem garantia), como permite o art. 15 da Lei Uniforme, a cláusula não o tornará responsável solidário pelo pagamento do título, mas, mesmo assim, responderá, subsidiariamente, pela solvência do devedor, nas condições do art. 1.005 do Código Civil, da forma desenvolvida no parágrafo anterior. A cláusula aposta no endosso terá como efeito prático, nesse caso, apenas a liberação do endossante da condição de coobrigado cambial. Sua responsabilidade, porém, resulta da relação extracambial de transmissão de crédito à sociedade, na forma da lei societária traduzida no Código Civil. Idêntica consequência será verificada nos títulos com cláusula "não à ordem" (não endossáveis), porquanto, nessa situação, serão transmissíveis pela forma e com os efeitos de uma cessão ordinária de crédito[5].

Como já foi ressaltado, a contribuição para a formação, ou até mesmo aumento, do capital social visa a capacitar a sociedade à realização da sua atividade econômica.

Se assim o é, deve o bem cujo domínio, posse ou uso a ser transmitido à sociedade estar relacionado com o seu objeto social, não se admitindo a subscrição em bens que não tenham qualquer utilidade direta ou indireta para a atividade a ser por ela desenvolvida.

No âmbito da Lei n. 6.404/76, que regula as sociedades por ações, esse princípio é expresso, consoante se infere da alínea *h* do § 1º do art. 117, que, ao exemplificar as modalidades de exercício abusivo do poder de controle, insere em seu rol a subscrição de ações, por ocasião da elevação do capital, com a realização em bens estranhos ao objeto social da companhia.

---

[4]   O Código Civil, ao tratar dos títulos de crédito, regulou a responsabilidade do endossante no art. 914: não responde o endossante pelo cumprimento da prestação consubstanciada no título, salvo cláusula expressa em contrário constante do endosso. Assumida, entretanto, a responsabilidade, o endossante se torna devedor solidário. Mas a regra do Código é de eficácia limitada, pois só será aplicável, a teor do seu art. 903, aos títulos que não forem, por regra diversa, disciplinados em lei especial.

[5]   A mesma disciplina se aplica à duplicata (título cambiariforme), a teor do que dispõe o art. 25 de sua lei de regência (Lei n. 5.474/68), a qual faz remissão às regras de circulação dispostas na legislação sobre letras de câmbio. No cheque (título cambiariforme) são observados os mesmos princípios, mas a partir de textos normativos próprios, previstos na Lei n. 7.357/85 (cf. arts. 17, 21 e 51).

O fato de não haver previsão semelhante para as sociedades contratuais não invalida a conclusão da vedação da formação ou do aumento do capital com contribuição de bens não ligados ao objeto social, pois resulta de uma exegese lógica do princípio da capacitação da sociedade para desenvolver o seu objeto. A explicitação contida na lei das sociedades anônimas apenas reforça o princípio, demonstrando a sua consagração expressa na lei, quando de sua reforma de 1997, ocasião em que a Lei n. 9.457 acrescentou ao elenco a alínea *h* aludida.

Os bens, desde que ligados concretamente ao objeto social, ou úteis ao seu desenvolvimento, podem ser de qualquer espécie; bens, portanto, corpóreos ou incorpóreos, como imóveis, instalações industriais, direito ao uso de marca, licença para exploração de patente de invenção, dentre outros.

A certidão expedida pela Junta Comercial relativa aos atos de constituição ou de sua alteração será o documento hábil para a transferência, por transcrição no registro público competente, dos bens com que o subscritor tiver contribuído para a formação ou para o aumento do capital social (arts. 64 e 35, VII, da Lei n. 8.934/94).

Mas, se uma das facetas da formação do capital é tornar a sociedade apta à sua atividade-fim, não menos verdade é que a outra se revela na garantia que constitui para os credores sociais. Portanto, sob esse prisma, não se pode admitir a integralização em bens que não sejam capazes de execução, isto é, que não possam ser excutidos pelos credores da sociedade, sob pena de acobertar a fraude ou o abuso de direito.

Não é lícito ao sócio integralizar a quota do capital subscrita em bens que sejam impenhoráveis.

Finalmente, quando a contribuição consistir em serviço, é vedado ao sócio, salvo convenção em contrário, empregar-se em atividade estranha à sociedade. A infração a esse preceito tem o condão de privá-lo da participação dos lucros na proporção da média do valor das quotas e de gerar a sua exclusão (art. 1.006).

6.4.4. *O SÓCIO REMISSO*

Conforme foi visto, os sócios são obrigados, na forma e no prazo previstos no contrato social, a promover as respectivas contribuições para o capital.

O sócio que não o fizer estará sujeito a notificação premonitória da sociedade, com concessão do prazo de trinta dias para adimplir suas obrigações. Transcorrido o prazo, estará constituído legalmente em mora, devendo responder perante a sociedade pelo dano dela decorrente (art. 1.004).

O Código vem exigir a notificação prévia do sócio devedor para constituí-lo em mora. Somente após o não atendimento da notificação é que ele estará na condição de sócio remisso, sujeito aos efeitos de sua mora.

O preceito não nos parece razoável. Havendo no contrato a previsão do montante da prestação a que o sócio se obrigou, bem como a forma de realizá-la e o prazo, não vemos lógica em exigir a sua prévia notificação. A regra geral em matéria de direito obrigacional é que o não pagamento de obrigação positiva e líquida no seu vencimento constitui, de pleno direito, em mora o devedor. A mora é *ex re*, vigorando o princípio do *dies interpellat pro homine*. É o próprio termo que faz as vezes da interpelação.

Somente não havendo termo certo é que a mora se constitui mediante interpelação judicial ou extrajudicial. A mora seria *ex persona*.

Mas o legislador, nesse aspecto do sócio remisso, preferiu optar pela necessidade de prévia interpelação para a constituição em mora, desprezando o fato de poder a obrigação ser positiva, líquida e a termo. A notificação, como a lei não exige forma própria, poderá ser judicial ou extrajudicial. O princípio na espécie é o do *dies non interpellat pro homine*, dele não se podendo fugir[6].

Uma vez verificada a mora, responde o sócio remisso perante a sociedade pelos prejuízos a que deu causa, além dos juros e atualização monetária (art. 395), computados do vencimento da obrigação positiva e líquida. Se, entretanto, o contrato não fixar prazo certo para as entradas de capital (por exemplo: o capital deverá ser integralizado em até dois anos, conforme a necessidade de recursos da sociedade, o que demandará convocação dos sócios para a integralização, quando da verificação da referida necessidade), os consectários da mora serão computados a partir da data da notificação.

Não nos parece, pela leitura do texto legal, que a notificação serviria simplesmente para fins de comprovação da mora. Não é essa a ideia que resulta do enunciado. Intencionalmente, a lei exige a interpelação para que se caracterize a condição de sócio remisso, a partir da qual podem ser extraídos os respectivos efeitos. É expresso o texto ao dispor que "aquele que deixar de fazê-lo, nos trinta dias seguintes ao da notificação pela sociedade, responderá perante esta pelo dano emergente da mora" (art. 1.004). Apesar de injustificada a previsão, os seus termos não deixam dúvidas do que pretendem exprimir.

Portanto, vencido o prazo da notificação, responderá o sócio remisso perante a sociedade pelos danos decorrentes da mora. Como a indenização há de ser integral, uma

---

6 O Direito português tem princípio idêntico. O sócio somente entrará em mora depois de efetuada a interpelação pela pessoa jurídica, não obstante se verifique a existência de prazo certo no contrato social para a realização das entradas de capital. O art. 203 do Código das Sociedades Comerciais, instituído pelo Decreto-Lei n. 262, de 2 de setembro de 1986, vem assim redigido: "Não obstante a fixação de prazos no contrato de sociedade, o sócio só entra em mora depois de interpelado pela sociedade para efetuar o pagamento, em prazo que pode variar entre 30 e 60 dias".

vez que não se repara parcialmente o dano, é que sustentamos a fluência dos juros e da atualização monetária desde o prazo de vencimento da obrigação, quando estiver definido no contrato social. Do contrário, estar-se-ia prestigiando o sócio devedor relapso, resultando, ainda, em um enriquecimento sem causa deste em detrimento da sociedade.

É facultado, entretanto, aos demais sócios, mediante deliberação que represente a maioria do capital, não se considerando para sua aferição a participação do sócio remisso, optar pela sua exclusão em lugar da indenização. Terão, ainda, segundo o mesmo *quorum*, a opção de reduzir-lhe a quota social ao montante já realizado se, é claro, a mora se referir apenas à parte da obrigação que já foi parcialmente adimplida, sendo, em ambos os casos, reduzido o capital social. A redução somente não será verificada na hipótese de os demais sócios, e não apenas a maioria, mas todos os demais, suprirem o valor da cota do capital a realizar. Desse modo, a exclusão ou a redução da cota dependem de decisão da maioria dos demais sócios, mas a não diminuição do capital social só se realiza se todos os demais sócios decidirem suprir o valor da cota, visto que a essa situação se aplica, por força da parte final do parágrafo único do art. 1.004, a regra do § 1º do art. 1.031, o qual, diferentemente daquele, não se vale do conceito da maioria, justo para que não se desigualem os quinhões sociais, assegurando a possibilidade de manutenção das respectivas proporções.

A questão da exclusão do sócio remisso voltará a ser tratada no próximo capítulo, no âmbito da sociedade limitada (item 7.10.1).

6.4.5. *CESSÃO DA QUOTA SOCIAL E SUBSTITUIÇÃO DE FUNÇÕES*

A cessão total ou parcial da quota social por parte de um dos sócios, para ser oponível aos demais e à própria sociedade, exige a observância necessária de dois requisitos: o consentimento de todos os sócios e a correspondente alteração do contrato social para traduzir o ingresso do cessionário (art. 1.003).

Sem que tais condições se verifiquem, a cessão é ineficaz em relação aos demais sócios e à sociedade. Sua eficácia ficará restrita às partes signatárias do instrumento de cessão, razão pela qual o cessionário que não consiga efetivar seu ingresso no quadro social, por falta do concurso de um dos requisitos, terá, em tese, ação contra o cedente para ver-se devidamente ressarcido.

Para o ato produzir efeitos perante terceiros estranhos ao quadro social, mister se faz que a alteração do contrato social com o assentimento de todos os demais sócios seja averbada na inscrição da sociedade perante o órgão competente. O registro, nessa hipótese, passa a ser imprescindível.

Pelas obrigações que o cedente tinha em decorrência da sua condição de sócio, responderá ele, solidariamente com o cessionário, perante a sociedade e terceiros, durante dois anos, contados, sem exceção, da averbação no registro da modificação do contrato. No rol dessas obrigações a que a lei se refere deve estar contemplada a responsabilidade subsidiária pelas dívidas da sociedade quando, evidentemente, se tratar de sócio com responsabilidade ilimitada.

Muito embora a cessão, para produzir efeitos junto à sociedade, não demande o registro, o fato é que o cedente tem interesse em realizá-lo, porquanto a fluência do prazo para libertar-se das obrigações relativas à sua qualidade de sócio tem como marco a data da competente averbação (parágrafo único do art. 1.003).

O consentimento dos demais sócios e a modificação do contrato social são também requisitos indispensáveis para a efetivação da substituição do sócio no exercício das funções que desempenhe na sociedade. Mas a eficácia perante terceiros reclama a respectiva averbação do ato no registro da sociedade.

6.5. DIREITOS DOS SÓCIOS

Paralelamente à assunção de obrigações, o ingresso do sócio na sociedade gera-lhe direitos correspondentes.

O primeiro que desponta é o de participar da partilha dos lucros auferidos pela sociedade na exploração de seu objeto. Em princípio, essa participação se faz tendo em conta a proporção de sua participação no capital. Todavia, podem os sócios validamente convencionar de forma distinta. Há liberdade de convenção nesse particular. É o entendimento que resulta do art. 1.007 do Código Civil de 2002, ao estabelecer que, "salvo estipulação em contrário, o sócio participa dos lucros e das perdas, na proporção das respectivas quotas".

Se se tratar, contudo, de sócio cuja contribuição para o capital se deu em serviços, estabelece o mesmo preceito que a sua participação se fará na proporção da média do valor das quotas, isso se não houver, repita-se, convenção em contrário.

A distribuição dos lucros deve se fazer de forma lícita e real. A eventual distribuição de lucros ilícitos ou fictícios acarretará responsabilidade solidária dos administradores que a realizarem e dos sócios que os receberem, conhecendo ou devendo conhecer-lhes a ilegitimidade.

Não há que confundir lucro com *pro labore*. A esse último só deve fazer jus o sócio ou sócios que se dedicarem à administração social. Mas seu pagamento, em última análise, estará subordinado à previsão expressa no contrato social, que deverá indicar o seu valor ou a fórmula para estabelecê-lo.

Além do direito de distribuição dos lucros, concorrem outros direitos aos sócios, quais sejam o de participar das deliberações sociais na proporção de suas quotas de capital, o de fiscalizar a gestão dos negócios sociais, o de retirar-se da sociedade nas condições legalmente estabelecidas, o de participar do acervo da sociedade em caso de liquidação e o direito de preferência para a subscrição de quotas do capital no caso de sua elevação.

Os direitos acima relacionados são direitos impostergáveis do sócio, que o contrato social ou qualquer convenção em separado não poderão privá-lo de exercer. Além desses, outros podem ser contratualmente convencionados.

A abordagem mais aprofundada dos direitos do sócio será por nós efetivada no capítulo referente às sociedades limitadas.

6.6. DELIBERAÇÕES SOCIAIS

6.6.1. *INTERESSE CONFLITANTE*

Como demonstrado anteriormente (item 6.4.1), constitui obrigação do sócio exercitar o seu direito de influir na vida da sociedade visando ao interesse da pessoa jurídica e jamais ao seu interesse particular ou de terceiros. Impõe-se o dever de lealdade do sócio à sociedade, que se traduz na obrigação de orientá-la para a realização de seu objeto social.

Havendo interesse conflitante entre o sócio e a sociedade, deve aquele abster-se de participar da deliberação social no ponto específico em que o conflito se verifica. Impende que o sócio exerça o seu direito de voto sempre no proveito da sociedade.

O Código Civil de 2002 sanciona o sócio que, tendo em alguma operação social interesse contrário ao da sociedade, venha a participar da deliberação que a aprove em razão do seu voto. Responderá o sócio por perdas e danos nessa hipótese (§ 3º do art. 1.010). Essa é a penalidade que se aplica no âmbito das sociedades contratuais disciplinadas no Código.

Quanto às sociedades institucionais – sociedades por ações –, a Lei n. 6.404/76, no art. 115, tem regramento próprio, destacando: a) que o acionista responderá pelos danos causados em virtude do exercício abusivo do direito de voto, ainda que o seu voto não tenha prevalecido; e b) que a deliberação tomada em decorrência do voto do acionista que tem interesse contrário ao da companhia é anulável, sem prejuízo de ter que responder pelos danos causados e ser obrigado a transferir para a sociedade as eventuais vantagens e proveitos que houver auferido.

Na esfera própria das sociedades contratuais, repita-se, a sanção legal ao exercício abusivo do direito de voto pelo sócio, descurando do interesse da sociedade, é ter que responder pelas perdas e danos que a pessoa jurídica ou os demais sócios vierem a experimentar em função da deliberação havida graças a seu voto.

Não abre o Código espaço à anulação da decisão, limitando-se à previsão da responsabilidade civil do sócio em razão das perdas e danos padecidos pela sociedade e, eventualmente, pelos demais sócios. Mas, para que o sócio seja responsabilizado, mister se faz que a deliberação tenha sido tomada em decorrência do seu voto. Não responderá, portanto, se o seu voto, embora abusivamente proferido, não haja prevalecido.

6.6.2. QUORUM *DE DELIBERAÇÃO*

A regra geral que se extrai do Código Civil de 2002 (art. 1.010) é de que o *quorum* de deliberação resulta da maioria de votos, aferidos segundo o valor das quotas de cada sócio. Preserva-se o conceito da maioria projetada no capital social. Para a formação da maioria absoluta são, pois, necessários votos correspondentes a mais da metade do capital. A vontade de sócio ou sócios representativos de mais da metade do capital social é que prevalece na decisão dos negócios sociais, salvo se a lei ou o contrato impuserem outro *quorum*.

Poderá a lei[7] ou o contrato social[8] exigir em certas matérias, por exemplo, a unanimidade, a votação correspondente a 3/4 ou 2/3 do capital.

Porém, não havendo a previsão legal ou contratual, a regra é a da maioria absoluta, traduzida na prevalência da vontade de uma maioria computada em decorrência da participação de cada sócio no capital social. O número de votos é, pois, proporcional ao valor da quota ou quotas de titularidade do sócio no capital.

Numa sociedade composta por quatro sócios (X, Y, Z e K), na qual o sócio X seja titular de um número de quotas que traduzam 60% do capital social, basta o seu voto para caracterização da maioria absoluta.

O exemplo acima não comporta a possibilidade de ocorrer empate nas deliberações sociais. Mas se tivermos uma sociedade, integrada por três sócios, na qual X seja titular de 50% das cotas representativas do capital e Y e Z titulares de 25% cada um, poderá, em certas situações, verificar-se o empate.

Assim procedendo, a orientação legal tomará em conta a prevalência da decisão sufragada pelo maior número de sócios. No exemplo traçado, sairiam vitoriosos os sócios Y e Z.

Outra situação pode apresentar-se: suponha-se uma sociedade constituída por quatro sócios (X, Y, Z e K), na qual cada um detenha 25% do capital. Em determinada deliberação, X e Y votam num mesmo sentido, e Z e K convergem seus votos para outro, ca-

---

[7]   Confira-se o art. 999 do Código Civil.

[8]   O contrato social poderá impor para as alterações de certas cláusulas a unanimidade (art. 999, segunda parte) e criar um *quorum* de 3/4 ou 2/3 do capital, por exemplo, para regrar a decisão sobre determinados fatos da vida social que venha a contemplar.

racterizando o empate. Como não haverá maioria de número de sócios, esse critério não servirá ao desempate. Para a hipótese, a lei prevê que a decisão seja cometida ao juiz.

A solução legal não é a ideal. Não se deve desconsiderar a duração do processo judicial no qual a questão será dirimida. A demora na composição da controvérsia poderá trazer inefáveis prejuízos à sociedade.

Por essa razão, vislumbramos que, na prática, os sócios, no caso de persistência do empate, acabarão por adotar procedimento alternativo, como o da arbitragem, evitando uma contenda judicial.

Em verdade, não nos parece que a lei venha vedar a sua instituição por ocasião da verificação do fato, por decisão dos sócios, ou mesmo a sua prévia disposição no contrato social. Para nós, será válida a cláusula contratual na qual seja preconizado, para a resolução do impasse, o procedimento de arbitragem. O interesse privado e a autonomia da vontade dos sócios devem ser respeitados, pois ninguém melhor que eles para delinear o sistema adequado para a solução dos conflitos societários. Portanto, havendo empate na votação realizada segundo a participação dos sócios no capital e persistindo com a adoção do critério legal do número de sócios, poderá a questão ser resolvida por via da arbitragem já prevista no contrato social ou por meio da que venham os sócios acordar na ocasião, não sendo impositiva a solução pelo Poder Judiciário. O remédio legal da decisão do empate pelo juiz não elide outro que os sócios venham a convencionar. Não se estará violando qualquer princípio de ordem pública com a adoção do procedimento nascido da vontade consensual dos sócios.

Na sociedade simples, o que se reflete nas sociedades em nome coletivo e comandita simples, exigir-se-á a unanimidade para as modificações do contrato social quando tenham por objeto as matérias indicadas no art. 997; as demais alterações serão decididas por maioria absoluta de votos, se o contrato não determinar a deliberação unânime.

No que respeita à sociedade limitada, a questão ganha contorno diferenciado, havendo expressa regulação legal acerca do *quorum* de deliberação social, o que será abordado e desenvolvido no capítulo próprio (Capítulo 7, item 7.16.6).

6.7. ADMINISTRAÇÃO

6.7.1. *ÓRGÃO DA SOCIEDADE*

A administração é o órgão da sociedade incumbido de fazer presente a sua vontade no mundo exterior. É por meio desse órgão que a sociedade assume obrigações e exerce direitos. Não são, assim, os administradores simples mandatários da sociedade, embora o Código mande aplicar às suas atividades, no que couberem, as disposições concernentes ao mandato (§ 2º do art. 1.011). A administração é um órgão de representação legal por meio do qual a sociedade manifesta a sua vontade.

6.7.2. *COMPETÊNCIA DO ADMINISTRADOR*

No silêncio do contrato social, a administração da sociedade competirá separadamente a cada um dos sócios. Sendo assim, tocando a administração a vários administradores isoladamente, cada qual poderá impugnar a operação pretendida pelo outro. Ocorrendo a situação, verificando-se o impasse, caberá ao corpo social decidir o rumo a ser adotado no ato de administração, decisão essa que se fará pela maioria de votos (maioria absoluta).

Podem os sócios, no contrato social, optar pela administração conjunta, o que se justifica em certas operações, nas quais se exigirá a atuação de dois ou mais administradores, conforme vier a previsão. Seria o caso, por exemplo, de exigir a assinatura de dois administradores nos cheques, ordens de pagamento e nos títulos de dívida em geral.

Nos atos de competência conjunta, em que pode ser preconizada no contrato social para todos os atos de administração ou somente para alguns que se venham a definir, faz-se necessário o concurso de todos os administradores ou do número mínimo previsto no contrato para a realização do ato (exemplo: quatro administradores, mas o contrato exige somente a assinatura de dois para a emissão de cheques). Contudo, prudentemente, permite a lei (art. 1.014), em situações urgentes nas quais a omissão ou retardo das providências possam ocasionar dano grave ou irreparável à sociedade, que a sua implementação se viabilize validamente por um único administrador.

O contrato social poderá já predefinir a competência gerencial de cada administrador, situação na qual cada um irá atuar dentro dos limites de suas atribuições contratualmente delineadas. Sendo, porém, silente o contrato, os administradores estarão habilitados a praticar todos os atos pertinentes à gestão da sociedade.

No que tange à venda ou oneração de bens imóveis, exige a lei que a operação venha decidida pelos sócios, vigorando o *quorum* da maioria absoluta (art. 1.015). Não terão os administradores poderes para realizar os atos de venda e oneração dos imóveis sem a prévia decisão da maioria, salvo se tais operações constituírem o objeto social, situação em que não se exige essa prévia deliberação para a válida implementação por parte dos gestores dos aludidos negócios jurídicos.

6.7.3. *NOMEAÇÃO DO ADMINISTRADOR*

O administrador poderá ser nomeado em cláusula do contrato social ou por instrumento em separado. Nesse último caso, deverá promover sua averbação à margem da inscrição da sociedade. Enquanto não requerida a averbação, responderá o administrador, pessoal e solidariamente com a sociedade, pelos atos que vier a praticar.

Pela sistemática que resulta do Código, temos que o cargo de administrador é privativo de sócio, pessoa natural, na sociedade simples, o qual poderá constituir, em nome da sociedade, procuradores *ad negotia*, sócio ou não sócio, para representarem em certos negócios a pessoa jurídica.

Na seção em que cuida da administração (arts. 1.010 a 1.021), o Código Civil não abre espaço para a nomeação de administrador não sócio, tal qual procedeu em relação às sociedades limitadas, no seu art. 1.061. Diante da constatação, o administrador deve ser sócio, mas sócio pessoa natural, tal qual determina o inciso VI do art. 997.

Não poderão ser administradores os condenados à pena que vede, ainda que temporariamente, o acesso a cargos públicos; ou por crime falimentar, de prevaricação, corrupção ativa ou passiva[9], concussão, peculato; ou contra a economia popular, contra o sistema financeiro nacional, contra as normas de defesa da concorrência, contra as relações de consumo, a fé pública ou a propriedade, enquanto perdurarem os efeitos da condenação (§ 1º do art. 1.011).

Igualmente não poderão ocupar cargo de gestão societária aqueles que, por lei especial, forem impedidos, como o caso dos magistrados, militares e funcionários públicos – confira-se o item 2.7 do Capítulo 2.

6.7.4. *RESPONSABILIDADE DO ADMINISTRADOR*

O administrador, dispõe o Código Civil no *caput* de seu art. 1.011, deverá empregar, no exercício de suas funções, o cuidado e a diligência que todo homem ativo e probo costuma empregar na administração de seus próprios negócios. Prevê, ainda, no § 3º do art. 1.010, ser vedado ao administrador, como sócio que é, participar de deliberação social quando há em pauta operação que traduza interesse pessoal contrário ao da sociedade. O desrespeito, por sua parte, implicará a aplicação de sanções correspondentes, como a sujeição à reparação dos danos decorrentes pela prevalência do seu voto.

Das regras emergem, nitidamente, os deveres de diligência e lealdade do administrador. Quando, pois, não agir como homem diligente e leal e dessa conduta resultarem danos à sociedade, ficará o administrador civilmente responsável pela respectiva reparação e até mesmo sujeito à revogação judicial de seus poderes de administração.

Desse modo, não poderá o administrador, sem o consentimento escrito dos sócios, aplicar créditos ou bens da sociedade em proveito próprio ou de terceiros, sob pena de responder pelos prejuízos decorrentes do ato, além de ter que restituí-los à sociedade ou pagar o equivalente, com todos os lucros resultantes.

Também constitui fato gerador da responsabilidade do administrador a ausência de precauções e cuidados na contratação em nome da sociedade, verificável, por exemplo,

---

[9] As expressões "peita ou suborno" contidas no texto legal devem ser entendidas como corrupção, ativa ou passiva.

quando adquire bens a valores bastante superiores às condições do mercado ou quando aliena bens da pessoa jurídica a preço vil. O administrador, mesmo dispondo de poderes para a realização da transação, tem caracterizada a sua responsabilidade por ter agido sem a diligência que se lhe impunha.

A regra legal, em suma, preconiza que os administradores respondam solidariamente perante a sociedade e os terceiros prejudicados, por culpa no desempenho de suas funções (art. 1.016).

Sempre que agirem com violação da lei ou do contrato social, ficarão os administradores responsáveis perante a sociedade e terceiros prejudicados. Se o terceiro demandar a sociedade e esta vier a indenizá-lo, poderá ela, pela via da ação regressiva proposta em face do mau administrador, reembolsar-se dos prejuízos experimentados.

Sobre as figuras do abuso (ato *ultra vires*) e do uso indevido do nome empresarial, remetemo-nos à abordagem desenvolvida no âmbito das sociedades limitadas, no item 7.13.7 do Capítulo 7[10].

Não se pode encerrar o presente tópico sem enfrentar a regra do § 2º do art. 1.013 do Código de 2002, que prescreve: "Responde por perdas e danos perante a sociedade o administrador que realizar operações, sabendo ou devendo saber que estava agindo em desacordo com a maioria".

Além de o administrador dever estar adstrito aos limites de seus poderes definidos no ato constitutivo e pautar seus atos de administração com zelo e lealdade, quer a lei que atue, também, no curso da vontade da maioria social.

Mesmo que no seu íntimo, com o tino do bom administrador, vislumbre negócio interessante para a sociedade, deverá ele abster-se da sua realização, caso a maioria o reprove.

Contudo, para que incorra na obrigação de reparar perdas e danos, necessário se faz que o ato realizado em desacordo com a maioria resulte em prejuízo para a pessoa jurídica. Não sendo verificado o prejuízo, não se pode exigir indenização do administrador, uma vez que não se indeniza dano hipotético. Sem a efetivação do dano em face da sociedade, não há o que se reparar.

O ato de rebeldia poderá até implicar a revogação judicial dos poderes do administrador faltoso (art. 1.019), mas a sua responsabilização civil exige a demonstração do dano decorrente do seu ato.

A regra do Código contempla a responsabilização do gestor não só quando atue sabendo estar em desacordo com a maioria, mas também quando deveria saber da ação contrária.

---

[10] *Vide*, também, em complementação ao tema, o que falamos no Capítulo 18.

A expressão legal "devendo saber que estava agindo em desacordo com a maioria" merece interpretação lógica e razoável. Não se pode inferir do texto a necessidade de o administrador ter que adivinhar a vontade da maioria. A situação se caracteriza quando tiver o administrador o dever de saber a orientação majoritária, como em hipótese na qual, em reunião ou assembleia dos sócios, venha a ser realizada deliberação majoritária para orientar um negócio social, e o gestor, não presente a ela nem procurando inteirar-se da decisão, atua no sentido contrário ao da orientação traçada. Como administrador diligente, teria ele o dever de saber da deliberação majoritária. Parece-nos ser esse o espírito da lei. Pensamento contrário conduziria à irracionalidade da norma, o que não se pode admitir na ciência exegética.

6.7.5. *REVOGAÇÃO DOS PODERES DE ADMINISTRAÇÃO*

A função de administrador é indelegável. Ao administrador, diz o Código, é vedado fazer-se substituir no exercício de suas funções (art. 1.018). Todavia, permite-se, dentro dos limites de seus poderes, que o gestor constitua procuradores *ad negotia* em nome da sociedade. Ao constituir mandatários da pessoa jurídica, impõe-se-lhe especificar, no respectivo instrumento, os atos e operações que os procuradores poderão realizar. Não exige a lei que a procuração seja averbada no registro da sociedade.

Além dos mandatários *ad negotia*, poderão os administradores, observado o disposto no ato constitutivo, constituir procuradores *ad judicia*. Sendo o contrato silente, qualquer administrador poderá nomear advogado para cuidar dos interesses jurídicos da sociedade.

A legislação visa a conferir estabilidade ao sócio investido nos poderes de administração. Dispõe o art. 1.019 do Código de 2002:

> São irrevogáveis os poderes do sócio investido na administração por cláusula expressa do contrato social, salvo justa causa, reconhecida judicialmente, a pedido de qualquer dos sócios.
>
> Parágrafo único. São revogáveis, a qualquer tempo, os poderes conferidos a sócios por ato separado, ou a quem não seja sócio.

O preceito merece ser mitigado. Em nossa visão, o *caput* cuida do administrador, cujo cargo é privativo de sócio pessoa natural. Assim, o sócio investido nos poderes de administração não pode ver revogados os seus poderes, salvo por decisão judicial, ante o reconhecimento de justa causa, em ação proposta por qualquer dos sócios.

Essa regra se dirige ao administrador eleito no contrato social, bem como àquele nomeado por instrumento separado, como facultado pelo art. 1.012. A interpretação literal do *caput* levaria a situação desconexa: só seriam irrevogáveis os poderes do sócio investido na administração por cláusula expressa do contrato. Não nos parece ser essa a inteligência que se deva extrair do preceito. Não teria sentido dar tratamento diverso ao sócio investido nos poderes de administração por instrumento apartado, pois a figura legal é a mesma: de administrador. Assim, o princípio que a lei quer consagrar é o da estabilidade do administrador, sendo irrelevante a forma de sua investidura. Ao permitir a nomeação em instrumento separado, quis a lei simplificar a investidura, não sendo razoável impor uma *capitis deminutio* ao gestor nomeado em apartado, o que frustraria o escopo legal. Note-se que não se trata de simples procurador, mas de administrador, consoante os termos do prefalado art. 1.012.

Isso pode se depreender da exegese do parágrafo único, que, para nós, quer se referir aos mandatários *ad negotia* da sociedade, que o Código faculta aos administradores constituir. Esses procuradores podem ser terceiros estranhos ao corpo social ou mesmo sócios que não se encontram na administração da pessoa jurídica. Apesar de o parágrafo referir-se a poderes conferidos por ato separado, pela locução não quer traduzir a figura do administrador investido em instrumento apartado, mas sim o instrumento do mandato. O ato separado é a procuração que não precisa ser levada a registro.

Efetivamente, o parágrafo não se refere ao sócio investido na administração da sociedade, cuja figura vem tratada no *caput*. Ao equiparar o sócio ao terceiro não sócio, o qual não pode ser administrador da sociedade simples, mas tão somente seu procurador, deixa claro que para essa figura é que traça sua regra.

Não nos sensibiliza o possível argumento que se venha oferecer no sentido de a irrevogabilidade só alcançar o sócio nomeado como administrador no contrato pelo fato de que, para sua eleição, houve unanimidade da vontade social e, também para a alteração do contrato, nessa matéria, seria exigível a unanimidade (art. 999) que não seria encontrada por força da resistência do sócio administrador, situação que demandaria seu afastamento pela via judicial, ante o reconhecimento de causa justa.

O fato de a nomeação de administrador em instrumento separado não exigir unanimidade, mas decisão por maioria absoluta, não deve influir na solução da questão, porquanto, como faculta a lei, pode o contrato exigir a unanimidade, caso no qual se estaria diante da mesma situação formulada para o gestor contratualmente indicado. Por isso, preferimos a ideia de que o *quorum* de nomeação do administrador não deve influir na exegese, mas sim a consideração das duas figuras legalmente delineadas: o sócio administrador e o procurador, sócio ou não.

Em conclusão, temos que a disposição do *caput* se destina ao sócio ou sócios investidos na administração da sociedade em que ocupam a posição jurídica de administradores, sejam nomeados por cláusula contratual, sejam nomeados por instrumento em separado. Sendo assim, os respectivos poderes de administração são irrevogáveis, em princípio, ressalvando-se a hipótese de justa causa, reconhecida em decisão judicial, em processo iniciado por qualquer dos sócios. A regra do parágrafo único se refere aos mandatários da pessoa jurídica, sócios ou não sócios, constituídos pela sociedade através de seus administradores, que poderão, a qualquer tempo, revogar os poderes conferidos no instrumento procuratório.

6.8. DA RESPONSABILIDADE DOS SÓCIOS PELAS DÍVIDAS SOCIAIS

6.8.1. *PREVISÃO CONTRATUAL*

Os sócios, na sociedade simples, poderão, ou não, responder subsidiária e ilimitadamente pelas dívidas sociais. A questão deverá vir definida no contrato social (inciso VIII do art. 997). Não havendo responsabilidade subsidiária, o sócio fica obrigado tão somente pelo valor de sua quota. Caso sua contribuição esteja integralizada, cessa sua responsabilidade.

6.8.2. *RESPONSABILIDADE ILIMITADA*

Respondendo o sócio ilimitadamente pelas obrigações da sociedade, os seus bens só podem ser executados, por dívida da pessoa jurídica, após a exaustão do patrimônio social. Desfruta, pois, o sócio, do benefício de ordem, que permite exigir primeiramente sejam excutidos os bens sociais.

Se os bens da sociedade não lhe cobrirem as dívidas, responderão os sócios, subsidiariamente, pelo saldo, observada a proporção em que participem das perdas sociais. A participação nas perdas, em princípio, dar-se-á proporcionalmente às respectivas quotas de capital, salvo estipulação contratual em contrário, com a observância de ser nula a cláusula que venha a excluir algum sócio da participação nessas perdas. Destarte, os credores, na execução dos bens pessoais dos sócios, deverão observar a proporção da responsabilidade de cada um. Diversamente do que ocorre nas sociedades em nome coletivo e em comandita simples, a responsabilidade subsidiária e ilimitada não implicará a solidária, visto não haver na lei essa previsão para a sociedade simples (confiram-se os arts. 997, VIII, 1.023, 1.039 e 1.045).

Poderá, entretanto, o contrato social conter cláusula de responsabilidade solidária (art. 1.023). Nesse caso, o credor da pessoa jurídica tem o direito de exigir o valor da dívida por inteiro, na falta de bens da sociedade, de um, alguns ou todos os sócios. Se um vier sozinho suportar o pagamento integral do débito, fica-lhe assegurado o direito de, regressivamente, reembolsar-se dos demais sócios, na proporção de suas participações.

O sócio admitido em sociedade já constituída não se exime das dívidas sociais anteriores ao seu ingresso. Poderá haver disciplina da responsabilidade pelas dívidas antecedentes à admissão no contrato de cessão de quotas, mas as limitações ali previstas só produzem efeitos entre os contratantes, cedente e cessionário, não sendo oponíveis aos credores da sociedade.

Portanto, se num contrato de cessão de quotas houver estipulação exonerando o cessionário das dívidas anteriores ao ato, tal cláusula não se aplica aos terceiros credores, que poderão exigi-las do sócio que faz seu ingresso na sociedade. Se este vier a quitá-las, poderá demandar o reembolso do cedente, com os acréscimos legais, se outros não forem contratualmente estabelecidos.

A retirada, exclusão ou morte do sócio não o exonera, ou a seus herdeiros ou sucessores, da responsabilidade pelas obrigações sociais anteriores ao fato. Essa responsabilidade perdura por dois anos, contados da averbação, no registro, da resolução da sociedade em relação ao sócio que se retirou, foi excluído ou faleceu (art. 1.032).

Nos casos de retirada ou exclusão, persistirá a responsabilidade do sócio retirante ou excluído pelas dívidas sociais que forem contraídas posteriormente ao ato, por igual prazo de dois anos, enquanto não se requerer a averbação.

Dessa feita, se o sócio X se retira da sociedade e só requer a averbação da retirada no registro da sociedade, vinte dias após, contraindo a pessoa jurídica dívidas no interregno, o indigitado sócio ficará por dois anos por elas responsável. Só a partir do requerimento é que efetivamente estará livre de responder pelas obrigações da sociedade.

Verificamos extremo rigor na lei, que poderia ter previsto prazo com vistas ao requerimento da averbação da resolução da sociedade em relação ao sócio retirante ou excluído, para, somente após sua expiração, ainda que retroativamente, fazer incidir a responsabilidade pelas dívidas posteriores sobre o sócio despedido ou sobre o que se despediu da sociedade, sem ter efetuado o respectivo requerimento de averbação no prazo estabelecido.

6.9. DOS DIREITOS DOS HERDEIROS DO CÔNJUGE DO SÓCIO E DO CÔNJUGE SEPARADO JUDICIALMENTE

O Código Civil de 2002 obsta que os herdeiros ou sucessores do cônjuge falecido de sócio, bem como que o cônjuge do sócio que dele se separou judicialmente, exijam a parte que lhes couber na quota social, direito esse que ficará diferido. Cabe-lhes concorrer à divisão periódica dos lucros, até que se verifique a liquidação da sociedade (art. 1.027). A referência à figura do "cônjuge" do sócio também deve ser estendida à figura do "companheiro" do sócio. Por outro lado, a expressão legal "que se separou judicialmente" não deve ser entendida em seu sentido literal, mas sim no de traduzir o término da sociedade conjugal, o que acontece também na hipótese de divórcio (Código Civil, art. 1.571, incisos III e IV), bem como se espraiar para a situação de dissolução de união estável.

Visou, com isso, manter incólume o patrimônio da sociedade, evitando que as citadas pessoas pudessem pretender a liquidação da quota do sócio, tendo a sociedade que indenizá-los nos haveres correspondentes.

Por outro lado, barrando o ingresso de estranhos, evita o abalo da *affectio societatis*.

Entretanto, o Código de Processo Civil de 2015, no parágrafo único do art. 600, altera drasticamente o curso adotado pelo Código Civil, ao estatuir que "o cônjuge ou companheiro do sócio cujo casamento, união estável ou convivência terminou poderá requerer a apuração de seus haveres na sociedade, que serão pagos à conta da quota social titulada por este sócio".

Apesar da impropriedade de uma lei de processo revogar uma regra de direito material, o fato é que passou o direito positivo a albergar a possibilidade da dissolução parcial da sociedade para que se proceda à apuração de haveres naquelas hipóteses.

Aflora do confronto dos preceitos normativos a seguinte indagação: esse direito de requerer a apuração de haveres também se estende aos herdeiros ou sucessores do cônjuge ou do companheiro?

Poder-se-ia concluir que sim, sob o argumento de que o Código de Processo Civil, no dispositivo em referência, disse menos do que desejou. É plausível tal entendimento.

Contudo, preferimos a interpretação restritiva desse preceito processual inovador do direito material posto no Código Civil. Nos termos do § 1º do art. 2º da Lei de Introdução às Normas do Direito Brasileiro, a lei posterior revoga a anterior quando expressamente o declare, quando seja com ela incompatível ou quando regule inteiramente a matéria de que tratava a lei anterior.

Parece, claramente, que a hipótese consiste na revogação por incompatibilidade. Mas revogação parcial ou derrogação. Isto é, a incompatibilidade apenas se verifica em relação às figuras do cônjuge ou companheiro, e não de seus herdeiros e sucessores. Essa antinomia se verifica apenas em relação a cônjuges e companheiros.

A exegese restritiva proposta favorece a sociedade, impedindo que tenha que proceder à apuração e ao pagamento dos haveres do sócio em favor de herdeiros ou sucessores do cônjuge ou companheiro, preservando o seu patrimônio e, com isso, a própria empresa desenvolvida pela sociedade. Dessa feita, para essas pessoas, permanece a relação jurídica regida pelo art. 1.027 do Código Civil, que apenas foi parcialmente revogado pela lei processual civil.

6.10. O CREDOR PARTICULAR DO SÓCIO

Ao credor particular do sócio é facultado, verificada a insuficiência de outros bens do devedor para a integral satisfação do crédito, fazer recair a execução sobre o que a ele couber nos lucros sociais ou na parte que lhe tocaria em liquidação.

Não estando totalmente dissolvida a sociedade, pode o credor requerer a liquidação da quota do sócio devedor, dissolvendo-se, nesse caso, parcialmente a sociedade. O valor correspondente será depositado em dinheiro, pela pessoa jurídica, no juízo da execução, até noventa dias, após a sua liquidação. A apuração da respectiva importância far-se-á, salvo disposição contratual em contrário, com base na situação patrimonial da sociedade, considerada na data da liquidação da quota, por meio de balanço especialmente levantado, na forma do art. 1.031.

O sócio devedor, nessa situação, fica de pleno direito excluído da sociedade, consoante expressa regra do parágrafo único do art. 1.030.

6.11. DA RESOLUÇÃO DA SOCIEDADE EM RELAÇÃO A UM SÓCIO

O Código Civil, incorporando conceito já assente na doutrina e consagrado pela jurisprudência, prevê e regula a figura da dissolução parcial da sociedade, nas hipóteses de retirada, exclusão ou morte do sócio. Essa disciplina, entretanto, é feita sob a nomenclatura "da resolução da sociedade em relação a um sócio".

Desse modo, a sociedade será resolvida, na dicção legal, em relação a um ou mais sócios, verificando-se, então a liquidação da sua quota-parte no capital social.

Preferiu o Código Civil fazer uso dessa nova expressão, em substituição à clássica dissolução parcial da sociedade. Quando aborda o tema dissolução, o faz sob a ótica da dissolução total da sociedade, como se deduz da Seção VI do Capítulo I do Subtítulo II do Título II do Livro II.

Mas, em essência, a resolução da sociedade em relação a um sócio, repita-se, reflete a antiga e consolidada dissolução parcial da sociedade, que, afinal, quer traduzir as formas de ruptura do vínculo societário em relação ao sócio que se desliga da sociedade. Não nos parece heresia, conforme já anotamos em edições anteriores, a utilização de ambas as expressões, como sinônimas, o que adotamos como forma de proceder nesta obra. Registre-se que a expressão "dissolução parcial" vem explicitamente utilizada no Código de Processo Civil de 2015. Sobre o tema, reportamo-nos ao desenvolvido no item 7.11.1 do Capítulo 7.

6.11.1. *MORTE DE SÓCIO*

Verificado o falecimento do sócio, a regra legal desagua na liquidação de sua quota, com a resolução da sociedade em relação ao sócio falecido. Os seus herdeiros e sucessores, bem como o cônjuge meeiro sobrevivente, serão pagos nos valores dos haveres pertinentes ao sócio falecido na sociedade.

Entretanto, permitiu o art. 1.028 solução alternativa à dissolução parcial, contemplando três situações: a) existência de disposição contratual em contrário, regulando o fato de forma diversa, já prevendo, por exemplo, a dissolução total da sociedade ou a substituição do sócio falecido por seus herdeiros ou legatários ou, ainda, pelo cônjuge meeiro; b) opção dos sócios remanescentes pela dissolução da sociedade, caso já não preconizada em cláusula do contrato social; c) composição de vontade entre os sócios remanescentes e, diz a lei, herdeiros do sócio falecido, a fim de regular a sua substituição na sociedade. Nesse caso, apesar da omissão legal, sustentamos, por questão de lógica, que o acordo possa ser realizado não apenas entre sócios e herdeiros do de *cujus*, mas também dele participando os legatários e o cônjuge meeiro sobrevivente. Tal composição também se fará, caso a sucessão já não venha prevista previamente no contrato de sociedade.

6.11.2. *DO RECESSO DO SÓCIO*

No Direito brasileiro preside, de há muito, o conceito de que o sócio não pode ser prisioneiro da sociedade. Não está ele obrigado a permanecer associado contrariamente à sua vontade.

Em princípio, nos termos regulados pela lei ou pelo contrato social, pode o sócio despedir-se da sociedade mediante a cessão, a transferência de sua quota-capital, ocasião em que seria substituído na sociedade pelo cessionário respectivo. Estaria ele, assim, negociando sua participação social.

Porém, é facultada ao sócio outra forma de afastamento da sociedade, diversa daquela na qual cede suas quotas a outro sócio ou a terceiro. Tem ele o impostergável direito de recesso, que o contrato social não pode nulificar ou obstruir. O direito de recesso se perfaz com a retirada do sócio da sociedade, mediante o pagamento, por esta, do valor de seus haveres sociais. Liquidar-se-á, na linguagem do Código Civil, a quota do sócio, com a resolução da sociedade em relação a ele. Utilizamos, nesta obra, os vocábulos "recesso" e "retirada" como sinônimos, pois para nós não há distinção. Querem refletir a despedida do sócio da sociedade por sua iniciativa. De todo modo, há quem proponha que o recesso traduza a despedida motivada; e a retirada, a imotivada.

No caso de recesso ou retirada, portanto, ocorrerá a dissolução parcial da sociedade, fazendo jus o sócio retirante ao recebimento de seus haveres, apuráveis a partir da liquidação de sua quota-capital, devendo ser pagos pela sociedade diretamente ao sócio que dela se despede.

O art. 1.029 do Código de 2002 disciplina o modo do exercício do direito de recesso ou retirada, criando fórmulas diversas, em função do prazo de contratação da sociedade. Sendo a sociedade com prazo de duração indeterminado, o seu exercício se fará mediante singela notificação aos demais sócios – visto que são todos contratantes da sociedade e o contrato vai se resolver em relação a um deles –, com antecedência mínima de sessenta dias. Essa notificação, que não precisa explicitar os motivos da retirada, mas tão só o desejo do sócio de não mais se manter associado, como a lei não impõe forma especial, poderá ser realizada judicial ou extrajudicialmente. O importante é que seja veiculada por um dos meios de comunicação de vontade existentes, capaz de fazer prova segura de que chegaram, a comunicação e seu conteúdo, incólumes ao seu destinatário. E, uma vez ultimada, o retirante, após o transcurso do prazo de pré--aviso, estará liberado de suas obrigações e terá cessados os seus direitos decorrentes do estado de sócio. Se a sociedade tiver prazo determinado, o recesso dar-se-á pela via judicial, cabendo ao sócio que pretende retirar-se da sociedade fazer, em juízo, nos autos da ação pertinente, a prova da causa justificadora de sua iniciativa.

Tratando-se de retirada em sociedade com prazo indeterminado, os demais sócios, nos trinta dias seguintes à notificação que lhes for efetivada, poderão optar pela dissolução total da sociedade. Justifica-se a medida não só em função da ruptura ocorrida no seio da sociedade constituída *cum intuitu personae*, mas, e principalmente, em razão do desfalque patrimonial que a sociedade sofrerá, porquanto é ela que terá de indenizar o sócio que se despede no valor de seus haveres. Portanto, a lei permite aos demais sócios a opção pela dissolução completa da sociedade, que implicará a liquidação integral do seu patrimônio, sendo partilhado entre os sócios o acervo remanescente, verificado após o pagamento das dívidas sociais.

Não sendo a notificação de recesso simultaneamente efetivada aos demais consortes pelo retirante, conta-se o prazo de trinta dias da última realizada, porquanto a decisão pressupõe a ciência de todos os sócios. Nesse caso, o prazo de sessenta dias exigido por lei como antecedência mínima também será computado da última notificação.

O Código de Processo Civil de 2015 criou mais uma notificação: a da sociedade (art. 605, II). Esta tem a finalidade específica de fixar a data que será considerada para orientar a apuração de seus haveres (confira-se em adição o desenvolvido no item 6.11.4 deste capítulo).

Não preferindo os demais sócios a dissolução, a sociedade somente se resolverá em relação ao sócio que exerce o recesso, liquidando-se tão somente a sua quota. Caso se verifique divergência quanto aos valores dos haveres apurados pela sociedade, poderá o sócio questionar a forma de sua apuração, promovendo ação judicial para que ela se realize em Juízo, quando os critérios poderão ser questionados e revistos, implicando, necessariamente, a realização de prova pericial, em cujo bojo será procedida a verificação judicial dos haveres do retirante.

Se o órgão de administração não der logo início à liquidação da quota, após expirado o prazo da notificação da sociedade, poderá o retirante promovê-la judicialmente, por meio de processo cognitivo próprio, pois naquele momento se verificou o direito ao reembolso.

A matéria será novamente abordada, e com maior profundidade, no capítulo reservado às sociedades limitadas, no qual discorreremos sobre diversos outros aspectos da questão – item 7.10.11 do Capítulo 7.

Por derradeiro, não se pode deixar aqui de realçar que, nas sociedades por ações, a lei (art. 137 da Lei n. 6.404/76) limita as hipóteses de recesso do acionista. Assim o faz na concepção de que, nesses tipos societários, constituídos tendo como ponto central o capital e não a figura dos sócios, pode o acionista que não desejar continuar a ostentar a condição de sócio mais facilmente se despedir da companhia, mediante a venda de suas ações, visto que nessas sociedades a regra é a da livre cessão das ações. Dessa feita, estar-se-ia preservando o capital da sociedade sem ferir de morte o direito do sócio de não mais estar associado. Esses princípios, em nosso sentir, constituem a fonte de inspiração da orientação legal. Isso é, efetivamente, uma verdade em relação às companhias de capital aberto, mas nem sempre no que tange às de capital fechado, que podem acabar apresentando caráter personalista. Portanto, não nos parece adequado a lei generalizar o tratamento do recesso, descurando-se da concreta distinção que pode existir, como de fato existe, entre companhias aberta e fechada, competindo, pois, à doutrina e à jurisprudência, considerando a realidade que inspira e move cada sociedade de capital fechado, construir uma flexibilização das formas de recesso, como já apontamos no item 3.3.7.2 do Capítulo 3 desta obra.

6.11.3. *EXCLUSÃO DO SÓCIO*

Já abordamos, no item 6.4.4 deste Capítulo, a figura do sócio remisso, ou seja, aquele que não realiza, na forma e no prazo previstos no contrato social, as contribuições a que se obrigara. Os demais sócios, como já falamos, podem preferir, à indenização, a sua exclusão da sociedade ou a redução de sua quota ao montante que efetivamente já estiver realizado, permanecendo, nesse caso, como sócio, mas em proporção menor.

Todavia, essa não é a única hipótese de expulsão. Além dela, permite o Código de 2002 (art. 1.030) a exclusão de sócio, mediante a iniciativa da maioria dos demais sócios, em virtude de falta grave no cumprimento de suas obrigações – verificável, por exemplo, quando descurar do seu dever de lealdade à sociedade –, ou, ainda, por superveniente incapacidade. Contudo, nas duas hipóteses, a exclusão deverá fazer-se judicialmente.

Cumpre anotar que a Lei n. 12.399/2011 acresceu um § 3º ao art. 974 do Código Civil, para dispor que o Registro Público de Empresas Mercantis, a cargo das Juntas Comerciais, deverá registrar contratos ou alterações contratuais de sociedade que envolvam sócio incapaz, desde que atendidos, de forma conjunta, os seguintes pressupostos: a) o sócio incapaz não pode exercer a administração da sociedade; b) o capital social deve ser totalmente integralizado; e c) o sócio relativamente incapaz deve ser assistido e o absolutamente incapaz deve ser representado por seus representantes legais. Essa alteração do Código pode fazer aflorar a seguinte indagação: a previsão do § 3º do art. 974 revogou o art. 1.030 na parte em que permite a exclusão judicial pela sobrevinda incapacidade do sócio? Pensamos que não. Com efeito, a superveniente incapacidade pode ter o condão de modificar as condições pessoais motivadoras do estabelecimento do contrato de sociedade. Essa é uma aferição que deve ficar ao alvedrio da iniciativa da maioria dos demais sócios. Se essa maioria decide pela exclusão judicial, pode ela ser operada. Já se delibera pela permanência do sócio incapaz, a sua continuação na sociedade deve estar ajustada nos termos do mencionado § 3º, ou seja, ser-lhe-á vedada a administração social, o capital deve encontrar-se totalmente integralizado e deverá ser assistido na sociedade.

Àquele rol, anteriormente indicado, duas outras situações se aliam (parágrafo único do art. 1.030): a do sócio declarado falido e a do sócio cuja quota tenha sido liquidada por requerimento de seu credor particular, nos termos do parágrafo único do art. 1.026 já enfrentado – item 6.10. A exclusão, aqui, ocorre de pleno direito.

A lei refere-se à exclusão do sócio declarado falido. Pelo ordenamento nacional, somente o empresário poderá ostentar a condição de falido. Se o sócio, por exemplo, for empresário individual, titular, assim, de um negócio próprio, poderá ele, em razão da exploração dessa atividade, vir a ser considerado insolvente, tendo, pois, a sua falência requerida e decretada judicialmente. Se o sócio não for empresário, imune estará à disciplina falimentar[11]. Se insolvente ficar, a situação será dirimida no âmbito da insolvência

---

[11] O art. 81 da Lei n. 11.101/2005, alterando o sistema anterior, traduzido no art. 5º do Decreto-Lei n. 7.661/45, preconiza que a decisão que decretar a falência da sociedade com sócios ilimitadamente responsáveis também acarretará a falência destes, sem diferenciar se seriam eles sócios que ostentam a condição de empresário ou não. Contudo, em nosso livro *Falência e recuperação de empresa*: o novo regime de insolvência empresarial, 7. ed., Rio de Janeiro: Renovar, 2015, item 115, defendemos a exegese apartada da literalidade do preceito e inserida na ideia consagrada pelo art. 1º, que restringe o instituto da falência aos empresários e às sociedades empresárias. Nesse sentido, escrevemos: Nutrimos simpatia pela visão de limitar a decretação da falência dos sócios que encarnarem a qualidade de empresário. Para os demais, não haveria propriamente a decretação de suas falências pessoais, mas tão somente a sujeição, fundamentalmente no âmbito patrimonial, aos mesmos efeitos jurídicos produzidos pela sentença em relação à sociedade. Essa interpretação encontra-se em plena sintonia com a regra do art. 1º da Lei de Recuperação e Falência, que adota o sistema restritivo do instituto, erigindo como sujeitos passivos o empresário individual e a sociedade empresária. Igualmente, mantém o padrão de consonância com o regramento do Código Civil de 2002, que preconiza não apenas formal, mas também substancialmente, a distinção entre empresário e não empresário e, no campo societário, entre sociedade empresária e sociedade simples. Não sendo os sócios empresários, não podem ser declarados falidos, quer por obrigações pessoais, de sua direta responsabilidade, ou por obrigações da sociedade de que participam. A exegese sustentada afastaria a impropriedade maior do preceito.

civil, cujo processo vem regulado nos arts. 748 a 786-A do Código de Processo Civil de 1973, no título referente à execução por quantia certa contra devedor insolvente, mantido ainda em vigor pelo Código de Processo Civil de 2015 (art. 1.052). E, daí, aflora a indagação: a exclusão somente se verificará no caso do sócio falido? Parece não ser essa a melhor solução. Pensamos não ser adequada a interpretação literal do preceito. A sua razão intrínseca justifica-se no fato insolvência, que pode ser a civil ou a falência. Nesse diapasão, advogamos o entendimento de que será de pleno direito excluído da sociedade o sócio declarado falido ou insolvente, nesse último caso, na forma da lei processual civil.

Em linha de resumo, podemos, quanto à exclusão do sócio, ordenar a seguinte orientação: a) o sócio remisso, por iniciativa da maioria dos demais sócios, poderá ser excluído da sociedade, exclusão essa que se realizará de forma extrajudicial; b) os sócios declarados falidos ou civilmente insolventes, na forma das respectivas leis de regência, bem como o sócio cuja quota for liquidada nos termos do parágrafo único do art. 1.026 do Código, serão, de pleno direito, excluídos da sociedade, exclusão essa que se dá, portanto, no plano extrajudicial; c) o sócio que incorrer em falta grave no cumprimento de suas obrigações legais ou contratuais ou, ainda, o declarado incapaz por fato superveniente poderão ser excluídos por decisão da maioria dos demais sócios, mas a exclusão far-se-á judicialmente.

6.11.4. *APURAÇÃO DOS HAVERES*

Tendo a sociedade que se resolver em relação a um sócio, impõe-se a imediata liquidação de sua quota. Os haveres que possuir na sociedade, portanto, serão apurados e a ele pagos pela pessoa jurídica. Não se promovendo incontinenti a liquidação pelo órgão de administração da sociedade, pode o interessado promovê-la judicialmente, apurando-se em juízo os seus haveres.

O valor da quota-capital a ser liquidada levará em conta o montante que efetivamente foi pelo sócio realizado. Se a sua quota social encontrar-se totalmente realizada, será ela por inteiro considerada; se parcialmente integralizada, a liquidação tomará por base a proporção efetivamente realizada, sob pena de haver um enriquecimento ilícito do sócio em detrimento da sociedade. Se o sócio, detentor de 30% de participação no capital, só integralizou 20% de sua quota, a respectiva liquidação irá considerar este e não aquele percentual.

Os haveres deverão ser apurados tendo como referência a data de resolução da sociedade, data essa na prática forense usualmente denominada "data de corte". Por ela se deve entender, nos moldes do disposto no art. 605 do Código de Processo Civil de 2015: a) no caso de falecimento do sócio, a data do óbito; b) na retirada imotivada da sociedade contratada por prazo indeterminado (art. 1.029 do Código Civil, parte inicial), o sexagésimo dia seguinte ao do recebimento, pela sociedade, da notificação do sócio retirante; c) na retirada por justa causa de sociedade contratada por prazo determinado (art. 1.029 do Código Civil, parte final) e na exclusão judicial de sócio, a data do trânsito em julgado da sentença respectiva.

O Código de Processo Civil de 2015, no inciso II do art. 605, exige, na retirada imotivada, a notificação da sociedade. Cria, desse modo, a necessidade de se proceder a mais uma notificação, a da sociedade, que terá o escopo específico e exclusivo de fixar a data de corte para fins de orientar a apuração dos haveres. A situação patrimonial da sociedade a ser considerada será, pois, aquela existente no sexagésimo dia da notificação da sociedade. A notificação ou as notificações contempladas na primeira parte do *caput* do art. 1.029 do Código Civil – regra não revogada pelo prefalado Código de Processo –, que se dirigem aos demais sócios, devem ficar, diante do novo quadro irrompido, restritas aos propósitos no preceito estabelecidos: determinar a data da saída do sócio para a liberação de suas obrigações e cessação de outros direitos decorrentes do *status socii* e abrir, ainda, a possibilidade de os remanescentes optarem, nos trinta dias subsequentes à notificação, pela dissolução da sociedade. É a harmonização que se mostra indispensável fazer entre os preceitos do Código Civil e da Lei Processual Civil de 2015, diante dessa nova previsão de se notificar também a sociedade. A questão fica com pouca relevância se as notificações dos sócios e da sociedade se realizarem simultaneamente, mas pode se tornar relevante nas hipóteses em que a dirigida à sociedade não tiver data coincidente com as dos demais sócios.

A apuração dos respectivos haveres (liquidação da quota), assim, será implementada com base na situação patrimonial da sociedade na data da resolução, verificada em balanço especialmente levantado, no qual deverá ser computado todo o patrimônio da sociedade, no seu valor real e não no meramente escriturado.

Permite-se, porém, a previsão contratual em sentido contrário, como se depreende da leitura do *caput* do art. 1.031 do Código Civil[12], curso esse seguido pelo Código de Processo Civil de 2015, em seus arts. 604, II[13], e 606, *caput*[14]. Em nossa opinião, a pre-

---

[12] "Art. 1.031. Nos casos em que a sociedade se resolver em relação a um sócio, o valor de sua quota, considerada pelo montante efetivamente realizado, liquidar-se-á, salvo disposição contratual em contrário, com base na situação patrimonial da sociedade, à data da resolução, verificada em balanço especialmente levantado. [...]."

[13] "Art. 604. Para apuração dos haveres, o juiz: [...] II – definirá o critério de apuração dos haveres à vista do disposto no contrato social; e [...]."

[14] "Art. 606. Em caso de omissão do contrato social, o juiz definirá, como critério de apuração de haveres, o valor patrimonial apurado em balanço de determinação, tomando-se por referência a data da resolução e avaliando-se bens e direitos do ativo, tangíveis e intangíveis, a preço de saída, além do passivo também a ser apurado de igual forma. [...]."

visão contratual somente poderá validamente prevalecer quando traduzir fórmula que não gere desproporcional distorção em relação à fórmula legal do valor patrimonial real, demandando, assim, a análise especial em cada caso concreto. Seria o caso, por exemplo, de uma sociedade cujo objeto consista em administrar os numerosos imóveis próprios que contém a cláusula aposta no contrato social, concebendo que a apuração dos haveres se realize com base no valor patrimonial contábil. Com o passar do tempo, a desproporção será desarrazoada, e a cláusula, portanto, deverá ser afastada, por traduzir injustificável prejuízo do sócio retirante, excluído ou dos herdeiros, legatários ou cônjuge meeiro do falecido. Não se pode validar, em síntese, regra que conspire para o enriquecimento sem causa da sociedade em prejuízo do sócio. Interpretação contrária viria a representar involução na matéria, visto que a jurisprudência de há muito condena qualquer método de apuração de haveres que não se faça segundo balanço especial de determinação que reflita os valores reais e atualizados do ativo, sem qualquer sanção ao sócio ou a seus sucessores ou cônjuge meeiro, com a inclusão de todos os bens corpóreos e incorpóreos da sociedade.

A quota líquida deverá ser paga em dinheiro, no prazo de noventa dias, computado a partir da efetiva liquidação, salvo acordo ou estipulação contratual em sentido contrário. Discordando do valor apurado, pode o interessado questioná-lo judicialmente, propondo ação de conhecimento para que a apuração se realize no plano judicial. O fato de haver discordância não inibe que se receba a importância oferecida, mas a quitação deverá expressar a ressalva de não concordância e consequente não satisfação do crédito com o valor recebido.

Uma vez ultimada a liquidação, o capital social sofrerá a correspondente redução, assegurando-se aos sócios remanescentes, entretanto, a faculdade de suprirem o valor da quota liquidada, fazendo as entradas de capital necessárias à manutenção do seu valor.

Retornaremos ao tema, com maior intensidade, no capítulo pertinente à sociedade limitada – item 7.12 do Capítulo 7.

6.11.5. *DA DISSOLUÇÃO DA SOCIEDADE*

A dissolução da sociedade consiste na verificação de uma causa que desencadeará o processo de extinção da pessoa jurídica, ocasião em que se encerra a personalidade jurídica, adquirida a partir do registro do seu ato constitutivo.

Verificada a causa dissolutória, engrena-se a liquidação do ativo da sociedade para o consequente pagamento do passivo social, procedendo-se, em sequência, à partilha do acervo remanescente entre os sócios. Ultimada a fase de liquidação com a aprovação das contas do liquidante e procedendo-se ao ato complementar de arquivamento da ata ou do instrumento firmado pelos sócios de encerramento da liquidação, com a correspondente publicação, a sociedade estará extinta[15].

O Código Civil de 2002 cuida da dissolução das sociedades contratuais, disciplinando-a no Capítulo referente às sociedades simples.

A dissolução poderá realizar-se de pleno direito (art. 1.033) ou judicialmente (art. 1.034).

Dissolve-se de pleno direito a sociedade: a) pelo término do prazo de duração, salvo se, vencido este e sem oposição de qualquer sócio, não entrar a sociedade em liquidação, caso em que ficará com prazo indeterminado de duração; b) verificado o consenso dos sócios; c) pela deliberação dos sócios, por maioria absoluta, na sociedade contratada com prazo indeterminado; d) pela extinção, na forma da lei, da autorização para funcionar.

Judicialmente, a requerimento de qualquer dos sócios, dissolve-se a sociedade quando: a) anulada a sua constituição; b) exaurido o fim social ou verificada a sua inexequibilidade.

Na hipótese de anulação da constituição da sociedade, por defeito no ato respectivo, decai o sócio do direito de requerê-la em três anos, contado o prazo da publicação de sua inscrição no registro competente (parágrafo único do art. 45).

Permite-se que o contrato social faça previsão de outras causas de dissolução de pleno direito da sociedade. Contudo, caso contestadas por quaisquer dos sócios, deverão ser judicialmente verificadas.

Mas a verificação judicial não se faz tão somente em relação às causas contratualmente eleitas, na hipótese de contradita de sócio. Nas situações de dissolução *pleno jure* preconizadas na lei, também poderá, em situações peculiares, impor-se o pronunciamento do Estado-Juiz. Com efeito, essa forma de dissolução, como regra de princípio, far-se-á extrajudicialmente, ante o advento de uma das situações legalmente estabelecidas. A ideia primária não quer, entretanto, afastar o pronunciamento do Poder Judiciário, realizado quando um dos sócios contestar a iniciativa dos demais (por exemplo: contestação do *quorum* de deliberação dos sócios na hipótese prevista no art. 1.033, III).

Mesmo que a dissolução de pleno direito se verifique extrajudicialmente, permite o Código Civil que o sócio requeira, desde logo, a liquidação judicial em substituição à extrajudicial (parágrafo único do art. 1.036).

Ocorrendo a dissolução da sociedade, independentemente de sua forma, devem os administradores restringir os atos de gestão pessoal aos negócios sociais inadiáveis. Fica-

---

[15] A sociedade pode extinguir-se, ainda, com base em outras causas, que não o encerramento da liquidação. É o que ocorre nas hipóteses de fusão, incorporação e cisão total (cf. a abordagem feita no Capítulo 14).

-lhes vedada a realização de novas operações. Se, ao arrepio da proibição, vierem a executá-las, responderão solidária e ilimitadamente.

Na dissolução de pleno direito deve, desde logo, o órgão de administração providenciar a investidura do liquidante para que se proceda à liquidação no plano extrajudicial; na dissolução judicial, a nomeação será feita pelo juiz.

Por derradeiro, na hipótese de dissolução em virtude da extinção, na forma da lei, de autorização para a sociedade funcionar (inciso V do art. 1.033), confere-se ao Ministério Público, tão logo lhe comunique a autoridade competente, legitimidade para promover a liquidação judicial da sociedade, isso, porém, se os administradores não tiverem promovido a liquidação extrajudicial no prazo de trinta dias seguintes à perda da autorização e se qualquer dos sócios não houver exercido a faculdade de requerer a liquidação judicial.

Caso, todavia, o Ministério Público não a promova dentro dos quinze dias subsequentes ao recebimento da comunicação, a autoridade competente para a concessão da autorização nomeará interventor, o qual terá poderes para requerer a liquidação judicial e administrar a sociedade até que seja nomeado o liquidante pelo juiz.

Em resumo, podemos dizer que a dissolução de pleno direito far-se-á extrajudicialmente, salvo se houver oposição de sócio, ocasião em que será a questão judicializada, para a solução da contenda. Realizada de forma extrajudicial, a liquidação também seguirá a fórmula extrajudicial, podendo, entretanto, o sócio requerer a liquidação judicial.

A liquidação judicial das sociedades será abordada em capítulo próprio (item 15.2 do Capítulo 15), quando iremos enfrentar as regras pertinentes, inclusive a nomeação do liquidante e o seu rito diante do cenário do Código de Processo Civil de 2015.

O Código Civil contemplava, no inciso IV do art. 1.033, a unipessoalidade superveniente e temporária, preconizando que a sociedade se dissolvia de pleno direito em decorrência da falta de pluralidade de sócios, não sendo o mínimo legal de dois reconstituído no prazo de cento e oitenta dias, contado da verificação do fato. Contudo, o dispositivo foi expressamente revogado pela Lei n. 14.195/2021 (art. 57, XXIX, *d*), involuindo na questão em relação à sociedade simples pura.

O aludido preceito, por incompatibilidade, não mais se aplicava às sociedades limitadas, a partir da admissão da unipessoalidade permanente (Lei n. 13.874/2019). Faltando pluralidade de sócios nesse tipo societário, a adoção da unipessoalidade se realiza de modo automático[16]. Não era, pois, necessária a sua revogação.

---

[16] Confira-se o item 7.10.10 do Capítulo 7.

Com tal medida, desprotegeram-se as sociedades simples puras e as sociedades em nome coletivo. As sociedades em comandita simples não foram atingidas, porquanto não foi revogado o inciso II do art. 1.051.

Como o direito positivo vigente não admite a simples pura integrada por um só sócio, exigindo-se a pluralidade social para a sua formação e continuidade, ficando ela, no curso da vida social, com um único integrante, o caminho natural será o de sua dissolução de pleno direito.

Mas, em apreço ao princípio da preservação da atividade econômica, pois a sociedade simples também é agente econômico gerador de empregos, tributos e serviços, pugnamos que, por analogia, se aplique o estatuído no art. 206, I, *d*, da Lei n. 6.404/76, para permitir que o número mínimo de dois sócios seja reconstituído no prazo de um ano (como regra, as assembleias gerais ordinárias devem obedecer ao interstício de aproximadamente um ano, nos termos do art. 132 da Lei das S.A.). Com a providência, repele-se a dissolução imediata, propiciando-se a recomposição do quadro social, tal qual se vinha construindo no âmbito das então denominadas sociedades por quotas de responsabilidade limitada, à época da vigência do Decreto n. 3.708/1919[17].

---

[17] Sobre o tema, confira-se o item 11.9 do nosso *Sociedade por quotas de responsabilidade limitada*. Rio de Janeiro: Renovar, 2000. p. 110-117.

Capítulo 7

SOCIEDADE LIMITADA

7.1. EVOLUÇÃO

A lei brasileira reconhece, sob o pressuposto da pluralidade social, cinco tipos de sociedades empresárias: sociedade em nome coletivo (Código Civil de 2002, arts. 1.039 e 1.044), sociedade em comandita simples (Código Civil de 2002, arts. 1.045 a 1.051), sociedade em comandita por ações (Lei n. 6.404/76 c/c o Código Civil de 2002, arts. 1.090 a 1.092), sociedade anônima (Lei n. 6.404/76) e sociedade limitada (Código Civil de 2002, arts. 1.052 a 1.087)[1].

Até a introdução dessa última em nosso direito positivo, o que ocorreu tão somente no início do século XX, restava para aqueles que desejassem explorar a atividade mercantil por meio de uma pessoa jurídica, com limitação de suas responsabilidades, salvaguardando, portanto, seus patrimônios particulares dos efeitos das dívidas sociais, apenas a sociedade anônima, que, desde sua gênese, sempre se alinhou com o perfil dos grandes empreendimentos, apresentando dispendiosa forma de organização, dadas as formalidades indispensáveis à sua constituição, aliado ao fato de que, até o advento da lei de 1976, exigia-se que o capital da sociedade anônima fosse subscrito por, no mínimo, sete pessoas.

Era, pois, desejável o surgimento de um novo desenho societário que conciliasse a limitação da responsabilidade dos sócios a um capital determinado, com a existência de um número menor de membros, despida, ainda, de mecanismos jurídicos complexos para sua formação, aproveitando, assim, às pequenas e médias empresas.

---

[1] Da enumeração excluímos a denominada sociedade em conta de participação (Código Civil, arts. 991 a 996), visto que, sem embargo da controvérsia sobre o tema, para nós a dita "sociedade" constitui-se como simples contrato associativo ou de participação, negando-se a sua natureza de sociedade no sentido técnico do termo, conforme expusemos no item 5.2 do Capítulo 5 desta obra.

Alguns autores, dentre eles Carlos Fulgêncio da Cunha Peixoto[2], afirmam, de forma peremptória, remontar o surgimento das sociedades limitadas ao Direito inglês, especificamente às "*private partnerships*". Contudo, a maior parcela da doutrina nacional e alienígena nega a origem, porquanto a "*partnership*" e a "*limited partnership*" do Direito anglo-saxão corresponderiam, respectivamente, às sociedades em nome coletivo e em comandita. Consoante registro de Felipe de Solá Cañizares[3], "a 'partnership' criou-se segundo uma evolução paralela à sociedade coletiva. A 'limited partnership' foi, segundo declaração dos próprios legisladores, uma imitação da sociedade em comandita".

Em realidade, foi a lei alemã de 20 de abril de 1892 que, pela primeira vez, disciplinou o perfil da denominada sociedade de responsabilidade limitada (*Gesellschaft mit beschränkter Haftung – GmbH*), diferenciando-a com nitidez das sociedades por ações, permitindo, assim, sua constituição de maneira simples, por apenas dois sócios, mantendo cada um deles, entretanto, a responsabilidade pela importância com que entrasse para a formação do capital social.

Portugal foi o primeiro país a adotar o novo modelo alemão, por meio de diploma sancionado em 11 de abril de 1901, empregando a denominação "sociedades por quotas, de responsabilidade limitada", seguindo-se pela lei austríaca de 6 de março de 1906, e pelo Brasil em 1919.

A Alemanha fez substituir a sua lei primitiva de 1892 por outra que provocou verdadeira revolução no conceito do exercício da empresa (Lei Alemã de 4 de julho de 1980, que entrou em vigor em 1º de janeiro de 1981 – GmbH.novelle de 1980), prescrevendo a admissão da sociedade de responsabilidade limitada instituída por uma só pessoa, física ou jurídica, contanto que seu capital mínimo fosse de cinquenta mil Marcos[4] totalmente integralizado ou de vinte e cinco mil Marcos integralizado no ato da subscrição, com garantia real em relação ao restante. O escopo fundamental da sociedade limitada com um único sócio reside em subtrair a parcela restante do patrimônio de seu instituidor, não comprometida no exercício da atividade empresarial, da ação dos credores sociais, estatuindo uma rigorosa separação entre o patrimônio qualificado como social e o privado do sócio único, o qual somente viria a responder em caso de conduta irregular ou manifesto abuso de direito. Consagra-se, assim, a defendida concepção mercantil, segundo a qual o patrimônio do negócio do comerciante, modernamente intitulado de "em-

---

[2]   *A Sociedade por cota de responsabilidade limitada*, vol. I, 1956, p. 9.

[3]   La partnership y la limited partnership en Inglaterra y en los Estados Unidos, Barcelona, 1955, p. 17, *apud* Nelson Abrão, *Sociedade por quotas de responsabilidade limitada*, 5. ed., p. 16.

[4]   Com a transposição para o Euro, o valor em Marcos passou a ser referido, na razão de dois para um, naquela moeda da União Europeia, ou seja, 25.000,00 Euros.

presário", deva estar rigorosamente separado de seu patrimônio particular, refletindo em seu patrimônio total um bem especial, com afetação específica.

Na França, por meio da Lei n. 85.697, de 11 de julho de 1985, que alterou a redação do art. 1.832 do Código Civil, permitiu-se, igualmente, a instituição de sociedade limitada por ato de vontade de uma só pessoa. Legitimou-se, também, no Direito francês, a sociedade unipessoal de responsabilidade limitada.

Questões de ordem prática, inspiradas na maior facilidade em delinear um regime jurídico para a limitação da responsabilidade do titular da empresa individualmente exercida, conduziram à adoção, em ambos os países europeus citados, da sociedade de responsabilidade limitada com um único sócio. Com o procedimento, renunciou-se ao tradicional conceito da sociedade como um contrato. Como se tem assente na dogmática acerca da matéria, a sociedade é contrato e instituição. No primeiro rol, em nosso Direito, temos as sociedades limitada pluripessoal, em nome coletivo, em comandita simples e a simples; no segundo, figuram as sociedades anônima e em comandita por ações. As leis alemã e francesa adotam uma construção dogmática em que a ideia de contrato cede lugar à vertente institucional da sociedade. Encampa-se a visão de que a sociedade nada mais é do que uma técnica de organização da empresa, deixando de interessar o número daqueles que podem tirar proveito dessa técnica. Portanto, a sociedade de uma única pessoa não deixa de ser sociedade.

Portugal, fiel à ideia de sociedade-contrato, adotou, em estágio inicial, instrumento jurídico diverso para a solução do problema da limitação de responsabilidade do empresário individual. Por meio do Decreto-Lei n. 248, de 25 de agosto de 1986, foi criado o instituto do "Estabelecimento Individual de Responsabilidade Limitada"[5]. Nos termos de seu art. 1º, qualquer pessoa natural que exerça ou pretenda exercer uma atividade comercial pode constituir para o efeito esse estabelecimento, afetando-o, o interessado, uma parte de seu patrimônio, cujo valor, nunca inferior a quatrocentos mil escudos (art. 3º), representará o capital inicial do estabelecimento. Não se permite que uma pessoa seja titular de mais de um estabelecimento com essa característica de limitação de responsabilidade. Pelas dívidas resultantes das atividades compreendidas no objeto do estabelecimento respondem apenas os bens a este afetados. Todavia, na hipótese de falência do titular por causa relacionada com a atividade exercida, o falido responde com todo o seu patrimônio pelas dívidas contraídas nesse exercício, contanto que se prove que o princípio da separação patrimonial não foi devidamente observado

---

[5] A figura não nos parece guardar boa dogmática. Com efeito, a limitação de responsabilidade deveria ser do sujeito de direito, no caso o empresário individual, titular do estabelecimento, o qual lhe serve de instrumento para o exercício de sua empresa.

na gestão do estabelecimento, ônus esse que recai sobre os credores, nos termos do art. 342, I, do Código Civil português. Pelas dívidas particulares do seu titular responderão somente aqueles bens que constituem o seu patrimônio não afetado ao estabelecimento, uma vez que o patrimônio do estabelecimento individual de responsabilidade limitada responde unicamente pelas dívidas contraídas no desenvolvimento das atividades compreendidas no âmbito da respectiva empresa. No entanto, se os restantes bens do titular forem insuficientes, o patrimônio afetado ao estabelecimento responderá por quaisquer dívidas que aquele tenha contraído anteriormente à publicação no Diário da República do ato constitutivo do estabelecimento, que deve ser efetuada após a realização de seu registro comercial (arts. 10 e 11).

A figura jurídica da sociedade unipessoal, entretanto, foi disseminada no Direito europeu por meio da adoção, em 21 de dezembro de 1989, da Décima Segunda Diretiva da Comunidade Econômica Europeia, hoje União Europeia, cuidando das sociedades por quotas unipessoais. Quanto ao âmbito de sua aplicação, bem o resume António Menezes Cordeiro[6]:

> ela aplica-se a sociedades por quotas ou ao seu equivalente, nos diversos países (art. 1º). A unipessoalidade pode ser inicial ou superveniente (2º/1), admitindo-se, pelo menos provisoriamente, que as leis nacionais aceitem sociedades unipessoais detidas por sociedades unipessoais (2º/2). O esquema das sociedades por quotas unipessoais pode ser aplicado às sociedades anónimas, pelos Direitos dos Estados-membros (6º). Os Estados que admitam a empresa individual de responsabilidade limitada podem, todavia, não permitir as sociedades unipessoais, desde que o sistema por eles adoptado equivalha ao de estas últimas (7º).

A Décima Segunda Diretiva foi revogada pela Diretiva 2009/102/CE, de 16 de setembro de 2009. Mas suas disposições substanciais foram preservadas por essa última, sendo, portanto, ainda atuais as notas lançadas por António Menezes Cordeiro antes reproduzidas.

Foi fixado um prazo de até 1º de janeiro de 1992 para a transposição da Diretiva para os Direitos internos de cada Estado-membro. Portugal, que já dispunha de um sistema para os estabelecimentos individuais de responsabilidade limitada, apesar de dispensado de realizar a transposição, nos termos da própria Diretriz, acabou por espontaneamente fazê-lo em 1996, por meio do Decreto-Lei n. 257, de 31 de dezembro[7]. Surgia, assim, no Direito português, a sociedade unipessoal por quotas, que passou a conviver com o Estabelecimento Individual de Responsabilidade Limitada[8].

---

[6]   *Direito europeu das sociedades*, p. 476.

[7]   António Menezes Cordeiro, ob. cit., p. 476.

[8]   António Menezes Cordeiro fixa-lhe o perfil essencial: "– a constituição pode operar por várias formas, incluindo a transformação de prévio estabelecimento individual de respon-

SOCIEDADE LIMITADA

Particularmente, sempre fomos marcantemente favoráveis à ideia, porquanto vem assegurar a limitação de responsabilidade daquele que se dispuser a exercer atividade econômica, podendo balizar seus riscos e perdas, estimulando a aplicação de recursos em atividades produtivas, sem ter que fazer participar da sociedade uma outra pessoa, ainda que figurativamente, para atender ao mínimo de dois sócios estabelecido na lei.

Como conceito, a limitação da responsabilidade, ao contrário do que muitos afoitamente possam vir a pensar, é fonte propulsora de desenvolvimento econômico e social, na medida em que propicia o exercício mais seguro da empresa, e fomenta, via de consequência, a sua proliferação, gerando empregos, tributos e a produção de bens e serviços para a comunidade.

O modelo jurídico deve se preocupar em coibir eventuais abusos, punindo com rigor as condutas ilícitas daqueles que almejam valer-se da limitação da responsabilidade para fraudar credores. Dita delimitação não pode servir de escudo a condutas inescrupulosas, mas sim permitir que o sujeito que desempenha a atividade empresarial possa estabelecer fronteiras de comprometimento patrimonial que seriam respeitadas, salvo conduta irregular.

Apesar de injustificável atraso, o Direito positivo brasileiro acabou por reconhecer, em um primeiro momento, por meio da Lei n. 12.441/2011, a denominada Empresa Individual de Responsabilidade Limitada (EIRELI), que, em nossa visão, afigurava-se como uma sociedade unipessoal, na qual o sócio único desfrutava de responsabilidade limitada ao total do capital social[9]. Dela vamos tratar especificamente no item 7.18

---

sabilidade limitada; – a firma deve deixar transparecer a unipessoalidade; – uma pessoa singular só pode ser sócia de uma única sociedade unipessoal por quotas; esta, por seu turno, não pode ser sócia única de uma sociedade unipessoal por quotas, podendo ser pedida a dissolução das sociedades que não observem estas regras; – a sociedade unipessoal pode passar a sociedade 'normal', quando alcance uma pluralidade de sócios; – as decisões do sócio único, a registrar em acta, substituem as decisões da assembleia geral; – o contrato do sócio único com a própria sociedade deve obedecer a certos requisitos, sob pena de nulidade e de responsabilização ilimitada do sócio; – às sociedades unipessoais por quotas aplicam-se as normas que regulam as sociedades por quotas, salvo as que pressuponham a pluralidade de sócios" (*Manual de direito das sociedades*, v. II, p. 453). Nesse último aspecto, também se tinha um capital mínimo, uma vez que a lei o exigia para as sociedades por quotas. Esse capital, bem abaixo do que se tem na Alemanha, veio fixado em 5.000 Euros (cf. António Menezes Cordeiro, *Manual*, citado, p. 249, que, na nota n. 617, faz crítica a essa fixação, consignando que, quando da preparação da lei, propôs o limite mínimo de 10.000 Euros). Entretanto, com o advento do Decreto-Lei n. 33, de 7 de março de 2011, alterou-se o art. 201 do Código das Sociedades Comerciais, passando o capital social a ser livremente estabelecido pelos sócios nas sociedades por quotas e nas sociedades unipessoais por quotas, desaparecendo, assim, a exigência do capital mínimo.

[9] Outra visão, a nosso sentir distorcida, insistia em considerá-la um novo ente jurídico, distinto, assim, do empresário individual e da sociedade.

deste Capítulo. Mas já aqui registramos que foi a EIRELI suprimida do nosso ordenamento positivo com o advento da Lei n. 14.195/2021.

É certo que sempre defendemos o modelo do empresário individual de responsabilidade limitada[10]. Mas o da sociedade unipessoal é muito bem-vindo e adequado aos fins a que se propõe. Estamos convencidos de que, na prática da vida empresarial, esse esquema se mostra bem mais eficiente. Vínhamos clamando – o que registramos em edições anteriores –, para ainda mais evoluir, pela consagração da sociedade limitada unipessoal, formada por uma pessoa natural ou jurídica, articulando que a medida seria juridicamente mais apropriada e, até mesmo, dispensaria a figura da EIRELI, pondo, inclusive, fim a questões polêmicas que pairavam sobre ela, o que acabou por acontecer.

A Lei n. 13.874/2019, introduzindo os §§ 1º e 2º no art. 1.052 do Código Civil, finalmente veio a permitir que a sociedade limitada possa ser constituída por uma ou mais pessoas, legitimando a figura da sociedade limitada unipessoal.

7.2. A INTRODUÇÃO DAS SOCIEDADES LIMITADAS NO BRASIL

Em nosso País, em 1912, Herculano Inglês de Sousa, incumbido pelo governo brasileiro de elaborar a revisão do Código Comercial, sob a inspiração da lei portuguesa, consagrou, em seu projeto, o novo tipo de sociedade, nominando-a de "sociedade limitada".

Com arrimo no trabalho de Inglês de Sousa, e tendo em mira igualmente o modelo da lei portuguesa de 1901 que o inspirara, o deputado Joaquim Luiz Osório encaminhou à Câmara dos Deputados, em 1918, o projeto de Lei n. 247, sob a feliz justificativa de que o aguardo da aprovação do Projeto do Código Comercial de Inglês de Sousa viria retardar por largo prazo a adoção da sociedade limitada, destinada a preencher lacuna em nosso direito. O projeto de Joaquim Luiz Osório, com rápida tramitação, restou por ser aprovado, sem modificações, e sancionado em 10 de janeiro de 1919, resultando no Decreto n. 3.708, que, até o advento do Código Civil de 2002, era a nossa lei sobre "sociedade por quotas de responsabilidade limitada", nome conferido pelo diploma ao tipo societário, cuja designação sofreu críticas da doutrina, uma vez que a responsabilidade limitada é dos sócios e não da sociedade. Afinal, esta, como curial, responde com seu patrimônio de forma ilimitada pelas obrigações contraídas, visto a autonomia da personalidade jurídica. O patrimônio social constitui-se na garantia dos seus credores, não pendendo sobre ele qualquer limitação de responsabilidade que só aproveita, como se disse, aos sócios.

---

[10] Os projetos de Código Comercial da Câmara dos Deputados (PL n. 1.572/2011) e do Senado (PLS n. 487/2013) disciplinam a hipótese sob a rubrica "do exercício da empresa em regime fiduciário", segundo o qual haverá a constituição de patrimônio separado, com ativos e passivos, relacionados diretamente à atividade empresarial. A figura convive, em ambos os projetos, com a sociedade limitada unipessoal.

O Código Civil, no Capítulo IV do Subtítulo II do Título II do Livro II, nos arts. 1.052 a 1.087, disciplina por inteiro a sociedade limitada, nova nominação desse tipo societário, sobre a qual podem ser reiteradas as críticas doutrinárias acima relatadas, restando, pois, revogado o Decreto n. 3.708/1919. Prevaleceu, portanto, no Código Civil de 2002 a mesma nomenclatura do Projeto de Inglês de Sousa.

7.3. CARACTERÍSTICA FUNDAMENTAL

Como em todas as sociedades empresárias, o perfil característico da sociedade limitada repousa na responsabilidade do sócio perante terceiros, credores da pessoa jurídica.

Em face da sociedade, cada sócio-cotista é obrigado a entrar apenas com o valor de sua cota. Integralizado esse valor, nada mais deve à sociedade. Perante terceiros, todavia, todos os sócios responderão solidariamente pela parte que faltar para preencher o pagamento das cotas não inteiramente liberadas, isto é, não inteiramente integralizadas.

Destarte, nessas sociedades, o limite da responsabilidade do cotista perante os credores sociais é o valor do capital social. Os sócios respondem, pois, solidariamente pela integralização do capital social declarado da sociedade. Obrigam-se solidariamente pelo total do capital social, e não apenas por suas cotas, na projeção externa de suas responsabilidades.

É a disciplina que se extrai do art. 1.052 do Código Civil, que estabelece: "Na sociedade limitada, a responsabilidade de cada sócio é restrita ao valor de suas quotas, mas todos respondem solidariamente pela integralização do capital social". Do preceito sobressaem duas órbitas de relação jurídica: entre sócio e sociedade e entre sócios e terceiros credores da pessoa jurídica. Perante a sociedade, cada sócio é individualmente responsável pela integralização da cota por ele subscrita; em face dos credores sociais, todos os sócios respondem, solidariamente, pelo total do capital social subscrito e não integralizado.

Portanto, o perfil característico desse tipo societário traduz-se na regra segundo a qual, uma vez integralizado o capital social subscrito pelos sócios, ficam eles liberados de qualquer responsabilidade, nada mais devendo cada qual individualmente à sociedade, nem solidariamente aos credores da pessoa jurídica. Se o capital já houver sido integralizado, nenhum sócio poderá ser compelido a realizar qualquer prestação.

Do ponto de vista concreto, o conceito quer traduzir que os credores da sociedade devem sempre procurar excutir os bens sociais em primeiro plano, visto que a responsabilidade dos sócios é sempre em grau subsidiário, respondendo a sociedade com todas as forças do seu patrimônio, diretamente, por suas obrigações. Na exaustão do patrimônio social, poderão os credores pretender tornar efetiva a responsabilidade dos sócios, fazendo sobre eles recair a execução, caso o capital subscrito não se encontre integralizado. Nesse caso, os sócios respondem pelo montante necessário à integralização. Mas tão somente até esse limite. Se um sócio, cujas quotas já estiverem integralizadas, vier a ser compelido ao pagamento daquelas ainda não integralizadas, terá ele ação regressiva contra o sócio ou os sócios cujas quotas não se encontrem totalmente liberadas, para, proporcionalmente, reembolsar-se de cada um, porquanto, na relação interna entre os sócios, a responsabilidade de cada quotista é restrita ao valor de suas quotas. Estando o capital integralizado, não poderão os credores sociais pretender a responsabilização dos sócios, visto que o capital social é o limite de suas responsabilidades, como ficou acima pontuado. A ausência de bens sociais representa perda do credor que se verá frustrado na satisfação de seu crédito, facultando-se-lhe requerer a falência da sociedade.

O credor, portanto, ao contratar com a sociedade limitada, deverá preocupar-se em aferir o patrimônio da pessoa jurídica, o qual, na verdade, é que efetivamente constitui a sua garantia. Por isso, não raros são os casos na prática empresarial em que pelo credor são exigidas fianças ou avais pessoais dos sócios cotistas, a fim de vincular os seus patrimônios particulares no caso de não cumprimento da obrigação.

A verificação se o capital subscrito está ou não integralizado se faz, em princípio, por meio da consulta do contrato social. Este pode refletir cláusula na qual os sócios declaram restar o capital completamente integralizado. Se, porém, foi previsto no contrato a integralização a prazo, dever-se-á observar se esse prazo encontra-se ainda em aberto. Assim sendo, poderão os credores pretender, na ausência de patrimônio da pessoa jurídica, a responsabilização solidária dos sócios pelas parcelas que faltarem à integralização completa do capital por eles subscrito.

Contudo, não se pode deixar de advertir que, em certos episódios, como o Código Civil, seguindo os passos da lei anterior, não estabelece nenhum sistema do controle da realidade das entradas de capital, os sócios podem ter afirmado no contrato estar o capital já totalmente integralizado sem, entretanto, terem efetivamente realizado os aportes declarados. Nesses casos, os credores poderão pretender, sem prejuízo da apuração de eventual responsabilidade criminal dos sócios, que eles venham a responder pela integralização da parte faltante, provando a fraude por meio de perícia na qual devem ser confrontadas as contas e escrituração da sociedade e as declarações de rendimentos dos sócios, a fim de verificar o casamento real das operações. O mesmo poderá se dar nas integralizações a prazo, quando, embora vencido o termo preconizado, suspeitarem os credores de que não houve efetivo aporte, como previsto no contrato que se realizasse.

Para a sociedade limitada unipessoal, observam-se os mesmos comentários, apenas com a adaptação à existência de um único sócio na sua estrutura. Assim é que a sua responsabilidade junto à sociedade é de integralizar o valor de suas cotas e perante os credores sociais de responder até o limite do capital social. Estando este integralizado, nada deve à sociedade nem aos credores da pessoa jurídica.

7.4. NÚMERO DE SÓCIOS E CAPITAL

O Código Civil de 2002 originalmente incluiu a sociedade limitada no rol daquelas que se constituem por contrato escrito e subscrito por pelo menos duas pessoas. Manteve, assim, o curso adotado pelo revogado Decreto n. 3.708/1919. Em sua versão pluripessoal, a sociedade pode, pois, legitimamente constituir-se com dois ou mais sócios, pessoas físicas ou jurídicas.

Em evolução indispensável e por nós, em edições anteriores, reclamada, a Lei n. 13.874/2019, introduzindo os §§ 1º e 2º no art. 1.052 do Código Civil, passou a possibilitar que a sociedade limitada seja formada por uma ou mais pessoas, naturais ou jurídicas. Finalmente, foi permitida a constituição da sociedade limitada por um único sócio, sendo, a partir de então, denominada sociedade limitada unipessoal. O seu regime, como vínhamos de há muito defendendo, se afeiçoa tanto à pluralidade quanto à unicidade social.

A unipessoalidade pode resultar de constituição originária ou derivada. Esta última se concretiza por meio da saída de sócios (cessão de quotas, retirada, exclusão ou falecimento), bem assim de outras operações, como nos casos de fusão, cisão e incorporação.

O ato constitutivo da sociedade limitada unipessoal observará, no que couberem, as disposições sobre o contrato social da sociedade limitada pluripessoal, mas é relevante deixar claro que a sua natureza não é a de contrato, por encampar um perfil nitidamente institucional.

É vedado, no § 2º do art. 1.055, a presença de sócios cuja contribuição para o capital social consista em prestação de serviços. Exige-se, ao menos formalmente, que todos os sócios contribuam para a formação do capital social com dinheiro ou qualquer espécie de bens suscetíveis de avaliação pecuniária.

O capital social é essencial, é requisito indispensável à constituição da sociedade limitada, bem assim de qualquer espécie e forma societária no Direito brasileiro. Não se pode arquivar, com efeito, os atos constitutivos das sociedades que não designarem, além das cláusulas obrigatórias ao tipo, o respectivo capital (Lei n. 8.934/94, art. 35, III). As sociedades personificadas, em *ultima ratio*, serão dotadas de um fundo social (Código Civil, art. 46, I).

O capital social representa, em certa medida, o conjunto das contribuições que os sócios realizam ou se obrigam a realizar ao subscreverem suas participações. Traduz transferência de recursos próprios dos sócios para a sociedade que, assim, ficam vinculados ao seu objeto social.

Essa transmissão inicial, quando da formação da sociedade, visa a possibilitar que a pessoa jurídica dê início à sua atividade econômica, capacitando-a a desenvolver o seu objeto. Ulteriormente, verificando a necessidade de transferência de mais recursos dos sócios para a sociedade, de modo a preservar ou a promover o incremento da empresa por ela desenvolvida, poderão ocorrer novas inversões, mediante aumento do capital social.

O capital vai expressar, assim, uma cifra ideal das entradas promovidas pelos sócios. Deverá ser nominalmente declarado no contrato social e permanecerá estático até que sofra modificação mediante elevação ou redução, nos termos preconizados pela lei.

Diversamente se mostra o patrimônio social que reflete, com maior realidade, o potencial econômico da pessoa jurídica que o titulariza, e que se expressa por uma relação entre ativo e passivo. A variabilidade é de sua essência, porquanto serão verificadas mutações em razão do sucesso ou do insucesso da empresa explorada.

Alguns princípios informam o regime jurídico do capital social. Destacam-se os da determinação, da realidade e da intangibilidade. Pelo primeiro, tem-se a necessidade de ser fixado no contrato social; do segundo, emerge a exigência de que o capital traduza uma cifra real, pelo que as entradas promovidas pelos sócios devem efetivamente corresponder aos exatos valores declarados; pelo terceiro, resulta a garantia de que o capital não é restituível aos sócios, senão nas estritas situações previstas que autorizem a sua redução.

O Decreto n. 3.708/1919 não fixou um capital mínimo necessário à constituição da sociedade, para que seus sócios pudessem valer-se da limitação de responsabilidade. Igual postura foi adotada pelo Código Civil na regulação do tipo societário, que, igualmente, não se ocupou da questão.

7.5. NOME EMPRESARIAL

O nome empresarial é aquele empregado pelo empresário para identificar-se, enquanto sujeito que desempenha uma atividade econômica[11]. Todo empresário, pessoa física ou jurídica, necessita de um nome para exercer as suas atividades profissionais. É, pois, o nome empresarial o elo de identificação do empresário perante a comunidade na qual exerce sua atividade econômica. É o nome sob o qual o empresário assume obrigações e exerce direitos.

Difere-se, assim, da marca, que identifica não o sujeito de direito, mas sim os produtos e serviços por ele oferecidos ao mercado. Não se confunde, outrossim, com o título do estabelecimento, que consiste na identificação do local, do ponto no qual o empresário exerce a sua atividade profissional.

Divide-se o nome empresarial em duas distintas espécies: a firma individual ou coletiva – também conhecida essa última como firma social ou razão social – e a denominação.

---

[11] Fábio Ulhoa Coelho, ob. cit., vol. I, p. 175.

As sociedades empresárias podem valer-se de razão social ou de denominação, conforme o tipo societário. Como regra, a razão social ou firma coletiva é o nome empresarial típico para as sociedades que acolhem sócios com responsabilidade subsidiária e ilimitada pelas dívidas sociais, pois a firma tem por vocação espelhar para terceiros que as pessoas que nela figuram desfrutam, na sociedade, dessa espécie de responsabilidade. Já a denominação é o nome empresarial afeiçoado às sociedades que contemplam a limitação de responsabilidade para todos os sócios.

Assim é que as sociedades em nome coletivo e em comandita simples deverão adotar firma coletiva ou razão social, ao passo que as sociedades anônimas serão identificadas através de uma denominação.

Constituem exceção à regra as sociedades em comandita por ações e as sociedades limitadas, que poderão utilizar-se de qualquer uma das duas espécies.

O art. 1.158 do Código Civil de 2002 preconiza que as sociedades limitadas poderão adotar uma firma ou denominação, integradas pela palavra "limitada", por extenso ou abreviadamente, empregada ao final do nome.

A firma social deverá ser composta com o nome de um ou mais sócios, desde que pessoas físicas. Caso não individualize todos os sócios, deve contar com o nome de pelo menos um deles, acrescido da expressão "e companhia" e do vocábulo "limitada", por extenso ou de forma abreviada (J. Almeida e Cia Ltda., por exemplo). A firma da sociedade limitada unipessoal deverá conter o nome civil do sócio único pessoa natural, acrescido da palavra "limitada", empregada por extenso ou de modo abreviado (Paulo Pinto Ltda.). Após o nome civil do sócio único da limitada unipessoal, poderá ser acrescida, se assim desejar ou quando já existir nome empresarial idêntico ou semelhante, designação mais precisa de sua pessoa ou de sua atividade (José Pinto Eletrônicos Ltda.). A denominação, na qual a indicação do objeto social voltou a ser facultativa[12], poderá-se expressar por um nome de fantasia (como Guanabara Indústria de Móveis Ltda.), sendo permitido, pela sistemática do Código, que nela figure o nome de sócio ou sócios, pessoas físicas ou jurídicas (J. Almeida Viagens e Turismo Ltda., por exemplo)[13].

---

[12] A primeira parte do § 2º do art. 1.158 do Código Civil foi derrogada pelo inciso III do art. 35 da Lei n. 8.934/94, com a reedição de sua parte final, pela redação a ele atribuída pela Lei n. 14.195/2021. Sobre as constantes alterações legislativas acerca da obrigatoriedade ou facultatividade da designação do objeto da sociedade na denominação, confira-se a abordagem realizada no item 17.2 do Capítulo 17.

[13] Sobre a formação do nome empresarial, confira-se, em especial, o desenvolvido no item 17.2 do Capítulo 17.

A partir da inclusão de um art. 35-A pela Lei n. 14.195/2021 na Lei n. 8.934/94, admite-se a utilização do número de inscrição no CNPJ como nome empresarial, seguido da partícula identificadora do tipo societário, no caso a palavra "limitada", empregada por extenso ou abreviadamente.

Sob o ponto de vista mercadológico, frequentemente se indaga qual espécie de nome empresarial seria preferível.

Temos opinado que o critério de escolha dependerá da conveniência dos sócios, levando-se em conta, entre outros ingredientes, a natureza do empreendimento, o volume do capital, o número de sócios, o comprometimento e a importância pessoal dos sócios na realização do objeto social. Se, por exemplo, tem-se uma sociedade com diminuto número de sócios, cuja realização de seu objetivo social se encontre indissoluvelmente ligada a um, alguns ou a todos eles, pode justificar-se a adoção da firma.

Entretanto, via de regra, a denominação é preferível à razão social, uma vez que aquela permanece incólume às alterações na composição societária. Como adverte Eunápio Borges[14], adotando a sociedade uma denominação, a entrada ou retirada de sócios não afetará o seu nome, "que se conservará inalterado mesmo que se afastem dela todos os sócios que a constituíram inicialmente"; já com a adoção de firma, prossegue o citado autor, por nela prevalecer o elemento humano, "esta será mudada obrigatoriamente se deixar de pertencer à sociedade aquele cujo nome figurar na firma", conclusão em perfeita sintonia com o que era estabelecido no art. 8º do Decreto n. 916, de 24 de outubro de 1890, que não resta prejudicada com a previsão do art. 1.165 do Código Civil de 2002, assim enunciado: "O nome de sócio que vier a falecer, for excluído ou se retirar, não pode ser conservado na firma social".

Portanto, deve-se ter cuidado ao empregar nome de sócio na denominação, porquanto o sócio, cujo nome nela figurou, não poderá, caso se retire da sociedade, exigir a sua alteração, visto que essa regra somente se verifica na firma social.

Importante ressaltar, ainda, que a razão social é utilizada não só como nome da sociedade, mas como sua assinatura pelos gestores que, nos termos do contrato social, podem dela fazer uso, razão pela qual a adoção de firma impõe a previsão de cláusula ou mesmo de simples declaração ao final do instrumento contratual, demonstrando como os administradores autorizados a utilizar a firma social irão assiná-la, empregando-a, dessa forma, nos documentos firmados em nome da sociedade. A denominação, ao revés, configura-se como simples nome, possibilitando, assim, que os administradores que assinam pela sociedade firmem, nos instrumentos e documentos emitidos em nome

---

[14] Ob. cit., p. 346.

da pessoa jurídica, os seus próprios nomes civis. Tem-se aqui uma distinção funcional entre as duas espécies de nome empresarial.

Com o fim da exigência da identificação do objeto na denominação social e com a permissão de utilização do nome civil na sua composição, vê-se que, nesta última situação, pela simples estruturação do nome empresarial (como, por exemplo, J. Almeida Ltda. e J. Almeida Fábrica de Tecidos Ltda.), por si só, já não é mais possível fazer a distinção entre a razão social e a denominação (o que não ocorre, por certo, na hipótese de se fazer o uso de uma expressão de fantasia). A diferenciação somente será possível mediante a consulta do contrato social, verificando-se se no instrumento há campo próprio indicando como os administradores irão assinar a firma social, uma vez que, como já se anotou, a razão social é nome e assinatura da sociedade empresária. Não havendo o campo próprio, a conclusão é a de que a espécie de nome empresarial consiste em denominação. Essa é a nova configuração da matéria.

Por derradeiro, impende reiterar que o art. 1.158, em sua parte final, impõe sejam a firma ou a denominação social seguidas da palavra "limitada", por extenso ou abreviadamente, a qual constitui, portanto, elemento característico de seu nome, possibilitando aos terceiros que mantenham relações com a sociedade a certeza, sem terem que recorrer ao contrato social, de tratar-se de sociedade em que todos os sócios respondem pelo total do capital social.

Omitida a declaração, diz o Código, serão havidos como solidária e ilimitadamente responsáveis os administradores que assim empregarem a firma ou a denominação da sociedade (§ 3º do art. 1.158).

Da inteligência que se extrai do preceito, tem-se que essa responsabilidade não atinge os demais sócios ou administradores, mas apenas aquele ou aqueles que, embora legitimados a fazerem uso da firma ou denominação social, fizerem-no de forma incompleta, com a omissão da palavra "limitada".

Não seria fidedigna ao espírito da lei a interpretação que viesse a espraiar essa responsabilidade aos demais administradores, só por sê-los. O ato ilícito deve vincular apenas a pessoa que o praticou, como de regra. Portanto, somente o administrador que pessoalmente cometer a omissão do emprego da palavra "limitada" (infração à lei) é quem ficará diretamente obrigado, respondendo, perante o terceiro, solidariamente com a sociedade.

Essa responsabilidade com que a lei pune a omissão, por outro lado, também não abrange todas as obrigações da sociedade nem aproveita à totalidade de seus credores. Ela se restringe ao ato em que se verificou o ilícito e em benefício exclusivo do credor que desse ato tomou parte.

Temos professado poder o juiz deixar de aplicar, em situações excepcionais, segundo as peculiaridades do caso concreto, a sanção da responsabilidade solidária e ilimitada àquele que, legitimamente autorizado a fazer uso do nome empresarial, o fizer com a omissão da palavra "limitada".

Não se pode desconsiderar que o fim da regra do § 3º do art. 1.158 é o de proteger os terceiros de boa-fé que contratam com a sociedade, permitindo identificar o tipo societário pela simples leitura do nome empresarial. Ao impor o emprego da palavra "limitada" em sequência à firma ou denominação social, quer a lei assegurar aos terceiros a certeza de que estejam contratando com uma sociedade na qual os sócios não terão responsabilidade pessoal, subsidiária e ilimitada pelas dívidas sociais, mas sim limitada ao total do capital social.

Desse modo, verificando o magistrado, diante da prova dos autos, que o terceiro credor da obrigação, em cuja assunção pela sociedade foi omitida por seu representante a palavra "limitada", por puro descuido, tinha plena ciência de que contratava com uma sociedade limitada, afigura-se-nos legítimo não tornar efetiva a responsabilidade pessoal desse representante. O emprego irregular do nome empresarial não prejudicou nem ludibriou o credor social. Tomemos um exemplo para melhor clarear a hipótese: o administrador assina documento de dívida no qual a denominação social vem despida da palavra "limitada" (Móveis Guanabara em vez de Móveis Guanabara Ltda.), documento esse firmado junto a um fornecedor regular da sociedade, que tem pleno conhecimento de tratar-se a contratante de uma sociedade limitada, seja porque ao iniciar sua relação comercial com a indigitada pessoa jurídica foi-lhe exibido o contrato social, seja porque nas inúmeras transações anteriores o nome empresarial foi empregado corretamente. A falha cometida, certamente, não o induziu a erro.

Essa linha de entendimento atinge o verdadeiro escopo do preceito legal específico do Código Civil, bem como reafirma o mandamento maior de que, na aplicação da lei, o juiz atenderá aos fins sociais a que ela se destina (Lei de Introdução às Normas do Direito Brasileiro, art. 5º, e Código de Processo Civil de 2015, art. 8º).

7.6. CONSTITUIÇÃO DA SOCIEDADE

Constitui-se a sociedade limitada pluripessoal por meio de um contrato escrito, que se estabelece por instrumento público ou particular. Sua natureza é de contrato plurilateral, conforme anotado e desenvolvido seu conceito no Capítulo 3 – item 3.3.7.3.

Com feição contratual, o seu ato constitutivo deve obedecer aos elementos comuns a todos os contratos, pressupondo o livre consentimento, a capacidade das partes[15], a idoneidade do objeto, a legitimação das partes para realizá-lo e a forma legal.

---

[15] Sobre a participação dos incapazes na sociedade, remetemo-nos ao item 7.10.7 deste Capítulo.

SOCIEDADE LIMITADA

Sendo um contrato de constituição de sociedade, reunirá, também, elementos específicos: a pluralidade de sócios, a contribuição de todos os sócios para a formação do capital social (lembre-se de que esse tipo societário não admite o sócio cuja contribuição consista em serviços), a participação nos lucros (o art. 1.008 do Código Civil de 2002 fulmina com a nulidade a estipulação contratual na qual se pactue que a totalidade dos lucros pertença a um só dos sócios ou se exclua qualquer sócio de sua partilha) e a *affectio societatis* (caracterizada, na dicção de Lagarde[16], por uma vontade de união e aceitação das áleas comuns, o que de fato significa a vontade de os sócios formarem e se manterem unidos em sociedade que, desaparecendo, legitima a dissolução do vínculo contratual, ainda que parcialmente).

Para ostentar a sociedade a condição de regular, mister se faz proceder ao registro de seu instrumento contratual no Registro Público de Empresas Mercantis, a cargo das Juntas Comerciais.

O contrato social da sociedade limitada deve obedecer a certos requisitos impostos por lei. Esses requisitos se encontram dispostos nos arts. 997 (com as devidas adaptações decorrentes do tipo societário), 1.054 e 1.072 do Código Civil de 2002, 35, III, da Lei n. 8.934/94 e 53, III, do Decreto n. 1.800/96.

Passemos ao seu elenco:

I – Nome por extenso e qualificação dos sócios e de seus procuradores ou representantes, quando houver, compreendendo, para a pessoa física, nacionalidade, estado civil, profissão, domicílio e residência, documento de identidade, com o seu número e órgão expedidor, e inscrição no Cadastro de Pessoas Físicas (CPF), dispensando-se esse último no caso de brasileiro ou estrangeiro domiciliado no exterior; e, para a pessoa jurídica, nome empresarial, nacionalidade, endereço completo e, se sediada no País, o Número de Identificação do Registro de Empresas (NIRE) ou do Cartório competente e o número de inscrição no Cadastro Nacional de Pessoas Jurídicas (CNPJ)[17].

Esses elementos se afiguram necessários à individualização e à consequente fixação de responsabilidade dos sócios.

II – Tipo societário adotado.

---

[16] *Apud* Rubens Requião, ob. cit., 1º vol., p. 365.

[17] O art. 4º, XV, *a*, número 8, da Instrução Normativa RFB n. 1.470, de 30 de maio de 2014, determina a obrigatoriedade de inscrição no CNPJ das entidades sediadas no exterior que, no País, sejam titulares de direitos sobre participações societárias. Apesar de a alínea *d* do inciso III do art. 53 do Decreto n. 1.800/96 dispensar a indicação do CNPJ, na qualificação do sócio pessoa jurídica, para as sociedades com sede no exterior, e de ser norma hierarquicamente superior à Instrução Normativa RFB n. 1.470/2014, pensamos ser de bom alvitre a sua aposição quando da qualificação dos sócios no contrato social.

III – Nome empresarial.

IV – Nome e qualificação dos administradores, com os seus poderes e atribuições.

No caso de omissão, entretanto, entende-se que todos os sócios poderão gerir a sociedade, fazendo uso do nome empresarial, cada um separadamente, não sendo, pois, motivo impeditivo do arquivamento do contrato. Ademais, o administrador pode ser eleito em instrumento separado (Código Civil de 2002, arts. 1.012, 1.013,1.015 e 1.060).

V – Fixação do capital social, bem como a forma e o prazo de sua integralização.

VI – O quinhão de cada sócio, ou seja, a quota com que cada sócio entra para o capital.

VII – Parte de cada sócio nos lucros e perdas.

Se o contrato, todavia, não estabelecer o *quantum* da participação dos sócios nos lucros e perdas da sociedade, presume-se que a distribuição far-se-á em proporção à cota de cada um, nos moldes do estatuído no art. 1.007 do Código Civil.

Como vimos, não pode o sócio ser privado da participação nos lucros (Código Civil de 2002, art. 1.008), mas é lícito estipular que sua partilha se proceda em proporções diferentes de seu quinhão social.

Prescreve em três anos a pretensão da restituição dos lucros recebidos de má-fé, correndo o prazo da data em que foi deliberada a distribuição (Código Civil de 2002, art. 206, § 3º, VI).

VIII – Designação precisa e detalhada do objeto social.

O objeto social constitui ponto de inefável relevância na constituição de uma sociedade. Consoante escólio de Rubens Requião[18], "é o fim comum, ao qual todos os sócios ou acionistas aderem e se vinculam, visando à organização de uma atividade para promovê-lo e atingi-lo".

Daí se exigir a sua precisa e detalhada declaração, de modo a fixar os limites dentro dos quais a sociedade estará obrigada. Os eventuais atos de administração que venham a exorbitá-los são considerados *ultra vires*. Essa questão dos atos *ultra vires* será por nós desenvolvida mais adiante, quando tratarmos da responsabilidade pelo abuso do uso do nome empresarial.

A definição de modo exaustivo e com precisão representa relevante instrumento de tutela da minoria social, porquanto impõe o limite à atuação discricionária dos administradores e do controlador.

---

[18] *Curso de direito comercial*, 2º vol., 20. ed., p. 24.

Por isso é que não se pode enxergar na nova redação do inciso III do art. 35 da Lei n. 8.934/94, conferida pela Lei n. 14.195/2021, uma liberação para a necessidade de se proceder aos prefalados detalhamento e precisão do objeto social, os quais se impõem diante do que acima ficou exposto. Não mais se exigir em seu texto normativo a declaração precisa do objeto não significa que não se deva fazê-la. Como o dispositivo cuida de atos que não podem ser arquivados, ele está diretamente relacionado com o exame do órgão registral sobre o contrato social, razão pela qual apenas veio a enunciar que o arquivamento está obstado quando não houver "a declaração de seu objeto", não mais preconizando, como na redação anterior, "a declaração precisa de seu objeto", pois não tem como o órgão responsável pelo registro julgar se a declaração é precisa e completa. Esta é uma avaliação que cabe aos sócios fazer e proceder para que a descrição no contrato social assim o esteja. Ao órgão registral cabe apenas verificar se formalmente o instrumento contratual contém a declaração do objeto social. Parece ser esta a melhor interpretação que se deve conferir à matéria.

IX – A fixação da sede, com endereço completo, o seu foro, bem como os endereços completos das filiais declaradas.

A sede social é o domicílio da pessoa jurídica e não se confunde com o conceito de principal estabelecimento, que não decorre de estipulação contratual, mas sim de simples aferição da exteriorização de atos concretos, constituindo-se, pois, em uma questão de fato.

Por principal estabelecimento entende-se o ponto central de negócios do empresário, o local (estabelecimento sede ou filial) onde se encontram concentrados os atos de gestão empresarial, no qual são realizadas as operações comerciais e financeiras de maior vulto e intensidade. Revela-se, fundamentalmente, por sua expressão econômica[19].

A relevância da distinção se impõe, porquanto os efeitos processuais são consideráveis.

Como regra geral em matéria de competência territorial, a pessoa jurídica deve ser demandada no foro do lugar de sua sede ou onde se achar a agência ou sucursal, quanto às obrigações que ela contraiu (Código de Processo Civil de 2015, art. 53, III, *a* e *b*). No entanto, em matéria de competência falimentar, será competente para decretar a falência o juiz em cuja jurisdição o devedor tenha o seu principal estabelecimento, competência essa absoluta (art. 3º da Lei n. 11.101/2005).

---

[19] Amaury Campinho, com simplicidade e didática, o define como "o lugar onde o comerciante centraliza todas as suas atividades, irradia todas as ordens, onde mantém a organização e administração da empresa", não sendo necessário, prossegue, "seja o de melhor ornamentação, o de maior luxo, ou o local onde o comerciante faça maior propaganda. O que importa, em última análise, é ser o local de onde governa seu comércio" (*Manual de falência e concordata*, 7. ed., p. 11).

A cláusula de eleição do foro social também se impõe, a fim de fixar onde devam os sócios promover suas ações, uns contra os outros, ou em face da sociedade, ou desta contra eles, de maneira a dirimir dúvidas e conflitos decorrentes da vida em sociedade.

X – Prazo de duração da sociedade, podendo ser indeterminado.

Contratada a sociedade com prazo determinado, não se admitia, no direito anterior ao Código Civil de 2002, o arquivamento de prorrogação do contrato social depois de findo o prazo nele fixado (Lei n. 8.934/94, art. 35, IV), até porque se reputava a sociedade dissolvida (Código Comercial, art. 335, n. 1).

Deveriam, pois, os sócios ficar atentos à expiração do prazo, se desejassem prorrogar a existência regular da sociedade. Do contrário, permitindo seu escoamento, ficavam sujeitos à necessidade de firmarem novo contrato social, "passado e legalizado com as mesmas formalidades que o de sua instituição" (Código Comercial, art. 307).

Porém, o Código Civil de 2002 alterou o tratamento da matéria, dispondo que a sociedade se dissolve de pleno direito ante o vencimento do prazo de sua duração, salvo se, uma vez vencido e sem oposição de sócio, não entrar a sociedade em liquidação, caso em que se prorroga por tempo indeterminado (art. 1.033, I).

O acima aludido inciso IV do art. 35 da Lei n. 8.934/94 finalmente restou expressamente revogado pela Lei n. 14.195/2021.

XI – Data de encerramento de seu exercício social, quando não coincidente com o ano civil.

XII – Declaração de que a responsabilidade dos sócios é limitada à importância total do capital social.

Essa declaração deve estar presente na redação de todo contrato social de uma sociedade limitada. O Decreto n. 1.800/96, que teve por escopo regulamentar a Lei n. 8.934/94, veda o arquivamento dos atos constitutivos de sociedades mercantis, leia-se hoje empresárias, quando deles não constar a responsabilidade dos sócios (art. 53, III, *c, in fine*).

Portanto, a Junta Comercial deve negar o registro de contrato de sociedade limitada quando dele não constar dita estipulação, fazendo o arquivamento "cair em exigência", para a correção da imperfeição.

Todavia, caso ocorra um cochilo do órgão responsável pelo registro, admitindo o arquivamento sem a cláusula de declaração de limitação de responsabilidade, como passam os sócios a responder?

Antes de abordarmos o tema à luz do vigente Direito, mister se faz perquirir as opiniões dos estudiosos a partir da regra do art. 2º do velho Decreto n. 3.708/1919, revogado, por inteiro, pelo Código Civil de 2002, o qual exigia o contrato estipular limitação da responsabilidade dos sócios ao total do capital social.

Waldemar Ferreira[20], do alto de sua notória autoridade, não hesitava em afirmar que a falta de tal declaração expressa no contrato social teria o condão de tornar a sociedade irregular, trazendo como consequência a ilimitada e solidária responsabilidade dos sócios pelas dívidas sociais.

Comungando do mesmo sentimento, aduzia Rubens Requião[21], que se do instrumento não constasse essa cláusula expressa, a sociedade passaria a ser considerada uma sociedade em nome coletivo, de nada valendo que em sua firma ou razão social figurasse a expressão limitada.

Na esteira da lição dos citados juristas, a ilimitação da responsabilidade só cessaria, por certo, quando da correção da omissão, mediante alteração do contrato social, para dele fazer constar a afirmação da limitação, produzindo, porém, efeitos *ex nunc*.

Divergindo do entendimento, emergia a posição doutrinária de Eunápio Borges[22], sustentando que se o contrato

> afirmar expressamente que a sociedade é de responsabilidade limitada e se de todo ele ressair a intenção de constituir, não uma sociedade em nome coletivo, mas a única sociedade regulada por aquele decreto, não é justo nem equitativo que, à falta da declaração exigida pelo art. 2º, se violente de tal maneira a vontade dos sócios, a ponto de impor-lhes um tipo de sociedade e uma responsabilidade ilimitada que não pretendiam constituir nem assumir.

Corroborava esse posicionamento a opinião de Cunha Peixoto[23], o qual sustentava ser a exigência do art. 2º feita em benefício dos sócios e de terceiro, devendo ambos saber até que ponto atinge a responsabilidade de cada sócio. Mas, nas palavras do autor,

> se do contrato se apura que a sociedade adota a forma da por cota de responsabilidade limitada: ou em virtude de a firma ou denominação social vir seguida da palavra limitada; ou pelo fato de o contrato declarar expressamente que a sociedade se regerá pelas normas estatuídas no Dec. n. 3.708, de 10 de janeiro de 1919, evidentemente aquela formalidade se encontra satisfeita, eis que a ninguém é lícito ignorar a lei. A existência no contrato destas declarações leva, fatalmente, a sociedade para a classe das limitadas e, *data venia*, não seria a falta de uma pequena formalidade, incapaz de acarretar prejuízo, que a descaracterizaria.

Nossa opinião sempre se pautou no fato de que o formalismo que venha a ser imposto por lei somente se justifica em apreço à proteção dos interesses de terceiros. Res-

---

[20]   *Compêndio das sociedades mercantis*, vol. I, 3. ed., p. 293.
[21]   Ob. cit., 1º vol., 24. ed., p. 414.
[22]   Ob. cit., p. 343.
[23]   Ob. cit., vol. I, p. 79.

tando claro do exame da redação empregada no contrato que os sócios intencionaram criar uma sociedade limitada, não há como afirmar que ficarão desprotegidos os terceiros de boa-fé, os quais não podem alegar desconhecimento da lei, ou seja, de que nesse tipo societário todos os sócios desfrutam de responsabilidade limitada ao total do capital social. Aditávamos, ainda, a ideia de que o Decreto n. 3.708 não prescrevia sanção para a omissão da declaração em apreço. Sem expressa cominação de sanção pela lei, não víamos como pudesse ser sustentada a perda da limitação da responsabilidade no caso de omissão da declaração, no contrato, da extensão da responsabilidade dos sócios[24].

Se assim já pensávamos no âmbito do revogado Decreto n. 3.708/1919, com muito mais ênfase agora, com o regramento do Código Civil, que não apresenta, expressamente, preceito semelhante ao do art. 2º da antiga Lei das Sociedades Limitadas, ficando a regência da questão submetida aos termos do mencionado art. 53, III, *c*, do Decreto n. 1.800/96.

Portanto, não constando do contrato social cláusula definidora da extensão da responsabilidade dos sócios e, apesar de falha, ocorrer o seu registro, permanecerão os sócios com a limitação da responsabilidade característica desse tipo societário (art. 1.052), sempre que de seu contexto resultar a intenção de constituição de uma sociedade limitada.

XIII – Previsão de assembleia ou de reunião para deliberação das matérias legais ou contratualmente eleitas que dependam da decisão dos sócios, nas sociedades com número de participantes igual ou inferior a dez (art. 1.072, *caput* e § 1º).

Na sociedade limitada unipessoal, o ato constitutivo subscrito pelo sócio único deverá observar as disposições sobre o contrato social da sociedade limitada pluripessoal, procedendo-se às devidas adaptações. Poderá instrumentalizar-se em documento público ou particular. A ulterior decisão do sócio único que implicar alteração do ato constitutivo de instituição da sociedade também poderá se fazer por instrumento público ou particular, independentemente da forma de que tiver se revestido o correspondente ato de sua formação.

7.7. ALTERAÇÃO DO CONTRATO SOCIAL PELA MAIORIA

No ordenamento jurídico anterior ao Código Civil de 2002, o princípio que presidia era o de ao sócio ou sócios representantes da maioria do capital assistir o direito de alterar o contrato social, inexistindo, de certo, cláusula restritiva dessa prerrogativa aposta nos respectivos atos constitutivos.

---

[24] Ob. cit., p. 43-44.

Essa lógica resultava do art. 15 do Decreto n. 3.708/1919, que expressou competir aos sócios que divergissem da alteração do contrato social a faculdade de se retirarem da sociedade, obtendo o reembolso da quantia correspondente ao seu capital.

O preceito vinha corroborado pelo art. 35, VI, da Lei n. 8.934/94, que apenas vedava o arquivamento de alteração contratual, por deliberação majoritária do capital social, quando houvesse cláusula restritiva.

Tinha-se, portanto, por admitida a alteração do pacto social por deliberação majoritária do capital, concedendo-se à minoria divergente da modificação o direito de recesso, isto é, de despedir-se da sociedade, mediante o reembolso do valor de seus haveres. Esse direito da maioria somente poderia sofrer restrições por força de cláusula expressa no contrato social.

Facultava-se, entretanto, aos sócios pactuarem que a alteração do contrato só se perfizesse por decisão unânime ou que criassem um *quorum* qualificado de deliberação para imprimir a modificação (por exemplo, sócios que representam 2/3 do capital). Mas a restrição tinha que ser expressa, não se presumindo.

Encontrava-se na redação de certos contratos sociais a previsão de deliberação unânime, ou mediante *quorum* qualificado, para decidir sobre alguns pontos fundamentais da vida social, como alteração do objeto ou destituição e nomeação de sócios gerentes. Mas a estipulação resultava da manifestação volitiva dos sócios, em prestígio à autonomia da vontade, conferindo-se-lhes liberdade para melhor definir e regular as questões societárias segundo seus interesses e peculiaridades da associação a que deram início com a celebração do contrato de sociedade. A interpretação que se impunha, contudo, era a restritiva, podendo a maioria fazer prevalecer a sua vontade naquelas matérias que não estivessem expressamente contidas na disposição limitadora de seus poderes.

O conceito de maioria se perfazia não em relação ao número de sócios, mas ao de capital. Determinava o art. 331 do Código Comercial, em sua segunda parte, que todos os negócios sociais seriam "decididos pelo voto da maioria, computado na forma prescrita no art. 486", segundo o qual "o parecer da maioria no valor dos interesses prevalece contra o da minoria nos mesmos interesses, ainda que esta seja representada pelo maior número de sócios e aquela por um só", contando-se os votos "na proporção dos quinhões".

O Código Civil italiano de 1942, fonte inspiradora do hodierno Código Civil brasileiro, disciplinou a matéria em seu art. 2.252, estatuindo que o pacto social somente poderia ser alterado com o consenso dos sócios, salvo convenção em contrário. O princípio geral é, pois, o da decisão unânime, mas deixou a lei italiana as portas abertas para a liberdade contratual dos sócios, que poderão, em cláusula do contrato social, prever o princípio da maioria absoluta, por exemplo.

No âmbito das sociedades simples, já formulamos crítica à orientação do Código Civil – item 6.2.2 do Capítulo 6 – ao prever decisão unânime para as modificações do contrato social que tenham por objeto as matérias indicadas no art. 997, sem permitir que os sócios flexibilizem o *quorum* no contrato social, o que se nos afigura um excesso. Contudo, para as demais alterações, o princípio adotado foi o da maioria absoluta de votos, se o contrato não determinar a deliberação unânime. Tais regras são aplicáveis, igualmente, às sociedades empresárias que adotem a forma de sociedade em nome coletivo ou em comandita simples.

Para as sociedades limitadas, a disciplina eleita sempre nos pareceu ser reveladora de maior infelicidade. Registrávamos, em edições anteriores, a nossa perplexidade com o emaranhado de quóruns previstos no art. 1.076.

Do regime encampado pelo Código Civil, ganhou realce de complexidade, sem qualquer justificativa plausível, a questão da alteração do contrato social, de trato tão simples no direito anterior.

O Código de 2002 previa, em sua redação original, a regra geral da aprovação da alteração do contrato social por deliberação de sócio ou sócios representantes de, no mínimo, 3/4 do capital social (art. 1.076, I), circunstância que influía severamente no governo ou controle da sociedade.

Vínhamos reafirmando a nossa posição de contrariedade ao sistema adotado pelo Código de 2002. Sustentávamos que as matérias sobre alteração do contrato social e sobre o *quorum* de deliberação em geral mereciam revisão por parte do legislador, a fim de simplificar as decisões dos sócios no seio da sociedade. A estrutura da sociedade limitada sempre se afeiçoou aos micros, pequenos e médios empreendimentos, não se justificando a irracional complexidade que vingou em seu texto.

Somos adeptos do princípio da maioria representativa de mais da metade do capital para formação da vontade social. O princípio, durante décadas, mostrou-se adequado, funcionando a jurisprudência como fonte correcional de eventuais abusos, verificáveis diante da análise do caso concreto. Esse sistema, estamos convencidos, apresentou-se muito mais consentâneo com o princípio da preservação da empresa.

Não era sem tempo a revisão legislativa que acabou sendo implementada pela Lei n. 14.451/2022, a qual, alterando o art. 1.076, simplificou os quóruns legais e estabeleceu que a modificação do contrato social pode realizar-se por voto ou votos correspondentes a mais da metade do capital social (inciso II do art. 1.076). A crítica, no entanto, permanece, porém limitada à inflexibilidade do preceito, pois teria sido profícuo que tivesse consagrado a faculdade de os sócios poderem dispor de modo distinto no contrato social, a fim de adotar maioria mais elevada.

7.8. NATUREZA JURÍDICA

A sociedade limitada pluripessoal, como se aduziu, assenta seu ato de criação no contrato social, não guardando, pois, feição institucional, como as sociedades por ações.

Forma-se a sociedade a partir da celebração do contrato entre seus partícipes. É um contrato que pode comportar a existência de duas ou mais partes, o que lhe garante a natureza de contrato plurilateral. Estão seus subscritores imbuídos do atingimento de uma finalidade comum e, por isso, dirigem, coordenam seus interesses à obtenção desse escopo comum: o desempenho proficiente do objeto social, para a obtenção e partilha do lucro social. Sobre o tema – contrato plurilateral – discorremos no item 3.3.7.3 do Capítulo 3 desta obra, ao qual nos remetemos, para uma visão mais aprofundada.

O contrato social apresenta-se com cláusulas fundamentais ou essenciais, como apontado no item 7.6 antecedente, e com outras de livre convenção dos sócios, cujo limite deve estar confrontado com as fronteiras legais.

Dentre essas cláusulas opcionais, eletivas ou acidentais, reside aquela na qual os sócios podem realizar a previsão da regência supletiva da sociedade limitada pelas normas da sociedade anônima, em substituição à regra geral da aplicação subsidiária das normas da sociedade simples (art. 1.053, *caput* e parágrafo único)[25].

O Código Civil de 2002, nos arts. 1.052 a 1.087, estatui o perfil do tipo societário específico. Quando na sua disciplina verificar-se omissão, aplica-se, como fonte de regência supletiva, o regramento próprio da sociedade simples, que se estabelece como norma geral em matéria de direito societário. Contudo, faculta-se aos sócios, mediante expressa previsão contratual, a opção pela regência subsidiária por meio das regras prescritas na lei das sociedades anônimas.

Em resumo, se o contrato social for silente, aplicar-se-ão os preceitos da sociedade simples para disciplinar os casos de omissão legal ou contratual; permite-se, entretanto, a aplicação supletiva das normas da sociedade anônima, com fim de regrar as omissões eventualmente verificadas na lei ou no contrato social para o tratamento de um determinado assunto, mas a hipótese reclama previsão expressa em cláusula do contrato de sociedade.

Havendo a previsão, a lei das sociedades anônimas será supletiva da lei da limitada. Supre a lacuna da lei. É supletiva da vontade do legislador e não apenas da vontade das

---

[25] Reafirmando o que já foi dito no item 3.3.6 do Capítulo 3 e no item 6.2.1 do Capítulo 6, a faculdade de previsão da aplicação supletiva das normas da sociedade anônima preconizada no parágrafo único do art. 1.053 só aproveita a sociedade empresária. A sociedade simples que venha a adotar a forma de sociedade limitada terá sempre como regência supletiva as normas que lhe são próprias.

partes. Funciona como fonte subsidiária não apenas do contrato, naquilo em que nele foi insuficientemente esboçado, mas também da própria lei, ante sua omissão total acerca do tema a ser disciplinado.

Altera-se, portanto, com a disposição do parágrafo único do art. 1.053, a inteligência que resultava do art. 18 do Decreto n. 3.708/1919, segundo a qual concluíamos, em nossa obra sobre a sociedade por quotas de responsabilidade limitada[26], ser a Lei das S/A "supletiva apenas das omissões do contrato social e não da lei das sociedades por quotas".

Mas há que se ter cuidado com a previsão especial – aplicação supletiva da Lei das S/A –, porquanto ela não se faz de modo geral e irrestrito, devendo, sempre, respeitar a natureza de sociedade contratual da limitada. Portanto, a regência supletiva de suas normas restringe-se às situações em que não se venha a contrariar dita natureza, podendo-se, assim, invocá-las somente na parte aplicável.

Dessa feita, a utilização supletiva das regras da Lei n. 6.404/76 às sociedades limitadas está condicionada à verificação das seguintes condições: a) omissão no Capítulo pertinente do Código Civil – arts. 1.052 a 1.087; b) omissão no regramento da matéria pelo contrato social; c) existência de cláusula no contrato determinando expressamente a regência supletiva da limitada pelas normas da sociedade anônima; d) não contrariar a natureza contratualista da sociedade limitada.

As questões atinentes à formação, dissolução e liquidação da sociedade limitada serão sempre regidas pelas normas das sociedades simples, no caso de omissão, e não pelas das S/A, em razão da evidente natureza contratual da matéria. Não tendo a limitada natureza institucional, não podem as regras da sociedade anônima servir de respaldo à disciplina dos temas.

Sendo assim, aplicam-se a ela os princípios da liquidação da quota do sócio falecido (art. 1.028), do recesso do sócio (art. 1.029), da apuração dos haveres (art. 1.031), da dissolução de pleno direito (art. 1.033), da responsabilidade do sócio pela integralização das quotas subscritas em bens ou créditos (art. 1.005), da cláusula leonina (art. 1.008)[27] e da verificação da mora do sócio (art. 1.004), por exemplo.

Havendo a determinação de regência supletiva pelas normas da sociedade anônima, serão aplicáveis, por exemplo, a possibilidade de revisão da deliberação sobre matéria ensejadora de recesso por iniciativa do órgão da administração (art. 1.077 do Código Civil c/c § 3º do art. 137 da Lei n. 6.404/76) e a suspensão dos direitos do sócio em mora com suas obrigações sociais (art. 120 da Lei n. 6.404/76).

---

[26] Ob. cit., p. 61.

[27] A regra do art. 1008, inclusive, aplica-se também às sociedades por ações, como já fora por nós analisado.

Na hipótese do acordo de cotista, verificando-se no contrato a utilização subsidiária da Lei das S/A, não se tem dúvida da possibilidade de sua celebração pelos sócios, aplicando-se à espécie o disposto no art. 118 da Lei n. 6.404/76, com as necessárias adaptações ao tipo societário da limitada. Todavia, ainda na ausência da prefalada previsão, regrando-se supletivamente a limitada pelas normas da sociedade simples, sustentamos ser possível aos quotistas a celebração do pacto, por aplicação analógica do preceito que não violenta sua natureza e apresenta-se como regra benéfica aos cotistas, ao permitir que regulem o exercício de certos direitos. Não se pode olvidar que a analogia é fonte de direito, consoante o art. 4º da Lei de Introdução às Normas do Direito Brasileiro, e, como as regras da sociedade simples são omissas na matéria, nada impede a construção analógica.

Tem-se, portanto, que algumas normas da sociedade anônima podem, por analogia, ser utilizadas para reger certas situações na sociedade limitada, quando as normas da sociedade simples, que a esta servem de regramento supletivo, forem omissas no trato da questão.

Mas, em qualquer caso, deve-se respeitar a natureza da limitada, só se aplicando as normas da sociedade anônima quando não violentarem sua essência e com as devidas adaptações à sua tipologia.

Afora sua natureza contratual, a limitada pluripessoal apresenta-se, também, como sociedade *intuitu personae*.

Já nos filiávamos a essa visão quando do seu tratamento pelo Decreto n. 3.708/1919, apesar de toda a divergência existente[28]. Sob o império do Código Civil, não vemos motivação jurídica plausível a arrimar conclusão oposta.

No seu âmago, a sociedade limitada é uma sociedade de pessoa, sem descurar para o inconteste fato, como já se tinha no direito anterior, de que a lei permite que os sócios venham a ela conferir tonalidade tipicamente de capital, como ocorre na permissão para a livre cessão de quotas, o que, contudo, não lhe retira a essência personalista. Incorpora o Código de 2002 princípios típicos das sociedades *intuitu personae*, tais como: a) a sua constituição por contrato; b) a solidariedade entre os sócios (pela integralização do capital social); c) a consequente alteração do contrato social nas hipóteses de exclusão ou retirada de sócio; d) a dissolução parcial da sociedade face à ruptura da *affectio societatis*; e) a liquidação da quota do sócio falecido, salvo se o contrato dispuser diferentemente, ou se os remanescentes decidirem pela dissolução total da sociedade ou, ainda, por acordo com os sucessores, regular-se a substituição do sócio falecido; f) o condicionamento da cessão de quotas, por parte do sócio a estranhos, à inexistência de oposição de titulares de mais de 1/4 do capital social, salvo previsão contratual que a regule de forma diversa.

Todos esses princípios expressam elementos característicos das sociedades de pessoa, inexistentes nas sociedades tipicamente de capitais. Nelas cada sócio responde limitada-

---

[28]   Ob. cit., p. 51 a 63.

mente ao preço de emissão de suas ações, não havendo espaço para a solidariedade entre os sócios. Outrossim, não se admite o recesso do sócio pelo simples desaparecimento da *affectio societatis*, nem implica a alteração do ato constitutivo a sua despedida. Na sucessão do sócio falecido, o seu herdeiro ou legatário ingressa diretamente na sociedade, não havendo margem para a liquidação de sua participação acionária, dissolvendo-se parcialmente a sociedade. Nem é possível, na sociedade verdadeiramente de capital, haver regra na lei condicionando a transferência da participação do sócio à inexistência de oposição por parte de titular ou titulares de um certo percentual do capital.

Pelo perfil legal dispensado às sociedades limitadas é que continuamos a comungar da opinião de que são elas, na essência, verdadeiras sociedades *intuitu personae*, permitindo, entretanto, a lei que, na regulação de certas e raras questões societárias, os sócios venham a adotar determinados princípios das sociedades de capital. Seriam elas as situações pertinentes à incorporação pelos sócios, no contrato social, do sistema da livre cessão das quotas ou à previsão contratual de substituição automática do sócio falecido por seus herdeiros ou legatários. Mas, repita-se, essa liberdade que a lei confere aos sócios não desnatura a limitada, como sociedade de pessoa, permanecendo, pois, em sua substância, como tal. Se os sócios, efetivamente, implementarem as previsões acima taxadas, a sociedade apresentar-se-á, no mundo exterior, com tonalidades de sociedade capitalista, sem, contudo, essencialmente o ser, pois os outros elementos continuam a emoldurá-la no rol das sociedades de pessoa. Apenas os sócios, naquelas questões, fizeram prévia opção por uma estrutura menos estratificada, liberando o ingresso e a sucessão de sócios.

É, assim, na essência, uma sociedade de pessoa, mas a que os sócios poderão, na confecção do contrato social, imprimir certos contornos e características da sociedade de capital.

A sociedade limitada unipessoal é instituída pela vontade de seu único sócio. O seu ato constitutivo não é propriamente um contrato. Sua natureza afasta-se da ideia da sociedade como contrato, para encampar perfil nitidamente institucional. É constituída por uma única pessoa titular da totalidade do capital. Origina-se da manifestação volitiva de seu sócio único que, assim, a institui. Determina a lei que o ato de sua constituição observará, no que couberem, as disposições sobre o contrato social da sociedade limitada pluripessoal, fato que, entretanto, não tem o condão de conferir-lhe natureza contratual.

7.9. A COTA SOCIAL

7.9.1. *DIVISÃO DO CAPITAL EM QUOTAS*[29]

O capital social da sociedade limitada pluripessoal é fracionado em cotas, as quais podem ser de idêntico valor ou de valores distintos, cabendo uma ou diversas quotas a cada

---

[29] É indiferente a utilização das expressões "quota" ou "cota", estando a grafia, em ambos os casos, correta.

sócio (art. 1.055). No caso da sociedade limitada unipessoal, a cota única ou as diversas quotas em que se divide o capital ficam sob a titularidade de um único sócio.

A praxe mercantil, no âmbito da sociedade limitada pluripessoal, estabeleceu-se no sentido de implementar a pulverização do capital em diversas quota, de iguais valores, cabendo a cada sócio um determinado número delas, proporcional à sua participação para a formação desse capital. Essa técnica usualmente adotada pelos sócios para a divisão do capital social em quotas continuou a ser utilizada após o advento do Código Civil, dada a facilidade com que se apresenta não só para formação, aumento ou redução do capital, mas também para a transferência ou partilha de quotas. Cremos que essa mesma sistemática também acabará sendo encampada na divisão do capital em quotas na sociedade limitada unipessoal.

A citada fórmula sempre mereceu o beneplácito da doutrina. Rubens Requião[30] registrava:

> Nenhum prejuízo esse sistema causa à sociedade, aos sócios ou a terceiros. Sobretudo é mais prático, pois minimiza os problemas da cota indivisa e da copropriedade, pois se torna muito mais simples, em caso de falecimento de sócio, a partilha de suas diversas cotas entre os herdeiros. Além disso, torna fácil o sócio ceder algumas cotas, permanecendo na sociedade com outras tantas.

Assim, tem-se adotado esse sistema da divisão do capital social em diversas quotas de igual valor, geralmente de R$ 1,00 (um real). Numa sociedade constituída por três sócios, por exemplo, com capital estabelecido em R$ 100.000,00 (cem mil reais), ter-se-ia que ele seria dividido em cem mil quotas, no valor de R$ 1,00 (um real) cada, sendo o sócio A titular de quarenta mil quotas, o sócio B titular de trinta e cinco mil quotas e o C titular de vinte e cinco mil quotas.

7.9.2. *CONCEITO*

A doutrina costuma conceituar a cota social utilizando-se da formulação apresentada por Egberto Lacerda Teixeira[31], o que também o fazemos: "Cota é a entrada, ou contingente de bens, coisas ou valores com o qual cada um dos sócios contribui ou se obriga a contribuir para a formação do capital social".

Quando os sócios integralizam a sua cota de capital, seja em dinheiro ou em bens, realiza-se a transferência da respectiva propriedade, passando a integrar o patrimônio da pessoa jurídica, salvo disposição em contrário e de forma expressa, como no caso em que a integralização se faz com a permissão de exploração temporária de uma patente.

---

[30] Ob. cit., vol. I, p. 420.
[31] *Das sociedades por cotas no Direito brasileiro*, 1956, p. 85.

7.9.3. *NATUREZA JURÍDICA*

Intricado problema tem sido a fixação da natureza jurídica da cota social. Rubens Requião[32], louvado na lição de Carvalho de Mendonça, tal qual o indigitado comercialista, considera-a um direito de duplo aspecto: direito patrimonial e direito pessoal. O direito patrimonial seria "identificado como um crédito consistente em percepção de lucros durante a existência da sociedade e em particular na partilha da massa residual, decorrendo de sua liquidação final". Os direitos pessoais estariam revelados como aqueles "que decorrem do *status* de sócio". Nessa ordem, poderíamos alinhar o direito de influir nas deliberações sociais, o de fiscalizar os atos de administração e o de preferência para a subscrição de quotas por ocasião do aumento de capital.

Perfilhamo-nos a essa mesma ordem de ideia.

Não podemos deixar de registrar nossa opinião contrária à possibilidade de adoção de quotas preferenciais para impor restrição ou supressão do direito de voto, sem alteração legislativa para esse fim.

O direito de voto não pode ser excluído nem sofrer limitações em função do estatuído no art. 1.010, adotado por força do disposto no art. 1.072 como integrante do capítulo das sociedades limitadas. Consoante a regra do art. 1.010, o voto é proporcional ao valor das quotas de cada sócio, não se admitindo método distinto para se chegar ao cômputo das maiorias necessárias às aprovações das matérias submetidas às deliberações sociais. Está-se diante, pois, de norma de ordem pública, que não permite, por isso mesmo, derrogação por vontade das partes.

Não há, outrossim, que se sustentar a aplicação supletiva da Lei das S.A. para amparar a supressão ou a restrição do voto, pois o método é repelido na espécie. Com efeito, a hipótese não é de regência supletiva, pois há disciplina própria no capítulo da sociedade limitada, que, por sua peremptória redação, infelizmente não abre margem à disposição das partes.

O melhor caminho seria o de se permitir a maior liberdade possível aos sócios para disciplinar as suas relações no campo interno da sociedade. Mas, diante do quadro posto no capítulo de regência da sociedade limitada, a exegese não se pode fazer por outro curso, sob pena de se apresentar como *contra legem*. Já passou da hora de se alterar mais este ponto do Código Civil relativo às sociedades limitadas, a fim de se permitir a adoção da quota preferencial em todas as suas dimensões e efeitos.

O Manual de Registro de Sociedade Limitada que funciona como Anexo IV da Instrução Normativa DREI n. 81/2020, em seu item 5.3.1, ao cuidar da regência supletiva das

---

[32] Ob. cit., vol. I, p. 421.

limitadas pela Lei das Sociedades Anônimas, entretanto, prevê a possibilidade da adoção de quotas preferenciais com a supressão ou a limitação do direito de voto. A figura da quota preferencial sem voto ou com restrição a esse direito, reafirme-se, demanda lei formal, não sendo possível substituí-la por um instrumento que lhe é hierarquicamente inferior, porquanto esbarra em vedação constante da disciplina da própria sociedade limitada, que exige, assim, alteração legislativa. Ademais, como se registrou, a hipótese não é de regência supletiva, pois, no capítulo da sociedade limitada, não há lacuna a ser preenchida.

7.9.4. *COPROPRIEDADE E INDIVISIBILIDADE DA QUOTA*

Como vimos no item 7.9.1 acima, cada sócio pode possuir uma ou mais quotas. Nada obsta, entretanto, que uma única quota pertença, em condomínio, a mais de uma pessoa. Todavia, em face da sociedade, a quota é indivisível (art. 1.056).

No caso de condomínio de quota, os direitos dela decorrentes somente podem ser exercidos pelo condômino representante, designado pelos coproprietários. Perante a sociedade, portanto, o cabecel eleito é quem vai exercer os direitos de sócio. Entretanto, a omissão dos sócios em nomear o cabecel não pode prejudicar os atos que a sociedade deva praticar em relação aos sócios-condôminos, permitindo-se que ela os realize em face de qualquer coproprietário, com eficácia em relação a todos.

A sociedade poderá cobrar de qualquer coproprietário da quota indivisa a sua respectiva integralização, consoante a regra do § 2º do art. 1.056, que estabelece essa responsabilidade solidária.

Desse modo, perante a sociedade respondem os coproprietários solidariamente pelas prestações necessárias à integralização da cota. E, perante os credores da sociedade, responderão solidariamente com os demais sócios pela integralização das cotas não inteiramente liberadas. É o que resulta do art. 1.052, em harmonia com o § 2º do art. 1.056 do Código Civil de 2002.

A copropriedade surgirá como consequência da aquisição de uma cota por mais de uma pessoa, seja por ato *inter vivos* (visto que a lei permite a cessão da quota em todo ou em parte – art. 1.057), seja principalmente em virtude da sucessão hereditária. No caso de copropriedade, são os condôminos considerados sócios da pessoa jurídica, sendo que o exercício dos respectivos direitos far-se-á, no primeiro caso, pelo cabecel eleito; e, no segundo, pelo inventariante do espólio do sócio falecido (§ 1º do art. 1.056).

Contudo, a copropriedade de cotas não é a solução ideal, valendo lembrar a máxima que "o condomínio é a mãe das rixas". Ressalta Eunápio Borges[33] que o condomínio

---

[33]   Ob. cit., p. 358.

viria "a complicar as relações sociais, sem qualquer vantagem para a sociedade ou para os consórcios". Seria "inútil, senão inconveniente". Daí ser proficiente o conselho de Rubens Requião[34] no sentido de, na hipótese de falecimento de sócio, proceder-se à partilha de suas diversas cotas entre os herdeiros, o que também reafirma a conveniência do fracionamento do capital social em diversas quotas de igual valor. Esse fracionamento, como se mostrou – item 7.9.1 –, também se afigura salutar para a cessão das quotas. Em vez de o sócio ceder parte de sua quota, tornando-se coproprietário com o cessionário – porquanto para a sociedade é ela indivisível –, cederia apenas algumas das quotas de sua titularidade, permanecendo com as demais.

7.9.5. REPRESENTAÇÃO DA QUOTA

Diferentemente do que ocorre na sociedade anônima com as ações, as quotas, frações ideais do capital da sociedade limitada não são representáveis por certificados suscetíveis de alienação ou oneração. Não gozam, assim, da natureza de título de crédito, por faltar-lhes a cartularidade.

A prova do *status* de sócio decorre do contrato social e é com arrimo nele que os sócios exercem seus direitos.

A Lei francesa de 1966, em seu art. 43, é peremptória na proibição da representação das quotas por títulos negociáveis. Georges Ripert e René Roblot[35] asseveram:

> Pretendeu-se proibir a especulação sobre os títulos deste gênero de sociedade. O sócio deve justificar a existência de seu direito pela apresentação do ato societário (contrato). Se ele não o possui em mãos, será necessário que se faça expedir cópia na sede social ou no registro.

A Lei brasileira de 1919 era silente, sendo o mesmo silêncio adotado pelo Código Civil de 2002, mas a mesma conclusão lógica se impõe pelo sistema que dele resulta.

7.9.6. INTEGRALIZAÇÃO DA QUOTA

As quotas, como já se assentou nesta obra, traduzem-se na contribuição do sócio para a formação do capital social. A quota ou quotas subscritas correspondem ao montante com o qual cada sócio contribui (cota integralizada à vista) ou se obriga a contribuir (cota a integralizar – integralização a prazo) para a formação do capital. A entrada pode realizar-se por meio de dinheiro ou qualquer espécie de bens suscetíveis de avaliação em dinheiro, inclusive créditos – *vide* item 6.4.3 do Capítulo 6, no qual o tema foi abordado com profundidade –, não sendo permitida, entretanto, a contribuição que consiste em prestação de serviços.

---

[34] Ob. cit., vol. I, p. 420.
[35] *Traité élémentaire de doit commercial*, Paris, 1972, vol. I, p. 90.

O capital social, como curial, não se confunde com patrimônio social, mas sua vocação é constituir o fundo originário, o núcleo inicial do patrimônio da pessoa jurídica, através do qual se viabilizará o início da vida econômica da sociedade. Destarte, deve o capital ser sério, real e efetivo, como proclama Cunha Peixoto[36]. Bento de Faria[37], em nota ao art. 287 do Código Comercial, observa que "nulo seria o contrato em que as cotas dos sócios fossem fictícias".

O capital social, como se disse alhures, deve ser estipulado no contrato social que ainda mencionará o número de quotas em que se divide, bem como o respectivo valor de cada uma.

Não exige a lei, porém, a fixação das condições e épocas de sua integralização, deixando ao alvedrio dos sócios a escolha do momento em que deverão ter por integralizadas as suas quotas subscritas.

Esse fato gera concreta insegurança para aqueles que venham a negociar com a sociedade, quanto à sua idoneidade econômica. Não têm seus credores a certeza de que o capital declarado efetivamente existe e, portanto, não se tem como aferir estar a pessoa jurídica economicamente capacitada a dar início à realização do seu objeto.

Impende barrar a constituição das sociedades de capital fictício, que veiculam a realização de inúmeras transações ruinosas no mercado, contribuindo para sua desestabilização. Daí a geração de preconceitos contra as sociedades limitadas, incentivando o surgimento de posições doutrinárias e notadamente jurisprudenciais que, desordenada e indiscriminadamente, ultrapassam a limitação de responsabilidade dos sócios para fazê-los pessoalmente responder pelas dívidas sociais, ante a insuficiência de bens da pessoa jurídica capazes de responder por suas obrigações, sem avaliação específica da conduta dos sócios, posições essas corruptoras dos postulados dessa limitação.

A limitação da responsabilidade se impõe como regra, devendo ser ultrapassada apenas naquelas condutas marcadas pela prática de ato ilícito, de abuso ou de uso indevido da pessoa jurídica — *vide* item 4.3 do Capítulo 4 –, que não se devem presumir, como princípio geral, mas serem provadas pelo interessado em vincular a responsabilidade pessoal do sócio. Mas, para tal, devem os sócios capacitar economicamente a sociedade a desenvolver o objeto a que se propõe quando de sua constituição. As eventuais perdas resultantes da incompetência na gestão do negócio ou decorrentes da própria conjuntura da economia não devem abalar essa responsabilidade, senão quando os sócios agirem ilícita, fraudulenta ou abusivamente.

---

[36] Ob. cit., vol. I, p. 138.

[37] *Código Comercial brasileiro*, 2. ed., p. 247, nota 291.

A antiga lei societária argentina de 1972, n. 19.550, já avançara no assunto, ao estabelecer que "as contribuições em dinheiro devem ser integralizadas num mínimo de 25% e completar-se num prazo de dois anos".

Obtemperamos, na trilha da clássica lei alemã de 4 de julho de 1980, que o capital deva no ato ser integralizado no percentual mínimo de 50%, concedendo-se, entretanto, o prazo máximo de um ano para a complementação. Cremos ser de excessivo rigor a defesa da integralização de todo o capital no ato de formação da sociedade.

Contudo, o Código Civil de 2002, seguindo os passos da lei revogada, manteve-se silente sobre a matéria, deixando escapar a oportunidade de imprimir verdadeira evolução ao tema.

Admite a lei a realização do capital social por toda classe de bens, os quais não estão sujeitos a obrigatória avaliação.

Rubens Requião[38] leciona a respeito:

> Não é necessária, se todos os sócios estão concordes, a avaliação, por peritos, dos bens a serem incorporados à sociedade. Caso, porém, se verifique que houve fraude na determinação de seu valor, podem os credores ou terceiros interessados demonstrá-la em juízo. Considerar-se-á, então, em caso de decisão positiva, o capital não integralizado, na parte correspondente à diminuição do valor dos bens. Nesse caso, consequentemente, os sócios são solidários, em caso de falência, pela exata integralização do capital social.

No regime do Código Civil de 2002, entretanto, essa solidariedade não se estabelece apenas no caso de falência. A uma, porque essa indicação resultava de regra do art. 9º do Decreto n. 3.708/1919, já revogado. A duas, porque o Código Civil, no § 1º do art. 1.055, expressamente estabelece: "Pela exata estimação de bens conferidos ao capital social respondem solidariamente todos os sócios, até o prazo de cinco anos da data do registro da sociedade".

Na hipótese de integralização das quotas mediante a incorporação de bem imóvel à sociedade, não exige a lei o instrumento público. Contenta-se, pois, com o instrumento particular, contanto que dele se faça constar: a) a descrição e identificação do imóvel, por sua área, dados relativos à sua titulação e o número de sua matrícula no Registro Imobiliário; b) a outorga uxória ou marital, quando necessária (art. 35, VII, da Lei n. 8.934/94). A certidão expedida pela Junta Comercial relativa aos atos de constituição ou de sua alteração será o documento hábil para a transferência, por transcrição no registro público competente, dos bens imóveis com que o subscritor tiver contribuído para a formação ou para o aumento do capital social (art. 64 da Lei n. 8.934/94).

---

[38] Ob. cit., vol. I, p. 414.

Quanto aos demais aspectos da integralização da quota subscrita em bens ou créditos, rememoramo-nos ao que foi dito no item 6.4.3 do Capítulo 6, no qual exploramos a regra do art. 1.005 do Código Civil, aplicável à sociedade limitada, por força da natureza contratual da matéria.

7.9.7. *AUMENTO E REDUÇÃO DO CAPITAL SOCIAL*

Integralizadas as quotas subscritas pelos sócios, permite a lei possa o capital social ser aumentado. A elevação do capital implicará, necessariamente, a modificação do contrato social (art. 1.081).

Portanto, sempre que os sócios sentirem a necessidade de capitalizar a sociedade, com a realização de maiores investimentos, a fim de melhor capacitá-la a desenvolver o seu objeto, poderão fazer os recursos ingressar na sociedade mediante a elevação do seu capital.

Mas, para que não ocorra uma diluição da participação dos sócios no capital, assegurou o Código o direito de preferência dos antigos consórcios para subscreverem, na proporção de seus quinhões sociais, o respectivo aumento. Desse modo, até trinta dias subsequentes à deliberação da elevação do capital, terão os sócios preferência para participar do aumento, na exata proporção das quotas de que sejam titulares.

O aumento poderá ser implementado mediante a atribuição de novo valor às quotas já existentes ou através da divisão, em novas quotas, do montante representativo da elevação. Essa última solução é preferível, porquanto facilita o ingresso de terceiros na sociedade, caso os sócios originários não exerçam o direito de preferência ou resolvam cedê-lo.

O sócio poderá, com efeito, ceder o seu direito de preferência, aplicando-se à hipótese a mesma regra para a cessão de quotas, a ser por nós enfrentada no item 7.9.9 deste Capítulo.

De todo modo, decorrido o prazo de preferência, e assumida pelos sócios originários ou por terceiros a totalidade do aumento deliberado, deverá haver nova reunião ou assembleia dos cotistas para que seja, então, aprovada a modificação do contrato social.

Pelo critério legal, a decisão de elevação do capital se mostra independente daquela que, ante a subscrição realizada, vai deliberar pela modificação do contrato de sociedade. Todavia, nada impede que, numa mesma reunião ou assembleia de sócios, realizem-se as etapas em sequência. Basta seja o aumento decidido, com a subscrição no ato por todos os sócios, que logo acertam a modificação do contrato social. O mesmo procedimento sequencial poderá ser adotado se houver, por exemplo, a renúncia ao direito de preferência em favor de um dos sócios pelos demais ou em proveito de terceiros que ingressariam com recursos na sociedade, subscrevendo o aumento determinado. A instrumentalização das deliberações, inclusive, pode ser feita em ata única. A medida agiliza o curso da vida social, não trazendo qualquer restrição a direitos dos sócios. As etapas que a lei preconiza se destinam tão somente a criar procedimento que organize o exercício de preferência pelos antigos integrantes da pessoa jurídica, garantindo que o sócio possa exercê-lo, se for de seu desejo.

Poderá a sociedade, de outra feita, reduzir o capital, o que também se dará com a alteração do contrato de sociedade. A lei estabelece, porém, as condições para sua efetivação (art. 1.082). O capital pode ser reduzido quando, alternativamente, se verifique um dos seguintes fatos: a) depois de totalmente integralizado, houver a ocorrência de perdas irreparáveis; ou b) se excessivo em relação ao objeto da sociedade. No primeiro caso, a redução será realizada com a diminuição proporcional do valor nominal das quotas, tornando-se efetiva a partir da averbação da ata da assembleia que a aprovou no Registro Público de Empresas Mercantis. No segundo, a diminuição do capital será feita com a restituição de parte do valor da quota aos sócios, ou dispensando-os das prestações porventura devidas, com a redução proporcional, em qualquer dos casos, do valor nominal das quotas. Em nosso entender, apesar de a lei expressamente referir-se à "diminuição proporcional do valor nominal das quotas", nada impede que, quando o capital for dividido em diversas quotas de igual valor, detendo cada sócio variado número de quotas representativas de sua participação, o que é usual, a redução se perfaça com a diminuição proporcional do número de quotas. A matemática final será a mesma.

A redução do capital, quando pelos sócios julgado excessivo em relação ao objeto da sociedade, não poderá fazer-se em prejuízo do direito de terceiros, notadamente dos credores quirografários, que não desfrutam de garantias ou privilégios. Atento ao fato, o Código garante ao credor quirografário, por título líquido anterior à data da publicação da ata da assembleia que aprovar a redução, o direito de, no prazo de noventa dias, computado da data dessa publicação, opor-se ao deliberado. A publicação da ata na qual se materializa a deliberação impõe-se como medida de publicidade do ato e garantia do interesse de terceiros. Deverá fazer-se no órgão oficial da União ou do Estado, conforme o local da sede da sociedade, e em jornal de grande circulação.

Assim, a redução, nesse caso, somente se tornará eficaz se, no prazo aludido no parágrafo anterior, não for impugnada, ou se provado o pagamento da dívida ou o depósito judicial do respectivo valor.

Mesmo em se tratando de sociedade limitada unipessoal, a decisão do sócio único pela redução do capital por considerá-lo excessivo em relação ao objeto da sociedade também deverá ser publicada, em atenção aos mesmos fins acima aludidos.

Satisfeitas essas condições, cujo controle será realizado pelo órgão responsável pelo registro (arts. 1.152 e 1.153), proceder-se-á à averbação da respectiva ata que tenha aprovado a redução no Registro Público de Empresas Mercantis.

Como se pode depreender da lei, tanto o aumento quanto a redução do capital, que implicarão a modificação do contrato social, dependem de deliberação dos sócios. O *quorum* de aprovação será o da maioria absoluta do capital social (arts. 1.076, II, e 1.071, V), isto é, dependerá da aprovação de titulares de quotas correspondentes a mais da metade do capital social. A decisão será tomada em assembleia ou reunião, conforme o previsto no contrato social. A convocação do conclave far-se-á por anúncio publicado três vezes, ao menos, no órgão oficial e em jornal de grande circulação, sendo necessária, pelo menos, uma publicação em cada um deles, devendo mediar, entre a data da primeira publicação e a realização da assembleia ou reunião, o prazo mínimo de oito dias, para a primeira convocação, e cinco dias, para as posteriores.

As formalidades de convocação são dispensadas quando todos os sócios comparecerem à assembleia ou reunião, ou, ainda, quando se declararem, por escrito, cientes do local, data, hora e ordem do dia.

A própria realização da reunião ou da assembleia pode ser superada quando todos os sócios decidirem, por escrito, sobre a matéria que seria o seu objeto.

Note-se que a publicação da convocação só se faz necessária para dar publicidade aos sócios, por isso pode ser relegada.

A publicidade em relação a terceiros far-se-á com a averbação da ata de deliberação na Junta Comercial ou com a sua publicação no órgão oficial e em jornal de grande circulação, quando determinada por lei, como no caso da redução do capital julgado excessivo pelos sócios em relação ao seu objeto, a fim de garantir o direito de oposição aos credores quirografários (§ 1º do art. 1.084). Note-se que, na redução em função das perdas, a lei não impõe a publicação da decisão, visto que o capital já está integralizado, não havendo, assim, interesse dos credores quirografários a ser contrariado. Na verdade, a redução do capital em razão das perdas é incomum, geralmente prosseguindo a sociedade com o mesmo capital declarado no contrato, já que a lei não obriga a redução.

Por derradeiro, não se pode deixar de avivar a necessidade de a alteração do contrato social, consumada para elevar ou reduzir o capital, ser levada a registro junto com a respectiva ata. No caso de sócio único, a respectiva decisão que implique alteração do ato constitutivo também deverá ser instrumentalizada e levada a registro.

7.9.8. *AQUISIÇÃO DAS QUOTAS PELA PRÓPRIA SOCIEDADE*

Dispunha o art. 8º do Decreto n. 3.708/1919:

> É lícito às sociedades a que se refere esta lei adquirir quotas liberadas, desde que o façam com fundos disponíveis e sem ofensa do capital estipulado no contrato. A aquisição dar-se-á por acordo dos sócios, ou verificada a exclusão de algum sócio remisso, mantendo-se intacto o capital durante o prazo da sociedade.

Autorizada estava, assim, a aquisição das próprias quotas pela própria sociedade.

A lei exigia, para tanto, quatro requisitos bem definidos: 1) as quotas deveriam estar integralizadas; 2) a sociedade haveria de ter fundos disponíveis, isto é, reservas especiais ou lucros não distribuídos entre os sócios; 3) a aquisição deveria perfazer-se sem redução do capital social; e 4) deveria haver o consentimento unânime dos sócios, cedendo aí a regra geral da deliberação pela maioria do capital, ante a disposição legal específica.

O regramento instaurado pelo Código Civil de 2002 não albergou a solução contemplada pelo revogado Decreto n. 3.708/1919, e, portanto, ante a ausência intencional de permissivo legal, a combatida[39] aquisição por parte da sociedade de suas próprias cotas não mais desfrutou de alicerce no direito positivo.

Pela sistemática do Código, vedou-se à sociedade limitada adquirir suas próprias quotas. O silêncio da lei foi proposital, vindo corroborado pelos arts. 1.057 e 1.058. No primeiro, tem-se que o sócio está autorizado a ceder sua quota a quem seja sócio ou a estranho ao corpo social; do segundo, resulta que as cotas do sócio remisso podem ser tomadas para si pelos sócios ou transferidas a terceiros não sócios. Excluiu-se, pois, a possibilidade de a sociedade adquirir as suas próprias cotas.

Não fossem tais dispositivos suficientes para arrimar o entendimento, contam eles com decisivo reforço da regra estatuída pelo § 1º do art. 1.031 do mesmo Código, o qual, ao regular os efeitos da resolução da sociedade em relação a um sócio, no que se refere especificamente ao pagamento de seus haveres, estabelece que "o capital social sofrerá a correspondente redução, salvo se os demais sócios suprirem o valor da quota". Ora, quem paga o valor do reembolso do sócio que se despede da sociedade é a própria pessoa jurídica, que fica desfalcada em seu patrimônio, razão pela qual prevê a lei a correspondente redução do capital social. Contudo, permite seja mantido o referido capital na hipótese de os demais sócios suprirem o valor da quota, e somente eles. Daí se tem que a razão da regra é o fato de a sociedade não poder se tornar titular das quotas, mas, no caso em foco, somente os sócios, os quais, suprindo o respectivo valor, evitariam a diminuição do capital social. Se a sociedade, na visão do Código de 2002, pudesse se tornar titular das quotas pertencentes ao sócio retirante, excluído ou falecido, nada impediria que, tomando ditas quotas para si, e fazendo uso de reservas ou lucros acumulados, evitasse a redução do capital, solução essa, entretanto, que não veio tutelada pela lei.

---

[39] Cunha Peixoto, crítico ferrenho dessa figura, escreve: "Doutrinariamente, estamos com a corrente que apoia o ponto de vista francês. De fato: parece-nos um absurdo jurídico que uma sociedade possa ser sócia de si mesma. Além disso, o fato dá margem a abusos e fraudes, contribuindo, pois, para sua própria desmoralização" (ob. cit., p. 197).

Mesmo no caso de aplicação subsidiária da lei das S/A à sociedade limitada, decorrente de expressa previsão contida no contrato social, a outra conclusão não se poderia chegar. Como existe um regramento sistêmico da matéria no Capítulo próprio da sociedade limitada, não há que invocar a regra da alínea *b* do § 1º do art. 30 da Lei n. 6.404/76 para legitimar a aquisição, pois para a situação não há necessidade de buscar regra supletiva.

Mas, ainda no âmbito das sociedades por ações, sociedades institucionais por natureza, não se pode olvidar que a regra geral, instituída pela respectiva lei, é a de, igualmente, vedar que a companhia negocie com as próprias ações, conforme se infere do *caput* do art. 30 da Lei n. 6.404/76. As exceções, as quais são legalmente previstas e disciplinadas, têm em mira socorrer situações específicas e excepcionais, levando em conta a característica do tipo societário. Na hipótese da alínea *b* do § 1º do art. 30 mencionado, a aquisição se dá para permanência em tesouraria ou cancelamento das ações, desde que se realize com o valor do saldo de lucros ou reservas, exceto a legal, e sem diminuição do capital social ou por doação, as quais, não canceladas, poderão ser posteriormente alienadas (alínea *c* do próprio dispositivo). Porém, enquanto mantidas em tesouraria, as ações não terão direito a voto nem a dividendo (§ 4º do mesmo art. 30)[40].

Autorizadas vozes[41], entretanto, foram levantadas em favor da aquisição das cotas pela própria sociedade, desde que prevista a possibilidade no contrato social, sob o

---

[40] Doutrina de peso, construída à luz do Decreto n. 3.708/1919, sustentava ficar a sociedade limitada sócia de si mesma, podendo exercer, como titular das quotas, todos os direitos dela resultantes. Confira-se a posição de Cunha Peixoto: "A sociedade passa a ser sócia de si mesma, com todas as obrigações, deveres e direitos inerentes aos sócios, podendo participar das deliberações e votar. Estes direitos são exercidos por quem o contrato determinar e, quando omisso, pelo gerente que, então, nas deliberações, votará em seu nome, como sócio, e em nome da sociedade, o que constitui um dos inconvenientes de poder a sociedade ser sócia de si mesma, eis que o gerente, sem grande capital, pode assumir, no caso de divergência, um papel decisivo nas deliberações" (ob. cit., p. 198). No mesmo sentido, tem-se o entendimento de Waldemar Ferreira: "Adquirindo a sociedade, com haveres fornecidos pelo seu fundo de reserva, a quota de um dos sócios ou dos seus herdeiros, o seu capital continua o mesmo, o mesmo o seu contrato, intacta a quota adquirida. Há, apenas, a substituição do proprietário dela: em vez do sócio, passa a ser a sociedade. O sócio recebe a importância correspondente ao preço de sua quota e abandona a sociedade, que ficará sub-rogada nos seus direitos" (*Sociedades por quotas*, 5. ed., p. 95).

[41] Modesto Carvalhosa: "No âmbito do Decreto n. 3.708/19 era facultado à sociedade limitada ser sócia de si mesma, podendo inclusive adquirir quotas de seus sócios (art. 8º). A aquisição das quotas integralizadas e livres de quaisquer ônus deveria ser realizada com fundos disponíveis, sem ofensa ao capital social. Ainda que o Código Civil de 2002 silencie sobre a matéria, poderá o contrato social continuar prevendo a possibilidade de aquisição de quotas pela própria sociedade, em atendimento ao interesse social. Poderá, para esse fim, a sociedade adquirir suas próprias quotas, desde que estejam liberadas e que seja realizada com fundos disponíveis, sem ofensa ao capital social" (*Comentários ao Código Civil, parte especial do direito de empresa*, vol. 13, p. 88). Tavares Borba comunga da mesma opinião: "Nesse passo, cabe indagar se as socie

pálio de haver omissão do atual Código sobre o tema. Os argumentos não nos sensibilizam. Primeiro, porque não vemos omissão, efetivamente falando, no trato da matéria pelo Código de 2002, dele resultando uma clara disciplina sistêmica da hipótese, construída para vedar a iniciativa da aquisição, consoante acima já foi desenvolvido. Segundo, porque a matéria não se nos afigura possível de ser exclusivamente regulada pelo contrato social, mas sim por meio de dispositivo legal especial que excepcione o sistema legal geral que veda a sociedade negociar com as suas próprias quotas e discipline adequadamente a aquisição e seus efeitos, como se tem na Lei das Sociedades Anônimas.

A convicção do acerto dessa orientação inspirou o legislador na reforma do Código de Processo Civil, relativamente ao processo de execução, promovida em 2006. A Lei n. 11.382/2006 introduziu-lhe o art. 685-A, que em seu § 4º expressamente dispunha que, "no caso de penhora de quota, procedida por exequente alheio à sociedade, esta será intimada, assegurando preferência aos sócios". Via-se, assim, que o direito de preferência para a aquisição de quotas, no âmbito da execução forçada, era garantido tão somente ao sócio, justo porque o legislador processual partiu do mesmo pressuposto do Código Civil de não ser possível à sociedade adquirir as suas próprias quotas.

Essa, repita-se, é a leitura que fazíamos do direito posto e não do direito que gostaríamos de ver posto. Mas não deixávamos de consignar a nossa crítica sobre a necessidade de revisão e evolução legislativa (sugestão *de lege ferenda*) para melhor regular a matéria e expressamente permitir que a sociedade limitada pudesse (e possa) adquirir suas próprias quotas, com as cautelas que se impõem na espécie, tais como: a) a aquisição se faça por deliberação da maioria do capital e até o limite do saldo de lucros e reservas; b) as quotas fiquem em tesouraria; c) não confiram direito a voto nem participação nos lucros; d) na alienação das quotas em tesouraria, cada sócio tenha, na proporção de sua participação no capital, direito de preferência para adquiri-las, além, observado esse mes-

---

dades limitadas continuam autorizadas a adquirir as próprias cotas. Deve-se começar pela constatação de que não existe incompatibilidade lógica ou jurídica para essa aquisição, tanto que na sociedade anônima continua admitida. Além disso, a Lei 6.404/76 pode ser adotada contratualmente como legislação supletiva do contrato, atuando nesse caso no sentido de permitir a autoaquisição das cotas. Ora, se o contrato pode, por via da supletividade, acolher determinadas regras, poderá também, e por idênticas razões, incorporar diretamente essas regras. Cabe, pois, estabelecer as seguintes assertivas: a) o contrato social poderá prever expressamente a aquisição das próprias cotas pela sociedade; b) no silêncio do contrato, caso este adote a regra da aplicação supletiva da lei das sociedades anônimas, a autoaquisição será admitida; c) sem previsão contratual e sem supletividade, a aquisição dependerá de decisão unânime dos sócios. No mais, deverão ser observadas as exigências de que as cotas estejam integralizadas, para que não se crie o risco de afrontar o princípio da realidade do capital; de que a aquisição se faça com reservas livres ou lucros acumulados, a fim de preservar o princípio da intangibilidade do capital; cuidando-se ainda de que, enquanto em tesouraria, conforme já analisado, essas cotas não votem nem concorram à distribuição de lucros" (ob. cit., p. 118-119).

mo requisito, do direito de acrescer, caso algum sócio não exerça aquele direito; e e) redução do capital social, na hipótese de cancelamento das quotas mantidas em tesouraria.

O Código de Processo Civil de 2015, entretanto, ao disciplinar em seu art. 861 a penhora de quotas, e com vistas a evitar sua liquidação decorrente da inexistência de interesse dos sócios em adquiri-las, veio permitir que a própria sociedade as adquira. Mas contanto que o faça sem redução do capital social e com a utilização de reservas, para manutenção em tesouraria. Conforme sustentamos no item 7.9.11 do Capítulo 7 deste livro, relativo à penhorabilidade das cotas, nada impede que essa aquisição também se realize nos limites do valor do saldo de lucros. As cotas em tesouraria, consoante também lá expressamos, não conferem direito a voto nem a participação nos lucros.

Com a inovação, resta saber se essa aquisição das cotas pela sociedade, agora expressamente autorizada em lei, apenas se pode verificar no caso de penhora ou se é possível espraiar para outras situações. Em outros termos, a disposição da lei processual, para atender a uma hipótese nela especificada, é capaz de ser vista como um permissivo geral à aquisição das cotas pela própria sociedade?

Diante da alteração do quadro normativo, embora sob os auspícios de uma lei de processo, tendemos a flexibilizar a exegese que se pode fazer sobre a matéria como um todo considerada, para estender a possibilidade dessa aquisição a outras situações, na medida em que inexiste qualquer prejuízo ou inconveniente de ordem jurídica para sua realização. A disposição do Código de Processo Civil reflete uma demanda do mercado societário, a fim de evoluir no resguardo do interesse social, diante da polêmica trazida pelo Código Civil. Ademais, não se pode olvidar o imperativo exegético de se manter a higidez da unidade do sistema, aliada à necessária harmonização de todos os institutos na busca de soluções uniformes. Mas a aquisição sempre se deve fazer até o limite do saldo de lucros ou reservas, para permanecerem as cotas em tesouraria. Enquanto aí mantidas, não conferem direito à partilha dos lucros nem a voto. O ato de aquisição deve ser autorizado segundo o *quorum* do inciso III do art. 1.076 do Código Civil, ou seja, pela maioria de votos dos presentes à assembleia ou reunião de sócios, não exigindo o contrato social *quorum* mais elevado.

Entretanto, continuamos no firme propósito de que a matéria carece de melhor fonte normativa, permanecendo recomendável a edição de lei nova para discipliná-la em todos os seus contornos e com maior acuidade para assim contribuir com a necessária estabilização da questão, tal qual em parágrafos acima foi reclamado.

7.9.9. *CESSÃO DE QUOTAS*

O Decreto n. 3.708/1919 não continha regra explícita a respeito da cessibilidade das quotas, deferindo aos sócios total liberdade para discipliná-la.

O contrato social tanto poderia permitir a livre cessão de quotas como poderia subordiná-la ao consentimento unânime dos demais sócios. Geralmente, o que mais se encontrava era o condicionamento da cessão de quotas à deliberação da maioria do capital, o que melhor se aninhava com o espírito do Decreto n. 3.708/1919.

Se o contrato nada dispusesse, emergia a dúvida no encontro da disciplina adequada.

Rubens Requião[42], seguindo o caminho de Waldemar Ferreira, sustentava que, silenciando o contrato, vigoraria a regra do art. 334 do Código Comercial, e a cessão tornar-se-ia impossível juridicamente, a não ser que todos os sócios com ela concordassem, em documento expresso.

Eunápio Borges[43], fiel à sua posição de aplicação subsidiária da lei das sociedades anônimas ao Decreto n. 3.708/1919, invocando Spencer Vampré, atestava: "Com a boa doutrina o saudoso Spencer Vampré, para quem as cotas, como as ações, são transferíveis por ato entre vivos ou *mortis causa*, sem dependência do consentimento de todos, ou da maioria dos sócios".

Sustentávamos em nosso livro sobre a sociedade limitada[44] que, ante a ausência de disposição contratual explícita, deveria ser aplicado o princípio norteador do tipo societário, inscrito no art. 15 do antigo Decreto n. 3.708/1919, que permitia a alteração do contrato pela maioria. Assim, para efetivar-se validamente a cessão, bastava a chancela de sócio ou sócios representantes da maioria do capital social, firmando o respectivo instrumento, assistindo aos dissidentes o direito de recesso. Validava-se, pois, a transferência com o assentimento da maioria.

No Código Civil de 2002 manteve-se a liberdade contratual, facultando aos sócios a disciplina da cessão de quotas conforme seus interesses e conveniências. Para a hipótese de omissão do contrato, prevê o art. 1.057 que o sócio pode ceder suas quotas, no todo ou em parte, a quem já seja sócio, independentemente da audiência dos demais; para estranhos ao corpo social, entretanto, a lei autoriza a transferência desde que não ocorra oposição de titular ou titulares de mais de 1/4 do capital social.

A disciplina não nos parece ser a melhor. Não nos sensibiliza a permissão da cessão a quem seja sócio, independente da anuência dos demais. A medida poderá vir a desequilibrar a participação inicial no capital dos cotistas, o que, em certos tipos de sociedade, causará abalo nas relações internas dos sócios, podendo levar à quebra da unidade desejada. Também nos parece elevado o *quorum* de, no mínimo, 75% do capital para chancelar a transferência de quotas a estranhos. Para nós, a melhor solu-

---

[42]   Ob. cit., vol. I, p. 423.
[43]   Ob. cit., p. 350.
[44]   Ob. cit., p. 78-79.

ção, na ausência de cláusula regulamentando a cessão, seria a de condicioná-la, em qualquer caso – para sócios ou terceiros –, à anuência de sócio ou sócios representantes de mais da metade do capital social, prestigiando o princípio da maioria, a determinar o fluxo da vida social.

Em virtude do regramento legal, em nossa opinião deficiente, recomenda-se aos sócios que regulamentem, minudentemente, a cessão de quotas em cláusula especial. O contrato social deverá, pois, a fim de evitar dúvidas e incertezas geradoras de querelas sociais, ter disposições bem claras e precisas a respeito, disciplinando convenientemente a transferência de quotas, explicitando se o regime é da liberdade plena da cessão ou da cessão condicionada à decisão unânime do cotista ou à maioria representativa do capital social, podendo-se, ainda, criar, em determinados casos, um *quorum* intermediário, dois terços, por exemplo. Mesmo no regime da livre cessão, devem os sócios estabelecer se haverá a preferência dos demais sócios para a aquisição das quotas em igualdade de condições com terceiros, fixando o modo de exercitar essa preferência.

A cessão, para ter eficácia perante a sociedade e terceiros, deverá ser averbada no respectivo registro da pessoa jurídica na Junta Comercial, devendo estar subscrito o competente instrumento pelos sócios anuentes, observando-se o que a respeito dispuser o contrato social, ou, na ausência de cláusula regulamentar, respeitado o *quorum* legal de 3/4 ou mais do capital para a transferência a estranhos. Caso o contrato permita a livre cessão, por conclusão evidente, não se exigirá a assinatura de outros sócios para a regularidade da transferência, bastando que o instrumento, público ou particular, contenha a assinatura das partes, cedente e cessionário. Enquanto não realizado o registro, a cessão só é eficaz entre as partes contratantes, não sendo oponível à sociedade ou a terceiros.

Pertinente, no episódio, enfrentar questão de relevante praticidade: a cessão de quotas implica necessariamente a alteração do contrato social?

No âmbito da sociedade simples, vimos que há a necessidade de alteração contratual, por força do disposto no *caput* do art. 1.003 – item 6.4.5 do Capítulo 6.

Contudo, a sociedade limitada tem tratamento peculiar, não se lhe aplicando a regra do preceito acima mencionado.

Historicamente, ainda sob a égide do Decreto n. 3.708/1919, Egberto Lacerda Teixeira[45] já sustentava que a cessão ou transferência de cotas não determinaria, obrigatoriamente, a modificação do contrato social. Para ele bastava que a cessão fosse realizada com observância dos preceitos contratuais e que o instrumento respectivo fosse depositado na sede da sociedade e arquivado na Junta Comercial para os devidos efeitos perante terceiros. Concluía não ser "a forma que cria o *status* de sócio", mas sim "a substância mesma do ato".

---

[45] Ob. cit., p. 226.

A jurisprudência do Supremo Tribunal Federal[46] referendava o entendimento.

A conclusão parece-nos adequada ao regime do atual Código. Infere-se do parágrafo único do seu art. 1.057 que, para a cessão ser oponível à sociedade e a terceiros, devem ocorrer dois requisitos: averbação do competente instrumento no registro da sociedade e sua subscrição pelos sócios anuentes, quando for o caso.

Não exigiu, pois, como o fez no preceito relativo à sociedade simples, no qual a cessão reclama consentimento unânime, a alteração do contrato. Referiu-se, simplesmente, a instrumento que poderá consistir em mero documento veiculador específico do ato de cessão ou em documento de alteração do contrato, com a celebração, em seu bojo, da cessão. Acabou a lei, é o que nela vislumbramos, optando por uma simplificação da substituição de sócios, principalmente tendo em mira as sociedades com elevado número de participantes, não criando entraves ou formalidades desnecessárias. Até porque, na limitada, há liberdade para se definir o regime de cessão de quotas, podendo os sócios optar pelo regime da livre cessão ou da cessão condicionada não à vontade dos demais sócios, mas a uma maioria estabelecida. Não faria sentido, por exemplo, no sistema da livre cessão, criar um obstáculo formal consistente na exigência de alteração do contrato social, que deverá contar com a assinatura dos demais sócios e não apenas do cedente e do cessionário, como é suficiente ao simples instrumento de cessão de quotas.

Assim, havendo, em razão do contrato ou da lei, a necessidade de anuência dos demais cotistas, segundo o *quorum* legal ou contratualmente estabelecido, exige-se conste do instrumento de cessão a concordância, através das assinaturas necessárias ao atingimento do *quorum* respectivo, o que se fará independentemente da forma da cessão, se por instrumento especial ou se por alteração do contrato.

O certo é que, por instrumento especial ou por alteração do contrato, deverá sempre ser o ato averbado no registro da pessoa jurídica, sob pena de não produzir efeitos em relação à sociedade e a terceiros, observando, quando necessário, o *quorum* legal ou contratual para o consentimento dos demais sócios com a cessão.

À cessão de quotas aplica-se a regra do parágrafo único do art. 1.003 do Código, por força do disposto no parágrafo único do seu art. 1.057. Transportando a norma para o âmbito de compreensão da limitada, isso quer dizer que, até dois anos depois de averbada a alteração do contrato ou do instrumento especial através do qual foi a cessão realizada, responde o cedente solidariamente com o cessionário, perante a sociedade e terceiros, pelas obrigações que tinha como sócio. Há, pois, a solidariedade entre ambos pela integralização do capital social, limite da responsabilidade dos sócios perante terceiros

---

[46] *Revista Forense*, 117/63.

SOCIEDADE LIMITADA

credores da pessoa jurídica. Em face da sociedade, a responsabilidade se limita à integralização da cota ou das cotas, como mais comumente se dá, subscritas pelo cedente.

7.9.10. *CAUÇÃO DA QUOTA*

Se é certo que a quota pode ser objeto de cessão, sendo, pois, um bem alienável, não pode residir dúvida de que possa ser objeto de caução.

Consoante escólio de Eunápio Borges[47], "quem pode alienar, quem pode ceder, pode igualmente dar em penhor ou caução a coisa móvel, corpórea ou incorpórea que seja alienável ou cessível [...] É princípio universal consagrado na doutrina e nas legislações".

Todavia, havendo restrição no contrato social à livre cessão, o penhor deve acompanhar a disciplina estabelecida. Se se exige, por exemplo, a anuência da maioria do capital ou a unanimidade, será indispensável para a validade do penhor esse consentimento.

Sendo silente o contrato, deverá a dação em penhor contar com a ausência de oposição de titular ou titulares de mais de 1/4 do capital (art. 1.057).

7.9.11. *PENHORABILIDADE DAS QUOTAS*

A penhora de cotas por dívida particular do sócio não veio tratada pelo Decreto n. 3.708/1919, mantendo-se o Código Civil de 2002 igualmente silente sobre o tema.

A legislação processual civil, por muito tempo, também permaneceu omissa no trato da matéria, a qual somente veio a ser legislativamente disciplinada pela Lei n. 11.382/2006, que reformou o Código de Processo Civil de 1973, no âmbito da execução por título extrajudicial[48].

O vácuo legislativo ensejou, ao longo do tempo, profunda divergência doutrinária e jurisprudencial quanto à possibilidade ou não de se realizar a penhora de cota. A matéria acabou sendo pacificada pelo Superior Tribunal de Justiça, após vacilo inicial, no sentido de se possibilitar a penhora de cotas por dívida do sócio, porquanto inexistente empeço legal a obstá-la[49].

---

[47]   Ob. cit., p. 359.

[48]   Com a prefalada reforma da Lei n. 11.382/2006, o inciso VI do art. 655 do Código de Processo Civil de 1973 expressamente contemplava que a penhora poderia ter por objeto "ações e quotas de sociedades empresárias", sendo em complementação editado o § 4º do art. 685-A, que assegurava o direito de preferência aos sócios para adjudicar as quotas quando promovida a penhora por exequente alheio à sociedade, ou seja, por terceiro não integrante do quadro de sócios.

[49]   Confira-se decisão, por maioria, da 4ª Turma, no Recurso Especial n. 39.609-3/SP, publicada no *DJU*, seção I, p. 1.356, de 6-2-1995, assim ementada: "A penhorabilidade das cotas pertencentes ao sócio de sociedade de responsabilidade limitada, por dívida particu-

O Código de Processo Civil de 2015, evoluindo em relação ao tratamento dispensado pela prefalada lei reformadora de 2006 (Lei n. 11.382), prevê, no inciso IX do art. 835, a possibilidade de a penhora recair sobre as quotas de sociedades simples e empresárias[50], e oferece subseção específica para cuidar da penhora de quotas, ordenando a matéria no art. 861, que continua a demandar, em certos quesitos, indispensável exercício de exegese para buscar extrair as normas que do dispositivo normativo resultam. Realizada a penhora das quotas, prevê a lei que o Juiz assinará prazo razoável, não superior, em princípio, a três meses, para que a sociedade tome as seguintes providências: (i) apresente balanço especial, na forma da lei, subsidiada pelas disposições pertinentes do contrato social; (ii) ofereça as quotas aos demais sócios, observado o direito de preferência; e (iii) não havendo interesse dos demais sócios na aquisição, proceda à liquidação das quotas, depositando judicialmente o valor apurado, em dinheiro.

Mas é facultado à sociedade evitar a liquidação das quotas mediante sua aquisição, desde que o faça, diz o § 1º do art. 861, com a utilização de reservas e sem redução do capital social, para mantê-las em tesouraria.

Apesar de o preceito se referir apenas à aquisição mediante a utilização de reservas, não vemos óbice para que ela também se realize até o valor do saldo dos lucros. É evidente hipótese em que a lei disse menos do que desejava. Não haveria sentido lógico ter que constituir previamente reserva de lucros para, em sequência, desmobilizá-la e apli-

---

lar deste, porque não vedada em lei, é de ser reconhecida. Os efeitos da penhora incidente sobre as cotas sociais hão de ser determinados em atenção aos princípios societários, considerando-se haver, ou não, no contrato social proibição à livre alienação das mesmas. Havendo restrição contratual, deve ser facultado à sociedade, na qualidade de terceira interessada, remir a execução, remir o bem ou conceder-se a ela e aos demais sócios a preferência na aquisição das cotas, a tanto por tanto (CPC, arts. 1.117, 1.118 e 1.119). Não havendo limitação no ato constitutivo, nada impede que a cota seja arrematada com inclusão de todos os direitos a ela concernentes, inclusive o *status* de sócio". A 3ª Turma, em julgamento unânime datado de 14-11-2000, no enfrentamento do Recurso Especial n. 234.391/MG, publicado no *DJU*, seção I, p. 113, de 12-2-2000, alterou seu entendimento anterior para convergir com o da 4ª Turma, conforme se tem da seguinte ementa: "Sociedade por cotas de responsabilidade limitada. Penhora das cotas sociais. Controvérsia doutrinária e jurisprudencial. 1. As cotas sociais podem ser penhoradas, pouco importando a restrição contratual, considerando que não há vedação legal para tanto e que o contrato não pode impor vedação que a lei não criou. A penhora não acarreta a inclusão de novo sócio, devendo ser 'facultado à sociedade, na qualidade de terceira interessada, remir a execução, remir o bem ou conceder-se a ela e aos demais sócios a preferência na aquisição das cotas, a tanto por tanto (CPC, arts. 1.117, 1.118 e 1.119)', como já colhido em precedente da Corte. Recurso Especial não conhecido".

[50] O dispositivo normativo explicitou que a penhora pode se realizar em relação às quotas de sociedades simples, encerrando a polêmica que se instalou sobre essa possibilidade, diante do texto anterior que somente se referia às quotas de sociedades empresárias.

car os valores correspondentes na aquisição das quotas. Ademais, o dispositivo cuida conjuntamente da penhora de cotas e de ações de sociedade anônima de capital fechado e, na Lei do Anonimato, vem explicitamente autorizada a aquisição pela companhia de suas próprias ações, desde que o faça até o valor do saldo de lucros ou reservas, exceto a legal (Lei n. 6.404/76, alínea *b* do § 1º do art. 30). As regras devem ser harmonizadas e sistematicamente interpretadas para extrair a norma que melhor atenda aos fins sociais e econômicos a que se destinam. Essa aquisição, na sociedade limitada, deverá ser aprovada pelos sócios, que irão deliberar segundo o *quorum* do inciso III do art. 1.076 do Código Civil, ou seja, pela maioria de votos dos presentes à assembleia ou à reunião de sócios, se o contrato não exigir maioria mais elevada.

Enquanto mantidas as quotas em tesouraria, por evidente, não darão direito a voto nem a participar da partilha dos lucros. Com efeito, não se pode conceber que a sociedade, tornando-se sócia de si mesma, venha a fazer jus aos lucros e ao voto nas deliberações sociais. Interpretação distinta afronta a lógica e o equilíbrio desejados para o sistema societário.

O § 3º do art. 861 do Código de Processo Civil prevê, para os fins de proceder à liquidação das quotas, que o juiz poderá, mediante requerimento do exequente ou da própria sociedade, nomear administrador, que deverá submeter à aprovação judicial a forma de liquidação.

A prescrição desafia reflexão.

De plano, já se pode com segurança inferir que ao juiz não é dado agir de ofício, mas apenas mediante provocação do credor exequente ou da sociedade que, embora não seja parte do processo de execução, sofrerá em sua estrutura e patrimônio os efeitos da penhora.

O vocábulo "poderá" utilizado no texto normativo, em nossa visão, quer traduzir efetivamente uma faculdade e não um poder-dever. Por lógico, se a medida vem demandada pela própria sociedade, o que na prática dificilmente ocorrerá, não teria sentido deixar de atender. Mas, se pleiteada pelo exequente, a análise do pedido deve ser cautelosa, exigindo do magistrado imprescindíveis zelo e parcimônia, de modo a não vulgarizar a providência e desestabilizar a empresa desenvolvida pela sociedade, que desfruta de proteção constitucional. É medida, a nosso sentir, excepcional, somente se justificando quando verificados fatos de inegável gravidade e de afronta à realização do direito do credor emanados da conduta omissiva ou comissiva da sociedade, caracterizada, por exemplo, na hipótese de a sociedade não apresentar o balanço especial de determinação ou de infundada resistência em realizar os atos necessários à liquidação das cotas. Limitando-se a divergência ao critério utilizado na elaboração do balanço especial ou aos valores dele constantes, não se justifica a nomeação de administrador, mas sim a determinação de perícia para que se possa chegar ao justo valor, tal qual ocorre quando o sócio ou seus sucessores discordam da apuração e pagamento dos haveres realizados pela sociedade e demandam em juízo a sua revisão.

Os §§ 4º e 5º do art. 861 em questão apresentam regras de proteção da empresa realizada pela sociedade, inspiradas, assim, nos princípios constitucionais da função social da empresa e de sua preservação, prevendo, respectivamente, ampliação do prazo para pagamento do valor das cotas a serem liquidadas e forma alternativa para a satisfação do credor, quando a liquidação for excessivamente gravosa.

Assim é que o prazo de três meses – inicialmente estabelecido para as providências a serem tomadas pela sociedade quando penhoradas as quotas do sócio – pode ser ampliado pelo juiz. Essa ampliação se dará quando o pagamento das quotas a serem liquidadas (i) superar o saldo de lucros ou reservas ou (ii) colocar em risco a estabilidade financeira da sociedade. As condições são, pois, alternativas e traduzem faculdade do magistrado, que deverá ser implementada quando convencido de que a ampliação do prazo é necessária a não causar dano à empresa e a garantir, destarte, a sua preservação.

Mas aquela primeira alternativa, constante do inciso I do § 4º do artigo em questão, a seguir literalmente reproduzida, apresenta confusa redação para os fins nela previstos, senão vejamos: "superar o valor do saldo de lucros ou reservas, exceto a legal, e sem diminuição do capital social, ou por doação".

Duas anotações devem ser feitas.

A primeira delas consiste em observar que o dispositivo normativo reproduz a parte final do texto da alínea *b* do § 1º do art. 30 da Lei n. 6.404/76, que se destina a disciplinar a aquisição das próprias ações pela companhia. Algumas das referências neles contidas apenas se justificam nessa hipótese da Lei do Anonimato. O período "e sem diminuição do capital social, ou por doação" se mostra sem conexão com a finalidade da regra processual.

A segunda é que a referência a "saldo de lucros" também deveria estar feita no § 1º do art. 861. Mas, apesar da omissão, como se sustentou, deve ela ser considerada na exegese do preceito.

Portanto, para os fins do inciso I do § 4º do art. 861 do Código de Processo Civil, a norma a ser extraída, com vistas a autorizar a ampliação do prazo preconizado no *caput*, deve ser a da superação do valor do saldo de lucros ou reservas, como antes anotado – com exceção da legal, para os casos das companhias de capital fechado, pois a disposição também se refere à penhora de suas ações por dívida particular do acionista.

Já na hipótese do § 5º, caso não tenha havido interesse dos demais sócios no exercício do direito de preferência para aquisição das quotas penhoradas, não ocorra a aquisição das quotas pela sociedade e a sua liquidação seja considerada excessivamente onerosa, o juiz poderá, como medida alternativa, determinar o leilão judicial das quotas.

Em arremate, cumpre aduzir que essa mesma disciplina para penhora de quotas, consoante anteriormente já foi iluminado, também se aplica à penhora de ações das sociedades anônimas de capital fechado. Para as companhias de capital aberto, esse regime não se aplica, e as ações objeto de penhora poderão ser adjudicadas pelo exequente ou alienadas em bolsa de valores, quando for o caso (§ 2º do art. 861). Quando for o caso, porque a companhia será considerada aberta se os valores mobiliários de sua emissão forem admitidos à negociação em bolsa ou em mercado de balcão (mercado de valores mobiliários). Assim, na situação de uma companhia ser aberta por estar autorizada a distribuir debêntures no mercado de valores mobiliários, mas não ter autorização para negociar as suas ações nesse mercado, não se teria como viabilizar a alternativa da venda em bolsa. Para não ficar o exequente, nesse caso, restrito à opção de adjudicá-las, não vemos óbice para que se proceda também sua alienação em leilão judicial, já autorizado, inclusive, para quotas ou ações de sociedades anônimas de capital fechado.

7.10. O SÓCIO-COTISTA

Os sócios que compõem a sociedade limitada são tradicionalmente designados sócios-cotistas, ou simplesmente cotistas. Não logramos encontrar qualquer impropriedade em permanecer com a utilização da expressão pelo só fato de ter havido alteração no *nomen juris* da sociedade.

O cotista pode ser pessoa física ou jurídica, tanto na sociedade pluripessoal, como na unipessoal. Será ele o titular da fração ou das frações em que se divide o capital social, titularidade essa que lhe confere, como vimos ao perquirir a natureza jurídica das cotas – item 7.9.3 *supra* –, um direito de duplo aspecto, patrimonial e pessoal, passando, assim, a desfrutar do *status* de sócio.

Todo sócio-cotista deve contribuir para a formação do capital social, vedada, entretanto, a contribuição que consista em prestação de serviços (§ 2º do art. 1.055). Aí reside a principal obrigação do quotista perante a sociedade: integralizar o valor de suas quotas na forma e época estabelecidas no contrato social.

Uma vez integralizada a sua quota de capital, o sócio-cotista nada mais deve à sociedade, sob o ponto de vista pecuniário. É certo que, nas sociedades limitadas pluripessoais, persistirá o dever inerente à qualidade de sócio, consistente no dever de lealdade, ou seja, deve influir no rumo da vida social, visando a que a sociedade realize o seu objeto social, abstendo-se de direcioná-la em favor do particular interesse de qualquer sócio ou do de terceiros.

7.10.1. *SÓCIO REMISSO*

O sócio-cotista está obrigado a realizar as entradas de capital na forma e no prazo estabelecidos no contrato social, sob pena de poder vir a ser qualificado como sócio remisso. Não havendo no contrato previsão de prazo certo para a integralização das cotas, caberá à administração da sociedade proceder às chamadas de capital, convocando formalmente os sócios a realizá-lo, considerando as necessidades financeiras da pessoa jurídica.

A figura do sócio remisso vem regrada nos arts. 1.058 e 1.004 do Código Civil na perspectiva da sociedade limitada pluripessoal. Sobre esse último preceito, tivemos oportunidade de analisá-lo, em seus aspectos, no item 6.4.4 do Capítulo 6, a cujos termos nos remetemos, para evitar repetições.

Vimos, em suma, que o sócio que não realizar as entradas de capital na forma e no prazo definidos no ato constitutivo ou não atender às chamadas da sociedade, promovidas por seu órgão de administração, poderá vir a ostentar a referida condição de remisso. Mas o Código Civil impôs, para a sua efetiva caracterização, em qualquer hipótese, a prévia notificação, concedendo-lhe prazo de trinta dias, findo o qual, sem que o sócio implemente a prestação, acarretará a sua responsabilidade perante a pessoa jurídica pelos danos emergentes da mora.

Uma vez em mora, a maioria dos demais sócios poderá, nos termos dos mencionados preceitos, escolher entre as seguintes providências: a) cobrança da soma devida, acrescida dos juros de mora à taxa legal (art. 406), se não for outra contratualmente estabelecida, da multa preconizada no contrato social, da correção monetária, das custas processuais, dos honorários de advogados e demais despesas incorridas pela sociedade, como os gastos com a notificação (arts. 395 e 404); b) exclusão da sociedade, reduzindo-se o capital social na proporção do valor das quotas do sócio excluído; para, entretanto, manter a importância do capital fixado no contrato, é permitido aos outros sócios, mediante deliberação unânime, tomar ditas cotas para si, suprindo os respectivos valores, ocasião em que repartirão os sócios as quotas do sócio remisso, na proporção do capital que cada um desfruta na sociedade ou na forma que venham a combinar, podendo, ainda, a totalidade dos remanescentes decidir transferir essas quotas a terceiros estranhos ao corpo social[51]; c) reduzir-lhe as cotas ao montante já

---

[51] À semelhança do que já foi demonstrado no item 6.4.4 do Capítulo 6, a expulsão do remisso se opera por deliberação que represente a maioria do capital, tomada em relação aos sócios remanescentes (parágrafo único do art. 1.004, ressalvado pelo art. 1.058). Porém, para que seja mantido o valor do capital social, evitando sua correspondente redução, exige-se decisão unânime desses sócios quanto à transferência de cotas a terceiros ou a tomá-las para si, conforme inteligência que resulta do art. 1.058, o qual se deve interpretar de forma sistemática com os parágrafos único do art. 1.004 e 1º do art. 1.031.

realizado, se a obrigação houver sido parcialmente adimplida, com a correspondente redução do capital social, salvo se todos os demais sócios decidirem suprir o valor das quotas em aberto.

Na hipótese de exclusão, o sócio remisso terá direito a receber as entradas por ele porventura realizadas, atualizadas monetariamente, com dedução dos juros da mora e demais prestações estabelecidas no contrato social, como a pena convencional, além das despesas resultantes, efetivamente comprovadas.

Cunha Peixoto, comentando o art. 7º do antigo Decreto n. 3.708/1919, sustentava a impossibilidade de os sócios preferirem a cobrança judicial à exclusão, se a amigável restasse frustrada. São estas as suas palavras:

> O dec. n. 3.708, seguindo a melhor orientação, deixou a exclusão do sócio remisso na dependência exclusiva dos outros sócios, mas proibiu a cobrança das entradas pela via judicial. De conformidade com o art. 7º deste diploma legal, a exigência das entradas só poderá ser por meios amigáveis, eis que ele, expressamente, declara: "sendo impossível cobrar amigavelmente do sócio, seus herdeiros e sucessores, a soma devida pelas suas cotas [...]". O princípio é salutar. A via judicial traz forçosamente animosidade e já demonstra, por parte do executado, ou a impossibilidade financeira de participar da sociedade ou seu desinteresse; e não se compreende uma sociedade em que, de início, não há harmonia entre seus componentes.

A literalidade da lei levava a essa conclusão, a qual, todavia, não se podia impor em face de uma regra maior. A Constituição Federal, em seu art. 5º, XXXV, prescreve não poder a lei excluir da apreciação do Poder Judiciário lesão ou ameaça a direito.

Portanto, embora inconveniente, já que a cobrança tendo que se perfazer judicialmente reflete a quebra da *affectio societatis*, não se podia afirmar que a exigência pelas vias judiciais da prestação do sócio remisso estaria obstada, como sustentávamos em nossa obra sobre o tema[52].

O Código Civil de 2002 não se referiu à cobrança amigável como o fizera o Decreto n. 3.708/1919. Da regra de seu art. 1.004 resulta que a sociedade terá o direito de cobrança das prestações acrescidas dos consectários resultantes da mora. Essa cobrança, portanto, far-se-á amigavelmente, nos moldes pactuados pelas partes, ou judicialmente, com aqueles encargos a que nos referimos anteriormente.

Quando resolvida a mora do sócio remisso, seja pela cobrança judicial do crédito da sociedade, seja pela composição amigável, ele permanece como sócio da limitada, podendo gozar de todos os direitos decorrentes dessa posição.

---

[52] Ob. cit., p. 96.

Não preferindo a sua exclusão, optando-se pela cobrança do crédito, aflora relevante questão: poderá o sócio, durante as negociações para a composição amigável ou durante o processo judicial de cobrança, permanecer a exercer seus direitos de sócio?

Ante o silêncio do Código, somos obrigados a responder afirmativamente. A restrição do direito somente poderia vir a derivar de expressa previsão legal ou contratual. Se o contrato não prevê a suspensão dos direitos, não há como tolher, a princípio, o sócio remisso de seu exercício.

No entanto, se o contrato contiver cláusula determinando a regência supletiva da limitada pelas normas da sociedade anônima, poderá o sócio ter seus direitos suspensos, nos termos do art. 120 da Lei n. 6.404/76. Nesse caso, os demais sócios poderão deliberar a respeito, valendo como *quorum* o da maioria de votos dos presentes à reunião ou assembleia convocada para a deliberação (art. 1.076, III), computados, sempre, em atenção à participação no capital – e não com base no número de sócios –, não participando do conclave, por óbvio, o remisso, ante o evidente conflito de interesse. A suspensão cessará logo que cumprida a obrigação.

O regramento da Lei do Anonimato não pode ser invocado por analogia, mas somente se estipulada a regência subsidiária, porquanto a interpretação analógica não se estabelece para restringir direitos. As normas de restrição, repita-se, devem constar expressamente da lei ou do contrato.

7.10.2. *A SOLIDARIEDADE ENTRE OS SÓCIOS*

Como ficou pontuado ao tratarmos da característica fundamental das sociedades limitadas – item 7.3 *supra* –, os sócios-cotistas respondem até o limite do capital social perante os credores da pessoa jurídica; esta, entretanto, responde, com todas as forças de seu patrimônio, pelas suas dívidas (art. 1.052).

Não estando o capital completamente integralizado, todos os sócios respondem solidariamente pela parte que faltar para preencher o pagamento das quotas não inteiramente liberadas, integralizadas. A solidariedade entre os sócios, para a integralização do capital social, constitui garantia estabelecida por lei em favor dos credores sociais. Mas, no direito anterior ao Código Civil de 2002, só se realizava no processo de falência, em razão da norma que figurava no art. 9º do velho Decreto n. 3.708/1919. Não poderiam, pois, ditos credores da pessoa jurídica pretender, em ação de execução por quantia certa, por exemplo, fossem os sócios solidariamente compelidos a responder até o limite da integralização do capital social. Essa máxima de a falência constituir condição do exercício da solidariedade vinha sufragada pela melhor doutrina[53] e pela construção que se estabeleceu no Supremo Tribunal Federal[54].

Como o Código Civil de 2002 não mais impôs a falência como condição para a efetivação da solidariedade entre os sócios, hoje já não mais se pode ter incerteza em afirmar que, na execução judicial proposta em face da sociedade, podem os credores, na ausência de patrimônio da pessoa jurídica, visto que a responsabilidade dos sócios sempre será em grau subsidiário, pretender a responsabilização até a integralização do capital social a que os sócios são solidariamente obrigados, citando-os no feito para extrair o pretendido efeito. Contudo, repita-se, isso somente poderá ocorrer não havendo patrimônio da sociedade, pois o benefício de ordem é sempre oponível pelos sócios aos credores sociais[55].

No cenário pós-Código Civil de 2002, a solidariedade entre os cotistas pode ser exigida e efetivada em qualquer processo judicial, desde que citados para a causa.

Na hipótese de falência da sociedade, previa o art. 50 do Decreto-Lei n. 7.661/45 que os sócios seriam obrigados a integralizar o capital subscrito, mediante ação própria, a ser proposta pelo síndico, como representante da massa falida. Essa ação poderia compreender todos os devedores solidários, ou somente alguns, e seu aforamento independia da prova de insuficiência do ativo para o pagamento do passivo, podendo ser ajuizada, portanto, antes de vendidos os bens da sociedade falida e apurado o ativo.

A Lei n. 11.101/2005 não reedita semelhante preceito. Apesar da omissão, pensamos que o curso a ser seguido para a solução da questão deva ser o mesmo,

---

[53] Eunápio Borges, ob. cit., p. 337; Rubens Requião, ob. cit., vol. I, p. 431-432; Waldemar Ferreira – *Instituições de direito comercial* – vol. I, 1946, p. 343.

[54] *RTJ* 68/80 e *RDM*, vol. 8, p. 148.

[55] Cumpre anotar a existência de posição doutrinária que permanece defendendo a decretação da falência como pressuposto para a efetivação da solidariedade entre os sócios (cf., a respeito, Pereira Calças, *Sociedade limitada no novo Código Civil*, 2003, p. 33). Entretanto, insistimos que a decretação da falência não é mais condição para responsabilização solidária dos sócios cotistas. Basta a simples verificação da ausência de patrimônio da sociedade para o pagamento de suas dívidas (insolvência, que é um estado de fato). A falência (estado de direito) somente se afigurava como condição dessa efetivação em função de expressa previsão legal, hoje não mais presente no ordenamento. O regime para a responsabilidade solidária dos sócios passou a seguir caminho semelhante ao dos sócios solidários da sociedade em nome coletivo e dos comanditados da sociedade em comandita simples: diante da ausência ou da insuficiência de patrimônio social (responsabilidade subsidiária), surge a possibilidade de exigir dos sócios o pagamento das obrigações sociais. A distinção em relação aos sócios da sociedade em nome coletivo e dos comanditados reside no fato de que a responsabilidade deles é pessoal, subsidiária, solidária e ilimitada. Para os cotistas, a responsabilidade é pessoal, subsidiária, solidária, porém limitada ao total do capital social.

guardadas as devidas adaptações. A contribuição do sócio para a formação do capital social visa a capacitar a sociedade à realização de sua atividade econômica. Segundo a doutrina majoritária, constitui a principal obrigação decorrente do *status* de sócio a contribuição para a formação do capital social. Além desse escopo de tornar apta a sociedade a desenvolver seu objeto, serve também o capital social de garantia para os credores sociais.

Sendo, portanto, um elemento do ativo social, que será arrecadado e liquidado para o pagamento dos credores, não vemos como não chegar a conclusão outra senão à de que, com a falência, ficam os sócios obrigados a integralizar as suas participações subscritas, para que os valores ingressem na massa falida e sirvam ao pagamento dos credores. Constituindo-se a falência uma forma de dissolução judicial da sociedade, todos os créditos sociais devem ser apurados.

Desse modo, vislumbramos no art. 82 da Lei n. 11.101/2005 a base da qual se irradiam as considerações tecidas, ao estabelecer, como regra geral e irrestrita: "a responsabilidade pessoal dos sócios de responsabilidade limitada [...] será apurada no próprio juízo da falência, independentemente da realização do ativo e da prova da sua insuficiência para cobrir o passivo, observado o procedimento ordinário[56] previsto no Código de Processo Civil". A responsabilidade traduzida no texto legal não se limita àquelas decorrentes de ato ilícito propriamente dito. É ampla e geral, como se afirmou, abrangendo todas as resultantes do *status* de sócio, na qual se destaca, como a principal, a de integralizar o capital social. Se a sociedade se mostrou insolvável foi porque os sócios não a capacitaram devidamente para explorar a atividade econômica objetivada. A forma de integralização parcelada se apresentou como um cálculo de risco empresarial equivocado. A partir da constatação do fato, não há como se amparar, dentro de uma lógica societária, possibilidade outra senão a de sustentar a obrigação dos sócios em integralizar suas cotas de capital, ante a decretação da falência social, não obstante quaisquer restrições ou condições estabelecidas no ato constitutivo.

Em qualquer situação, os sócios serão obrigados à reposição dos lucros e das importâncias retiradas, seja a que título for, ainda que com arrimo no contrato, quando tais lucros ou quantias forem distribuídos com prejuízo do capital, vigorando, pois, o princípio da intangibilidade do capital social (art. 1.059). Todavia, mister se faz enfatizar que, recebendo os sócios dividendos ou seus haveres sem prejuízo do capital, nada devem restituir à sociedade, porquanto receberam o que normalmente lhes seria devido, ainda que ela venha a ser declarada falida.

---

[56] A menção ao "procedimento ordinário" feita no preceito deve ser atualizada à luz do Código de Processo Civil de 2015 para ser lida como "procedimento comum".

SOCIEDADE LIMITADA

Por derradeiro, cumpre registrar que a única exceção à regra da limitação da responsabilidade dos sócios ao total do capital social encontrava-se prevista no art. 13 da Lei n. 8.620/93, o qual estabelecia que os sócios da limitada respondiam solidariamente, com seus bens pessoais, pelos débitos junto à Seguridade Social. Contudo, o preceito restou revogado pela Lei n. 11.941/2009 (art. 79, VII)[57].

7.10.3. *RESPONSABILIDADE ILIMITADA DOS COTISTAS*

Os sócios-cotistas, reafirme-se, têm suas responsabilidades limitadas à importância total do capital social. Entretanto, essa prerrogativa da limitação de responsabilidade não se traduz na irresponsabilidade desses sócios, que devem sempre moldar suas condutas dentro da legalidade, abstendo-se de realizar atos violadores da lei ou do próprio contrato social, além de absterem-se de fazer uso fraudulento ou abusivo da pessoa jurídica.

Assim não procedendo, passarão a responder pessoal e ilimitadamente pelas dívidas sociais, decorrentes do ato ilícito para cuja prática concorreram, ou resultantes do abuso da personalidade jurídica da sociedade, o que, nesse último caso, autorizaria a sua desconsideração, conforme verificamos no item 4.3 do Capítulo 4.

Nessas hipóteses de conduta irregular dos sócios, a responsabilidade, por não guardar relação direta com a situação patrimonial da sociedade, independe da exaustão do patrimônio social. Não há, neste ponto, o benefício de ordem em favor dos infratores.

A responsabilização dos sócios por ato ilícito decorre do art. 1.080 do Código Civil, que assim se expressa: "As deliberações infringentes do contrato ou da lei tornam ilimitada a responsabilidade dos que expressamente as aprovaram".

---

[57] Essa lei, que foi fruto de conversão da Medida Provisória n. 449/2008, retirou do ordenamento o indigitado art. 13 da Lei n. 8.620/93, pondo fim àquela esdrúxula fórmula de responsabilização solidária dos sócios. Contudo, em face das relações jurídicas pretéritas, a regra continuava sendo invocada nas demandas em curso. Mas, em boa hora, o Supremo Tribunal Federal decidiu pela sua inconstitucionalidade, tanto no aspecto formal quanto no aspecto material, na parte em que determinava que os sócios das sociedades limitadas respondessem solidariamente, com seus bens pessoais, pelos débitos junto à Seguridade Social. A inconstitucionalidade formal derivou da violação do inciso III do art. 146 da Constituição Federal, que exige lei complementar para estabelecer normas gerais em matéria tributária. Já a material resultou de afronta ao inciso XIII do art. 5º e ao parágrafo único do art. 170 da Lei Maior, sob o convencimento de não ser dado ao legislador estabelecer confusão entre os patrimônios das pessoas física e jurídica, fato esse que, além de impor desconsideração *ex lege* e objetiva da personalidade jurídica, descaracterizando as sociedades limitadas, implicaria irrazoabilidade e inibiria a iniciativa privada (cf. Recurso Extraordinário n. 562.276, julgado à unanimidade pelo Tribunal Pleno, em 3 de novembro de 2010).

Claramente se percebe que o dispositivo repete o mesmo princípio do art. 16 do Decreto n. 3.708/1919.

A exegese literal do preceito poderia levar à assertiva de que o sócio, para responder ilimitadamente, deve ter atuado concreta e ativamente na deliberação que veio a maltratar os ditames legais ou contratuais. Mas não nos parece seja essa a melhor abordagem da regra legal. Pensamos que, sendo o sócio conivente com a prática do ato violador da lei ou do contrato social, ou dele tendo conhecimento, deixe de agir para impedir a sua prática, deverá ele ficar sob a incidência da prefalada norma legal. Não há, destarte, a necessidade de o sócio expressamente ajustar a deliberação inquinada de ilicitude. Permanecemos, portanto, com integral fidelidade ao mesmo opinamento que expressávamos em relação ao art. 16 do revogado Decreto n. 3.708/1919[58].

A situação em que a perda da limitação da responsabilidade dos sócios-cotistas se faria facilmente aferível traduz-se na dissolução irregular da sociedade, ou seja, naquela que se implementa sem a observância do devido processo legal (violação da lei). Nesse caso, todos os sócios respondem ilimitadamente, não sendo normal haver qualquer deliberação expressa nesse sentido. A sua falta, como de certo, não elide a responsabilização dos sócios. O sócio que dela desejar se liberar deverá moldar sua conduta a fim de obstar o fato, tal como requerer a dissolução judicial da sociedade ou, se insolvente, a sua falência, como lhe faculta o art. 97, III, da Lei n. 11.101/2005.

A regra, porém, é a da responsabilidade limitada, competindo àquele que desejar a vinculação da responsabilidade pessoal dos sócios provar a prática do ato violador da lei ou do contrato social. Sendo ela provada em qualquer processo de conhecimento, de execução ou falimentar[59], extrai-se o efeito da responsabilidade ilimitada.

---

[58] Ob. cit., p. 99.

[59] No âmbito do processo falimentar, a apuração da responsabilidade deve obedecer à forma do *caput* do art. 82 da Lei n. 11.101/2005. O preceito, tal qual seu correspondente histórico (art. 6º do Decreto-Lei n. 7.661/45), é expresso ao exigir ação própria para a aferição e efetivação da responsabilidade, com a necessária observância do devido processo legal, da ampla defesa e do contraditório, princípios constitucionalmente garantidos a qualquer acusado. A orientação tem merecido o beneplácito do Superior Tribunal de Justiça, consoante se infere da decisão unânime proferida por sua Terceira Turma, no Recurso Especial n. 235.300/RJ, publicada no *DJU* de 5 de agosto de 2002, construída no cenário da Lei de 1945, com a seguinte ementa: "Arrecadação dos bens do sócio controlador da falida. Decisão impugnada por agravo de instrumento. Acórdão que a mantém ao fundamento de que a constrição pode ser atacada por embargos de terceiro. Inversão da ordem natural das coisas, porque a suspeita de que os bens da falida foram distraídos em proveito do sócio ou de terceiro deve ser comprovada por ação própria, depois de contraditório regular".

SOCIEDADE LIMITADA

Há, portanto, que se repelir pretensões abusivas de alguns credores sociais, quando não ficar evidenciada a prática do ato ilícito – o que renderia ensejo à responsabilização direta e pessoal do sócio infrator da lei ou do contrato social –, ou patenteado o mau uso da pessoa jurídica – o que resultaria na possibilidade da desconsideração de sua personalidade para vincular a responsabilidade do sócio ou administrador. A respeito, bem decidiu o Tribunal de Alçada do Estado de São Paulo[60], em sua 3ª Câmara Cível, no julgamento da Apelação Cível n. 507880-6, por votação unânime: "Sociedade por Cotas de Responsabilidade Limitada. Desconsideração da pessoa jurídica. Sócios que não agiram de forma fraudulenta ou desastrosa. Falência da sociedade por percalços econômico-financeiros. Solidariedade nos débitos sociais repelida".

7.10.4. *SÓCIO OCULTO*

O art. 305 do velho Código Comercial[61] contemplava a figura jurídica do sócio oculto. Como lecionava Miranda Valverde[62],

> sócios ocultos, no sentido do texto, são as pessoas que, deliberadamente, não figuram no contrato social, mas que, na realidade, participam da sociedade como qualquer outro sócio solidário. Não aparecem aos terceiros, não usam da firma social; gerem e administram a sociedade, e, quase sempre, por interposta pessoa, auferem os lucros ou sofrem os prejuízos consequentes à exploração do objeto da sociedade.

Na visão de Waldemar Ferreira[63], os sócios ocultos "são os que, entrando com o seu capital, aquinhoam-se com os lucros, mas se colocam na penumbra, passivamente, em inatividade rendosa, justamente para forrarem-se, nos momentos difíceis, dos azares do empreendimento".

Pelas definições colacionadas, é de fácil percepção que o sócio oculto do qual estamos a tratar não se confunde com aquele integrante da sociedade em conta de participação, que guarda conceito jurídico próprio e diferenciado, havendo identidade apenas de nomenclatura.

---

[60] *RT* 690/103.

[61] "Art. 305. Presume-se que existe ou existiu sociedade, sempre que alguém exercita atos próprios de sociedade, e que regularmente se não costumam praticar sem a qualidade social. Desta natureza são especialmente: 1. Negociação promíscua e comum. 2. Aquisição, alheação, permutação, ou pagamento comum. 3. Se um dos associados se confessa sócio, e os outros não o contradizem por uma forma pública. 4. Se duas ou mais pessoas propõem um administrador ou gerente comum. 5. A dissolução da associação como sociedade. 6. O emprego do pronome *nós* ou *nosso* nas cartas de correspondência, livros, faturas, contas e mais papéis comerciais. 7. O fato de receber ou responder cartas endereçadas ao nome ou firma social. 8. O uso de marca comum nas fazendas ou volumes. 9. O uso de nome com a adição – *e companhia*. A responsabilidade dos sócios ocultos é pessoal e solidária, como se fossem sócios ostensivos (art. 316)."

[62] *Comentários à Lei de Falências*, vol. I, p. 76 e 77.

[63] *Tratado de direito comercial*, vol. XV, n. 3.476.

172 CURSO DE DIREITO COMERCIAL – DIREITO DE EMPRESA

Com o advento do Código Civil de 2002, o art. 305 do Código Comercial restou revogado, não se detectando dispositivo correspondente no vigente ordenamento introduzido. Todavia, permanecia em vigor o art. 6º do Decreto-Lei n. 7.661/45, que mandava apurar, na falência, a responsabilidade do sócio oculto.

Surpreendentemente, o art. 82 da Lei n. 11.101/2005 não mais a ele faz menção, para igualmente apurar a sua responsabilidade. Contudo, a omissão legislativa não pode ser capaz de neutralizar a correspondente responsabilidade. A figura jurídica não deixa de existir pelo simples fato de o Código Civil e a Lei de Recuperação e Falência terem sobre ela silenciado. Pelas definições doutrinárias, acima reproduzidas, percebe-se que a existência do sócio oculto pode ser corrente no mundo empresarial e, uma vez detectada, não deve passar impune, cumprindo, na falência da sociedade, seja apurada, através de processo competente, a sua responsabilidade. Mas a verificação não deve se limitar ao âmbito da falência, podendo se realizar em qualquer processo de cognição, uma vez que não se pode acobertar a ilicitude e o enriquecimento sem causa. O desaparecimento de sua definição legal (art. 305 do Código Comercial), na qual se arrimava o art. 6º da Lei Falimentar de 1945, pode perfeitamente ser suprido pela conceituação doutrinária, que permanece eficiente e atual, tal qual antes exposta.

Nessas condições, verificada a existência do sócio oculto, deve sua responsabilidade tornar-se efetiva e ser qualificada como solidária e ilimitada, por aplicação dos mesmos princípios que regem a responsabilidade dos sócios na sociedade irregular ou de fato, denominada, pelo Código Civil, sociedade em comum (art. 990). É ele um sócio de fato e não de direito, não podendo se beneficiar da própria torpeza.

Significativo sublinhar que, no plano penal falimentar, o art. 179 da Lei n. 11.101/2005 contempla a responsabilização dos sócios e administradores de fato, conceito no qual se enquadra o sócio oculto. Vem assim redigido o preceito:

> Na falência, na recuperação judicial e na recuperação extrajudicial de sociedades, os seus sócios, diretores, gerentes, administradores e conselheiros, de fato ou de direito, bem como o administrador judicial, equiparam-se ao devedor ou falido para todos os efeitos penais decorrentes desta Lei, na medida de sua culpabilidade.

A responsabilização penal corrobora a responsabilização civil preconizada segundo a construção antes elaborada.

7.10.5. *SUCESSORES DO SÓCIO-COTISTA*

O falecimento do sócio resulta em questões que refletem diretamente na sociedade.

Sob império do Decreto n. 3.708/1919, dada a omissão legal sobre o tema, dividiam-se as opiniões doutrinárias, não só no que se referia à sobrevivência da sociedade em face do falecimento do sócio, mas também no que dizia respeito à sucessão imediata ou não do falecido por seus herdeiros e legatários nos direitos derivados do *status* de sócio.

A matéria, hoje sob a regulamentação do Código Civil de 2002, não oferece espaço para incertezas. Vem disciplinada no art. 1.028, cuja aplicação se faz sempre presente na esfera das sociedades limitadas, tendo a natureza contratual que a envolve – dissolução do vínculo societário. Assim é que, no caso de falecimento do sócio, a regra da lei é a liquidação de suas quotas, o que resulta, inexoravelmente, na dissolução parcial da sociedade, realizando-se a apuração de seus haveres para pagamento a seus herdeiros e legatários.

A solução somente não se perfaz se: a) o contrato contiver disposição diversa, impondo-se, nesse caso, dar o tratamento pelos sócios dispensados à hipótese; b) os sócios remanescentes optarem pela dissolução da sociedade; c) por convenção com os sucessores do sócio falecido, regular-se a sua substituição na sociedade.

O art. 1.028 já foi por nós comentado no item 6.11.1 do Capítulo 6.

Aconselhável, portanto, para evitar indefinições quanto à transferência das quotas aos herdeiros e sucessores do sócio-cotista que vier a falecer, seja a questão explicitada e pormenorizadamente regulada no contrato social, manifestando os sócios suas vontades de a sociedade prosseguir ou não com os herdeiros e sucessores.

Ocorrendo a sucessão do sócio falecido, os direitos derivados da condição de sócio serão exercidos perante a sociedade pelo inventariante do espólio até que se ultime a partilha (§ 1º do art. 1.056).

No falecimento do sócio único pessoa natural da sociedade limitada unipessoal, à sucessão será imprimido rito simplificado, realizando-se mediante escritura pública de partilha de bens ou por sentença judicial quando seu inventário se processar judicialmente, expedindo-se, ao final, o competente alvará judicial ou o formal de partilha.

Por fim, a morte do sócio não exime seus herdeiros das responsabilidades pelas obrigações sociais anteriores ao falecimento, o que perdurará até dois anos após a averbação da resolução da sociedade (art. 1.032). Fundamentalmente responderão, solidariamente com os outros cotistas, pela integralização do capital social, caso, por evidente, não se encontre integralizado na data do óbito. A responsabilidade, entretanto, circunscreve-se às forças da herança (art. 1.997).

7.10.6. *O CÔNJUGE DO SÓCIO-COTISTA*

Em relação ao cônjuge do sócio-cotista de sociedade pluripessoal, em caso de seu falecimento, sustentamos serem aplicáveis os mesmos princípios prescritos para o ingresso dos herdeiros e legatários: a) necessidade de cláusula contratual, admitindo-o na sociedade; b) inexistindo qualquer cláusula, podem os sócios remanescentes com o cônjuge supérstite acordar sobre a substituição; c) não havendo a admissão em decorrência da falta de cláusula contratual ou por ausência de acordo a respeito, pagar-se-á ao cônjuge sobrevivente os haveres relativos à sua meação, em função da resolução da sociedade em relação ao sócio falecido, que resulta na liquidação de suas quotas, salvo, evidentemente, se a sociedade tiver que se dissolver, situação na qual o pagamento dos haveres do sócio falecido somente se fará após o pagamento dos credores sociais.

Na hipótese de partilha de bens resultante de dissolução da sociedade conjugal por separação judicial ou divórcio e não havendo ajuste acerca do destino das quotas titularizadas por um dos cônjuges, o cônjuge do sócio, cujo casamento terminou, poderá requerer a apuração de seus haveres na sociedade, os quais serão pagos à conta da quota social titularizada por este sócio.

A mesma sistemática disposta nos parágrafos anteriores se estende ao companheiro do sócio em caso de dissolução da união estável.

Sobre o tema, remetemo-nos ao item 6.9 do Capítulo 6, no qual a matéria vem abordada com maior amplitude, inclusive em relação aos herdeiros ou legatários do cônjuge ou companheiro, a partir do que veio a dispor o parágrafo único do art. 600 do Código de Processo Civil de 2015, que impactou no regramento adotado pelo Código Civil, em seu art. 1.027.

7.10.7. *O MENOR COTISTA*

O tema referente ao menor cotista, no direito anterior ao atual Código Civil, dividia a doutrina comercialista. Dada a relevância do tema, parece-nos lícito reproduzir a polêmica para, posteriormente, passarmos à abordagem em face do direito novo.

A querela doutrinária se estabelecia em função da divisão de opiniões quanto ao enquadramento da sociedade: se de pessoa ou de capital.

Eunápio Borges[64], dentro da sua ótica capitalista, sustentava ser possível o menor transformar-se em sócio-cotista, aduzindo que "a solução para o problema do menor cotista é a mesma do menor acionista". Assim, em consequência, apresentava as seguintes conclusões:

> a) o menor pode, como herdeiro, tornar-se cotista de sociedade por cotas de responsabilidade limitada, independentemente de autorização judicial, estando o capital integralizado; b) do mesmo modo, se todo o capital for integralizado no ato da constituição da sociedade, o menor absolutamente incapaz poderá subscrever cotas, por intermédio de seu representante legal, pai ou tutor; o menor relativamente incapaz poderá fazê-lo com assistência do pai ou tutor; c) devidamente autorizado pelo juiz competente poderá o menor, por subscrição inicial ou por sucessão *causa mortis*, ingressar em sociedade por cotas, de capital não integralizado. Pelas mesmas razões que todos admitem a autorização judicial para a subscrição de ações, não integralizadas no ato da subscrição.

---

[64] Ob. cit., p. 356-357.

Rubens Requião[65] assumia posicionamento diverso, respondendo que o menor não poderia ser sócio-cotista por proibição legal. Ponderava que

> o fato de se admitir, na doutrina, que os menores sejam acionistas, acontece porque, ao subscrever ação e integralizá-la incontinenti, o pai ou tutor desempenha simples ato de administração dos bens do menor. Adquire apenas cousa móvel, que é a ação. Pode inclusive doar-lhe a ação, integralizada, no ato de constituição da sociedade, tornando-o acionista. Como titular da ação, desde que integralizada, nenhuma obrigação patrimonial o menor assume. Ora, isso não ocorre com a cota.

Com igual opinião apresentava-se Egberto Lacerda Teixeira[66]:

> Há, todavia, uma circunstância que fala em desfavor do ingresso de menores nas sociedades por cotas embora integralmente realizado o capital social. É que na hipótese de os sócios, em maioria, votarem o aumento do capital social sem integralizá-lo imediatamente, o menor encontrar-se-ia em situação insegura, visto como ficaria, em caso de falência, responsável pela integralização das cotas não liberadas. Existindo sempre esse risco, eis que a lei brasileira, ao contrário da francesa e da espanhola, por exemplo, não exige a realização imediata de todo o capital social no ato da subscrição ou do aumento, é de rigor afastar os menores das sociedades por cotas, prescrevendo a anulabilidade de sua subscrição. Risco igual existiria na hipótese de o valor atribuído à contribuição *in natura* de alguns dos sócios não corresponder à realidade e dessa circunstância resultar prejuízo para terceiros.

Eunápio Borges[67] rebatia o argumento da responsabilidade solidária do menor pela integralização do capital que veio a aumentar, aduzindo bastar que "o menor se retirasse da sociedade, como a qualquer um faculta o art. 15 do Dec. n. 3.708, no caso de reforma do contrato". Prosseguia em sua articulação, sustentando ainda haver outra solução:

> Do mesmo modo que geralmente se admite possa o representante legal do menor, devidamente autorizado pelo juiz, subscrever ações em nome do menor, sem integralizá-las imediatamente, nada impede que, com a autorização judicial, possa o menor continuar na sociedade, apesar de não integralizadas imediatamente as cotas do aumento de capital.

O Supremo Tribunal Federal[68], enfrentando a questão, acabou por entender possível ao menor integrar uma sociedade limitada, conforme se pode conferir do julgamento unânime, por seu Pleno, do Recurso Extraordinário n. 82.433/SP: "Sociedade por quotas de responsabilidade limitada. Participação dos menores, com capital integralizado e sem poderes de gerência e administração como cotistas – Admissibilidade reconhecida, sem ofensa ao art. 1º do Código Comercial".

---

[65] Ob. cit., vol. I, p. 429.
[66] Ob. cit., p. 38.
[67] Ob. cit., p. 356.
[68] *DJU*, seção I, de 8-7-1976, p. 5.129.

Ao nos posicionarmos sobre o tema em nossa obra sobre a sociedade limitada[69], concluímos, ante a ausência de regra disciplinadora contida no Decreto n. 3.708/1919 e a impossibilidade de o contrato dispor sobre capacidade, matéria de reserva legal, que o menor não poderia ser sócio-cotista, por vedação explícita do art. 308 do Código Comercial, de aplicação supletiva na espécie.

Entretanto, já ressaltávamos que este era um ponto no qual, em nosso sentir, dever--se-ia proceder a uma revisão legislativa para melhor dispor sobre a questão. Confessá-vamos nossa simpatia à ideia de o menor poder vir a integrar o corpo social da socieda-de. Esse sentimento registrado resultava da análise, no exercício de nossa advocacia, dos anseios dos próprios sócios que costumam pretender, em grande número, garantir seus eventuais sucessores na sociedade, ainda que menores. Porém, a lei deveria vir a dispor de forma a não permitir ficasse o menor vulnerável no contexto societário. Para a sua participação ser admitida impenderia que o capital estivesse inteiramente integralizado e que se lhe fosse vedada a administração da sociedade. Mas não é só. Deveria, na hi-pótese de elevação do capital social, exigir a sua imediata integralização quando o menor compusesse a sociedade, visto que a subscrição de quotas gera para ele situação distinta da gerada na subscrição de ações, em que não há risco de vir a responder pela mora ou inadimplemento de outro sócio. Esse era nosso posicionamento.

O Código Civil de 2002, originariamente, não enfrentou a situação, fato esse que regis-tramos, em nossas edições anteriores, ser de inefável frustração. Mas, ainda à luz daquele ambiente legislativo irrompido com o atual Código, concluíamos que não mais existia óbice legal ao ingresso do menor, na medida em que o Código Civil, ao revogar quase por inteiro o Código Comercial, derrogou a disposição (art. 308) da qual resultava a proibição de o menor, em decorrência de sucessão *mortis causa*, poder ingressar na sociedade.

Portanto, apesar da deficiência verificada na regulamentação da matéria, sustentá-vamos poder o menor, após a vigência do Código Civil, ingressar na sociedade, por ato *inter vivos* ou *causa mortis*, contanto que devidamente representado ou assistido, esti-vesse o capital integralizado e não exercesse a gestão da sociedade.

Suprindo aquela omissão originária, a Lei n. 12.399/2011 acresceu um § 3º ao art. 974 do Código Civil (técnica legislativa pouco refinada, porquanto o art. 974 cuida do empresário individual e o § 3º trata do sócio, figuras inconfundíveis no direito de em-presa), para dispor que o Registro Público de Empresas Mercantis, a cargo das Juntas Comerciais, deverá registrar contratos ou alterações contratuais de sociedade que envol-vam sócio incapaz, desde que atendidos, de forma conjunta, os seguintes pressupostos:

---

[69] No Capítulo 9 da citada obra, defendíamos o sistema da aplicação supletiva do Código Comercial à Lei da Sociedade Limitada – ob. cit., p. 106.

a) o sócio incapaz não pode exercer a administração da sociedade; b) o capital social deve ser totalmente integralizado[70]; e c) o sócio relativamente incapaz deve ser assistido e o absolutamente incapaz deve ser representado por seus representantes legais. Desse modo, a lei consagrou o posicionamento que a doutrina já vinha definindo de poder o menor ostentar o *status socii*, conferindo segurança jurídica a essa situação.

Contudo, na hipótese de aumento do capital, ante o silêncio da lei, cenário no qual o menor poderá ficar vulnerável, deve-se, em nossa visão conceitual, inspirada no princípio de proteção dos incapazes, promover-se a imediata integralização do capital subscrito por parte de todos os sócios.

Não estando o capital integralizado, somente poderá o menor ingressar ou permanecer na sociedade mediante autorização judicial, após o exame das circunstâncias e dos riscos, dentro do mesmo espírito prescrito no Código para a continuação da empresa pelos incapazes (art. 974, na hipótese aplicável analogicamente). Dita autorização poderá, a qualquer tempo, ser revogada, diante de novas circunstâncias que venham a justificá-la, ouvidos os pais ou tutores do menor.

Na sociedade limitada unipessoal, esses mesmos parâmetros devem ser seguidos quando o sócio for menor incapaz.

7.10.8. *TRANSFERÊNCIA DE QUOTAS DE ASCENDENTE PARA DESCENDENTE*

Interessante problema a enfrentar é a questão da validade de cessão de quotas de ascendente para descendente, sem consentimento dos demais.

Sustentava-se em favor da cessão de quotas sem a necessidade dessa anuência, que a antiga regra do art. 1.132 do Código Civil não seria aplicável às cessões de quotas de sociedade limitada, visto que a hipótese dessa transferência estaria afeta ao direito comercial, sendo inaplicável a citada regra do digesto civil.

Como expusemos em nossa obra[71], parecia-nos frágil o argumento. Nessa convicção, afirmávamos:

---

[70]   O regramento do indigitado § 3º do art. 974 é de cunho geral, aplicando-se, pois, aos demais tipos societários de natureza contratual. E, assim o sendo, a exigência do capital integralizado é inócua, sob o prisma da proteção do menor, no âmbito das sociedades em nome coletivo e em comandita simples, nessa última no que se refere aos sócios comanditados. Isso porque, os sócios da sociedade em nome coletivo e os comanditados sempre responderão pessoal, subsidiária, solidária e ilimitadamente pelas dívidas sociais. Mesmo em relação aos sócios comanditários, a questão não se ajusta à boa técnica, porquanto estes respondem limitadamente à integralização das respectivas quotas de capital. Estas é que devem estar integralizadas. O legislador, como se vê, generalizou uma matéria que tinha pertinência na discussão travada no bojo da sociedade limitada.

[71]   Ob. cit., p. 107-108.

Tenho, assim, perfeitamente aplicável a regra do art. 1.132 do Código Civil para disciplinar a cessão de quotas de ascendente, até porque o seu fim é o de proteger a legítima, evitando a transferência de patrimônio de ascendente a descendente, ainda que sob a forma de cotas sociais. Portanto, tal qual se tem na compra e venda em geral, o ascendente somente poderá ceder suas quotas ao seu descendente com expresso consentimento dos outros. Do contrário, permitir-se-ia que um pai, querendo favorecer um filho em detrimento dos demais, convertesse seu patrimônio em quotas sociais, transferindo-as livremente a esse filho. A lei estaria, assim, sendo burlada, consagrando-se a fraude.

Adequada, portanto, foi a decisão do Superior Tribunal de Justiça[72], por sua 3ª Turma, no julgamento do Recurso Especial n. 38.813-9/MG, na qual, por maioria de votos (três a dois), ficou assentado:

> Sociedade comercial. Transferência de cotas de ascendente a descendente. Proibição. O disposto no art. 1.132 do Cód. Civil, cuja finalidade é evitar sejam desigualadas as legítimas, conquanto diga respeito à compra e venda ("Os ascendentes não podem vender aos descendentes, [...]"), aplica-se a situações jurídicas assemelhadas a esse contrato, tal como a transferência de cotas. Recurso Especial conhecido e provido.

Diante do Código Civil de 2002, parece-nos, de vez, consolidada a visão. Com a unificação do direito obrigacional, aliada à inclusão do direito de empresa no Código Civil, tendo-se uma unidade sistemática, não pode haver qualquer insegurança em afirmar a proibição da cessão de cotas por ascendentes a descendentes, sem o consentimento dos demais. Pela regra do art. 496 do Código Civil, além do assentimento dos descendentes, exige-se expresso consentimento do cônjuge do cedente, dispensado somente no caso de o regime de bens ser o da separação obrigatória. Desse modo, será anulável a cessão de cotas implementada por ascendente a descendente, salvo se os outros descendentes e o cônjuge do alienante expressamente houverem consentido. O vocábulo "venda", empregado no texto legal, deve ser entendido não no sentido literal da linguagem, mas ser interpretado de forma extensiva para albergar situações análogas e assemelhadas, como cessão ou transferência de cotas. Estar-se-á, portanto, coibindo a fraude, obstando a transmissão de patrimônio de ascendente a descendente, mascarado sob a forma de cota social.

7.10.9. *SOCIEDADE ENTRE CÔNJUGES*

A abordagem da celebração de contrato de sociedade entre cônjuges foi por nós realizada no item 3.3.9 do Capítulo 3, no qual procuramos esgotar a matéria. Por isso, remetemo-nos aos termos ali alinhavados.

Cumpre-nos aqui reafirmar a aplicação do preceito do art. 977 do Código à sociedade limitada, facultando aos cônjuges contratar sociedade, entre si ou com terceiros,

---

[72] *RSTJ* 83/151, jul. 1996.

SOCIEDADE LIMITADA

desde que não tenham casado sob o regime da comunhão universal ou no da separação obrigatória. Isso porque o assunto guarda visceral ligação com a natureza contratual da sociedade, consistindo em tema afeto à sua constituição.

7.10.10. *SOBREVIDA DA SOCIEDADE COM UM ÚNICO SÓCIO E ADOÇÃO DA UNIPESSOALIDADE SUPERVENIENTE*

A regra que historicamente se fazia presente no Direito societário brasileiro era a de que as sociedades empresárias deveriam contar com a existência de um mínimo de dois sócios para poderem ser regularmente constituídas.

Se no transcurso da existência social viesse a sociedade a ficar com um único sócio, fosse em função de falecimento, recesso ou exclusão, o caminho natural seria o da sua dissolução.

No entanto, em razão da empresa por ela desenvolvida – resultante da reunião de capital, trabalho e tecnologia, devidamente organizados para a realização de atos com a finalidade de lucro –, ganhou corpo a defesa da sobrevida da sociedade durante um determinado período de tempo, a fim de ser recomposto o mínimo legal de dois sócios, evitando o desaparecimento da empresa, em função da dissolução e consequentes liquidação e extinção da pessoa jurídica, sua titular.

A empresa, atividade economicamente organizada exercida profissionalmente pelo empresário, no caso a sociedade, é resultante da conjugação de diversos fatores econômicos e sociais que justificam a sua preservação. Essa unidade organizada de produção é fonte geradora de empregos, tributos e da produção ou circulação de bens e serviços para o mercado, sendo, assim, propulsora de desenvolvimento.

A Lei das Sociedades Anônimas de 1976 (Lei n. 6.404), além de reduzir de sete para dois o número mínimo de acionistas, já havia avançado na matéria, estabelecendo, em seu art. 206, I, *d*, que se dissolve a companhia pela existência de um único acionista, verificada em assembleia geral ordinária, se o mínimo de dois não for reconstituído até a do ano seguinte. Consagrou-se, com isso, legislativamente, a sobrevida da sociedade anônima, quando verificada a existência de um único sócio, preservando-se a empresa por ela desenvolvida. Na Lei do Anonimato, a unipessoalidade superveniente e temporária convive com a unipessoalidade permanente, presente na subsidiária integral, disciplinada em seu art. 251, a qual pode ser constituída, mediante escritura pública, tendo como único acionista sociedade brasileira. Para as sociedades por ações, esse é o regramento a ser observado, o qual permanece em pleno vigor.

Imbuída desse espírito, emergiu a orientação do Código Civil de 2002 (art. 1.033, IV) para as sociedades contratuais em geral[73], preconizando o estabelecimento de um prazo de

---

[73] A sociedade simples, apesar de não explorar a empresa, também foi favorecida por essa norma, pois igualmente realiza atividade econômica, caracterizando-se como agente eco-

180 dias para a recomposição da pluralidade de sócios, caso o seu número viesse a ser reduzido a um, não havendo, pois, a imediata dissolução de pleno direito da pessoa jurídica. No entanto, o dispositivo restou revogado pela Lei n. 14.195/2021 (art. 57, XXIX, *d*)[74].

Particularizando o tema na sociedade limitada, a disciplina do inciso IV do art. 1.033 do Código Civil já não mais a ela se aplicava, por força da consagração legislativa da sociedade limitada unipessoal permanente, ou seja, não temporária, resultado da inclusão dos §§ 1º e 2º no art. 1.052 do Código Civil, promovida pela Lei n. 13.874/2019[75].

A partir da introdução dos acima aludidos §§ 1º e 2º no art. 1.052, ficando a sociedade com um único sócio, pode-se recompor a pluralidade ou adotar a unipessoalidade, passando ela, assim, a ser uma sociedade limitada unipessoal.

Ainda que a hipótese ensejadora da unipessoalidade não exija a alteração e a adaptação do contrato social à nova modalidade de ato constitutivo – *e.g.*, falecimento do sócio –, preferencialmente, para fins de clareza e publicidade, é recomendável a sua realização, trazendo essa declaração, muito embora a sua ausência deva traduzir adoção implícita ou tácita do modelo unipessoal.

Por tal razão é que não havia a necessidade da revogação do prefalado inciso IV, o que acabou por vulnerar a sociedade simples pura e a sociedade em nome coletivo, as quais permanecem ainda disponibilizadas pelo ordenamento. As sociedades em comandita simples não foram impactadas pela revogação, eis que permanece vigente a regra especial do inciso II do art. 1.051.

Em resumo, se no decorrer da vida social a sociedade limitada pluripessoal passar a contar com apenas um único sócio, este poderá seguir uma das seguintes direções: (i) adoção da unipessoalidade superveniente ou derivada pela antiga sociedade limitada pluripessoal, o que se dará de modo automático; (ii) recompor a pluralidade social,

---

nômico, gerador de empregos, tributos e serviços, e fomentando, desse modo, o desenvolvimento econômico e social. Mas, reitere-se, a proposição de uma sobrevida à pessoa jurídica veio, historicamente, sempre arrimada no desiderato da preservação da empresa. Nesse ambiente é que se viu editar a regra da alínea *d* do inciso I do art. 206 da Lei n. 6.404/76 e a evolução da construção pretoriana sobre o tema, estendendo aquela regra para as sociedades limitadas, em face da ausência, até o advento do Código Civil de 2002, de dispositivo específico.

[74] Acerca do impacto da aludida revogação no âmbito das sociedades simples puras, em nome coletivo e em comandita simples, confiram-se o item 6.11.5 do Capítulo 6 e os Capítulos 8 e 9.

[75] De acordo com a nota III da Seção I do Capítulo II do Manual de Registro da Sociedade Limitada, que funciona como Anexo IV da Instrução Normativa DREI n. 81/2020, "não se aplica às sociedades limitadas, que estiverem em condição de unipessoalidade, o disposto no inciso IV do art. 1.033 do Código Civil".

admitindo novo(s) sócio(s); ou (iii) decidir pela sua dissolução total, caso não queira permanecer com a exploração da empresa por quaisquer das formas antes elencadas.

A dissolução total da sociedade limitada apresenta-se, portanto, como uma das opções conferidas ao sócio remanescente, uma vez que a unipessoalidade, repita-se, passou a ser consequência direta e automática para a limitada pluripessoal, que superveniente fique com a sua composição reduzida a um único sócio.

Fique claro que, em qualquer dos quadros descritos em que não ocorra a dissolução total, ao sócio que se retirou, restou excluído, ou aos sucessores do sócio falecido será, conforme o caso, assegurado o recebimento dos haveres devidos, ante a resolução de suas quotas.

7.10.11. *RETIRADA DE SÓCIO*

O despedimento do sócio pode se dar de forma consensual, acordando as partes a saída daquele e o montante a lhe ser pago a título dos haveres que detém na sociedade. Nesse caso, a despedida far-se-á com a alteração do contrato social, para dele retirar o sócio que deixa de integrar o corpo social, podendo haver ou não a redução do capital, uma vez que os sócios remanescentes poderão tomar para si as cotas daquele que se desliga. O desligamento poderá, ainda no plano negocial, também se perfazer mediante a cessão de suas quotas, observando o que a respeito dispuser o contrato social e, na sua omissão, o art. 1.057 do Código Civil de 2002, por nós já comentado neste Capítulo (item 7.9.9), não implicando a medida, necessariamente, alteração contratual.

Não havendo a despedida negocial, abre-se ao sócio dissidente, que não mais pretende permanecer associado, a possibilidade do exercício de seu direito de recesso ou de retirada[76], que compreende o desfazimento (ou, nas palavras do Código Civil, a resolução) do vínculo societário que o mantém unido em sociedade aos demais sócios, por meio de sua declaração unilateral de vontade. Nessas condições, ante o exercício do recesso, o sócio liberta-se do vínculo contratual, resultando a obrigação de a pessoa jurídica reembolsar-lhe nos seus haveres, ou seja, de indenizá-lo no valor de sua participação societária.

É assegurado ao sócio, pelo art. 1.029 do Código Civil[77] – de aplicação compulsória à sociedade limitada, visto sua implicação na resolução, ainda que parcial, do contrato de

---

[76] Para nós, as expressões "direito de recesso" ou "de retirada" são sinônimas. Querem refletir a despedida do sócio da sociedade por sua iniciativa. Registre-se, entretanto, que há quem prefira distinguir. O direito de recesso traduziria apenas a despedida motivada; o direito de retirada, a saída imotivada.

[77] No Capítulo 6, item 6.11.2, já fizemos abordagem do preceito em questão, remetendo-nos aos termos ali expostos, em complementação aos comentários formulados no item presente.

sociedade em relação ao sócio dissidente –, o direito de, além dos casos previstos na lei ou no contrato, poder retirar-se da sociedade, sempre que lhe aprouver (sociedade com prazo indeterminado) ou for verificada justa causa (sociedade com prazo determinado).

Sendo a sociedade limitada uma sociedade de pessoa-contratual, em que a figura do sócio tem papel preponderante não só na sua formação, mas também durante toda a sua vida e evolução, são elas constituídas, em essência, *cum intuitu personae* – *vide* item 7.8 deste Capítulo –, razão pela qual a desinteligência entre seus membros, quando torna insustentável a vida em sociedade, provocando a ruptura da *affectio societatis*, justifica a retirada do dissidente.

A *affectio societatis*, como condição de existência do contrato de sociedade, por traduzir a vontade coletiva dos sócios de permanecerem unidos em sociedade, suportando as áleas comuns, na conjugação de seus esforços e recursos, uma vez desaparecendo, legitima a dissolução parcial da pessoa jurídica, que se resolve, assim, em relação ao divergente do curso imprimido aos negócios sociais pela maioria.

Não é a *affectio societatis* uma condição que se deva enxergar como ultrapassada. Cumpre visualizá-la conceitualmente amoldada à evolução do direito societário contemporâneo, para compreender as suas exatas dimensão e importância para a configuração do vínculo social – e seu desfazimento – no universo das sociedades contratuais. Traduz-se, portanto, como anotamos no item 3.2 do Capítulo 3, pela vontade manifesta dos sócios de se unirem por um vínculo societário, realizando colaborações voluntárias, conscientes e ativas para a consecução de propósitos comuns, atinentes à realização do fim social. Revela-se pela convergência dos interesses comuns, motivados por uma razão de grupo: geração e participação nos lucros sociais.

Mas o direito de retirada deverá ser exercitado em atenção à forma de contratação da sociedade.

Firmando-se a sociedade com prazo indeterminado de vigência, o recesso poderá ser viabilizado mediante singela notificação aos demais sócios, por via judicial ou extrajudicial, por meio da qual o dissidente emita claramente sua vontade de desfazer-se do vínculo, com antecedência mínima de sessenta dias, não sendo necessário, porque a lei não exige, declarar justa causa para o ato. Na verdade, não se lhe impõe que justifique ou decline a causa de sua iniciativa, em atenção ao princípio de que ninguém é obrigado a manter-se contratado, contrariamente à sua vontade, por prazo indeterminado. Por simples manifestação unilateral de sua vontade, o sócio libera-se do vínculo contratual. O Código de Processo Civil de 2015 criou uma nova notificação (art. 605, II): a da sociedade. Essa notificação tem por escopo específico fixar a data de corte, ou seja, a data que será considerada como a data de saída do sócio retirante para exclusivamente definir a data que orientará a apuração de seus haveres (cf. item 7.12 deste Capítulo). Assim, a notificação ou as notificações aos demais sócios contempladas na primeira parte do *caput* do art. 1.029 do Código Civil – regra não revogada pelo Código de Processo Civil – ficam com o propósito de determinar a data de saída do sócio para a liberação de sua obrigações e a cessação dos direitos decorrentes do *status socii*, bem como para dar início à fluência do prazo de trinta dias para que os sócios decidam pela dissolução total da sociedade, diante da retirada formalizada.

Ajustada a sociedade com prazo determinado, a solução será diversa. O seu recesso dependerá de ação judicial, em que deverá, para lograr êxito em sua pretensão, provar justa causa. No seu rol incluímos, sem prejuízo da concorrência de outras, a serem verificadas no caso concreto, dentro do princípio do livre convencimento do juiz, a hipótese da ruptura da *affectio societatis*, antes abordada, cujo desaparecimento justifica a dissolução da sociedade, ainda que parcialmente, em relação ao dissidente, por verificada a inexequibilidade do fim social (art. 1.034, II), ante a ausência de um dos pressupostos, ao lado da pluralidade de sócios, da existência do contrato de sociedade. Basta haver a quebra da *affectio societatis*, em função de o sócio discordar da forma de condução dos negócios sociais determinada pela maioria, para legitimar o exercício de seu direito de recesso. Nas sociedades de pessoa-contratual é o fato suficiente para assegurar a configuração da causa justificadora da manifestação do direito de retirada por parte do dissidente. A sentença, ao reconhecer a causa justa, irá decretar a dissolução parcial, garantindo a saída do sócio, sendo, a partir do seu trânsito em julgado, devidos os seus haveres pela pessoa jurídica.

Diversamente se tem nas sociedades tipicamente de capital, com natureza institucional, nas quais se relega a figura do sócio a um plano secundário, sendo levada em consideração para sua criação e funcionamento a capacidade de contribuição dos sócios para a formação do capital social. Naquelas sociedades de capital, a lei limita as hipóteses de recesso, não autorizando o simples desaparecimento da *affectio societatis*. Mas mesmo em relação às sociedades anônimas de capital fechado, quando de seu contexto resultar o caráter *intuitu personae*, caberá, como sustentado no item 3.3.7.2 do Capítulo 3, a sua dissolução parcial, motivada pelo fim da *affectio societatis*.

Em suma, seja a sociedade limitada contratada por prazo determinado ou indeterminado, tem o sócio dissidente o direito de dela se afastar, mediante o exercício de seu direito de recesso, nas condições desenhadas no art. 1.029, o que implicará o reembolso, o pagamento de seus haveres por parte da pessoa jurídica, devedora dessa rubrica, que se dissolve parcialmente. A apuração, como regra, far-se-á por meio de balanço especial de determinação, refletindo a posição patrimonial da sociedade à época da verificação do recesso, conforme veremos detalhadamente em tópico mais à frente – item 7.12.

Contratada a sociedade com prazo indeterminado, possibilita-se, reitere-se, nos trinta dias seguintes à notificação da retirada, que os demais sócios optem pela dissolução integral da sociedade (parágrafo único do art. 1.029).

Nas situações de recesso contempladas no art. 1.077 do Código Civil, ou seja, modificação do contrato social, fusão da sociedade, incorporação de outra, ou dela por outra, o seu exercício se fará da forma nele preconizada, independentemente do prazo de vigência da sociedade. Portanto, dissentindo o sócio de uma daquelas deliberações, poderá retirar-se da sociedade, manifestando essa vontade dentro dos trinta dias subsequentes à reunião ou assembleia de sócios que aprovou o ato de discórdia (prazo esse de natureza decadencial, cumpre registrar). Havendo previsão contratual de regência supletiva pelas normas da sociedade anônima, pode o órgão de administração, nos dez dias seguintes ao término do prazo fixado para o recesso (trinta dias subsequentes à reunião ou assembleia), convocar novo conclave dos sócios para ratificar ou reconsiderar a deliberação, se entender que o pagamento do valor do reembolso porá em risco estabilidade financeira da sociedade (§ 3º do art. 137 da Lei n. 6.404/76).

O não atendimento, por parte da sociedade, do recesso exercitado nos moldes do preceito referenciado fundamenta o pedido de declaração judicial de seu reconhecimento, com a apuração judicial dos haveres do retirante, considerados no momento do exercício daquele direito não observado, que consiste no dia do recebimento pela sociedade da notificação enviada pelo sócio dissidente (data de resolução). Nesse caso, a sentença irá apenas declarar o recesso já verificado e não respeitado pela sociedade, condenando-a ao pagamento do correspondente reembolso. A situação é diversa, portanto, daquela em que se alega justa causa para a retirada, que deve ser reconhecida em juízo, a fim de ensejar a liberação, por sentença, do sócio na sociedade contratada por prazo determinado. Por isso, as naturezas das decisões são distintas e, diferentes também, os momentos para o cômputo dos haveres.

A regra prevista no art. 1.077 consiste, portanto, em hipótese especial de retirada que a lei erigiu para as sociedades limitadas (direito potestativo, essencial – pois nem o contrato, nem o conclave dos sócios podem privar o seu exercício – e irrenunciável do sócio). A sua especialidade resulta do fato de ser uniformemente aplicável às sociedades contratadas por prazo determinado ou indeterminado de vigência e de se implementar de modo específico: nos trinta dias subsequentes à assembleia ou à reunião em que foi tomada a deliberação da qual dissentiu o retirante. A sua previsão legal não exclui o recesso preconizado no art. 1.029, que traduz hipótese geral ou ordinária de recesso, também representando um direito individual, potestativo e irrenunciável. Como se sustentou, ele se aplica irrestritamente às sociedades limitadas, independentemente, pois, do modo de sua regência supletiva, porquanto envolve matéria de resolução do contrato de sociedade. As normas são complementares e coexistentes. Tanto assim o é, que o próprio texto normativo do art. 1.029 dispõe que, "além dos casos previstos em lei ou no contrato, qualquer sócio pode retirar-se da sociedade [...]". Destarte, a par dos casos que configuram a hipótese especial de recesso do art. 1.077, qualquer sócio da limitada pode fazer uso do recesso geral ou ordinário consubstanciado no art. 1.029, em razão do caráter contratualista que lhe dá estrutura[78 e 79].

A retirada não exonera o retirante de responder pelas obrigações sociais anteriores ao ato, até dois anos após a averbação, no registro, da resolução da sociedade; nem pelas posteriores, e em idêntico prazo, enquanto não se requerer tal averbação (art. 1.032). Pode-se, pois, afirmar que a retirada não exonera o ex-sócio, nas condições acima, da responsabilidade solidária pela integralização do capital social. Mas somente os credores por valores anteriores à retirada ou anteriores ao requerimento da averbação é que fazem jus ao pagamento do que for exigido do sócio que se afastou.

7.10.12. *EXCLUSÃO DE SÓCIO*

Conforme expusemos no item 6.11.3 do Capítulo 6 desta obra – a cujos termos integrais remetemos o leitor, em complementação ao aqui articulado –, a exclusão do sócio, nas sociedades contratuais em geral, obedece à seguinte ordenação: a) o sócio remisso, por iniciativa da maioria dos demais sócios, poderá ser expulso da sociedade, expulsão essa que poderá realizar-se de forma extrajudicial; b) o sócio declarado falido ou civilmente insolvente, na forma das respectivas leis de regência, bem como o sócio cuja quota for liquidada nos termos do parágrafo único do art. 1.026 do Código Civil, serão, de pleno direito, excluídos da sociedade, exclusão essa que se dará, portanto, no plano extrajudicial; c) o sócio que, por falta grave no cumprimento de

---

[78] Esse tem sido o entendimento que prevalece na doutrina. Nesse sentido: Jorge Lobo (ob. cit., p. 228 e 231-232), José Waldecy Lucena (*Das sociedades limitadas*, 6. ed., Rio de Janeiro: Renovar, p. 699), Manoel de Queiroz Pereira Calças (*Sociedade limitada no novo Código Civil*. São Paulo: Atlas, 2003, p. 180 e 184), Marlon Tomazette (*Curso de direito empresarial – teoria geral e direito societário*. 3. ed., 1º v., São Paulo: Atlas, 2011, p. 372) e Sérgio Campinho e Mariana Pinto (*O recesso na sociedade limitada*, in *Sociedade limitada contemporânea*. Coordenadores: Luís André N. de Moura Azevedo e Rodrigo R. Monteiro de Castro. São Paulo: Quartier Latin, 2013, p. 115-153). Em sentido contrário, sustenta Tavares Borba, para quem as hipóteses de recesso estão limitadas ao conteúdo do art. 1.077 (ob. cit., p. 128). Em posição intermediária situa-se Fábio Ulhoa Coelho, deduzindo que, se a sociedade foi regida subsidiariamente pelas regras da sociedade simples, tem incidência o disposto no art. 1.029; contudo, se for aplicada subsidiariamente a lei das sociedades anônimas, o recesso estaria restrito às situações do art. 1.077 (ob. cit., 14. ed., 2. v., p. 448-449).

[79] A jurisprudência do Superior Tribunal de Justiça tem sido desenhada no sentido de se admitir a aplicação do art. 1.029 às sociedades limitadas. Nesse curso, confiram-se o Recurso Especial n. 1.602.240/MG, relatado pelo Ministro Marco Aurélio Bellizze e julgado à unanimidade pelos integrantes da 3ª Turma em 6-12-2016, e o Recurso Especial n. 1.403.947/MG, relatado pelo Ministro Ricardo Villas Bôas Cueva e julgado à unanimidade pelos integrantes da 3ª Turma em 24-4-2018.

suas obrigações legais ou contratuais ou, ainda, o declarado incapaz por fato superveniente, poderão ser excluídos por iniciativa da maioria dos demais sócios, mas a expulsão far-se-á judicialmente.

A exclusão se realiza sem o consentimento do excluído e, em alguns casos, contra a sua própria vontade, visto que, apesar de entrar em colisão com os demais sócios, não tem o desejo imediato de despedir-se da sociedade.

No cenário das sociedades limitadas, veio permitir o Código uma outra modalidade de exclusão extrajudicial (art. 1.085), consistente na possibilidade de a maioria social, representativa de mais da metade do capital, entender que um ou mais sócios minoritários estão colocando em risco a continuidade da empresa pela pessoa jurídica exercida, em razão de atos de inegável gravidade. Poderá essa maioria, mediante alteração do contrato social levada a registro, imprimir a resolução da sociedade em relação ao sócio ou sócios minoritários. Todavia, exige-se, para poder a exclusão assim se viabilizar, que no ato constitutivo conste previsão da possibilidade de expulsão, no plano extrajudicial, do sócio por justa causa.

A exclusão, entretanto, deverá obedecer à forma prescrita em lei. Assim, salvo nas sociedades constituídas por apenas dois sócios, somente poderá ser determinada em reunião ou assembleia especialmente convocada e instalada para esse fim, com prévia ciência do acusado, em tempo hábil, de modo a permitir o seu comparecimento e o exercício de seu direito de defesa.

Em sociedades compostas por apenas dois sócios, não há mais a necessidade de assembleia ou reunião, a partir da alteração implementada pela Lei n. 13.792/2019 no parágrafo único do art. 1.085. O sócio titular de mais da metade do capital social poderá excluir o outro sócio – minoritário – mediante o arquivamento da correspondente alteração contratual, na qual deverá declinar os motivos caracterizadores da justa causa que justificam o ato de expulsão. Mas permanece a exigência de que haja previsão anterior, na versão originária do contrato social ou em alteração arquivada, da possibilidade da exclusão extrajudicial por justa causa.

Admite-se o despedimento compulsório do sócio pela maioria, como forma de assegurar a harmonia social, necessária para que a sociedade possa desenvolver a sua empresa. Verificada a desinteligência grave e irremediável entre os sócios, comportando-se um deles de forma a prejudicar o desenvolvimento das atividades da sociedade, pondo em risco a empresa, pode a maioria excluí-lo, pagando os seus respectivos haveres. A medida se justifica como instrumento de sobrevivência da sociedade e da continuidade da empresa, que não pode sofrer danos em razão de conflitos entre os sócios.

A exclusão não é, pois, um ato discricionário da maioria, estando vinculada a uma justa causa, reveladora do comprometimento do dever de lealdade do sócio com os interesses sociais. Deve ser constatada uma falta grave no cumprimento desse dever, para se justificar essa forma de expulsão. Não basta alegar a simples quebra da *affectio societatis*. No entanto, não nos pareceu proficiente a previsão da necessidade de convocação de reunião ou assembleia com a presença do excluído, a fim de que possa manifestar, querendo, o seu direito de defesa. Não nos sensibiliza o argumento explicitado por Miguel Reale e referendado no Relatório Final do relator do projeto de lei que redundou no atual Código, apresentado à Comissão Especial de Reforma, segundo o qual, por força de dispositivo constitucional que proíbe seja alguém privado dos seus bens sem o devido processo legal e o devido contraditório, foi assegurado ao sócio que está para ser excluído "o direito de defesa, de maneira que o contraditório se estabeleça no seio da sociedade e depois possa continuar por vias judiciais". Primeiro, porque não se verifica na espécie privação de bens, uma vez que o excluído receberá os valores a que faz jus em decorrência de sua participação societária. Apenas perde a condição de sócio. Segundo, porque as garantias do contraditório e da ampla defesa ficam preservadas, caso o excluído queira questionar o ato judicialmente. Em função de nossa experiência nas atuações judicial e extrajudicial em contendas societárias, temos que a realização de assembleia ou reunião em nada contribuirá para o aprimoramento do instituto da exclusão. Ao revés, será mais uma fonte de perpetração de disputas, estimulando o enfrentamento dos querelantes, sem as garantias, as seguranças e os fatores inibidores que o processo judicial assegura àquele que deseja exercer o seu direito de defesa.

Ao sócio excluído, na forma do art. 1.085, assiste postular a anulação da alteração contratual, comprovando a ausência de causa justificadora para sua exclusão. A matéria, portanto, sempre ficará adstrita ao controle judicial, bastando a provocação por parte do minoritário excluído. Poderá, outrossim, pretender a declaração da nulidade do ato, quando preteridas as formalidades legais para sua implementação pela maioria, como, por exemplo, na falta de sua ciência, em tempo hábil, da realização do conclave de sua expulsão.

Decidida a exclusão pela maioria representativa de mais da metade do capital social, deverá ser realizada a apuração dos haveres do sócio excluído, calculados, em regra, com base em balanço especial de determinação que reflita a posição patrimonial da sociedade à época da verificação do evento. Sobre o tema nos debruçamos em tópico específico – item 7.12.

Não havendo previsão contratual legitimadora do procedimento de exclusão extrajudicial por justa causa, a expulsão será necessariamente judicial. À maioria dos demais sócios (maioria do capital representado pelas quotas dos demais sócios) caberá decidir sobre a propositura da ação de dissolução parcial da sociedade para veicular a providência (art. 1.030). Mas aqui também não basta a simples ruptura da *affectio societatis*, sendo imprescindível demonstrar a falta grave no cumprimento de suas obrigações, consoante já pontuado no item 6.11.3 do Capítulo 6.

A pretensão de exclusão de sócio majoritário, por parte dos minoritários, em razão de descumprimento do seu dever de lealdade, deverá, igualmente, materializar-se sempre por via judicial. A iniciativa dependerá da vontade da maioria dos minoritários, computada segundo suas participações no capital (art. 1.030)[80].

Não se pode deixar de anotar que, em qualquer das hipóteses de exclusão, seja realizada na esfera judicial ou na esfera extrajudicial, a sociedade somente se dissolverá parcialmente, operando-se, assim, na dicção do Código Civil, a sua resolução em relação ao sócio afastado. Preserva-se, portanto, a permanência da sociedade, em apreço à empresa por ela explorada.

O sócio excluído, tal qual se verifica em relação ao que se retira, não fica liberado da responsabilidade pelas obrigações sociais anteriores ao despedimento, o que se estende até dois anos após a respectiva averbação na Junta Comercial. Igualmente, responderá o excluído pelas obrigações posteriores, pelo mesmo período de dois anos, enquanto não veiculada a averbação (art. 1.032).

7.11. DISSOLUÇÃO DA SOCIEDADE

Consoante já articulado no item 6.11.5 do Capítulo 6, a dissolução da sociedade traduz-se na verificação de uma causa que dará início ao processo de sua extinção, a qual, uma vez ultimada, marca o fim de sua personalidade jurídica, adquirida a partir do arquivamento do seu contrato social. Dessa feita, verificada a causa dissolutória, proceder-se-á à liquidação do ativo social, visando ao pagamento do passivo da sociedade, com a eventual partilha do acervo remanescente entre os sócios. Ultimada a fase de liquidação, com a aprovação das contas do liquidante, deve-se prosseguir com a realização dos atos complementares de arquivamento da ata de liquidação ou do instrumento de encerramento da liquidação firmado pelos sócios, com a correspondente publicação. Assim, a pessoa jurídica restará extinta[81].

Desse modo, o processo para pôr fim à existência legal da sociedade limitada, assim como nas sociedades em geral, é dotado de três distintas etapas, cada uma delas muni-

---

[80]   Nesse sentido, confira-se a decisão unânime da 3ª Turma do Superior Tribunal de Justiça, no Recurso Especial n. 1.653.421/MG, em 10-10-2017, que teve como relator o Ministro Ricardo Villas Bôas Cueva.

[81]   A sociedade pode extinguir-se, ainda, com base em outras causas, que não o encerramento da liquidação. É o que ocorre nas hipóteses de fusão, incorporação e cisão total (cf. a abordagem feita no Capítulo 14).

da de um perfil jurídico próprio: a dissolução, a liquidação e a extinção. Por isso é que a sociedade dissolvida conserva a sua personalidade jurídica até a extinção, com o escopo de proceder à liquidação.

O conceito de dissolução obedece, pois, ao desenho dessas três fases. Revela, destarte, uma acepção restrita do emprego do termo à sua função jurídica no direito societário: a ocorrência de uma causa de resolução, de desfazimento do vínculo societário, colocando a sociedade em liquidação, etapa esta consequente àquele rompimento e necessária para se alcançar a extinção, ocasião em que, efetivamente, desaparece a personalidade jurídica, marcando o fim da sociedade.

Mas desde logo cumpre ressaltar que nem sempre a dissolução conduzirá à extinção da pessoa jurídica, porquanto é possível a assembleia ou reunião dos sócios deliberar pela cessação do estado de liquidação.

A dissolução da sociedade limitada pode fazer-se de duas formas: dissolução de pleno direito[82] e dissolução judicial.

A primeira vem preconizada no art. 1.087 do Código Civil de 2002. Assim, dissolve-se *pleno jure* a sociedade: a) pela expiração do prazo de duração, salvo se, vencido este e ante a inexistência de oposição de sócio, não entrar em liquidação a sociedade, quando passará a vigorar por prazo indeterminado; b) pelo consenso dos sócios; c) em face da deliberação dos sócios, por votação correspondente à maioria absoluta do capital, compreendida como aquela que se perfaz pelos votos equivalentes a mais da metade do capital social (art. 1.076, II, com redação atribuída pela Lei n. 14.451/2022)[83]; d) pela extinção, na forma da lei, de autorização para funcionar; e) pela decretação da falência, sendo sociedade empresária.

Torna-se lícito atentar para a impropriedade da inclusão da decretação de falência como causa da dissolução de pleno direito. Na verdade, a falência, como deve ser judicialmente decretada, deveria estar inscrita dentre as hipóteses de dissolução judicial, tal qual o fez a Lei n. 6.404/76 (art. 206, II, *c*). A despeito da disposição codificada, a falência deve ser vista, à luz do que inclusive resulta de sua própria lei de regência (Lei n. 11.101/2005), como hipótese de dissolução judicial.

---

[82] A dissolução de pleno direito nem sempre se fará extrajudicialmente, bastando a resistência de sócio ou sócios à causa invocada para que seja necessário o pronunciamento judicial – *vide* item 6.11.5 do Capítulo 6.

[83] A questão do *quorum* de deliberação para a dissolução será enfrentada, de modo pormenorizado, no item 7.16.6 deste Capítulo, onde se verá que, na limitada, não se faz distinção entre a contratação por prazo determinado ou indeterminado, estando ambas as situações sob um mesmo regime jurídico, por força do art. 1.076, II, com redação determinada pela Lei n. 14.451/2022, c/c art. 1.071, VI.

Apesar da omissão do art. 1.087 do Código de 2002 na referência das hipóteses de dissolução judicial, não temos receio em afirmar que serão elas aquelas dispostas no art. 1.034, tendo em consideração a natureza contratual que cerca a questão do desfazimento do vínculo societário. Dessa maneira, dissolve-se judicialmente a sociedade, a requerimento de qualquer dos sócios, quando anulada a sua constituição, exaurido o fim social ou verificada a sua inexequibilidade.

De aplicação à limitada, pelos mesmos motivos, também a norma do art. 1.035, a qual faculta previsão contratual de outras causas de dissolução de pleno direito, mas que se submeterão à verificação judicial quando contestadas.

Nas situações de retirada, de exclusão ou de falecimento do sócio – quando o contrato não dispuser diferentemente, ou quando os remanescentes não optarem pela dissolução integral da pessoa jurídica, ou, ainda, quando não se regular a sua substituição por seus herdeiros e sucessores –, a regra que se estabelece é a da resolução da sociedade em relação àquele sócio que se retira, é excluído ou falece, o que, na verdade, se traduz na dissolução parcial da sociedade, com a liquidação e o pagamento das quotas a ele pertencentes.

A ideia que resulta das hipóteses legais de dissolução *pleno jure* ou judicial é, em ordem geral, a da dissolução total da sociedade.

Todavia, chamamos atenção para situação especial que se apresenta na dissolução de pleno direito: a dissolução pela deliberação da maioria absoluta do capital, nas sociedades por prazo indeterminado ou determinado de vigência.

Sustentamos, na espécie, o desenvolvimento de raciocínio no sentido de poderem os minoritários vencidos opor-se, judicialmente, à vontade da maioria qualificada, ainda que nela se vislumbre a figura do controlador, pretendendo, destarte, a dissolução tão somente parcial da sociedade, propondo-se a indenizar os majoritários (controladores ou não). A figura da dissolução parcial, nesse sentido, conspiraria para a consagração do moderno mandamento da preservação do ente jurídico e da empresa por ele desenvolvida. Repele-se, pois, como regra de princípio, a imperatividade da dissolução total por vontade dos sócios, quando não marcada pela unanimidade. Deve-se abrir ensejo à minoria decidir pela continuidade da empresa, mantendo-se a pessoa jurídica, desde que se comprometa a indenizar os majoritários em seus haveres respectivos. A solução atenderia a todos, na medida em que os titulares da maioria do capital que decidiram pela dissolução não sofreriam qualquer prejuízo, sendo-lhes garantido aquele pagamento, sem qualquer ordem de sanção. Não se pode legitimar a dissolução integral da sociedade pela vontade individualista e egoísta da maioria. Não se deve fulminar a empresa, ainda viável pelo desejo de nela prosseguirem os sócios minoritários, pelo simples capricho dos majoritários. Não se exaurindo o fim social, ou não se mostrando inexequível, justifica-se, em princípio, abrir a possibilidade de os minoritários prosseguirem na sociedade.

Em suma, quando a vontade da maioria for a de dissolver sociedade ainda viável, antepondo-se a essa vontade os sócios minoritários, que desejam dar prosseguimento às atividades sociais, não vemos como fazer prevalecer o intento dos sócios majoritários. A força que se deve conceder à deliberação majoritária do capital é para preservar a sociedade e sua empresa, não se justificando para extingui-la, quando ainda pode ser preservada por obra da minoria. Não deve esse princípio de prevalência da vontade da maioria sair vitorioso para dissolver a sociedade, quando existirem sócios ou sócio, ainda que de participação minoritária, pretendendo sua continuidade, com plenas condições de pagar os haveres dos demais sócios. Constitui um dos postulados do direito privado contemporâneo a separação entre empresa e empresário, com a garantia da continuidade daquela, independentemente dos eventuais conflitos e vicissitudes que afetam esse último. Por tais razões é que a regra merece ser temperada.

A tese, dentro de outra latitude, já vinha sendo por nós sustentada em aulas e em nossa dissertação sobre a sociedade limitada[84]. Nessa perspectiva já vínhamos apregoando poderem os sócios representantes da minoria social, em ação de dissolução total promovida pelos representantes da maioria do capital, pretender a dissolução parcial, pela via reconvencional, a fim de fazer permanecer a sociedade e a sua empresa.

Em abono àquela tese vimos sair publicada decisão unânime do Superior Tribunal de Justiça[85], em sua 4ª Turma, no Recurso Especial n. 61.278/SP, que assim foi expressada:

> Se um dos sócios de uma sociedade por quotas de responsabilidade limitada pretende dar-lhe continuidade, como na hipótese, mesmo contra a vontade da maioria, que busca a sua dissolução total, deve-se prestigiar o princípio da preservação da empresa, acolhendo-se o pedido de sua desconstituição apenas parcial, formulado por aquele, pois a sua continuidade ajusta-se ao interesse coletivo, por importar em geração de empregos, em pagamento de impostos, em promoção do desenvolvimento das comunidades em que se integra, e em outros benefícios gerais.

A mesma visão conceitual pode ser aplicada à questão trazida pelo Código Civil de 2002, possibilitando à minoria recorrer ao Poder Judiciário para garantir-lhe o direito de prosseguir na empresa desenvolvida pela sociedade, que restaria dissolvida apenas parcialmente, quando a maioria qualificada não lhe atender o pleito, deliberando pela dissolução total.

Na sociedade limitada unipessoal, o processo de sua extinção fica bastante simplificado. Como o §2º do art. 1.052, incluído pela Lei n. 13.874/2019, manda que se apliquem ao documento de sua constituição – ato constitutivo –, no que couberem, as disposições sobre o contrato social, basta que, seguindo os mesmos parâmetros do distrato social, o sócio único firme o instrumento no qual decide pela extinção da pessoa jurídica, levando-o a registro.

---

[84] Ob. cit., p. 128-130.
[85] *IOB* RJ 3/14353 – Publicada no *DJU* de 6-4-1998.

7.11.1. *AÇÃO DE DISSOLUÇÃO PARCIAL DE SOCIEDADE*

O termo dissolução parcial, consagrado pela construção pretoriana, apesar das inúmeras críticas desferidas pela doutrina quanto à sua propriedade[86], quer em essência traduzir o desligamento do sócio por uma via que não seja a da transmissão de suas participações societárias, via essa pela qual será ele substituído no vínculo societário pelo cessionário ou pelos sucessores, conforme o caso.

Inicialmente, foi utilizado pela jurisprudência em contraposição à dissolução total, como saudável medida de preservação da empresa realizada pela sociedade, em feitos nos quais o sócio, pretendendo liberar-se do vínculo societário, demandava a dissolução total do ente jurídico, com resistência dos demais sócios à pretensão. A ideia da dissolução parcial conseguia atender ao direito do sócio de se retirar da sociedade com prazo de duração indeterminado de vigência, ao mesmo tempo em que permitia a continuação da empresa, prosseguindo a sociedade em sua exploração integrada pelos sócios remanescentes. Por isso, pragmática e engenhosa a medida, vislumbrada e implementada em uma época na qual a legislação somente se referia à dissolução total.

Portanto, a despeito do fundamento científico para a formulação de sua crítica, a terminologia se espraiou para albergar os casos de retirada, exclusão ou morte do sócio sem que seus sucessores ingressem na sociedade.

Em nossos livros e trabalhos, utilizamos livremente a expressão para designar as formas de ruptura do vínculo societário em relação ao sócio que se desliga da sociedade. Esse vínculo, por sua vez, segue incólume em relação aos demais sócios que nela permanecem. E essa ruptura pode ocorrer não apenas nas sociedades contratuais, como a sociedade limitada, mas também em sociedades institucionais, como se admite em relação à sociedade anônima fechada, na hipótese versada no art. 206, II, *b*, da Lei n. 6.404/76 (confira-se o disposto no item 3.3.7.2 do Capítulo 3).

O Código de Processo Civil de 2015 optou por expressamente disciplinar essa ação (arts. 599 a 609). Mas o fez, em nossa opinião, de modo nada técnico, utilizando o rótulo, o *nomen juris* de "ação de dissolução parcial de sociedade" não só para retratar o desfazimento do vínculo societário (resolução da sociedade, na expressão codificada), mas também para simplesmente traduzir, de modo autônomo, a apuração dos haveres do sócio falecido, excluído ou que se retirou da sociedade (art. 599, *caput*).

Ora, como curial na construção pretoriana e doutrinária dos institutos, a dissolução parcial propriamente dita se manifesta pela ruptura do vínculo, desafiando, nesse passo, a prolação de uma sentença de natureza constitutiva negativa, ou desconstitutiva. Já a ação

---

[86] A formulação crítica repousa no fato de que o termo dissolução se liga à ideia do fim da vida normal da sociedade, conduzindo-a a um processo de liquidação que a levará à final extinção.

de apuração de haveres autonomamente proposta – a qual pressupõe o prévio desfazimento do vínculo social, que, assim, se encontra *parcialmente dissolvido* – rende ensejo a uma sentença de natureza condenatória. Portanto, impróprio nominar a ação em que apenas se veicula esse pedido de apuração de haveres de "ação de dissolução parcial de sociedade".

Destarte, considerando a inconfundível natureza jurídica dos institutos, e também que o *nomen juris* não faz direito, a despeito do rótulo genérico apropriado pelo Código de Processo Civil de 2015, concluímos por continuar a utilizar a expressão "ação de dissolução parcial de sociedade" para aqueles feitos nos quais se postula o desfazimento do vínculo social, que usualmente se cumula com pedido de apuração judicial dos haveres. Mas quando a pretensão se limitar tão somente à apuração dos haveres, restando o vínculo já parcialmente desfeito, por carecerem os sucessores do sócio falecido, o sócio excluído ou o que se retirou de interesse de agir para a ação de dissolução propriamente dita, é que optamos por continuar a nominá-la de "ação de apuração de haveres". E isso fazemos convencidos de que o preceito processual (art. 599) quer se referir a dois institutos distintos, apesar da escolha equivocada de um *nomen juris* para albergá-los. E esse é o critério utilizado nesta obra para se referir a cada uma das pretensões.

O escopo da regulação da ação de dissolução parcial se volta para as sociedades contratuais (empresárias e simples). Mas o § 2º do art. 599, na trilha da construção pretoriana, estende-a também para a sociedade anônima de capital fechado, na hipótese contemplada no art. 206, II, *b*, da Lei n. 6.404/76.

7.11.2. *LEGITIMIDADE PASSIVA*

Na ação de dissolução da sociedade, seja ela total ou parcial, urge fixar quem deverá ocupar o polo passivo da demanda. A matéria suscitou bastante divergência.

O Tribunal de Justiça do Estado do Rio de Janeiro[87], em sua 8ª Câmara Cível, na apreciação da Apelação Cível n. 2.037/88, já entendeu, por unanimidade de votos, que, "no caso de dissolução de sociedade a legitimidade passiva é dos demais sócios e não da sociedade".

Em sentido diverso, já decidiu a 12ª Câmara Cível do Tribunal de Justiça do Estado de São Paulo[88], no julgamento unânime do Agravo de Instrumento n. 91.289-2, pontuando o opinamento de que "na dissolução de sociedade, total ou parcial, e na apuração de haveres de sócio, a legitimidade processual passiva é da sociedade e dos sócios remanescentes, em litisconsórcio necessário, em face do legítimo interesse de todos eles".

A divergência de orientação chegou ao Superior Tribunal de Justiça, que se manteve, ao menos em um primeiro momento, instável quanto à adoção das teses jurídicas em questão.

---

[87]   ADCOAS 125782.
[88]   *RT* 601/96.

Em votação unânime no Recurso Especial n. 39.197-0, a sua 3ª Turma espelhou convencimento de que "a sociedade por quotas de responsabilidade limitada não é litisconsorte passiva necessária na ação de sua dissolução"[89].

Diversamente se orientou a sua 4ª Turma, a qual, por unanimidade, no julgamento do Recurso Especial n. 77.122/PR, assentou que "a ação de dissolução parcial deve ser promovida pelo sócio retirante contra a sociedade e os sócios remanescentes, em litisconsórcio necessário"[90].

Posteriormente, a própria 3ª Turma, no julgamento do Recurso Especial n. 44.132/SP atestou que: "Embora a pretensão de retirada de sócio, enquanto envolve modificação do contrato, só possa ser atendida pelos remanescentes, o certo é que o pagamento dos haveres far-se-á com patrimônio da sociedade. Justifica-se sua presença no processo"[91].

Sempre tivemos que o melhor posicionamento é o de considerar na ação de dissolução total ou parcial da sociedade, bem como na ação de apuração de haveres, a pessoa jurídica e os sócios como litisconsortes passivos necessários (Código de Processo Civil de 2015, art. 114).

Formando-se a sociedade por contrato, resta claro que os sócios devem estar a figurar no polo passivo da demanda, até porque não podem ficar alheios ao que possa vir a afetá-los.

Mas certo também é que a sociedade deve estar presente no feito, visto que as relações jurídicas se estabelecem não somente entre os sócios, mas também entre eles e a sociedade, que tem personalidade jurídica própria. A sociedade será diretamente afetada em sua estrutura, devendo assim se manifestar na ação. No pedido de dissolução total, a pessoa jurídica é quem será dissolvida, e na dissolução parcial é ela também quem será parcialmente desfeita. Ademais, os haveres do sócio que se despediu, foi excluído do corpo social ou os devidos aos sucessores do sócio falecido constituem crédito em face da sociedade. É ela quem, na fase de cumprimento da sentença, deverá ser compelida a pagá-los.

Desse modo, não vemos como a sociedade, que tem existência distinta da de seus membros, possa ficar alijada de demanda em que, pela natureza da relação jurídica estabelecida entre ela e os sócios, sofrerá diretamente os efeitos jurídicos da decisão.

Com efeito, no contrato plurilateral, cada parte que dele participa adquire direitos e desfruta de obrigações para com todas as demais. Ao se desfazer o vínculo em relação a uma delas, esse desfazimento produz efeito jurídico direto sobre o todo. Ocorre a alteração da relação jurídica estabelecida pelo vínculo contratual. Por isso, impõe-se que todos,

---

[89] *DJU*, seção I, de 19-12-1994, p. 35.308.
[90] *DJU*, seção I, de 8-4-1996, p. 10.475.
[91] *IOB* 3/11955.

sócios e sociedade, estejam presentes no processo em que o fato – ruptura do vínculo – ou apenas os efeitos daí decorrentes – apuração e pagamento de haveres – se realizem.

O Código de Processo Civil orienta-se nesse sentido, estatuindo que os sócios e a sociedade serão citados para, no prazo de quinze dias, concordar com o pedido ou apresentar contestação (*caput* do art. 601). Esse prazo, em face da sua natureza processual, conta-se em dias úteis, consoante a regra geral estabelecida no art. 219 do prefalado Código.

Estranha a disposição do parágrafo único do art. 601 da mesma Lei de Processo, que assim vem redigido: "A sociedade não será citada se todos os seus sócios o forem, mas ficará sujeita aos efeitos da decisão e à coisa julgada".

A regra deve ser interpretada conforme a Constituição, a fim de evitar seja taxada pelo vício de constitucionalidade, por violação do devido processo legal. Como a sociedade, que tem personalidade jurídica autônoma, pode sofrer os efeitos da decisão sobre o seu patrimônio sem ser citada? Sem ter ciência formal do processo e receber o chamamento para concordar com o pedido ou a ele oferecer resistência, o que é próprio da citação, como pode ficar sujeita aos efeitos da coisa julgada?

Parece-nos que o preceito deva ser relativizado e se limitar às situações em que o órgão de administração da pessoa jurídica é integrado por todos os sócios ou ao menos por um deles que tenha poderes para representá-la em juízo. A citação da sociedade, nesse caso, seria ficta, na medida em que os sócios administradores ou o sócio administrador estaria sendo citado ao mesmo tempo como sócio e como representante orgânico do ente jurídico.

Mas, se assim não for, como no caso, por exemplo, de o órgão de administração ser composto exclusivamente de administradores não sócios, impõe-se, sempre, a citação real da sociedade, sob pena de nulidade do processo, não sendo suficiente a citação de todos os sócios. Os seus administradores são quem presentam a sociedade e não os seus sócios enquanto guardarem essa exclusiva posição na relação *interna corporis*. Sócios e sociedade têm personalidades jurídicas próprias, cada um titular de um feixe de direitos e submetido a um rol de obrigações que lhes são particulares; que não se confundem. Tanto assim o é que, nos termos do art. 602 do mesmo Código de Processo, a sociedade, e somente ela, poderá formular pedido de indenização contra o autor, compensável com o valor dos haveres a apurar no processo, cujo pagamento será por ela suportado.

Citados os réus e manifestando-se de modo expresso e unânime pela concordância do pedido de dissolução parcial, e não sendo pela sociedade formulado o pedido de indenização acima referenciado, o juiz a decretará e dará início à fase de liquidação, para a apuração dos haveres, fixando a data de resolução da sociedade e definindo o critério a ser seguido pelo perito nomeado.

Nesse caso, não haverá condenação em verba advocatícia, e as custas do processo serão rateadas segundo a participação dos sócios no capital social. A sociedade ficou excluída desse rateio, somente os sócios o suportando (§ 1º do art. 603).

Contestado o pedido, o feito prosseguirá com a observância do procedimento comum, especializado com as regras de liquidação da sentença, que seguirá o estatuído no capítulo reservado à ação de dissolução parcial.

7.11.3. *LEGITIMIDADE ATIVA*

O Código de Processo Civil de 2015 dispensou, no art. 600, algumas disposições para orientar a legitimação ativa nas ações de dissolução parcial (propriamente dita) e de apuração de haveres. Os preceitos desafiam exercício de interpretação.

No inciso I, tem-se a previsão de que a ação pode ser proposta "pelo espólio do sócio falecido, quando a totalidade dos sucessores não ingressar na sociedade". Por lógica jurídica, o texto normativo apenas comunga com a ação autônoma de apuração de haveres, enquanto pendente o inventário e sem que ocorra a substituição do sócio pelos sucessores. O mesmo se deve conceber para a hipótese do inciso II, que legitima os "sucessores, após concluída a partilha do sócio falecido". Também seria a pretensão dirigida à apuração e ao pagamento dos haveres, pois, se tivessem ingressado na sociedade, já ostentariam a condição de sócios e não de sucessores.

O inciso III afigura-se bastante desafiador. Eis a sua redação: "pela sociedade, se os sócios sobreviventes não admitirem o ingresso do espólio ou dos sucessores do falecido na sociedade, quando esse direito decorrer do contrato social".

A interpretação literal advinda de uma possível primeira leitura do texto deve ser de plano afastada, sob pena de conduzir a uma absurda conclusão pelo intérprete. Seria ela a de que se daria a possibilidade de a sociedade ajuizar a ação de apuração de haveres quando os sócios remanescentes não admitissem o ingresso dos sucessores na sociedade, a despeito de esse direito decorrer do contrato. Com efeito, não se pode obstruir a eficácia de cláusula do contrato social que assegure o ingresso dos sucessores do sócio falecido na sociedade. Seria uma agressão ao direito garantido. Contra ele, não podem os sócios sobreviventes se opor. Se o direito ao ingresso decorre do contrato (art. 1.028, I, do Código Civil), não há espaço para essa interdição do direito dos sucessores. Uma lei processual não pode, contrariando o disposto no direito material, incentivar o descumprimento do contrato, propondo a alternativa da apuração de haveres como solução para esse descumprimento.

Quer nos parecer, para se ter algum sentido, que o dispositivo normativo, mal formulado, refere-se à especial situação ligada ao *caput* e ao inciso III do art. 1.028 do Código Civil, em que o contrato social veda, inicialmente, o ingresso dos herdeiros, ou simplesmente se mostra silente, e os sócios sobreviventes não se dispõem a regular a substituição do sócio falecido por acordo com os herdeiros, como forma de se evitar a liquidação da quota. Nesse caso, o desfecho será a apuração de haveres do sócio falecido, que se mostra como caminho ordinário na espécie. O direito decorrente do contrato social, referido no preceito do inciso III do art. 600 do Código de Processo Civil reproduzido, seria o direito de não admissão dos herdeiros, que restaria reafirmado pelos sócios sobreviventes no caso concreto.

Mas, ainda assim, impende registrar que o ingresso pela sociedade com a ação de apuração dos haveres constitui mera alternativa, traduzindo o intento de que se realize em juízo. Nada impede, dando curso e efetividade à regra geral do art. 1.031 do Código Civil, que a sociedade os apure extrajudicialmente e disponibilize em favor dos sucessores o respectivo valor.

O inciso IV igualmente se mostra intrigante. Também se faz útil ao seu comentário reproduzi-lo: "pelo sócio que exerceu o direito de retirada ou recesso, se não tiver sido providenciada, pelos demais sócios, a alteração contratual consensual formalizando o desligamento, depois de transcorridos 10 (dez) dias do exercício do direito".

Ora, o dispositivo estimula a judicialização. Isso porque pode o sócio que exerceu o seu direito de retirada ou recesso levar a registro a sua notificação correspondente (*caput* do art. 1.029 e art. 1.077, conforme o caso, do Código Civil). Com a averbação dessa comunicação receptícia de vontade no registro da sociedade, os efeitos de seu desligamento já se produzem perante terceiros.

Mas ainda mostra-se útil fazer dois comentários.

O primeiro deles refere-se à natureza da ação. O pedido, no caso em comento, deverá ser declaratório do recesso, na medida em que já foi eficazmente exercido e, entre o retirante, a sociedade e os demais sócios, já produziu os seus correspondentes efeitos. A pretensão à declaração judicial repousa no fato da inércia em se levar a registro a alteração contratual[92]. O pedido pode limitar-se a essa declaração ou ser cumulado com a apuração de haveres, o que realmente vai se desenhar indispensável diante da omissão ou negativa de consensualmente se proceder à alteração contratual.

O segundo deles relaciona-se com o termo *a quo* do prazo de dez dias. Ele se conta quando do recesso já se podem extrair os respectivos efeitos. Assim é que, no caso do *caput* do art. 1.029, esse prazo será contado do sexagésimo dia seguinte ao do recebimento pelos sócios da notificação (ou do último recebimento, se não forem simultâneos). Já na hipótese do art. 1.077, conta-se do dia do recebimento da notificação pela sociedade.

---

[92] As ações que tenham por objeto a prestação de fazer encontram guarida em seções próprias (*vide* arts. 497 e 536 do Código de Processo Civil de 2015).

O inciso V já se dirige à legitimidade da sociedade para as situações em que não se tenha autorizado a exclusão extrajudicial do sócio. Refere-se, pois, à ação de dissolução parcial visando à exclusão judicial do sócio, nos termos do art. 1.030 do Código Civil, que usualmente virá com cumulação de pedido de apuração judicial de haveres.

No inciso VI, contempla-se a legitimação do sócio excluído. Ela se limita, portanto, à apuração dos haveres, na medida em que o vínculo social já se encontra rompido.

Obtemperamos, ainda, apesar da falta de referência do dispositivo processual, que a ação de dissolução parcial também poderá ser proposta pelo sócio que deseja se retirar da sociedade contratada por prazo determinado, provando justa causa (parte final do *caput* do art. 1.029 do Código Civil). E, também, pelo sócio de sociedade contratada por prazo indeterminado, apesar da via do recesso garantida pela notificação aos demais sócios com sessenta dias de antecedência (parte inicial do *caput* do art. 1.029 do Código Civil).

Esse último caso acima iluminado se justifica, com fortes tons, na sociedade limitada, diante da polêmica instaurada quanto à plena aplicação dessa via de retirada a esse tipo societário, conforme já expusemos no item 7.10.11 deste Capítulo. Em face da dúvida, fundamenta-se o ingresso em juízo para assegurar o direito de se desfazer do vínculo social, diante da certeza de que ninguém é obrigado a se manter contratado por prazo indeterminado. Certamente cumulará o pedido de apuração de haveres.

Mas não fosse esse fundamento de ordem pragmática, a retirada através da propositura de ação judicial é sempre facultada ao sócio na sociedade contratada por prazo indeterminado. O fundamento jurídico que sustenta o seu interesse de agir reside na quebra da *affectio societatis*. Sua saída seria, assim, motivada, muito embora não se lhe exija adentrar no mérito da causa dessa ruptura e, muito menos, comprová-la. É bastante a sua afirmação. Na retirada mediante o envio da simples notificação premonitória do art. 1.029, consoante se desenvolveu no item 7.10.11, o recesso, embora tenha como pano de fundo o desaparecimento da *affectio societatis*, é imotivado. Isto porque o notificante não está obrigado a explicitar a causa que motiva e ampara sua saída da sociedade. A denúncia é vazia e não cheia, como aquela que serve de arrimo para a retirada que se realiza em juízo.

Faz-se mister ainda reafirmar que o sócio cotista, mesmo tendo exercido eficazmente o seu direito de retirada, na forma preconizada pelos arts. 1.029, *caput*, parte inicial, e 1.077 do Código Civil, ficará sempre legitimado a propor ação de apuração de haveres quando estes não forem levantados extrajudicialmente pela sociedade ou quando, tendo-o sido, discordar o retirante do valor aferido.

Por fim, o parágrafo único do art. 600 do Código de Processo Civil legitima o cônjuge ou companheiro do sócio cujo casamento, união estável ou convivência terminou, quando for pertinente, a requerer a apuração de seus haveres na sociedade que serão pagos a conta da cota social desse sócio.

7.12. APURAÇÃO DE HAVERES

O art. 15 do antigo Decreto n. 3.708/1919 estabelecia que ao sócio que se retirava da sociedade seria devido "o reembolso da quantia correspondente ao seu capital, na proporção do último balanço aprovado".

Num primeiro momento de análise evolutiva do preceito, o Supremo Tribunal Federal, com o objetivo de evitar fosse o balanço maquiado pelos sócios remanescentes, fez editar a Súmula 265, cujo verbete traduz: "Na apuração de haveres não prevalece o balanço não aprovado pelo sócio falecido, excluído ou que se retirou".

A fórmula, embora profícua, não garantia ainda aos que se afastavam da sociedade um reembolso do valor real de seus haveres, porquanto o balanço, como curial, traduz os valores contábeis do ativo que não espelham um valor atualizado, de mercado, dos bens, além de desconsiderar bens imateriais, os quais integram o estabelecimento empresarial.

Consciente dessa realidade de que o balanço não corresponde à verdadeira situação econômica e financeira da sociedade, evoluiu ainda mais a construção pretoriana, para consagrar a figura do balanço especial de determinação, que deve refletir um levantamento contemporâneo à despedida do sócio, a fim de que a apuração dos haveres se faça pelos valores reais do patrimônio da sociedade (aí incluídos os bens corpóreos e incorpóreos) e não pelos valores contabilizados, sem qualquer sanção ao sócio retirante, excluído, ou a seus sucessores que não venham a sucedê-lo na sociedade em caso de seu falecimento.

Afastou-se, dessa feita, a figura do "último balanço aprovado" como paradigma para o cálculo dos haveres, evitando-se o enriquecimento sem causa dos sócios remanescentes e da sociedade, em detrimento do sócio que se despede ou de seus sucessores, se falecido.

O Supremo Tribunal Federal[93] passou a sufragar o entendimento, consoante se infere do acórdão unânime extraído do julgamento do Recurso Extraordinário n. 91.044/RS, por sua 2ª Turma: "Dar-se-á apuração de haveres do sócio dissidente de maneira que a aproxime do resultado que poderia ele obter com a dissolução total, isto é, de forma ampla, com plena verificação, física e contábil, dos valores do ativo, e atualizados os ditos haveres, em seu valor monetário, até a data do pagamento".

Em acórdão também da 2ª Turma, no Recurso Extraordinário n. 89.464/SP[94], proferido precedentemente ao acima indigitado, o Ministro Moreira Alves explicitou em seu voto:

---

[93] *RTJ* 91/357.
[94] *RTJ* 89/1054.

Em se tratando, porém, de dissolução parcial, em que ele se retira sem se utilizar dessa faculdade de retirada voluntária, entendo que aqui deverá aplicar-se a regra da dissolução total com referência a ele, isto é, que – como salientou o eminente Ministro Decio Miranda – seja feita, quanto a ele, a avaliação dos bens sociais, para o efeito da retirada da sua cota com base nos valores reais, e não apenas nos valores contábeis.

O Superior Tribunal de Justiça[95] adotou idêntico posicionamento, como se pode entrever do julgamento do Recurso Especial n. 35.702-0/SP, no qual ficou consignado: "Na sociedade constituída por sócios diversos, retirante um deles, o critério de liquidação dos haveres, segundo a doutrina e a jurisprudência, há de ser, utilizando-se o balanço de determinação, como se tratasse de dissolução total".

A ideia de se utilizar o balanço de determinação como se tratasse de dissolução total tem por escopo promover uma simulação da dissolução total, para afastar os valores meramente contábeis, valendo-se o referido balanço dos valores reais, capturando o ativo tangível, o intangível e também as reservas sociais facultativas.

Acórdão minucioso e interessante provém do Tribunal de Justiça do Estado do Paraná[96], mandando aferir o patrimônio exato e total da sociedade, com a necessária inclusão dos bens incorpóreos do fundo de comércio, hoje fundo de empresa, além das reservas facultativas, tese com a qual sempre concordamos. A decisão vem assim ementada:

> Sociedade comercial. Ação de exclusão de sócios. Liquidação da sentença. Apuração dos haveres atuais do patrimônio social, a serem corrigidos em balanço de determinação. Inclusão do valor do fundo de comércio, bem assim de parcelas do patrimônio líquido da sociedade, especialmente reserva de lucros e lucros pendentes. Apelação dos executados provida em parte. Na apuração de haveres, os sócios excluídos têm direito à verificação do valor exato e real do patrimônio da empresa, sem exclusão dos elementos incorpóreos ou imateriais que constituem, em sentido estrito, o fundo de comércio e o valor da reservas sociais (reservas de lucro e lucros pendentes).

O Código Civil de 2002 confere tratamento à questão no seu art. 1.031, que se aplica às sociedades limitadas, na medida em que a definição do montante dos haveres a serem reembolsados é corolário lógico do término do vínculo contratual.

O preceito, já por nós analisado no item 6.11.4 do Capítulo 6, estabelece que: "Nos casos em que a sociedade se resolver em relação a um sócio, o valor da sua quota, considerada pelo montante efetivamente realizado, liquidar-se-á, salvo disposição contratual em contrário, com base na situação patrimonial da sociedade, à data da resolução, verificada em balanço especialmente levantado". Desagua no mesmo curso a disposição constante do *caput* do art. 606 do Código de Processo Civil de 2015, *verbis*: "Em caso de omissão do contrato social, o juiz definirá, como critério de apuração de haveres, o

---

[95] 3ª Turma, julgamento em 27-9-1993, decisão por unanimidade de votos.
[96] 4ª Câmara Cível, Apelação n. 1.802/85, decisão unânime, em 20-8-1986.

valor patrimonial apurado em balanço de determinação, tomando-se por referência a data da resolução e avaliando-se bens e direitos do ativo, tangíveis e intangíveis, a preço de saída, além do passivo também a ser apurado de igual forma". Cumpre destacar que o art. 606 do Código de Processo Civil, em disposição própria de direito material, não revogou o art. 1.031 do Código Civil. Suas regras convivem, sendo certo que o preceito da lei processual vem a tornar explícitos elementos resultantes da interpretação do prefalado art. 1.031. O vetor legal aponta para o critério do valor patrimonial real, sendo certo que o art. 606 explicita a necessidade de consideração não só dos bens tangíveis, mas também dos bens intangíveis, ensejando, para esse específico fim, a possibilidade de conjugação do método do valor econômico, através do fluxo de caixa descontado, com o critério do valor patrimonial real, refletido no balanço de determinação[97-98].

Naquele item do Capítulo 6, firmamos nosso convencimento, à luz da evolução do tema na construção jurisprudencial, como acima se demonstrou, no sentido de não ser plausível conclusão que permita disposição contratual legitimando fórmula para a apuração de haveres que gere desproporcional distorção quando comparada ao critério legal, para a hipótese de omissão contratual, tradutor do valor patrimonial real, e ainda com a inclusão dos intangíveis e das reservas sociais, levantado em balanço especial de determinação. A validação da disposição contratual que adote outro método para a apuração dos haveres desafia minuciosa e criteriosa análise pelo julgador em cada caso concreto, para

---

[97] O fluxo de caixa descontado realiza-se pela perspectiva de lucros futuros, trazida a valor presente, mediante a aplicação de uma taxa de desconto. A principal crítica para a utilização desse método na apuração de haveres reside no fato de ele considerar uma projeção futura, já tendo havido, entretanto, a ruptura do vínculo contratual. Apesar disso, o certo é que não se tem como avaliar intangíveis se não a partir desse método. Ademais, em certas situações, a exegese demanda a relativização do critério legal do valor patrimonial real para se adotar, em substituição, o do valor econômico, pelo fluxo de caixa descontado, no caso de certas e específicas atividades que só podem ser por ele avaliadas, sob pena de se comprometer a ideia do justo valor, levando-se aí necessariamente em conta a realidade da empresa. É o que se tem, por exemplo, com as denominadas "empresas de tecnologia", cujo principal – e muitas vezes único – ativo consiste em sua base de *software*.

[98] A jurisprudência do Superior Tribunal de Justiça vem oscilando quanto à aplicação do critério do valor econômico. Ora permite-se a conjugação desse critério com o do valor patrimonial real para avaliação de bens imateriais que compõem o estabelecimento (confiram-se: Recurso Especial n. 968.317/RS, relatado pelo Ministro João Otávio de Noronha e julgado à unanimidade pelos integrantes da Quarta Turma em 14-4-2009; e Recurso Especial n. 1.335.619/SP, tendo como relator designado para o acórdão o Ministro João Otávio de Noronha e julgado por maioria pelos integrantes da Terceira Turma em 3-5-2015). Ora exclui-se essa possibilidade de conjugação (confiram-se: Recurso Especial n. 1.877.331/SP, tendo como relator designado para o acórdão o Ministro Ricardo Villas Bôas Cueva e julgado por maioria pelos integrantes da Terceira Turma em 13-4-2021; e Recurso Especial n. 1.904.252/RS, relatado pela Ministra Maria Isabel Gallotti e julgado à unanimidade pelos integrantes da Quarta Turma em 22-8-2023).

afastar cláusula contratual quando evidenciar efetivo e desarrazoado prejuízo do sócio retirante, excluído ou dos sucessores do sócio falecido. Com efeito, não se pode validar verba contratual que conspire para o enriquecimento sem causa da sociedade em desfavor do sócio que dela se afasta, foi afastado ou dos herdeiros do sócio falecido. Interpretação contrária viria a representar reprovável e insustentável involução na orientação da matéria, que garante o reembolso sem qualquer sanção ao retirante, excluído ou seus sucessores.

Haverá quem sustente versão contrária, questionando a condução do tema na forma aqui proposta, sob o pálio de que sempre deverá prevalecer a previsão estampada no contrato social, como forma de proteger a capacidade e condição financeira da sociedade. Mas, como se disse linhas acima, essa prevalência do contrato não deve ser absoluta, impondo seja ponderada e mitigada a disposição sempre que, no plano concreto, no momento de aplicação da cláusula a uma situação real, se verifique evidente desproporção em comparação ao que seria devido pela citada fórmula legal do balanço especial de determinação. A falta de proporcionalidade e a consequente ausência de razoabilidade não se sustentam em nosso sistema jurídico, merecendo o repúdio no plano constitucional.

O que se questiona, por exemplo, não é a eleição contratual do valor patrimonial contábil pura e simplesmente, mas sim o que dessa previsão possa resultar diante de uma situação concreta, que deverá levar em consideração, dentre outros elementos, o objeto social e o decurso de tempo transcorrido entre a concepção da cláusula e a produção de seus efeitos.

Reproduzindo situação alhures exemplificativamente já apropriada, parece-nos ser abusivo, por falta de proporcionalidade, dispositivo contratual preconizando o critério de apuração de haveres pelo método do patrimônio líquido contábil, concebido para uma sociedade limitada, cujo objeto social traduza a administração de imóveis próprios, imóveis esses, em grande número, incorporados ao patrimônio da pessoa jurídica em sua constituição. Com o passar do tempo e com as depreciações contabilmente aplicadas na forma da lei tributária, verifica-se efetivo desequilíbrio na previsão, traduzindo insustentável desproporção e, assim, mostrando-se desarrazoada a cláusula. Impõe-se, por consequência, o seu afastamento, por ter se tornado abusiva quando, transcorrido considerável lapso de tempo da constituição da sociedade, o sócio se retira, é excluído ou vem a falecer. Sua aplicação, nessa hipótese conjecturada, representaria enriquecimento sem causa da sociedade, desprotegendo os direitos de sócio.

Note-se que, no caso hipoteticamente criado, a cláusula dispondo sobre a fórmula de cálculo dos haveres se mostrava originária, isto é, nasceu com a celebração do contrato de sociedade, por isso, em princípio, estaria vinculando os celebrantes e seus eventuais sucessores.

Mas, sendo a fórmula do patrimônio contábil – e isso independe, por exemplo, do objeto social e do momento de aplicação da cláusula a uma situação concreta – introduzida por alteração do contrato social (previsão derivada), ela se mostra, em princípio, desde sua concepção, abusiva em relação ao sócio dissidente e seus sucessores. Diz-se em princípio porquanto poderá essa abusividade verificada na gênese da cláusula ser superada se houver, no curso da vida social, ratificação implícita do dissidente ou de seus sucessores.

Como se procurou mostrar, o deslinde da questão não admite fórmulas prontas e inflexíveis, devendo a disposição sobre haveres ser analisada diante das especificidades de cada caso concreto, impondo seja a previsão contratual afastada quando se revelar abusiva, sancionando desarrazoadamente o sócio retirante, excluído ou os sucessores do falecido. Por isso, recomenda-se que os sócios de forma racional e bem informados definam adequadamente o tratamento a ser dado à matéria no pacto social.

A quota de capital do sócio, uma vez liquidada, deverá ser paga em dinheiro, no prazo de noventa dias, contado da efetiva liquidação, salvo acordo ou estipulação contratual em sentido diverso (§ 2º do art. 1.031 do Código Civil).

Discordando o sócio ou seus sucessores do valor do reembolso, poderão pleitear a apuração judicial de haveres, propondo ação própria para esse fim. Mas a discordância não impede o recebimento do montante oferecido, devendo, nesse caso, a quitação ser passada com ressalva, sob pena de inviabilizar a pretensão de apuração em juízo.

A liquidação da quota deve realizar-se incontinenti à verificação da resolução da sociedade em relação ao sócio, ocasião em que, inclusive, não mais desfrutará dos direitos inerentes a essa condição, porquanto desfeito o vínculo societário que garantia o exercício daqueles direitos.

Verificando retardo injustificado no início da apuração de haveres pela sociedade no plano extrajudicial ou, ainda, sendo postergada sua conclusão, sem qualquer motivação plausível, poderão os sócios retirantes, os excluídos ou os sucessores do falecido propor ação para que se realize a apuração em juízo dos haveres correspondentes.

A sociedade é quem, em princípio, fica responsável pelo pagamento dos haveres, pois é a titular do patrimônio social. No entanto, essa obrigação pode vir a ser suportada, subsidiariamente, pelos sócios, de modo voluntário ou involuntário[99]. Voluntariamente, com efeito, podem os sócios optar por suprir o valor da quota, realizando o reembolso da participação societária, consoante lhes é facultado pela regra contida no § 1º do art. 1.031 do Código Civil. O ônus involuntário, por seu turno, decorre da

---

[99] Sérgio Campinho; Mariana Pinto. *A sociedade limitada na perspectiva de sua dissolução.* 3. ed. São Paulo: Saraiva, 2024. p. 231.

caracterização de conduta ilegal ou tradutora de abuso do direito por parte dos sócios remanescentes. A inação em prover o levantamento e o pagamento dos haveres devidos ou a falta de cooperação que se exige dos sócios para a sua efetiva e tempestiva implementação, quando ulteriormente verificada a falta de capacidade do ativo social para atender a obrigação – a qual seria adequadamente adimplida no momento em que se verificou a ruptura do vínculo social –, implica para os remanescentes a obrigação de suportar o pagamento[100].

Proposta a ação de apuração de haveres, o juiz fixará a data da resolução da sociedade, definirá o critério da apuração dos haveres e nomeará perito – que preferencialmente deverá ser especializado em avaliação de sociedades (art. 604 e parágrafo único do art. 606 do Código de Processo Civil de 2015). Cabe ao juiz determinar, ainda e de imediato, o depósito em juízo da parte incontroversa dos haveres devidos, que pode ser, desde logo, levantada. Para esse depósito, como regra de princípio, será observado o critério de pagamento estabelecido no contrato.

O Código de Processo Civil de 2015, no art. 605, fixa a data de resolução da sociedade – conhecida na prática forense como "data de corte" – a ser considerada tanto na apuração extrajudicial promovida pela sociedade quanto na apuração judicial dos haveres: a) no caso de falecimento do sócio, a data do óbito; b) na retirada imotivada da sociedade contratada por prazo indeterminado (parte inicial do *caput* do art. 1.029 do Código Civil), o sexagésimo dia seguinte ao do recebimento, pela sociedade, da notificação do sócio

---

[100] Nesse sentido, decidiram os integrantes da 1ª Câmara Reservada de Direito Empresarial do Tribunal de Justiça do Estado de São Paulo, à unanimidade, por ocasião do julgamento, em 2-5-2023, do Agravo de Instrumento n. 2040083-24.2023.8.26.0000, relatado pelo Desembargador Fortes Barbosa, em acórdão assim ementado: "Dissolução parcial de sociedade – Pagamento de haveres – Reconsideração de decisão anterior, a qual havia deferido pedido de penhora de bens componentes do patrimônio de sócios remanescentes – Acórdão proferido em agravo anterior confirmatório da possibilidade de penhora de bens dos sócios remanescentes, eis que patente a insuficiência para a satisfação do crédito exequendo daqueles encontrados em nome da pessoa jurídica – Não é admissível que os sócios remanescentes, pura e simplesmente, capturem o capital do antigo sócio, usufruam do patrimônio alheio (muitas vezes, como no caso concreto, durante anos) e, ao final, imponham um inadimplemento irreversível, inviabilizando, em virtude dos resultados negativos da atividade empresarial realizada após o rompimento do vínculo societário, o pagamento dos haveres devidos pela pessoa jurídica, ficando isentos de qualquer responsabilidade patrimonial – Interpretação sistemática dos arts. 601 e 604, § 1º do CPC/2015 – Decisão reformada – Recurso provido". Confiram-se, ainda, os seguintes arestos: Agravo de Instrumento n. 2049489-06.2022.8.26.0000, relatado pelo Desembargador Fortes Barbosa e julgado à unanimidade pelos integrantes da 1ª Câmara Reservada de Direito Empresarial do Tribunal de Justiça do Estado de São Paulo em 3-6-2022; e Apelação Cível n. 1000194-24.2015.8.26.0562, relatada pelo Desembargador Fortes Barbosa e julgada à unanimidade pelos integrantes da 1ª Câmara Reservada de Direito Empresarial do Tribunal de Justiça do Estado de São Paulo em 4-11-2021.

retirante; c) no recesso contemplado no art. 1.077 do Código Civil, o dia do recebimento pela sociedade da notificação do sócio dissidente; d) na exclusão extrajudicial, a data da assembleia ou reunião de sócios que a tiver deliberado; e e) na retirada por justa causa de sociedade contratada por prazo determinado (parte final do *caput* do art. 1.029 do Código Civil) e na exclusão judicial de sócio, a data do trânsito em julgado da sentença respectiva.

Esse mesmo critério do trânsito em julgado da decisão que decretar a dissolução parcial para aferir a "data de corte" deve ser também adotado para as sociedades contratadas por prazo indeterminado, quando o sócio retirante preferir que a sua retirada e a apuração de seus haveres se façam conjuntamente em juízo[101] – remetemo-nos às considerações exaradas no item 7.11.3 deste Capítulo sobre a legitimação ativa –, e para a ação de dissolução judicial de sociedade anônima fechada com esteio no art. 206, II, *b*, da Lei n. 6.404/76 (§ 2º do art. 599 do Código de Processo Civil de 2015). E isso se realiza por simples raciocínio lógico e integrativo das normas, considerando que as situações contempladas no inciso IV do art. 605 do Código de Processo Civil de 2015 são as que melhor se assemelham às hipóteses, na medida em que todas demandarão a prolação de sentença para decretar a dissolução parcial e, assim, ter o vínculo social por desfeito (resolução da sociedade em relação ao sócio).

Até a data da efetiva resolução, integram o valor devido ao sócio que se retirou, foi excluído, ou aos sucessores do falecido a participação nos lucros ou os juros sobre o capital próprio declarados pela sociedade e, quando for o caso, a remuneração como administrador. Após essa data, haverá direito apenas à correção monetária dos valores apurados e aos juros contratuais ou legais (art. 608 do Código de Processo Civil de 2015).

---

[101] O Superior Tribunal de Justiça, entretanto, tem-se inclinado na direção de que, nesse cenário em que o sócio de sociedade limitada contratada por prazo indeterminado opta por cuidar de sua retirada e consequente apuração de haveres em juízo, sem sequer enviar a notificação premonitória indicada no art. 1.029 do Código Civil, a data-base para tal apuração seria a data da propositura da ação e não a do trânsito em julgado da sentença. Nesse sentido, convém conferir a seguinte ementa: "Direito societário. Recurso especial. Dissolução parcial de sociedade limitada por tempo indeterminado. Retirada do sócio. Apuração de haveres. Momento. – A data-base para apuração dos haveres coincide com o momento em que o sócio manifestar vontade de se retirar da sociedade limitada estabelecida por tempo indeterminado. – Quando o sócio exerce o direito de retirada de sociedade limitada por tempo indeterminado, a sentença apenas declara a dissolução parcial, gerando, portanto, efeitos *ex tunc*. Recurso especial conhecido e provido" (Recurso Especial n. 646.221/PR, tendo como relatora designada para o acórdão a Ministra Nancy Andrighi e julgado por maioria pelos integrantes da Terceira Turma em 19-4-2005). O ponto também foi tratado no âmbito do Recurso Especial n. 1.371.843/SP, relatado pelo Ministro Paulo de Tarso Sanseverino e julgado à unanimidade pelos integrantes da Terceira Turma em 20-3-2014, cujo item 5 da ementa contou com a seguinte redação: "A data-base para apuração dos haveres coincide com o momento em que o sócio manifestar vontade de se retirar da sociedade limitada estabelecida por tempo indeterminado".

Uma observação que se mostra importante consiste no fato de que o Código de Processo Civil de 2015, no inciso II do art. 605, exige, na retirada imotivada, a notificação da sociedade, com vistas a se aferir a data de corte. Cria, desse modo, a necessidade de se proceder a mais uma notificação, a da sociedade, que terá o escopo específico e exclusivo de fixar a data que será considerada para orientar a apuração dos haveres. A situação patrimonial da sociedade a ser considerada será, pois, aquela existente no dia da notificação da sociedade. A notificação ou as notificações contempladas na primeira parte do *caput* do art. 1.029 do Código Civil – regra não revogada pelo prefalado Código de Processo – que se dirigem aos demais sócios devem ficar, diante do novo quadro irrompido, jungidas aos propósitos no preceito estabelecidos: determinar a data da saída do sócio para a liberação de suas obrigações e cessação de outros direitos decorrentes do *status socii* e abrir, ainda, a possibilidade de os remanescentes optarem, nos trinta dias subsequentes à notificação, pela dissolução da sociedade. É a harmonização que se mostra indispensável fazer entre os preceitos do Código Civil e da Lei Processual Civil de 2015, diante dessa nova previsão de se notificar também a sociedade. A questão fica com pouca relevância se as notificações dos sócios e da sociedade se realizarem simultaneamente, mas pode se tornar relevante nas hipóteses em que a dirigida à sociedade não tiver data coincidente com as dos demais sócios.

Impende também atentar para a disposição estampada no art. 607 do Código de Processo Civil de 2015, que merece adequada compreensão, sob pena de levar a conclusões absurdas. Eis o texto normativo: "A data da resolução e o critério de apuração de haveres podem ser revistos pelo juiz, a pedido da parte, a qualquer tempo antes do início da perícia".

O que o dispositivo normativo é capaz de efetivamente expressar? Quer traduzir, por exemplo, que se a data de resolução e o critério de apuração de haveres, uma vez determinados em sentença irrecorrida ou já irrecorrível não transitam em julgado? Poderá o juiz, na fase de liquidação, rever a data já confirmada ou definida pelo Tribunal? São questões que com naturalidade afloram diante de uma interpretação literal, a qual, entretanto, deve ser repudiada para ceder lugar à interpretação sistemática e racional, em prol da segurança jurídica.

Essa possibilidade de revisão não é plena e ilimitada. Com efeito, se definidas em sentença, não cabe alteração na fase de liquidação, na qual ocorrerá a perícia. Essa parece-nos ser uma inarredável conclusão.

A alteração seria possível, por exemplo, quando proposta ação de dissolução parcial cumulada com o pedido de apuração de haveres, e o juiz, na sentença, apenas decreta a dissolução parcial, postergando o pronunciamento sobre a data da resolução e o critério da apuração dos haveres para a fase de liquidação – o que é possível, mas não se mostra conveniente, aos nossos olhos, pois a concentração na sentença evita a possibilidade de novos recursos na fase de liquidação sobre esses temas que poderiam ser logo nela definidos. Nesse caso, nessa fase de liquidação, o juiz, ao fixá-lo *ab initio*, poderia rever a determinação até a perícia a pedido de qualquer das partes. Mas é importante ressaltar que, se houver agravo de instrumento interposto contra essa decisão interlocutória (parágrafo único do art. 1.015 do Código de Processo Civil de 2015), com pronunciamento definitivo do Tribunal, não deve mais caber retratação.

Uma vez apurados judicialmente os haveres, estes serão pagos, diz o art. 609 do Código de Processo Civil de 2015, conforme o contrato social e, no seu silêncio, nos termos do § 2º do art. 1.031 do Código Civil, ou seja, em dinheiro e no prazo de noventa dias. Mas esse critério, pensamos, deve se aplicar àquelas situações em que não se puder imputar ato comissivo ou omissivo da sociedade em desfavor do sócio retirante, excluído ou dos sucessores do sócio falecido. Nesse passo, o aludido critério não seria aplicável na hipótese de ter que promover a ação de apuração de haveres pela inação da sociedade em apurá-los, quando era sua obrigação levantá-los e pagá-los extrajudicialmente (situação de recesso do art. 1.077 do Código Civil ou da primeira parte do *caput* do art. 1.029 do mesmo Código, por exemplo). O mesmo se dá quando, tendo-os apurado, o sócio ou sucessores, conforme o caso, discordam do correspondente resultado e promovem sua revisão judicial com êxito, ou seja, judicialmente fica demonstrada a inexatidão da apuração promovida extrajudicialmente pela sociedade. Tudo isso porque o processo não pode resultar em prejuízo de quem tem razão. Nessas condições, o pagamento deverá ser feito à vista e em única parcela, ainda que o contrato social disponha em sentido diverso.

Hipótese distinta seria aquela em que a apuração já se faz de logo em juízo, como na ação de exclusão promovida por falta grave com cumulação de pagamento de haveres do sócio excluído (art. 1.030 do Código Civil) ou na ação de dissolução parcial cumulada com pedido de apuração de haveres nas sociedades contratadas por prazo determinado, diante de justa causa (segunda parte do *caput* do art. 1.029 do Código Civil). Nesses casos, os haveres serão pagos conforme disciplinar o contrato social, porquanto não há qualquer ato prévio imputável à sociedade em desfavor do sócio.

Por derradeiro, não se pode deixar de relembrar e ressalvar a particularidade do sócio remisso, que, embora possa ser excluído extrajudicialmente, não fará jus ao recebimento de haveres, mas sim à restituição das entradas, abatidos os créditos da sociedade (art. 1.058 do Código Civil).

7.13. A ADMINISTRAÇÃO DA SOCIEDADE

A exteriorização da capacidade jurídica da sociedade se realiza através do seu órgão de administração, nos limites de sua competência. Incumbe-lhe, como explicitado no item

6.7.1 do Capítulo 6, fazer presente a sua vontade no mundo exterior, sendo por seu intermédio que a sociedade exerce direitos e assume obrigações. Os seus integrantes não atuam como simples mandatários da pessoa jurídica. Como titulares de um órgão de administração, presentam[102] a sociedade. Não são, tecnicamente, simples representantes da sociedade. Inexiste uma representação voluntária; há, em verdade, uma representação orgânica. Assim é que se devem entender as referências legais aos administradores como representantes da pessoa jurídica: como uma representação orgânica, a qual se traduz em presentação. Quando o administrador age, dessarte, quem está agindo é a própria sociedade. É ela quem está manifestando a sua vontade por intermédio do seu órgão de administração.

A administração da sociedade limitada pode, como vem a prática consagrando, denominar-se diretoria. A administração, no sistema do Decreto n. 3.708/1919, era privativa do sócio, conforme resultava dos seus arts. 10, 11, 12 e 13, que sempre se referiam a sócio-gerente.

Entretanto, a própria lei acabava por permitir que estranhos ao quadro de cotistas exercessem os poderes de administração, ao estabelecer, no art. 13, ser lícito aos gerentes delegar o uso da firma, isto é, o direito de gerir a sociedade, quando o contrato não contivesse cláusula que se opusesse a essa delegação.

Havendo tal cláusula obstativa de delegação e o sócio-gerente vindo a desrespeitá-la, a lei não cominava pena de nulidade ou ineficácia à delegação realizada ao arrepio da letra contratual, determinando, tão somente, que ele viesse a, pessoalmente, responder pelas obrigações contraídas pelo substituto, sem que pudesse reclamar da sociedade mais do que a sua parte das vantagens auferidas no negócio (parte final do art. 13).

O Código Civil permite a nomeação de administradores não sócios. Mas, para que isso se verifique, a designação dependerá da aprovação de, no mínimo, 2/3 dos sócios, enquanto o capital social não estiver integralizado, e, após a integralização, de titulares de quotas correspondentes a mais da metade do capital social (art. 1.061, com redação dada pela Lei n. 14.451/2022)[103]. O dirigente, sócio ou não, será nomeado no próprio contrato ou em ato separado. Faculta-se possa a administração ser exercida por uma ou

---

[102] Pontes de Miranda. *Tratado de direito privado*. 3. ed. Rio de Janeiro: Borsoi, 1972. Tomo L, p. 384.

[103] Em sua versão original, o art. 1.061 exigia expressa previsão no contrato social da permissão de designação de administrador não sócio. Com a alteração que sofreu por meio da Lei n. 12.375/2010, passou a não mais demandar cláusula contratual autorizando expressamente a adoção de administrador estranho ao corpo social, sendo suficiente para sua regular designação a observância do *quorum* que estabelecia: unanimidade dos sócios, enquanto o capital social não estivesse integralizado e 2/3, no mínimo, a partir da integralização. A Lei n. 14.451/2022 abrandou os referidos quóruns, como visto.

mais pessoas. Se a gestão vem atribuída a todos os sócios, por força de previsão contratual, ela não se estende de pleno direito aos que posteriormente venham a tomar parte na sociedade. Para que isso se verifique, deverá, no ingresso, haver a ratificação da cláusula originária (parágrafo único do art. 1.060).

Conferindo-se a administração a mais de uma pessoa, deve o contrato explicitar se a gestão será exercida isoladamente por cada administrador ou em conjunto. Havendo previsão de direção conjunta, ainda que somente para certos atos, torna-se necessário o concurso do número de gestores exigidos no contrato para a eficácia do ato em relação à sociedade, salvo nos casos de urgência, em que a omissão ou o retardo das providências possam ocasionar dano irreparável ou grave. Sendo omisso o contrato, entende-se que a administração tocará individualmente a cada diretor.

Pode o contrato, também, estabelecer as atribuições e os poderes dos administradores, reservando a cada um competências específicas nos atos de administração e de exteriorização da vontade da sociedade. Assim não o fazendo, tem-se que eles estarão habilitados a praticar todos os atos pertinentes à gestão da pessoa jurídica.

A sociedade limitada unipessoal também pode ter administrador sócio ou não sócio. O seu órgão de administração igualmente pode ser integrado por uma ou mais pessoas. Ao ato constitutivo da sociedade limitada unipessoal serão aplicáveis, no que couberem, as disposições sobre o contrato social da sociedade limitada pluripessoal.

Pelo regime do Código de 2002 não há mais margem à delegação da direção, razão pela qual os poderes de gestão – é o que se conclui – são indelegáveis. Mas isso não cria óbice à constituição de procuradores *ad negotia* e *ad judicia*, uma vez que serão mandatários da pessoa jurídica, não integrando, pois, o seu órgão de administração.

Na delegação, o gerente-delegado substituía o delegante em todos as suas funções, não havendo necessidade de serem mencionados os seus poderes no ato de delegação, visto que sucedia o delegante na plenitude de sua competência. Não era, desse modo, o gerente-delegado um simples mandatário da sociedade, nem do sócio-gerente, mas assumia as funções de órgão da sociedade.

De fato, é habitual fazerem os diretores, nos limites de suas atribuições e poderes, uso da constituição de mandatários *ad negotia*, para auxiliá-los na execução de certos atos de administração da sociedade. Nesse caso, há a necessidade de discriminação dos poderes, bem como se afigura prudente fixar o respectivo prazo de vigência. Mas se deve sublinhar que os procuradores *ad negotia* não são diretores, mas sim mandatários da sociedade. O administrador deverá outorgar o mandato em nome do ente jurídico para que o procurador o represente em determinados atos da vida empresarial.

Muitas vezes, na *praxis* empresarial, costuma-se ver sócios com poderes de administração constituindo procuradores em nome próprio para representá-los na sociedade, delegando, inclusive, poderes de gestão. Há que se afirmar, sem qualquer insegurança, que os limites desse mandato são o de exercer o mandatário, perante a sociedade e os demais sócios, os direitos do mandante resultantes da sua condição de sócio e não de administrador. Não serve esse expediente para que o procurador o substitua nas funções de diretor. Isso porque a administração, conforme orientação da dogmática germânica que prevaleceu na lei brasileira, constitui-se como órgão da sociedade. Segundo a doutrina da organicidade, os administradores não são meros mandatários da pessoa jurídica ou dos sócios, mas manifestantes da própria vontade da sociedade, sendo, pois, um órgão de representação legal, por meio do qual a sociedade exterioriza a sua vontade e realiza, no limite de seu objeto social, negócios jurídicos. Portanto, a esdrúxula fórmula de constituir o gestor, em nome próprio, procuradores para substituí-lo na plenitude de suas funções é ilegal e, consequentemente, ineficaz.

Por fim, o termo "gerente" como sinônimo de "administrador" parece não mais ser adequado, porquanto o Código veio a lhe reservar outra dimensão (arts. 1.172 a 1.176).

7.13.1. *NOMEAÇÃO E DESTITUIÇÃO DO ADMINISTRADOR*

Como se atestou, a gestão da sociedade limitada pode ser realizada por um ou por diversos dirigentes, atuando em conjunto ou isoladamente, conforme dispuser o contrato social.

A designação do administrador far-se-á no contrato social ou em ato separado, podendo recair em sócio ou não.

Quando a escolha nasce originariamente do contrato, verifica-se a nomeação decorrente do consenso daqueles que firmaram o contrato de sociedade. Mas nada impede que, por alteração desse pacto, sejam nomeados novos administradores. Para que isso se concretize, sendo o diretor sócio, mister se faz a deliberação de titulares de quotas representativas de mais da metade do capital social (art. 1.076, II, com redação dada pela Lei n. 14.451/2022, c/c art. 1.071, V). Anteriormente à alteração do art. 1.076 procedida pela Lei n. 14.451/2022, o *quorum* era mais severo: exigia-se a deliberação de titulares de quotas representativas de 3/4, no mínimo, do capital social. Quando o administrador sócio é nomeado em ato separado, o *quorum* também se estabelece pelos votos correspondentes a mais da metade do capital social (art. 1.076, II, c/c art. 1.071, II). No que se refere ao administrador não sócio, independentemente de sua forma de designação, deve ser escolhido mediante a aprovação de, no mínimo, 2/3 dos sócios, enquanto não integralizado o capital social, e, após a sua integralização, pela aprovação de titulares de quotas correspondentes a mais da metade do capital social (art. 1.061, com redação determinada pela Lei n. 14.451/2022)[104].

O administrador indicado em instrumento separado investir-se-á no cargo mediante termo de posse no livro de atas da administração. O termo deverá ser assinado nos trinta dias subsequentes à designação, sob pena de tornar-se esta ineficaz. Nos dez dias que se seguirem ao da sua investidura, deverá o gestor requerer a averbação de sua nomeação na Junta Comercial, à margem do registro da sociedade, mencionando sua qualificação (nome, nacionalidade, estado civil e residência), com a exibição de seu documento de identidade, o ato e a data da nomeação e o prazo da gestão.

A nomeação do administrador poderá realizar-se por prazo certo ou indeterminado. No primeiro caso, expirado o prazo, necessária se mostra a renovação da investidura (recondução) ou a escolha de um substituto.

Mas, em qualquer caso, o exercício da função de administrador cessa com a sua destituição ou renúncia, figuras que se passa a abordar de per si.

A destituição de sócio nomeado administrador no contrato social reclama a aprovação de titulares de quotas correspondentes a mais da metade do capital, permitindo-se, entretanto, disposição contratual diversa, para exigir *quorum* maior ou menor (§ 1º do art. 1.063, com redação dada pela Lei n. 13.792/2019). Se sua investidura se deu em ato separado, a destituição se opera pela vontade que represente mais da metade do capital (art. 1.076, II, c/c art. 1.071, III). O mesmo quorum se estabelece para diretor não sócio nomeado em instrumento separado. Sendo ele designado no contrato social, o *quorum* também será o correspondente ao da maioria absoluta, ou seja, representativo de votos superiores à metade do capital social (art. 1.076, II, com redação dada pela Lei n. 14.451/2022, c/c art. 1.071, V). Originariamente, esse *quorum* correspondia a, no mínimo, 3/4 do capital social, sendo reduzido pela Lei n. 14.451/2022, ao revogar o inciso I do art. 1.076 e atribuir nova redação ao inciso II do mesmo dispositivo normativo.

O ato de destituição, devidamente instrumentado, será averbado no registro da sociedade, mediante requerimento formulado nos dez dias seguintes ao da ocorrência.

Na circunstância de renúncia de administrador, deve a manifestação unilateral de sua vontade ser veiculada por escrito, ou traduzida em ata de assembleia ou reunião dos sócios,

---

[104] Em sua versão original, o art. 1.061 exigia expressa previsão no contrato social da permissão de designação de administrador não sócio. Com a alteração que sofreu por meio da Lei n. 12.375/2010, passou a não mais demandar cláusula contratual autorizando expressamente a adoção de administrador estranho ao corpo social, sendo suficiente para sua regular designação a observância do *quorum* que estabelecia: unanimidade dos sócios, enquanto o capital social não estivesse integralizado e 2/3, no mínimo, a partir da integralização. A Lei n. 14.451/2022 abrandou os referidos quóruns, como visto.

ou ainda em ata de reunião do órgão de administração. Em relação à sociedade, torna-se a renúncia eficaz a partir do momento em que a ela é dado conhecimento do ato volitivo expressado pelo renunciante. Porém, sua eficácia em relação a terceiros depende de averbação no registro da sociedade e, também, exige a lei, a realização de publicação, com o escopo de melhor proteger os interesses desses terceiros. A publicação far-se-á tanto no órgão oficial da União ou do Estado, conforme o local da sede da sociedade, como em jornal de grande circulação (§ 3º do art. 1.063 c/c § 1º do art. 1.152).

Por fim, é sempre bom lembrar que não podem ser arquivados "os documentos de constituição ou alteração de sociedades mercantis de qualquer espécie ou modalidade em que figure como titular ou administrador pessoa que esteja condenada pela prática de crime cuja pena vede o acesso à atividade mercantil" (Lei n. 8.934, art. 35, II), regra que deve agora ser conjugada com o § 1º do art. 1.011 do Código de 2002.

7.13.2. *ADMINISTRADOR PESSOA JURÍDICA*

Sob o império do Decreto n. 3.708/1919, registrava-se na doutrina divergência quanto à possibilidade de uma pessoa jurídica poder ser administradora.

Nelson Abrão[105], aduzindo o "caráter eminentemente pessoal e imediato do exercício da administração das sociedades em geral", declarava não ter dúvida "em optar pela corrente doutrinária que sustenta dever ela ser exercida só por pessoas físicas e, pelas mesmas razões, residentes no país".

Cunha Peixoto[106], com pertinência, pontuava não haver na lei dispositivo que viesse a restringir a gestão de uma sociedade à pessoa física, bem como que a incapacidade, por ser matéria de exceção, reclama sempre inteligência restrita, para concluir não se poder "criá-la por meio de uma interpretação ampliativa".

Sustentávamos, igualmente, ser obstado instituir uma incapacidade por via interpretativa. Não bloqueando a lei o exercício da administração à pessoa jurídica, não seria dado ao intérprete impor a vedação[107].

A pessoa jurídica administradora exerceria as suas funções por meio de seu órgão social dotado dos poderes de gestão, podendo, entretanto, esse órgão delegar suas funções, tal qual o dirigente pessoa natural.

A exegese socorria uma realidade em nosso mercado, que vinha e vem apresentando crescente número de sociedades limitadas constituídas exclusivamente por outras sociedades. Não haveria, pois, a necessidade de admissão de sócio pessoa física para assumir a gestão.

---

[105] Ob. cit., p. 109.
[106] Ob. cit., p. 296.
[107] Ob. cit., p. 144.

Em nossa dissertação sobre o tema, já afirmávamos: "Não adotando a figura da pessoa jurídica gerente, a nova lei teria que vir a permitir aos sócios designarem administradores estranhos ao corpo social, para não inviabilizar a formação de sociedades com sócios unicamente pessoas jurídicas"[108].

Pois assim o fez o Código Civil. Como se anotou anteriormente, a direção pode ser exercida por sócio ou não sócio. Desse modo, o atual Código viabilizou a vedação de a pessoa jurídica ser administradora da sociedade. Conforme se extrai do art. 997, VI, de aplicação à limitada por força do art. 1.054, a administração fica restrita à pessoa natural, a qual pode ser estranha ao corpo social. Reforça a conclusão o estatuído no § 2º do art. 1.062.

Temos a orientação como uma involução para o tema. Sendo a pessoa jurídica capaz de direitos e obrigações, não se justifica a restrição estabelecida.

7.13.3. *REMUNERAÇÃO DOS ADMINISTRADORES*

A função de administrador, no âmbito estrito do direito societário, poderia ou não ser remunerada. Necessariamente o será quando o gestor for estranho ao corpo social. Mas, sendo a administração privativa do sócio, poder-se-ia dispensar a sociedade de pagar-lhe *pro labore*. Todavia, em razão de norma de natureza fiscal (art. 9º, V, *h*, c/c art. 35 do Regulamento da Organização e do Custeio da Seguridade Social, aprovado pelo Decreto n. 3.048/99), ainda que sócio o diretor, deverá haver dito pagamento, mesmo que no valor de um salário mínimo. O contrato social poderá dispor sobre a forma de remuneração. Em caso de omissão, nada impede seja a retribuição definida, a qualquer tempo, por deliberação majoritária do capital (art. 1.076, II, c/c art. 1.071, IV).

A remuneração poderá ser fixa ou variável, valorada, nesse último caso, por um percentual incidente sobre o lucro líquido.

Na ausência de disposição legal expressa, nada obriga seja a retribuição uniforme, podendo, assim, ser diferenciada em relação a cada administrador, tendo em conta, dentre outros fatores, a reputação profissional do gestor e o tempo de dedicação às suas funções.

7.13.4. *CAUÇÃO DOS ADMINISTRADORES*

Permite-se aos sócios estabelecerem cláusula no contrato social obrigando os administradores a prestar caução, a fim de garantir as suas gestões.

Assim o fazendo, deverá o contrato disciplinar a forma de ser ela realizada. Poderá o contrato fixar o valor da caução ou deixar a sua estimativa para os sócios o fazerem posteriormente, para o que se aplicará o *quorum* da maioria de votos dos presentes no

---

[108] Ob. cit., p. 145.

conclave social, se o contrato não exigir maioria mais elevada (art. 1.076, III). Uma vez estabelecida, a garantia só será levantada após a aprovação das últimas contas apresentadas pelo administrador que houver deixado o cargo.

7.13.5. *PODERES DE GESTÃO*

Não havendo restrição no contrato social, os administradores estão autorizados a praticar todos os atos pertinentes à gestão da sociedade, limitados, evidentemente, às fronteiras do objeto social.

Os diretores administram e representam a sociedade, decidindo e executando os seus negócios, atuando sempre no interesse social e não no individual.

É de bom alvitre, em nossa opinião, que os sócios dispensem cláusula no contrato social estabelecendo algumas restrições aos poderes de gestão, como, por exemplo, a de alienar bens imóveis da sociedade ou outros de qualquer natureza a partir de um certo valor, sem a anuência de todos os sócios, da maioria ou do *quorum* intermediário que se venha a estabelecer, e a de prestar avais ou fianças em nome da sociedade. Especificamente em relação aos bens imóveis, uma vez omisso o contrato, já prevê a lei que, não constituindo objeto social, a oneração ou alienação desses bens se faz dependente de decisão da maioria social (art. 1.015).

Por isso, o uso da firma ou da denominação social será sempre privativo dos administradores que tenham os necessários poderes (art. 1.064), devendo agir dentro de suas divisas.

Sobre o uso indevido e o abuso do nome empresarial (ato *ultra vires*), remetemo-nos à abordagem realizada no item 7.13.7 deste Capítulo 7.

7.13.6. *RESPONSABILIDADE DO ADMINISTRADOR*

Não são os gestores pessoalmente responsáveis pelas obrigações que contraírem em nome da sociedade e em virtude de ato regular de gestão. Respondem, entretanto, civilmente, perante a sociedade e os terceiros prejudicados, pelos prejuízos causados por culpa no desempenho de suas funções, verificando-se, portanto, o não atendimento de seus deveres de diligência e lealdade.

A regra geral é a da irresponsabilidade pessoal do administrador pelos atos de representação e gestão ordinárias da sociedade. Os administradores da limitada, à semelhança dos diretores nas sociedades anônimas, não ficam vinculados pessoalmente aos atos regulares de gestão, por serem eles órgão da pessoa jurídica, sendo nessa qualidade que atuam em nome e por conta da sociedade. A pessoa jurídica é quem pratica atos e contrai obrigações, razão pela qual é ela responsável perante terceiros pelos atos exercitados, por meio de seus administradores.

Todavia, decaem dessa imunidade, respondendo civilmente, perante a sociedade e terceiros, quando ultrapassam os atos regulares de gestão ou quando procedem com violação do contrato social ou da lei.

O administrador deve, no exercício de sua função, empregar o cuidado e a diligência que todo homem ativo e probo costuma empregar na administração de seu próprio negócio, servindo à sociedade com lealdade e mantendo reservas sobre seus negócios. São esses, portanto, os deveres de diligência e lealdade – arts. 1.011 do Código Civil, 153 e 155 da Lei n. 6.404/76 – que se aplicam a todo aquele que administra interesse ou patrimônio alheio.

Impõe-se-lhe exercer suas atribuições e poderes, conferidos por lei ou pelo contrato, sempre no interesse da sociedade, direcionando-a para a realização do seu fim. Não pode, pois, o administrador praticar atos de liberalidade à custa da sociedade, tomar por empréstimo, sem consentimento expresso de todos os sócios, recursos ou bens da pessoa jurídica, ou usar, em proveito próprio ou de terceiros, seus bens, serviços ou créditos (art. 1.017 do Código Civil e § 2º do art. 154 da Lei n. 6.404/76).

Nas contratações em nome da sociedade deverá tomar precauções e cuidados, verificando preços e condições da aquisição ou venda de bens ou serviços. Não pode o administrador utilizar, em benefício próprio ou de terceiro, as informações ou oportunidades de negócio de que tomou conhecimento em função do seu cargo. Deverá sempre aproveitar tais oportunidades em favor e no interesse da sociedade.

Por derradeiro, é vedado ao administrador intervir em qualquer operação social na qual possua interesse conflitante com o interesse social, bem como nas deliberações que a respeito tomarem os demais administradores (parágrafo único do art. 1.017 do Código Civil e art. 156 da Lei n. 6.404/76).

Portanto, sempre que descurar desses deveres e, em razão disso, a sociedade vier a sofrer danos, ficará o administrador responsável pela devida reparação. Responderá por culpa no desempenho de suas funções. Ficará obrigado a reparar o dano causado à sociedade ou a terceiros quando verificado ato irregular de gestão ou proceder com violação da lei ou do contrato social (arts. 1.016 do Código Civil e 158 da Lei n. 6.404/76).

Não se pode deixar de ressaltar que o administrador não é responsável por atos ilícitos praticados por outros administradores, salvo se com eles for conivente, se negligenciar em descobri-los ou se, deles tomando conhecimento, deixar de agir para impedir a sua prática. Nessas situações estará caracterizada a culpa no desempenho de suas funções, e a responsabilidade será solidária. Para eximir-se da responsabilidade, deve o administrador dissidente fazer consignar sua divergência na ata de reunião do órgão ou, não sendo possível, dar inequívoca ciência do fato aos sócios ou ao conselho fiscal, se instituído.

Caso venha a sociedade a ser responsabilizada por terceiro por ato infracional, fica ela habilitada a, regressivamente, reembolsar-se perante o mau administrador pelos prejuízos suportados.

Considerando a falta de regra especial no Capítulo das sociedades limitadas para disciplinar a responsabilidade dos administradores, será ela inspirada e regulada segundo as regras, os valores e os princípios acima desenvolvidos.

A pretensão contra os administradores, por atos violadores da lei ou do contrato, prescreve em três anos, contados da apresentação, aos sócios, do balanço referente ao exercício em que a violação tenha ocorrido, ou da reunião, ou da assembleia que dela deva tomar conhecimento (art. 206, § 3º, VII, *b*). Isso em relação à ação da sociedade contra o dirigente. No que se refere a terceiros prejudicados, o prazo será de dez anos (art. 205).

A aprovação, sem reserva, do balanço patrimonial e do de resultado, pelos sócios, ressalvadas as hipóteses de erro, dolo ou simulação, exonera os administradores de responsabilidade, compreendida, obviamente, no âmbito interno da relação societária, não se estendendo, assim, para atingir os terceiros. Extingue-se em dois anos o direito de anular a prefalada aprovação, por um daqueles vícios (§§ 3º e 4º do art. 1.078).

Dúvida poderia surgir quanto à efetividade da ação indenizatória a ser proposta pela sociedade em face do administrador incurso na prática de ato irregular de gestão ou violador da lei ou do contrato social, quando ele for detentor da maioria do capital social, uma vez que certamente não adotará as providências para a promoção da ação, não podendo ser destituído por deliberação dos sócios, ante a ausência de *quorum*.

Nessas circunstâncias, propugnamos possa o sócio minoritário agir na condição de substituto processual da sociedade, por aplicação analógica do § 4º do art. 159 da Lei n. 6.404/76, sem excluir, obviamente, aquela que pessoalmente lhe seria cabível quando sofrer prejuízo pessoal direto ocasionado por atos da administração. Isso quando o contrato não fizer a previsão de regência supletiva da sociedade limitada pelas normas da sociedade anônima. Presente a previsão, não se teria dúvida em aplicar esses preceitos inscritos nos §§ 4º e 7º do art. 159 citado. Por evidente que, nesses casos, os demais minoritários poderão pretender a exclusão do majoritário, nos termos do art. 1.030 do Código de 2002.

Fixadas as perspectivas da responsabilidade dos administradores, cumpre analisar a projeção dessa responsabilidade nos campos tributário, previdenciário e trabalhista.

No que concerne à responsabilidade tributária, o tema tem dividido opiniões dos estudiosos e julgadores.

O Código Tributário Nacional, em seu art. 135, dispõe serem pessoalmente responsáveis pelos créditos correspondentes a obrigações tributárias resultantes dos atos praticados com excesso de poderes ou infração da lei, contrato social ou estatutos os diretores, gerentes ou representantes de pessoas jurídicas de direito privado.

Portanto, segue-se a mesma orientação do art. 10 do velho Decreto n. 3.708/1919 e do art. 158 da Lei n. 6.404/76, cumprindo avaliar se o não pagamento do tributo no prazo devido constitui-se ou não em responsabilidade pessoal do administrador.

Hugo de Brito Machado[109] assevera que

> não se pode admitir que o não pagamento do tributo configure a infração de lei, capaz de ensejar tal responsabilidade, porque isto levará a suprimir-se a regra, fazendo prevalecer, em todos os casos, a exceção. O não cumprimento de uma obrigação qualquer, e não apenas de uma obrigação tributária, provocaria a responsabilidade do diretor, gerente ou representante da pessoa jurídica de direito privado inadimplente. Mas tal conclusão é evidentemente insustentável. O que a lei estabelece como regra, isto é, a limitação de responsabilidade dos diretores, ou administradores dessas pessoas jurídicas, não pode ser anulado por esse desmedido elastério dado à exceção.

Assim, conclui que "a responsabilidade em questão só existirá quando a pessoa jurídica tenha ficado sem condições econômicas para responder pela dívida, em decorrência de atos praticados com excesso de poderes, ou violação da lei, do contrato ou do estatuto".

No mesmo diapasão flui o entendimento de Rubens Requião[110]:

> Tem-se procurado, como já advertimos no n. 272 supra, envolver o sócio e, mais precisamente, o sócio-gerente em responsabilidade ilimitada, quando se trata de descumprimento de obrigação tributária ou previdenciária. O Tribunal Federal de Recursos tentou impor jurisprudência nesse sentido, considerando o sócio-gerente ilimitadamente responsável pelas obrigações sociais, quando a sociedade se tornar insolvente, pela exaustão de seu patrimônio, ou quando, dissolvida, não restar bens para pagar os créditos tributários. O Supremo Tribunal corrigiu o exagero e a injustiça. A responsabilidade do sócio-gerente deflui não só da impossibilidade da sociedade pagar o credor, mas da ilegalidade ou fraude que o sócio praticar na gerência. Essa é a doutrina dominante.

O Supremo Tribunal Federal[111], agasalhando a tese, já decidiu:

> Recurso extraordinário. Execução fiscal. Penhora de bens de sócio. Embargos de terceiro. Reputa-se lícita a sociedade entre cônjuges, máxime após o Estatuto da mulher casada. O sócio não responde, em se tratando de sociedade por quotas de responsabilidade limitada, pelas obrigações fiscais da sociedade, quando não se lhe impute conduta dolosa ou culposa, com violação da lei ou do contrato. Hipótese em que não há prova reconhecida nas decisões das instâncias ordinárias de a sociedade haver sido criada objetivando causar prejuízo à Fazenda, nem tampouco restou demonstrado que as obrigações tributárias resultaram de atos

---

[109] Responsabilidade tributária e infração da lei, *IOB* 1/7737.
[110] Ob. cit., vol. I, p. 439-440.
[111] 1ª Turma, Recurso Extraordinário n. 1.642-2, em 3-2-1989.

praticados com excesso de poderes ou infração de lei, contrato social ou dos estatutos, por qualquer dos sócios. Embargos de terceiro procedentes. Súmula 279. Recurso extraordinário não conhecido.

No entanto, o Superior Tribunal de Justiça[112], em momento inicial, adotou o conceito da responsabilidade objetiva pela ausência de recolhimento do tributo, consoante se infere do seguinte aresto:

> O sócio responsável pela administração e gerência de sociedade limitada, por substituição, é objetivamente responsável pela dívida fiscal, contemporânea ao seu gerenciamento ou administração, constituindo violação à lei o não recolhimento de dívida fiscal regularmente constituída e inscrita. Não exclui a sua responsabilidade o fato do seu nome não constar na certidão de dívida ativa.

Posteriormente, no julgamento do Recurso Especial n. 100.739/SP, em sua 2ª Turma, o STJ[113] veio a adotar posição mais consistente, espelhada na seguinte ementa:

> Tributário – Sociedade anônima e/ou sociedade por quotas de responsabilidade limitada – Limites da responsabilidade do diretor e/ou sócio-gerente. Quem está obrigada a recolher os tributos devidos pela empresa é a pessoa jurídica, e, não obstante ela atue por intermédio de seu órgão, o diretor ou sócio-gerente, a obrigação tributária é daquela, e não destes. Sempre, portanto, que a empresa deixa de recolher o tributo na data do respectivo vencimento, a impontualidade ou a inadimplência é da pessoa jurídica, não do diretor ou do sócio-gerente, que só respondem, e excepcionalmente, pelo débito, se resultar de atos praticados com excesso de mandato ou infração à lei, contrato social ou estatutos, exatamente nos termos do que dispõe o art. 135, III, do Código Tributário Nacional. Recurso Especial conhecido, mas improvido.

Mais recentemente, reafirmou-se o princípio, no julgamento, pela 1ª Seção, dos Embargos de Divergência em Recurso Especial n. 174.532/PR[114], no qual ficou assente:

> Os bens do sócio de uma pessoa jurídica comercial não respondem, em caráter solidário, por dívidas fiscais assumidas pela sociedade. A responsabilidade tributária imposta por sócio-gerente, administrador, diretor ou equivalente só se caracteriza quando há dissolução irregular da sociedade ou se comprova infração à lei praticada pelo dirigente. Em qualquer espécie de sociedade comercial, é o patrimônio social que responde sempre e integralmente pelas dívidas sociais. Os diretores não respondem pessoalmente pelas obrigações contraídas em nome da sociedade, mas respondem para com esta e para com terceiros solidária e ilimitadamente pelo

---

[112] 1ª Turma, Recurso Especial n. 33.731-1/MG, em 6-2-1995, *DJU*, seção I, de 6-3-1995, p. 4318.

[113] *RSTJ* 117, p. 287, maio de 1999.

[114] *RT* 797/216, março de 2002.

excesso de mandato e pelos atos praticados com violação do estatuto ou lei (art. 158, I e II, da Lei n. 6.404/76). De acordo com o nosso ordenamento jurídico-tributário, os sócios (diretores, gerentes ou representantes da pessoa jurídica) são responsáveis, por substituição, pelos créditos correspondentes a obrigações tributárias resultantes da prática de ato ou fato eivado de excesso de poderes ou com infração da lei, contrato social ou estatutos, nos termos do art. 135, III, do CTN. O simples inadimplemento não caracteriza infração legal. Inexistindo prova de que se tenha agido com excesso de poderes, ou infração do contrato social ou estatutos, não há falar-se em responsabilidade tributária do ex-sócio a esse título de infração legal.

Pensamos que a responsabilidade tributária do administrador não deva operar-se pela simples ausência de recolhimento de tributos, mas sim pela avaliação de atos de ilegalidade, fraude ou gestão temerária praticados na administração que implicaram essa impontualidade. Para nós, o não pagamento do tributo, por si só, não configura infração à lei a que se reporta o art. 135, III, do CTN, capaz de ensejar a responsabilidade tributária do administrador. A responsabilidade somente se efetivará caso a sociedade fique insolvente ou sem condições econômicas para quitar a dívida tributária em função de atos praticados com abuso de poder, violação da lei ou dos atos constitutivos. Portanto, foi com efetivo conforto que vimos sair editado, em 24 de março de 2010, o verbete da Súmula 430 do Superior Tribunal de Justiça, que teve por Relator o Ministro Luiz Fux, assim enunciado: "O inadimplemento da obrigação tributária pela sociedade não gera, por si só, a responsabilidade solidária do sócio-gerente"[115-116].

---

[115] Anote-se que, na nova ordem do Código Civil de 2002, a expressão "sócio-gerente" não mais se mostra adequada, querendo traduzir "administrador", consoante demonstrado no item 7.13 *supra*.

[116] Ainda na esteira da responsabilidade pessoal do administrador em matéria tributária, impende trazer à baila a orientação traduzida na Súmula 435 do Superior Tribunal de Justiça, cujo verbete consigna: "Presume-se dissolvida irregularmente a empresa que deixar de funcionar no seu domicílio fiscal, sem comunicação aos órgãos competentes, legitimando o redirecionamento da execução fiscal para o sócio-gerente". Três observações se afiguram úteis acerca do prefalado enunciado. A primeira delas é referente à terminologia empregada. "Empresa", como curial, não se dissolve irregularmente, por ser objeto de direito. A dissolução irregular é do sujeito de direito, ou seja, da sociedade, titular da empresa (confira-se o item 2.1 do Capítulo 2). No mesmo fluxo, a expressão "sócio-gerente", que quer, no direito vigente, traduzir "administrador", conforme registrado na nota anterior. A segunda, com o escopo de ressalvar que a presunção é sempre relativa, isto é, sucumbe mediante produção de prova em sentido contrário, o que pode ser feito, por exemplo, com a apresentação de certidão expedida pelo registro competente (Junta Comercial ou Registro Civil de Pessoas Jurídicas, conforme a espécie societária) de alteração da sede social. A terceira, para registrar que a dissolução irregular (que se realiza, pois, sem a observância do devido processo legal), por constituir-se em ato violador da lei, gera responsabilidade pessoal não só do administrador, mas também de todos os sócios da limitada, consoante regra do art. 1.080 do Código Civil (confira-se o item 7.10.3 *supra*).

220 CURSO DE DIREITO COMERCIAL – DIREITO DE EMPRESA

No contexto previdenciário, a responsabilidade dos administradores, sócios e não sócios segue o mesmo critério de aferição dispensado ao débito tributário, conforme acima deduzido[117].

---

[117] A Lei n. 8.620/93 estabelecia a responsabilidade solidária dos sócios da limitada pelos débitos junto à Seguridade Social, estando os administradores sócios aí incursos (*caput* do art. 13). Contudo, não integrando os administradores o corpo social, estes responderiam solidária e subsidiariamente, com seus bens pessoais, "quanto ao inadimplemento da obrigações para com a Seguridade Social, por dolo ou culpa" (parágrafo único do art. 13). Esse artigo foi revogado pela Lei n. 11.941/2009 (art. 79, VII). Após a revogação expressa do indigitado preceito, o Supremo Tribunal Federal, no julgamento do RE n. 562.276, por seu Tribunal Pleno, à unanimidade, declarou a sua inconstitucionalidade, na parte em que determinava que os sócios da limitada responderiam solidariamente, com seus bens pessoais, pelos débitos junto à Seguridade Social, decisão essa de repercussão geral nas demandas em curso e, portanto, por fatos geradores anteriores ao ato de revogação. O acórdão veio assim ementado: "Direito Tributário. Responsabilidade tributária. Normas gerais de direito tributário. Art. 146, III, da CF. Art. 135, III, do CTN. Sócios de sociedade limitada. Art. 13 da Lei 8.620/93. Inconstitucionalidades formal e material. Repercussão geral. Aplicação da decisão pelos demais tribunais. 1. Todas as espécies tributárias, entre as quais as contribuições de seguridade social, estão sujeitas às normas gerais de direito tributário. 2. O Código Tributário Nacional estabelece algumas regras matrizes de responsabilidade tributária, como a do art. 135, III, bem como diretrizes para que o legislador de cada ente político estabeleça outras regras específicas de responsabilidade tributária relativamente aos tributos da sua competência, conforme seu art. 128. 3. O preceito do art. 124, II, no sentido de que são solidariamente obrigadas 'as pessoas expressamente designadas por lei', não autoriza o legislador a criar novos casos de responsabilidade tributária sem a observância dos requisitos exigidos pelo art. 128 do CTN, tampouco a desconsiderar as regras matrizes de responsabilidade de terceiros estabelecidas em caráter geral pelos arts. 134 e 135 do mesmo diploma. A previsão legal de solidariedade entre devedores – de modo que o pagamento efetuado por um aproveite aos demais, que a interrupção da prescrição, em favor ou contra um dos obrigados, também lhes tenha efeitos comuns e que a isenção ou remissão de crédito exonere a todos os obrigados quando não seja pessoal (art. 125 do CTN) – pressupõe que a própria condição de devedor tenha sido estabelecida validamente. 4. A responsabilidade tributária pressupõe duas normas autônomas: a regra matriz de incidência tributária e a regra matriz de responsabilidade tributária, cada uma com seu pressuposto de fato e seus sujeitos próprios. A referência ao responsável enquanto terceiro (*dritter Persone, terzo* ou *tercero*) evidencia que não participa da relação contributiva, mas de uma relação específica de responsabilidade tributária, inconfundível com aquela. O 'terceiro' só pode ser chamado responsabilizado na hipótese de descumprimento de deveres próprios de colaboração para com a Administração Tributária, estabelecidos, ainda que *a contrario sensu*, na regra matriz de responsabilidade tributária, e desde que tenha contribuído para a situação de inadimplemento pelo contribuinte. 5. O art. 135, III, do CTN responsabiliza apenas aqueles que estejam na direção, gerência ou representação da pessoa jurídica e tão somente quando pratiquem atos com excesso de poder ou infração à lei, contrato social ou estatutos. Desse modo, apenas o sócio com poderes de gestão ou representação da sociedade é que pode ser responsabilizado, o que resguarda a pessoalidade entre o ilícito (mal gestão ou representação) e a consequência de ter de responder pelo tributo devido pela sociedade. 6. O art. 13 da Lei 8.620/93 não se limitou a repetir ou detalhar a regra de responsabilidade constante do art. 135 do CTN, tampouco cuidou de uma nova hipótese específica e distinta. Ao vincular à simples condição de sócio a obrigação de responder solidariamente pelos débitos da sociedade limitada peran-

Por derradeiro, cumpre abordar a matéria, no âmbito do direito do trabalho.

Não vemos como deixar de enfrentar a questão da mesma forma ventilada no nível da responsabilidade civil antes desenvolvida. O administrador não deverá responder pessoalmente pela dívida trabalhista, senão quando demonstrada a prática de atos reveladores de abuso de poder, violação legal ou contratual (contrato social). Sem que se lhe impute uma dessas condutas, não pode o dirigente da pessoa jurídica ficar pessoalmente responsável pela satisfação da obrigação trabalhista da sociedade.

Não vislumbramos na lei qualquer sustento ao tratamento diferenciado em relação à responsabilidade por dívida trabalhista.

7.13.7. *ABUSO (ATO ULTRA VIRES) E USO INDEVIDO DO NOME EMPRESARIAL*

Como órgão de representação da sociedade, tornando presente a vontade da pessoa jurídica, é em nome dela que atua o administrador, recaindo sobre ela os efeitos dos atos por ele regularmente praticados.

As fronteiras da atuação do administrador são fixadas pelo objeto social. Ultrapassado esse limite, ou seja, empregando o administrador a firma ou a denominação social fora do seu objeto, verifica-se o abuso do nome empresarial, sendo o ato denominado *ultra vires.*

A *ultra vires doctrine*, formulada em meados do século XIX pelas cortes inglesas, tinha por escopo evitar desvios de finalidade na condução dos negócios sociais, declarando nulo qualquer ato praticado em nome da sociedade que extrapolasse o seu objeto.

Rubens Requião reafirmava o princípio, lecionando que os atos resultantes do "uso abusivo da razão social, além dos poderes do sócio-gerente fixados pelo objeto social, são inválidos em relação à sociedade"[118].

---

te a Seguridade Social, tratou a mesma situação genérica regulada pelo art. 135, III, do CTN, mas de modo diverso, incorrendo em inconstitucionalidade por violação ao art. 146, III, da CF. 8. O art. 13 da Lei 8.620/93 também se reveste de inconstitucionalidade material, porquanto não é dado ao legislador estabelecer confusão entre os patrimônios das pessoas física e jurídica, o que, além de impor desconsideração *ex lege* e objetiva da personalidade jurídica, descaracterizando as sociedades limitadas, implica irrazoabilidade e inibe a iniciativa privada, afrontando os arts. 5º, XIII, e 170, parágrafo único, da Constituição. 9. Reconhecida a inconstitucionalidade do art. 13 da Lei 8.620/93 na parte em que determinou que os sócios das empresas por cotas de responsabilidade limitada responderiam solidariamente, com seus bens pessoais, pelos débitos junto à Seguridade Social. 10. Recurso extraordinário da União desprovido. 11. Aos recursos sobrestados, que aguardavam a análise da matéria por este STF, aplica-se o art. 543-B, § 3º, do CPC".

[118] Ob. cit., vol. I, p. 439.

No correr do século XX, veio-se a amenizar o rigor da teoria, passando-se a ter o ato exorbitante do objeto social como inimputável à pessoa jurídica, incapaz, assim, de produzir efeitos em face da sociedade.

Essa doutrina foi acolhida pelo Supremo Tribunal Federal ao declarar que "a firma social não se obriga perante terceiros pelos compromissos tomados em negócios estranhos à sociedade"[119].

Pensávamos, entretanto, de forma distinta, no direito anterior ao Código Civil de 2002.

Verdadeiramente, em nenhuma circunstância era lícito ao administrador agir contra o objeto social definido no contrato. Todavia, a solução não seria a ineficácia, e muito menos a invalidade, do ato em relação à sociedade perante os terceiros de boa-fé, mas a responsabilidade civil do gestor pelos prejuízos causados à sociedade.

Inferia-se do art. 10 do Decreto n. 3.708/1919 que a sociedade era sempre responsável pelos atos realizados, em seu nome, por seus administradores, pois, do contrário, seria despicienda a disposição legal que impunha ao dirigente a responsabilidade perante a sociedade e terceiros decorrentes do excesso de mandato ou da prática de atos violadores da lei ou do contrato. Se o ato não obrigasse a sociedade, sendo inválido ou ineficaz em relação a ela, não haveria motivo para se responsabilizar o administrador perante a própria pessoa jurídica. Tendo esta regresso contra ele, concluía-se que a sociedade se obrigava perante o terceiro de boa-fé. Como o direito positivo era silente sobre os efeitos do ato *ultra vires*, essa era a melhor exegese que se podia extrair.

Sempre nos pareceu que o tratamento dos atos que extrapolassem os limites do objeto social deveria se dar à luz da teoria da aparência, com o escopo de proteção aos terceiros que, de boa-fé, realizam negócios jurídicos com a sociedade, que não pode descurar-se do dever de zelar pelos atos praticados por seus administradores, não lhe sendo lícito, pois, alegar ignorância.

Portanto, para nós, a doutrina que proclamava a invalidade ou a ineficácia do ato *ultra vires* não se adequava ao direito positivo anterior ao Código Civil de 2002, no âmbito das sociedades limitadas. O administrador que o praticasse vincularia a pessoa jurídica perante os terceiros de boa-fé e, dessarte, responderia civilmente diante da sociedade, na via de regresso.

Pode, ainda, acontecer de o gestor fazer uso da firma ou da denominação social para fins pessoais ou de terceiros, sem, entretanto, extrapolar o objeto social. Nesse caso, caracteriza-se o uso indevido do nome empresarial.

O uso indevido também se perfaz quando o administrador realiza atos ao arrepio de certas restrições contratuais, como as que lhe vedam a concessão de avais ou fianças

---

[119] *RTJ* I, p. 217 – RE n. 68.104, de 23-9-1969.

em nome da sociedade, ou que exigem, por exemplo, a assinatura de dois ou mais administradores para obrigar a sociedade.

Os atos caracterizadores do uso indevido do nome empresarial vinham sendo uniformemente considerados pela doutrina e jurisprudência como inoponíveis aos interesses de terceiros de boa-fé, obrigando, perante eles, a sociedade.

A respeito, tem-se decisão orientadora do Supremo Tribunal Federal[120], destacando-se do voto o seguinte trecho:

> o requerente é terceiro de boa-fé, e nada tem a ver com as relações do avalista e com os prejuízos que o sócio-gerente possa causar à sociedade, pela inobservância do contrato social. Sobre a proibição contratual da requerida avalizar títulos, só resta aos prejudicados valerem-se dos arts. 10 e 11 do Decreto n. 3.708, responsabilizando-se o sócio.

Contudo, com o advento do Código Civil de 2002, a questão veio sacramentada no parágrafo único de seu art. 1.015. Portanto, à luz da nova ordem introduzida, não mais se sustentavam aqueles entendimentos anteriores.

Quanto aos atos *ultra vires*, expressa era a regra do inciso III do parágrafo único do referido art. 1.015: tratando-se o negócio jurídico de operação evidentemente estranha aos negócios da sociedade, o excesso do administrador poderia ser oposto ao terceiro, que ficaria, assim, obrigado a verificar, perante a Junta Comercial, o objeto declarado no contrato social, antes de negociar com a sociedade, sob pena de o ato firmado ser inimputável à pessoa jurídica, quando efetivamente extrapolasse os limites de seu objeto.

Passou, igualmente, a ser oponível pela sociedade a terceiros o excesso do administrador quando a limitação de poderes estivesse inscrita ou averbada no registro próprio da sociedade (inciso I do parágrafo único do art. 1.015[121]). Impunha-se aos terceiros, portanto, na letra fria da lei, previamente ao fechamento de negócios com a sociedade, a consulta a seu ato constitutivo ou, no caso de administrador nomeado em ato separado, ao respectivo ato de investidura, averbado junto ao registro da sociedade, a fim de checar as eventuais limitações[122].

---

[120] *RTJ* 2/296.

[121] Na hipótese de a limitação de poderes não estar ainda com o registro concluído, ocasião em que haveria a disponibilização do ato para que todos pudessem dele conhecer, através da obtenção de correspondente certidão, o excesso somente poderia ser oposto se a sociedade comprovasse que a limitação já era conhecida do terceiro (inciso II do parágrafo único do art. 1.015).

[122] Mas sempre sustentamos que as regras deviam, em ambas as situações (uso indevido e abuso do nome empresarial), ser interpretadas com racionalidade e razoabilidade. Não iriam atingir o consumidor que adquirisse bens ou serviços perante a sociedade, visto a sua condição de hipossuficiência, não se lhe podendo exigir que se dirigisse ao registro da

Com a expressa revogação, no entanto, do parágrafo único do art. 1.015 pela Lei n. 14.195/2021 (art. 57, inciso XXIX, alínea *c*), passa-se a ter um novo tratamento para a matéria, recobrando-se, em linhas essenciais, a abordagem anteriormente dispensada.

No que tange aos atos *ultra vires* praticados por seus administradores, a sociedade é, em princípio, por eles responsável, em prestígio à aplicação da teoria da aparência e à boa-fé objetiva. Para eximir-se, incumbe-lhe provar que o terceiro com quem celebrou o negócio jurídico, por intermédio de seu órgão de administração, conhecia o objeto declarado no contrato social.

Contudo, a orientação se dirige à proteção do homem médio que contrata com a pessoa jurídica, e em um ambiente de usual celeridade para a conclusão do negócio jurídico, no qual não se tem como cogitar exigir a prévia consulta dos atos constitutivos da sociedade. Diverso, pois, deve ser o tratamento dispensado às contratações realizadas com partes mais qualificadas e em situações em que é habitual, segundo as práticas de mercado, que, durante o curso das negociações, se proceda à investigação do contrato social da pessoa jurídica. São as hipóteses, por exemplo, de uma sociedade empresária de médio porte que contrata um financiamento especial junto a uma instituição financeira com o escopo de ampliar o seu parque industrial; ou de uma multinacional fabricante de bebidas que arregimenta sociedades empresárias para distribuir os seus produtos no território brasileiro. Nesses tipos de avenças é usual, e exigível pela cautela que cerca a contratação, que os advogados e consultores, tanto da instituição financeira quanto da multinacional cogitadas, realizem as análises detalhadas dos contratos sociais ou dos estatutos das pessoas jurídicas que serão contratadas, aferindo não apenas o objeto social, mas também a extensão dos poderes daqueles que presentarão as sociedades nos respectivos negócios jurídicos.

Há, desse modo, que se considerar as condições e posições negociais desfrutadas pelas partes no caso concreto para se exigir – ou não – como necessária a diligência de consulta prévia do contrato social (ou do estatuto, quando se tratar de companhia), com o objetivo de se aferir a regularidade da contratação. Não se pode, com efeito, vulgarizar as hipóteses de vinculação da pessoa jurídica ao negócio jurídico realizado ao arrepio de seu objeto social, pois outros princípios devem ser na espécie ponderados, como o da preservação da empresa e o da tutela da minoria social.

Parece, portanto, à luz do ordenamento jurídico vigente, que a melhor orientação é aquela que apoia e valoriza a teoria da aparência e a boa-fé objetiva para, como regra,

---

sociedade e obtivesse certidão de seu ato constitutivo para prévia verificação. Na operação de consumo em massa, efetivamente, não deveriam as regras ter aplicabilidade, o que, por outro lado, emperraria o próprio negócio do empresário. Nessas relações, observar-se-iam, como fontes inspiradoras da regência, as teorias da aparência e da proteção ao terceiro de boa-fé que contrata com a sociedade.

vincular a sociedade ao negócio celebrado por seu administrador, caracterizador de ato *ultra vires*. Cabe a ela provar o conhecimento do terceiro do contrato social para eximir-se da responsabilidade do ato derivada, ou demonstrar circunstancialmente que, em razão das condições e da natureza da negociação e pela qualidade profissional do contratante, cabia a ele diligenciar para ter acesso e conhecimento do seu objeto social.

Vinculada a sociedade ao ato *ultra vires*, abre-se-lhe o ensejo de regressivamente responsabilizar o seu administrador que atuou com o excesso por ela não ratificado e que lhe causou prejuízo.

A mesma orientação deve ser adotada para reger os casos de uso indevido do nome empresarial.

7.14. FISCALIZAÇÃO DOS ATOS DE ADMINISTRAÇÃO – CONSELHO FISCAL

O direito de fiscalizar os atos de administração é um direito impostergável do sócio. Não podem o contrato nem a assembleia geral ou reunião de cotistas obstruí-lo.

Em prol de seu exercício, a lei impõe aos administradores que, ao término de cada exercício social, procedam ao levantamento do inventário, do balanço patrimonial e do balanço de resultado econômico (art. 1.065). Esses documentos devem estar à disposição dos sócios, com antecedência mínima de trinta dias da data marcada para a assembleia ou reunião anual dos cotistas, que irão tomar as contas dos administradores e deliberar sobre os balanços (art. 1.078, I e § 1º).

Não se admite obstrução de informação aos sócios. Assim é que, salvo estipulação que determine época própria, o que se nos afigura interessante prever, o sócio pode, a qualquer tempo, examinar os livros e documentos da sociedade e o estado da caixa e da carteira de seus negócios (art. 1.021). Se, entretanto, for feita previsão de aplicação supletiva da Lei das Sociedades Anônimas, os sócios só terão acesso aos livros sociais nas condições do art. 105 da Lei n. 6.404/76, isto é, sempre que forem titulares de mais de 5% do capital social e sejam apontados atos violadores da lei ou do contrato social, ou haja fundada suspeita de graves irregularidades praticadas pelo órgão de administração.

Faculta-se aos sócios, para melhor ordenar a fiscalização, a adoção de um conselho fiscal. Para tal, basta a previsão de cláusula contratual nesse sentido (art. 1.066).

Havendo sua instituição pelo contrato social, esse órgão de fiscalização deverá ser integrado por três ou mais membros e respectivos suplentes, sócios ou não, mas sempre residentes no País.

Serão eleitos pela assembleia anual dos sócios (ou na reunião dos cotistas, conforme o previsto no contrato social), segundo o *quorum* da maioria de votos dos presentes, se o contrato não exigir maioria mais elevada (art. 1.076, III). No entanto, não podem ser fiscais aqueles que sejam inelegíveis para o cargo de administrador da sociedade (§ 1º do art. 1.011), além dos que integrem os demais órgãos da sociedade ou de outra por ela controlada, os empregados de quaisquer delas ou dos respectivos administradores, o cônjuge ou parente deste até o terceiro grau.

Fica assegurado ao sócio ou sócios minoritários que sejam titulares de pelo menos 1/5 do capital social o direito de eleger, separadamente, um dos membros do conselho e respectivo suplente.

A investidura implementar-se-á com a assinatura do membro ou suplente eleito do termo de posse a ser lavrado no livro de atas e pareceres do conselho fiscal em que se mencione a sua qualificação (nome, nacionalidade, estado civil e residência) e a data de sua escolha. Uma vez investido em suas funções, o conselheiro as exercerá, salvo cessação anterior, até a subsequente assembleia ou reunião anual. Não sendo lavrado o termo ou não sendo ele assinado nos trinta dias seguintes à eleição, esta se tornará ineficaz.

Os membros do conselho fiscal farão jus a uma remuneração que será fixada, anualmente, pela assembleia ou reunião que os eleger.

Competem ao conselho fiscal, agindo coletiva ou individualmente por qualquer de seus membros, os seguintes deveres, sem prejuízo de outros que o contrato ou a própria lei venham a estabelecer: a) examinar, pelo menos trimestralmente, os livros e papéis da sociedade e o estado da caixa e da carteira, devendo os administradores ou liquidantes prestar-lhes as informações solicitadas; b) lavrar no livro de atas e pareceres do conselho fiscal o resultado dos exames referidos na alínea anterior; c) exarar no mesmo livro e apresentar à assembleia ou reunião anual dos sócios parecer sobre os negócios e as operações sociais do exercício em que servirem, tomando por base o balanço patrimonial e o de resultado econômico; d) denunciar os erros, as fraudes ou os crimes que descobrirem, sugerindo providências úteis à sociedade; e) convocar a assembleia ou reunião dos sócios se a diretoria retardar por mais de trinta dias a sua convocação anual ou sempre que ocorram motivos graves e urgentes; f) praticar, durante o período da liquidação da sociedade, os atos antes referidos, tendo em vista as disposições especiais reguladoras da liquidação.

Os poderes e as atribuições conferidos por lei ao conselho fiscal não podem ser exercidos por outros órgãos da sociedade.

A responsabilidade dos fiscais obedecerá aos mesmos princípios da dos administradores. Desse modo, respondem solidariamente por culpa no desempenho de suas funções. Pode o fiscal dela se eximir, contanto que faça consignar sua divergência no livro de atas e pareceres do órgão e comunique-a à administração, ou à assembleia ou reunião anual dos cotistas, ou, individualmente, a cada sócio. O prazo de prescrição da pretensão indenizatória de iniciativa da sociedade por violação da lei ou do contrato é o mesmo dos administradores, ou seja, três anos da apresentação aos sócios do balanço referente ao exercício em que a violação tenha ocorrido, ou da reunião ou assembleia que dela deva tomar conhecimento (art. 206, § 3º, VII, *b*). Perante terceiros prejudicados, o prazo prescricional se perfaz em dez anos (art. 205).

A aprovação pela assembleia ou reunião dos sócios dos balanços patrimonial e de resultado, sem qualquer reserva, exonera os membros do conselho fiscal de responsabilidade. Contudo, poderá a aprovação ser anulada por alegação de erro, dolo ou simulação, mas o direito de fazê-lo se extingue em dois anos (§§ 3º e 4º do art. 1.078).

Permite o Código que o conselho fiscal eleja para assisti-lo no exame dos livros, balanços e contas, "contabilista legalmente habilitado", mediante remuneração aprovada pela assembleia dos sócios. A expressão "legal" deve ser entendida como auditor legalmente habilitado, o que melhor se adequa ao profissional de mercado que costuma realizar o mister. Pode, nesse contexto, ser uma sociedade de auditoria, não se impondo, necessariamente, que a tarefa seja exercida por pessoa física.

7.15. CONSELHO DE ADMINISTRAÇÃO

Não há óbice legal à pretensão dos sócios em implantar na sociedade limitada a figura do conselho de administração, órgão que aparece na sociedade anônima, ao qual se venha atribuir, dentre outras competências, a de fixação da orientação geral da política de negócios da sociedade. Basta, para isso, que os sócios façam a previsão no contrato social. Se ele não tem sua gênese contemporânea à celebração do contrato de sociedade, poderá, mediante a deliberação de sócio ou sócios representantes de mais da metade do capital social, ser a qualquer tempo implantado (art. 1.076, II, c/c art. 1.071, V).

Mas lhe é obstado exercer as funções e competências que o Código destinou aos diretores, aos fiscais e à assembleia ou reunião dos sócios. Portanto, não poderá designar ou destituir os diretores da sociedade, visto ser a matéria de deliberação exclusiva dos sócios (art. 1.071).

O conselho de administração poderá ser integrado por sócios ou não sócios, desde que pessoas naturais[123].

7.16. DELIBERAÇÕES SOCIAIS

O Código Civil de 2002 subordinou determinadas matérias ao crivo da deliberação dos sócios. São hipóteses, no julgamento da lei, que dependem, necessariamente, da

---

[123] O regime jurídico do conselho de administração das sociedades anônimas sofreu alteração com o advento da Lei n. 12.431/2011, para revogar a exigência da condição de acionista de seus membros (art. 146 da Lei n. 6.404/76). Essa mesma orientação deve ser observada na formação de conselhos de administração nas sociedades limitadas.

decisão dos sócios, por representarem situações que podem influir profundamente nas relações sociais e na própria estrutura da sociedade.

O universo dessas matérias vem alinhado no art. 1.071, a saber: a) aprovação das contas da administração; b) designação dos administradores, quando feita em ato separado; c) destituição dos administradores; d) modo de remuneração dos administradores, quando não estabelecido no contrato; e) alteração do contrato social; f) incorporação, fusão e dissolução da sociedade ou cessação do estado de liquidação; g) nomeação e destituição dos liquidantes e julgamento de suas contas; h) pedido de concordata – na leitura atual, segundo o sistema jurídico vigente, leia-se pedido de recuperação judicial.

Mas a listagem não é capaz de encerrar os casos dependentes de deliberação dos sócios, uma vez que outros se encontram espalhados pela lei (alteração de nacionalidade da sociedade, eleição do conselho fiscal e fixação da remuneração de seus membros e transformação, por exemplo) ou derivam de ajuste dos sócios. Podem, assim, os sócios indicar, no contrato social, segundo critério de conveniência, matérias cuja aprovação dependa de deliberação social.

Desse modo, as questões submetidas à deliberação dos sócios, seja em virtude da lei ou de previsão contratual, dependem, para a sua validade, dessa decisão, com observância das formalidades legais para convocação, instalação e funcionamento do *forum* deliberativo e do *quorum* estabelecido para sua aprovação.

Nas sociedades limitadas unipessoais, por seu turno, as decisões do sócio único constarão de documento escrito (instrumento público ou particular) e subscrito pelo sócio único ou por seu procurador com poderes especiais para o ato. O processo decisório é, assim, bastante simplificado em razão da unipessoalidade.

7.16.1. *RECUPERAÇÃO JUDICIAL E FALÊNCIA*

O inciso VIII do art. 1.071 fazia depender da deliberação social a aprovação da impetração de concordata, fosse ela preventiva ou suspensiva da falência. Não mais sendo contemplada no direito positivo a figura da concordata, deve a regra, para atingir o seu fim, ser aplicada à recuperação judicial, que a substituiu, como meio mais eficiente de preservação da empresa. Em nosso entendimento, a negociação com os credores de plano de recuperação extrajudicial, ainda que levado à homologação em juízo, não é de necessária decisão da assembleia ou reunião dos sócios, fazendo parte dos poderes gerais de administração essa forma de composição de débitos. O risco da recuperação judicial não se faz presente na extrajudicial, pois somente na primeira poderá haver convolação em falência.

Não se descurou o Código Civil de garantir a incolumidade da pretensão, tal qual também o fez a Lei n. 6.404/76 (parágrafo único do art. 122), sensível ao fato de que a celeridade da iniciativa do pedido de concordata preventiva, agora recuperação judicial, é, em diversos episódios, condição indispensável para o sucesso da medida. Por isso, de forma conveniente e satisfatória, foi inserido o § 4º do art. 1.072, tendo por escopo legitimar, em caso de urgência, a formulação do pedido de concordata preventiva, na nova leitura, recuperação judicial, por parte dos administradores, com a prévia autorização de titulares de mais da metade do capital social (preceito em harmonia com o disposto no art. 1.076, II).

No que pertine à confissão da falência, estranhamente a matéria não foi submetida, pelo Código Civil, à decisão dos sócios. Ante a omissão legal, e não havendo cláusula contratual dispondo a respeito, sustentava-se a aplicação da disciplina prevista no § 1º do art. 8º da Lei Falimentar de 1945: "O requerimento pode ser assinado por todos os sócios, pelos que gerem a sociedade ou têm o direito de usar a firma social, ou pelo liquidante". Garantia-se ao sócio ou aos sócios que não tivessem subscrito o requerimento o direito de oporem-se, em juízo, à decretação da falência, com a utilização dos recursos previstos em lei. A Lei n. 11.101/2005 é omissa a respeito. Portanto, diante do silêncio não só do Código Civil, bem como da hodierna lei falimentar, professamos ser a confissão viabilizada pelo órgão de administração da sociedade, a quem compete constituir procurador *ad judicia,* para veicular o pedido, impondo-se que a atuação do administrador ou dos administradores esteja pautada na deliberação dos sócios, segundo o quórum previsto no inciso III do art. 1.076 do Código Civil, qual seja pela maioria de votos dos presentes no conclave social, se o contrato não exigir maioria mais elevada. Não se perca de vista que a falência é forma especial de dissolução judicial da sociedade, que, ao seu final, pode levar à extinção da pessoa jurídica, com sérias implicações, inclusive para os sócios, e, por isso, deve estar sujeita à deliberação social, extravasando, pois, os poderes ordinários de administração. Por tais motivos, os sócios devem estar atentos à questão, dela se ocupando no contrato social. A rigor, os sócios não estarão deliberando sobre a dissolução de pleno direito da sociedade, mas sim acerca de um pedido de decretação judicial da falência (confissão da falência), diante da situação de insolvência em que se vê mergulhada a sociedade.

7.16.2. *FORO DE DELIBERAÇÃO: ASSEMBLEIA OU REUNIÃO DE SÓCIOS*

As deliberações dos sócios serão tomadas em assembleia ou reunião dos cotistas, conforme dispuser o contrato social. Mas, se o número de sócios for superior a dez, impõe o § 1º do art. 1.072 a forma obrigatória de assembleia para o conclave dos cotistas que deliberará sobre as matérias indicadas na lei ou no contrato.

Portanto, contando a sociedade limitada com um quadro social com onze ou mais participantes, independentemente do número de suas quotas, as deliberações, para serem válidas, deverão ser tomadas em assembleia, que deverá observar as formalidades legais para convocação, instalação e deliberação. A desobediência a essas formalidades implicará a invalidação e ineficácia da decisão.

Sendo o número igual ou inferior a dez, a questão é relegada à disciplina adotada no contrato social. Os sócios devem, nessas situações, dispor sobre a matéria em cláusula contratual, declinando se as deliberações serão tomadas em assembleia ou reunião dos cotistas.

À reunião dos sócios, nos casos omissos no contrato, aplicam-se as regras legais pertinentes à assembleia (§ 6º do art. 1.072 e art. 1.079). Faculta-se, pois, que os sócios, adotando a figura da reunião, estabeleçam sua disciplina. Podem, destarte, regulamentar as formas de convocação, instalação e andamento dos trabalhos de modo próprio, diverso do regramento legal, porquanto as normas traçadas para a assembleia somente disciplinam a reunião em caso de omissão contratual.

Escapam dessa regulamentação o *quorum* legal de deliberação previsto para determinadas questões e a periodicidade da reunião. Sobre o primeiro parece não haver qualquer dúvida quanto à vedação de disposição por parte dos sócios, visto que só podem fazê-lo nas situações autorizadas pela própria lei. No que se refere à periodicidade do conclave, a sua obrigatoriedade de realização anual, dentro dos quatro meses seguintes ao término do exercício social, tem gerado incerteza no âmbito da reunião de sócios. Mas, em nossa ótica, não podem os cotistas sobre ela estabelecer regras próprias. A lei define matérias que obrigam a periodicidade de sua realização, porquanto nela serão tomadas decisões vitais para a sociedade, tais como as que versam sobre prestação de contas e aprovação de balanços, além das que se destinam à designação de administradores e eleição de fiscais, quando for o caso. Por isso, nutrimos o sentimento de que à reunião dos sócios se aplica o disposto no art. 1.078 do Código de 2002.

A reunião ou a assembleia são dispensáveis quando todos os sócios decidirem, por escrito, sobre a matéria que delas seria objeto.

Essa dispensa se estabelece em todo e qualquer caso de assembleia, mesmo naquelas sociedades em que é obrigatória, por ser o número de sócios superior a dez. A regra do § 3º do art. 1.072 parece-nos geral, não se podendo a ela restringir as reuniões ou assembleias quando o número de sócios é igual ou inferior a dez, conforme sustenta Fábio Ulhoa Coelho[124]. Onde o legislador não limitou não é dado ao intérprete limitar. Com efeito, a lógica do preceito é dispensar o encontro dos sócios quando todos já deliberaram sobre a matéria que motivaria a sua realização. A finalidade da assembleia ou da reunião é possibilitar que a integralidade dos sócios tome conhecimento da ordem do dia e possa sobre os temas decidir em proveito da sociedade. Se o objetivo já foi alcançado, o que se verifica quando todos os sócios já decidiram expressamente, por escrito, sobre a matéria que seria posta sob o crivo da decisão assemblear, não há razão para sua realização. O intuito da lei foi o da facilitação da obtenção dos resultados práticos da deliberação, ultrapassando formalidades e burocracias desnecessárias, quando a totali-

---

[124] Ob. cit., vol. 2, p. 424.

dade dos sócios deliberou, não tendo, assim, resultado qualquer prejuízo a algum sócio, que, no caso, somente se configuraria se ficasse alijado de participar da decisão.

Mas a dispensa da assembleia ou reunião, nesse caso, não implica a dispensa do registro do documento no qual se materializou a decisão, nem tampouco exonera a sociedade do dever de publicá-la nas hipóteses exigidas por lei, como, por exemplo, na de redução do capital, por julgarem-no os sócios excessivo, a fim de que se possibilite o conhecimento e eventual oposição por parte dos credores quirografários.

A Lei n. 14.030/2020, fruto da conversão da Medida Provisória n. 931/2020, incluiu um art. 1.080-A no Código Civil, tendo por escopo permitir a participação e votação a distância em reunião ou assembleia, a qual, desse modo, pode realizar-se de forma digital, desde que respeitados os direitos legalmente previstos de participação e manifestação dos sócios e observados os demais requisitos contemplados em regulamento, os quais constam da Instrução Normativa DREI n. 81/2020, especificamente em seu Anexo IV, Capítulo II, Seção III, matéria adiante tratada no item 7.16.8 deste Capítulo 7.

7.16.3. *CONVOCAÇÃO*

Compete aos administradores a convocação da assembleia nos casos previstos em lei ou no contrato social. A competência primária é conferida ao órgão de administração da sociedade.

Contudo, a lei estabelece uma competência secundária, legitimando, assim, outro órgão ou pessoas à convocação do encontro de sócios.

Portanto, a assembleia pode também ser convocada por sócio em duas situações: a) quando o órgão de administração retardar a convocação, por mais de sessenta dias, nas hipóteses de previsão legal ou contratual, não se exigindo participação mínima do sócio no capital para a iniciativa (qualquer sócio, independentemente do percentual de participação societária, poderá fazê-lo, a fim de suprir a omissão dos administradores); b) quando não atendido pelos administradores, no prazo de oito dias, pedido de convocação fundamentado, com indicação das matérias a serem tratadas. Mas, nesse caso, a iniciativa exige um percentual de participação no capital e, portanto, somente poderá convocá-la sócio ou sócios titulares de mais de 1/5 do capital. O pedido em si pode ser formulado por qualquer sócio. A exigência da titularidade de mais de 20% do capital é somente para a convocação. A previsão contida no inciso I do art. 1.073 é diversa daquela estabelecida para as sociedades anônimas, na alínea *c* do parágrafo único do art. 123 da Lei n. 6.404/76. Nesta, a lei é expressa em exigir a participação mínima de 5% do capital não só para a convocação, mas também para a apresentação do pedido. Ressalta do texto da Lei do Anonimato essa ideia, ao prever a competência para convocação "quando os administradores não atenderem [...] a pedido de convocação que apresentarem". Nas limitadas não se demanda o *quorum* de mais de 1/5 do capital para a formulação do pedido, mas tão somente para a convocação. Essa é a interpretação que extraímos do preceito, que vem, nessa parte, assim redigido: "por titulares de mais de um quinto do capital, quando não atendido [...] pedido de convocação fundamentado".

Permite-se, ainda, seja a assembleia convocada pelo conselho fiscal, se existente, quando a diretoria retardar, por mais de trinta dias, a sua convocação anual ou sempre que ocorram motivos graves e urgentes.

A convocação far-se-á por publicação de anúncio, por três vezes, ao menos, no órgão oficial da União ou do Estado, conforme a localização da sede da sociedade, e em jornal de grande circulação[125] local (da sede da pessoa jurídica), sendo necessária, pelo menos, uma publicação em cada um deles[126.] Entre a data da primeira publicação e a da realização da assembleia deve mediar o interregno mínimo de oito dias, para a primeira convocação; não se realizando a assembleia, será publicado novo anúncio, de segunda convocação, com antecedência mínima de cinco dias (§§ 1º e 3º do art. 1.152).

A publicação de anúncio é dispensada quando todos os sócios comparecerem à assembleia ou declararem, por escrito, a ciência do local, da data, da hora e da ordem do dia (§ 2º do art. 1.072). Essas são as únicas hipóteses em que são dispensadas as formalidades referentes ao seu modo de convocação impostas por lei.

7.16.4. *INSTALAÇÃO, CURSO DOS TRABALHOS E INSTRUMENTALIZAÇÃO DA DELIBERAÇÃO*

A assembleia dos sócios, para ser validamente instalada, em primeira convocação, exige a representatividade de um certo percentual de participação no capital social dos integrantes da sociedade a ela presentes. É o que se denomina *quorum* de instalação. Nos termos do art. 1.074 do Código Civil de 2002, estará ela instalada com a presença de titulares de, no mínimo, 3/4 do capital.

Verificado o *quorum* mínimo exigido, o presidente da assembleia irá declarar abertos os trabalhos. Não sendo alcançado percentual de presença exigido, o presidente deverá declarar a impossibilidade de sua instalação, determinando se proceda a segunda convocação.

Em segunda convocação, a assembleia será instalada com qualquer número de participantes. Com isso, quer a lei não embaraçar o transcurso das decisões sobre os negócios e interesses da sociedade, pela falta de um *quorum* mínimo para a sua instalação. A inércia dos sócios, devidamente convocados, pode prejudicar a fluência da vida social.

---

[125] Por jornal de grande circulação deve-se entender aqueles que têm maior distribuição na localidade da sede da sociedade, além de estarem disponíveis de forma impressa e em versão digital, serem distribuídos de modo habitual e não serem direcionados a determinado público.

[126] Confira-se a nota I do item 2 da Seção II do Capítulo II do Manual de Registro da Sociedade Limitada, que funciona como Anexo IV da Instrução Normativa DREI n. 81, de 10 de junho de 2020.

É bem verdade que, naquelas matérias nas quais o *quorum* de deliberação – número de votos exigidos para a deliberação – demandar a manifestação da vontade social representada por mais da metade do capital, a instalação, em segunda convocação, se verá, ao final, frustrada para decidir sobre tais assuntos. Mas isso poderá, também, ser verificado na primeira convocação, quando presente o número mínimo exigido, mas a matéria a ser deliberada reclamar unanimidade.

Na assembleia, o sócio pode comparecer pessoalmente para votar ou se fazer representado. Mas a representação vem limitada pela lei. O procurador do sócio somente poderá ser outro sócio ou seu advogado. Em qualquer caso exige-se a outorga de mandato com a especificação dos poderes, determinando os atos que poderão ser praticados pelo mandatário. A procuração respectiva deverá, juntamente com a ata da decisão assemblear, ser levada a registro.

A assembleia, como se falou, terá um presidente. Além dele, haverá também um secretário. Ambas as funções são privativas de sócios que serão escolhidos entre os presentes. É o que prescreve o art. 1.075. Entretanto, não vemos vedação ou inconveniência para que a tarefa seja assumida por procurador do sócio. Em certos conclaves, inclusive, se não houver tal flexibilização, a instalação da assembleia poderá restar frustrada. Veja-se, por exemplo, a hipótese de sociedade com quatro sócios na qual três se façam representar pelo mesmo procurador advogado. Se assim não for flexibilizada a exigência formal, os seus fins substanciais estariam comprometidos. Não se pode prestigiar a forma pela forma, quando a sua superação não prejudicar a substância do ato. Por essa razão, propomos até uma interpretação mais elástica ainda. Se numa assembleia ou reunião de sócios, em sociedade com dois membros, sem que para a reunião se tenha regrado o modo de instalação e curso dos trabalhos, faltando um deles, não pode a assembleia ou reunião deixar de realizar-se por ausência, por exemplo, de sócio para secretariá-la. Nesse caso, não vemos óbice para que o mesmo sócio a presida e a secretarie, ou, ainda, que a tarefa seja desempenhada por funcionários ou prestadores de serviços contratados pela sociedade. Idêntica solução poderá ser adotada se, presentes os sócios, não for verificado, entre eles, o número suficiente que se disponha a exercer as funções.

Dos trabalhos e das deliberações tomadas resultará a lavratura de uma ata, no livro próprio para esse fim, que é o "livro de atas da assembleia" – livro obrigatório para as limitadas que adotarem assembleia. A indigitada ata deverá ser subscrita pelos membros da mesa – presidente e secretário – e pelos sócios participantes. Será exigida a assinatura, ao menos, de tantos sócios quantos bastarem para a validade das deliberações, com a observância, portanto, necessária de seu *quorum* legal ou contratual, este quando permitido pela própria lei.

Deverá ser extraída cópia da ata, autenticada pelos administradores ou pela mesa diretora dos trabalhos, a fim de ser levada, nos vinte dias subsequentes à realização da assembleia, a registro na Junta Comercial. Cada sócio poderá solicitar e receber cópia autêntica da mesma ata.

Todavia, não se pode deixar de enfatizar que, quando a deliberação resultar em alteração do contrato social, além da ata, o respectivo instrumento de alteração deverá ser levado a registro, igualmente no prazo de vinte dias, devidamente subscrito pelo número de sócios necessário ao atingimento do *quorum* reclamado.

7.16.5. *ASSEMBLEIA ANUAL*

A assembleia, e até mesmo a reunião, deve ser realizada, anualmente, dentro dos quatro primeiros meses do exercício social seguinte.

Exige o Código a sua realização, portanto, ao menos uma vez ao ano, nos quatro meses seguintes ao término do exercício social, com a finalidade de: a) tomar as contas dos administradores; b) deliberar sobre os balanços patrimonial e de resultado econômico; c) designar administradores (quando for o caso); d) nomear os membros do conselho fiscal e fixar-lhes a remuneração (quando adotada a figura deste conselho); e e) tratar e decidir acerca de qualquer outro assunto, desde que previsto na ordem do dia (arts. 1.078, 1.068 e 1.066).

Ao término de cada exercício social, cumpre ao órgão de administração proceder à elaboração da prestação de suas contas, bem como ao levantamento dos balanços patrimonial e de resultado, para serem submetidos à assembleia ou reunião dos sócios. Dessa feita, impõe-se que, até trinta dias antes da data marcada para a realização do conclave, tais documentos sejam postos, por escrito, e com prova do respectivo recebimento, à disposição dos sócios que não integrem a administração.

7.16.6. QUORUM *DE DELIBERAÇÃO*

As deliberações sociais, para serem válidas e eficazes, devem obedecer a um *quorum* por lei estabelecido ou, quando por ela autorizado, contratualmente eleito[127].

Os votos serão computados segundo o valor das quotas de cada sócio. Tem, assim, relação direta com a participação do quotista no capital social. É em função dessa participação que se estabelece o seu poder de influir nas questões sociais. Isso se justifica pelo fato de que quem mais investiu na sociedade tem, correspondentemente, um maior risco. O voto por cabeça, ou seja, pelo número de sócios, somente se realiza quando expressamente previsto na lei, o que ocorre, no entanto, em regime da mais estrita exceção.

Não há espaço na lei para a existência de quotas sem direito de voto (art. 1.072 c/c *caput* do art. 1.010)[128].

Nenhum sócio, por si ou na qualidade de procurador de outro, poderá participar da votação de matéria que lhe diga diretamente respeito, ante o notório conflito de

---

[127] São os casos do § 1º do art. 1.063 e do inciso III do art. 1.076, todos do Código Civil de 2002.
[128] Sobre o tema, confira-se o desenvolvido no item 7.9.3 do Capítulo 7.

interesse (§ 2º do art. 1.074), que, em respeito à boa-fé objetiva, deve ser por ele previamente declarado. A aferição do interesse conflitante far-se-á de modo individualizado, isto é, em relação à pessoa que irá votar, devendo ele ser dotado de conteúdo patrimonial. Descumprido, no entanto, esse mandamento, restará caracterizado o exercício abusivo do direito de voto, que resulta, para aquele que o realiza, na obrigação de reparação das perdas e danos suportados pela sociedade, em razão do prevalecimento de seu voto manifestado contrariamente aos interesses da pessoa jurídica (§ 3º do art. 1.010 c/c art. 1.072, *caput*), sem embargo, por certo, da pertinência do pleito de invalidação da respectiva deliberação.

As deliberações tomadas em conformidade com a lei e o contrato, com a necessária observância do *quorum* exigido, têm o condão de vincular a todos os sócios, ainda que ausentes, abstinentes ou delas dissidentes. Isso porque se encontra formada a vontade soberana e única da sociedade.

No regime antecedente ao Código Civil de 2002, a questão relativa ao *quorum* deliberativo apresentava-se com cristalina simplicidade. O princípio legal que vigorava para as limitadas era o da maioria absoluta, traduzida na vontade de sócio ou sócios representantes de mais da metade do capital social.

Inexplicavelmente, como nesta obra já se registrou, o atual Código veio a inundar a questão, antes simplória, de grande complexidade, gerando em muitos o sentimento de que as vantagens de simplificação da sociedade limitada em relação à anônima de capital fechado estariam comprometidas, impactando, inclusive, na própria aferição da figura do controlador.

Em razão das inúmeras críticas tecidas pela doutrina acerca da questão, o legislador foi sendo estimulado a realizar alterações pontuais em diversos preceitos codificados que cuidam do *quorum* deliberativo ao longo do tempo, com o propósito de fazer prevalecer, nas matérias que julga como principais ou de maior relevância no contexto das relações societárias, o *quorum* da maioria absoluta de votos. Mas os problemas ainda persistem em razão das ausências de melhor sistematização e de prestígio à autonomia privada para adequadamente definir os modelos de deliberação segundo os interesses dos sócios revelados em cada forma de contratação de sociedade limitada. Com efeito, segue seriamente comprometida a liberdade contratual dos sócios para disciplinarem as suas relações internas[129]. O melhor caminho, como já registramos alhures, nos parece ser o

---

[129] Sobre a crítica à liberdade de contratação das relações internas, confira-se o nosso Cláusula atípica no contrato social de sociedade limitada: uma evolução necessária. In: COELHO, Fábio Ulhoa; TEPEDINO, Gustavo; LEMES, Selma Ferreira (Coord.). *A evolução do direito no século XXI*: Seus princípios e valores (ESG, liberdade, regulação, igualdade e segurança jurídica): Homenagem ao Professor Arnoldo Wald. São Paulo: IASP, 2022. v. 2, p. 1.067-1.077.

de orientar a regra geral do *quorum* de deliberação para a adoção da maioria absoluta de votos, isto é, a que se perfaz pela vontade de sócio ou sócios representativa de mais da metade do capital social, assegurando-se, contudo, a possibilidade de se regular a matéria de modo diverso, nos termos do contrato social.

Feito o registro, passamos à diversidade de quóruns ainda contemplada pelo Código[130].

A exigência da unanimidade se faz presente em certas matérias. São dependentes de consentimento unânime: a) a alteração da nacionalidade da sociedade brasileira (art. 1.127); e b) a transformação da sociedade, salvo se já prevista no contrato social (art. 1.114).

O *quorum* de 2/3 dos sócios abrange a designação de administrador não sócio, enquanto o capital social não se encontrar integralizado (art. 1.061).

A maioria absoluta (votos correspondentes a mais da metade do capital) já se exige para os seguintes casos: a) alteração do contrato social; b) incorporação, fusão e dissolução da sociedade, ou cessação do estado de liquidação; c) nomeação de administrador sócio feita em ato separado; d) nomeação de administrador não sócio realizada após a verificação da integralização do capital social, independentemente de sua forma de designação (no contrato social ou em ato separado); e) destituição de administrador, sócio ou não, nomeado em instrumento separado e de administrador não sócio ou sócio nomeado no contrato social, permitindo-se, neste último caso, que o contrato disponha de modo diverso[131]; f) o modo de remuneração dos administradores, quando não estabe-

---

[130] Quanto aos quóruns instituídos pelo Código de 2002 e suas ulteriores alterações, interessante se faz discorrer, ainda que brevemente, acerca do direito intertemporal. A matéria sobre *quorum* provém de disposição legal ou contratual. O contrato apresenta-se como um ato--regra que irradia direitos e obrigações; mas, como instrumento normativo que é, fica sempre subordinado à lei, como se fora uma norma jurídica hierarquicamente inferior. Portanto, não só as disposições legais, mas também as regras contratuais ou estatutárias, em face de uma lei nova, de natureza imperativa, a esta se adequam automaticamente, não havendo falar em direito adquirido ou ato jurídico perfeito. Por tais motivos é que o regramento sobre *quorum* se aplica de forma ampla, a partir de sua vigência, a todas as sociedades limitadas. Diferente seria, por exemplo, no âmbito societário, em exercício de dogmática e hermenêutica, a fim de bem diferenciar as hipóteses nas quais existe ou não necessidade de se respeitar o ato jurídico perfeito e o direito adquirido, aquela situação traduzida no art. 977 do Código Civil de 2002, que veda a celebração do contrato de sociedade entre os cônjuges casados sob o regime da comunhão universal de bens ou da separação legal. Para as sociedades celebradas na vigência do direito anterior, quando tal óbice inexistia, não há falar na sua sujeição à lei nova, a qual só se aplica às sociedades que venham se constituir após a sua vigência, não servindo, pois, para nulificar uma sociedade validamente contratada pelos cônjuges anteriormente ao atual Código. Isso porque a constituição da sociedade rege-se pela lei vigente quando de sua criação, tendo-se aí o ato jurídico perfeito a que se refere a Constituição Federal. A essa hipótese não se aplica o art. 2.031 da Lei n. 10.406/2002, porquanto não se pode influir e alterar o ato de criação da sociedade. Seria corromper a essência do ato perfectibilizado à luz da lei vigente à data de sua celebração.

[131] Os quóruns que versam sobre nomeação e destituição de administradores encontram-se ordenados, por completo, no item 7.13.1 deste Capítulo.

lecido no contrato; g) pedido de recuperação judicial[132] (art. 1.076, II, art. 1.061 e § 1º do art. 1.063). A nomeação de administrador sócio pelo contrato, quando originária, resulta, por lógica, do consenso dos sócios, e, quando derivada, se fará por meio de alteração contratual que também exige o *quorum* da maioria absoluta. A essas hipóteses, se une igualmente a de exclusão extrajudicial de sócio por justa causa (art. 1.085).

Situação de relevo engloba a cisão da sociedade. Não foi a operação incluída expressamente no art. 1.071 como dependente de deliberação dos sócios. No entanto, na verdade, acaba o sendo, na medida em que, implicando a modificação do contrato social e da própria estrutura da pessoa jurídica, não prescinde de decisão a respeito. Portanto, o *quorum* para legitimar a operação será o da maioria absoluta do capital (art. 1.076, II). Reforça o entendimento o fato de o art. 223 da Lei n. 6.404/76, que, até o advento do Código de 2002, era aplicável a todos os tipos societários, como regra geral, visto ser o único diploma legislativo a tratar do tema, prescrever que as operações de fusão, cisão e incorporação devam ser deliberadas segundo o previsto para a alteração do ato constitutivo. Ora, como a cisão não tem perfil traçado pelo Código de 2002, permanece a sua regulação a obedecer ao estatuído na prefalada legislação. Esse argumento nos parece definitivo, para optar pelo *quorum* anteriormente indicado.

Tem-se, ainda, o *quorum* da maioria simples, compreendido como aquele que resulta da deliberação da maioria de votos dos presentes ao conclave. Aplica-se tal *quorum* a todas as matérias preconizadas na legislação, para as quais a lei não estabeleça *quorum* especial ou, ainda, para aquelas previstas no contrato, se este, em quaisquer dos casos, não reclamar maioria mais elevada. Seriam, em geral, as hipóteses de aprovação das contas da administração, nomeação e destituição de liquidantes e o julgamento de suas contas, nomeação de membros do conselho fiscal e fixação de suas remunerações, aprovação da retribuição pecuniária do profissional que o conselho fiscal vier a escolher para assessorá-lo no exame dos livros, balanços e contas, por exemplo.

Cabe, em desfecho, iluminar que outros quóruns especialmente relevantes se encontram espalhados pelo Código Civil, os quais perfazem uma maioria específica, que não considera a totalidade do capital social para a sua aferição, mas se vale de uma *maioria dos demais sócios*, ou seja, da *maioria* do capital representada apenas pelas quotas *dos demais sócios*, como nos casos de exclusão judicial por falta grave ou por incapacidade superveniente (art. 1.030)[133].

---

[132] Sobre o tema, e especialmente no que concerne à confissão da falência pela sociedade, remetemo-nos ao item 7.16.1 deste Capítulo.

[133] Todos os quóruns sobre exclusão de sócio são analisados no item 7.10.12 deste Capítulo.

Temos defendido que os preceitos que versam sobre *quorum*, por serem regras de ordem pública, não admitem disposição por parte dos sócios, a não ser naqueles casos em que a lei expressamente autoriza, como são as hipóteses do § 1º do art. 1.063[134] e do inciso III do art. 1.076[135] do Código Civil de 2002[136]. Nos demais casos, têm-se regras imperativas, de observância obrigatória, que não podem ser alteradas por cláusula do contrato social.

Desejando os sócios negociar a elevação do *quorum* legal, fora daquelas hipóteses permitidas pelo Código Civil e que se materializam por meio de cláusula específica no contrato social, podem valer-se de mecanismo especial, consistente na celebração de pacto parassocial (acordo de quotistas), no qual se estruture, por exemplo, processo decisório obstativo de deliberação acerca de certas matérias julgadas relevantes, ou até mesmo a modificação do próprio contrato social, sem a anuência de todos os sócios, fazendo uso, assim, da denominada cláusula de unanimidade. Estarão, nesse caso, vinculados a tais disposições todos os sócios pactuantes. Os signatários, por ajustes paralelos ao ato constitutivo, negociam obrigações recíprocas, que assegurem certos comportamentos garantidores de uma coexistência harmônica dos seus interesses de sócio.

Situação que merece ser enfrentada é a do empate nas deliberações sociais.

Para Modesto Carvalhosa[137], o Código não teria disciplinado a matéria, razão pela qual, em sua opinião, em caso de empate, não haveria deliberação a respeito, o que importaria em recusa de aprovação do item submetido à decisão dos sócios, por não restar atendido o regime majoritário requerido pelo art. 1.076.

---

[134] § 1º do art. 1.063: "Tratando-se de sócio nomeado administrador no contrato, sua destituição somente se opera pela aprovação de titulares de quotas correspondentes a mais da metade do capital social, salvo disposição contratual diversa".

[135] Art. 1.076, III: "Art. 1.076. Ressalvado o disposto no art. 1.061, as deliberações dos sócios serão tomadas: [...] III – pela maioria de votos dos presentes, nos demais casos previstos na lei ou no contrato, se este não exigir maioria mais elevada".

[136] No rumo de nosso entendimento, flui a opinião de Modesto Carvalhosa: "O art. 1.076 contém dispositivos de ordem pública, inderrogáveis pelo contrato social ou pela própria assembleia" (ob. cit., p. 239). No mesmo sentido, sustenta Alfredo de Assis Gonçalves Neto: "Esse quadro agrava-se levando em conta que quase todas essas disposições têm natureza cogente – o que significa que às partes não é lícito dispor diferentemente. De fato, aos sócios só é dado alterar, para mais ou para menos, os percentuais de muito poucas das deliberações constantes do rol anteriormente elaborado, mais precisamente das indicadas nas letras *a*, *b*, *c*, *l* e *s*. E quando se tratar de maioria simples ou quórum mínimo, só pode haver ajuste para majorar" (*Direito de empresa*: comentários aos artigos 966 a 1.195 do Código Civil. 10. ed. São Paulo: Thomson Reuters Brasil, 2021. p. 650-651). Contrariamente, entretanto, pensa Tavares Borba, para quem "o contrato poderá exigir sempre, para qualquer das questões objeto de decisão, uma maioria mais elevada, tanto que a lei apenas estabeleceu parâmetros mínimos de votos favoráveis" (ob. cit., p. 122).

[137] Ob. cit., p. 243.

Fábio Ulhoa Coelho[138], também sob a premissa de que o capítulo do Código Civil de 2002, referente às limitadas, não disciplina o exercício do direito de voto, enxerga, todavia, a solução sob outro ângulo: a questão estaria submetida à regência supletiva pelas normas do mesmo Código concernentes à sociedade simples (§ 2º do art. 1.010) ou pela Lei das Sociedades Anônimas (§ 2º do art. 129 da Lei n. 6.404/76), dependendo do disposto no contrato social (parágrafo único do art. 1.053).

Desde a primeira edição desta obra temos professado entendimento de que, ocorrendo empate nas deliberações, o critério para o respectivo desempate se estabelece pela decisão sufragada por maioria do número de sócios e, persistindo o empate, por decisão judicial (art. 1.072 c/c § 2º do art. 1.010). O *caput* do art. 1.072[139] do Código Civil de 2002 é expresso em submeter as deliberações dos sócios ao disposto no art. 1.010[140] (não somente ao *caput*, mas a todo ele), a cujos termos devem obedecer. Portanto, a hipótese vem expressamente regulada no âmbito das limitadas (*caput* do art. 1.072), inexistindo a decantada omissão, afastando-se, outrossim, qualquer aplicação supletiva da Lei das Sociedades Anônimas. A respeito do tema remetemo-nos ao item 6.6.2 do Capítulo 6, em que o assunto foi enfrentado.

7.16.7. *DELIBERAÇÕES NA MICROEMPRESA E NA EMPRESA DE PEQUENO PORTE*

Nos termos do art. 70 da Lei Complementar n. 123/2006, as microempresas e as empresas de pequeno porte ficam desobrigadas da realização de assembleias ou reuniões de sócios em qualquer das situações previstas no Código Civil. Elas serão substituídas, na dicção legal, por deliberação representativa do primeiro número inteiro superior à metade do capital social, ou seja, pela maioria absoluta do capital. Resgata-se para elas, desde então, o princípio majoritário do capital. A decisão será considerada regular quando subscrita por sócio ou sócios que representem mais da metade do capital.

Contudo, a regra comporta exceções, as quais, uma vez verificadas, impõem a realização da reunião ou assembleia, conforme o caso (§ 2º do art. 70 da Lei Complementar n. 123/2006). Encontram-se elas taxativamente dispostas no § 1º do mencionado artigo, reproduzidas, *litteris*: "O disposto no *caput* deste artigo não se aplica caso haja disposição contratual em contrário, caso ocorra hipótese de justa causa que enseje a

---

[138] Ob. cit., p. 429-430.

[139] Art. 1.072, *caput*: "As deliberações dos sócios, obedecido o disposto no art. 1.010, serão tomadas em reunião ou em assembleia, conforme previsto no contrato social, devendo ser convocadas pelos administradores nos casos previstos em lei ou no contrato".

[140] "Art. 1.010. Quando, por lei ou pelo contrato social, competir aos sócios decidir sobre os negócios da sociedade, as deliberações serão tomadas por maioria de votos, contados segundo o valor das quotas de cada um. [...] § 2º Prevalece a decisão sufragada por maior número de sócios no caso de empate, e, se este persistir, decidirá o juiz."

exclusão de sócio ou caso um ou mais sócios ponham em risco a continuidade da empresa em virtude de atos de inegável gravidade".

De logo se percebe que o texto normativo não traduz redação das mais adequadas sob o ponto de vista da boa técnica legislativa, merecendo, pois, exercício de efetiva exegese para se aferir o real sentido da norma.

A primeira hipótese revela-se de fácil percepção: a existência de disposição contratual diversa é admitida, prestigiando-se, assim, a liberdade de contratar dos sócios, os quais poderão, desse modo, optar, segundo suas conveniências e peculiaridades do negócio, por um método de decisão social mais estruturado, sob forma de assembleia ou reunião, segundo os quóruns do Código Civil.

A segunda situação que no dispositivo enxergamos é a da exclusão extrajudicial do sócio, preconizada no art. 1.085 do Código Civil. Nesse caso, a maioria social, representativa de mais da metade do capital, verificada a justa causa nele contemplada, poderá, mediante alteração do contrato social levada a registro, imprimir a resolução da sociedade em relação ao sócio ou sócios minoritários excluídos. Mas essa modalidade de expulsão requer previsão expressa no contrato social. Havendo esta, a exclusão, para se operar validamente, somente poderá ser determinada em reunião ou assembleia especialmente convocada, ciente aquele que será excluído em tempo hábil para possibilitar o seu comparecimento e a sua defesa.

Contudo, em sociedades compostas por apenas dois sócios, não vemos mais como haver a necessidade de assembleia ou reunião, à luz da alteração implementada pela Lei n. 13.792/2019 no parágrafo único do art. 1.085. Por essa nova regra, o sócio titular de mais da metade do capital social poderá excluir o outro sócio – minoritário – mediante o arquivamento da correspondente alteração contratual, na qual deverá declinar os motivos caracterizadores da justa causa que justificam o ato de expulsão. De todo modo, permanece a exigência de que haja previsão anterior, na versão originária do contrato social ou em alteração arquivada, da possibilidade da exclusão extrajudicial por justa causa. Pela visão sistemática e racional, não há sentido em se exigir a realização de conclave nessas situações no âmbito da microempresa e da empresa de pequeno porte. A ideia do art. 70 da Lei Complementar n. 123/2006 foi no sentido de se abolir a realização de assembleias ou reuniões de sócios em quaisquer das situações previstas no Código Civil e o seu §1º ressalvou a situação do art. 1.085, mas em sua redação originária, devendo o intérprete considerar que, com a modificação, a assembleia ou reunião para exclusão de sócio na microempresa ou empresa de pequeno porte somente se fará necessária quando existirem três ou mais sócios.

A terceira, e última, de análise mais delicada, diz respeito ao caso de um ou mais sócios porem em risco a continuidade da empresa, em virtude de atos de inegável gravidade. De plano se observa que essa conduta já se encontraria revelada na justa causa a que alude o art. 1.085 acima referenciado, fundamento para a exclusão extrajudicial do sócio. Mas a sua enunciação autônoma, como faz o § 1º do art. 70 da Lei Complementar n. 123/2006 em comento, requer atenção especial do intérprete, pois a lei, como curial em hermenêutica, não se vale de vãs palavras. Com isso, deve-se entender que o preceito quer tipificar situação diversa.

Nessa esteira de raciocínio, propomos a visão segundo a qual sempre que um ou mais atos de sócio ou sócios ponham, em virtude de inegável gravidade, em risco a continuidade da empresa, devam eles ser tomados e discutidos não na forma do *caput* do art. 70 em exame, mas em reunião ou assembleia, nos termos da lei civil. Com a providência, quer-se a publicização e a possibilidade de todos estarem presentes ao foro de deliberação para debatê-los e definir as medidas necessárias a inibi-los.

Mas há que se diferenciar se o autor ou os autores desses atos são sócio ou sócios minoritários ou majoritários.

No caso de os minoritários serem os agentes praticantes dos atos, a realização da assembleia ou reunião se impõe, como forma de fazer sustar sua prática e os efeitos dos atos condenados, a partir do conclave formal dos sócios, com a imputação de sanções por lei ou contratualmente autorizadas. Apenas no âmbito da reunião ou da assembleia a providência pode validamente se realizar. Inclusive, nesse foro, poderá a maioria definir a exclusão da minoria no plano judicial, quando não autorizada a sua verificação pelo modo extrajudicial.

Sendo o agente ou os agentes titular ou titulares de mais da metade do capital, a verificação será quase sempre a *posteriori*, isto é, após a prática do ato realizado nos moldes do *caput* do art. 70 da Lei Complementar n. 123/2006. A própria Junta Comercial não terá como negar o registro do ato, pois não lhe cabe a análise do seu mérito. Fica o exame limitado à verificação das condições formais da lei. Com isso, a atuação dos minoritários prejudicados será no sentido de invalidá-lo, mediante a propositura da ação própria perante o Poder Judiciário, incumbindo-lhes demonstrar a gravidade do ato e o risco a que põe a empresa desenvolvida pela sociedade. Esses atos, inclusive, podem ser passíveis de invalidação, ainda que tenham sido tomados em assembleia ou reunião de sócios. O princípio da função social da empresa estará sempre recomendando a solução. Ademais, consoante sustentamos no item 7.10.12 deste Capítulo, é dado aos minoritários, nesses casos, postular a exclusão judicial dos majoritários. Esse seria o sentido, portanto, da norma para quando o ato condenado resultar da prática da maioria do capital. A lei não deseja validá-los em qualquer das mencionadas situações. O desiderato imediato da lei, acreditamos, foi o de não os legitimar, de modo absoluto, quando praticados em observância formal da regra do *caput* do art. 70 em referência, garantindo à minoria o questionamento judicial de seu mérito.

O art. 71 da mesma Lei Complementar dispensa, outrossim, as microempresas e as empresas de pequeno porte da publicação de qualquer ato societário. A liberação é tão somente, enfatize-se, de publicação e não do registro perante o órgão registral próprio.

Mas essa dispensa ganha peculiar contorno em situações especiais. São os casos da publicação da ata de assembleia ou reunião que aprovar a redução do capital (§ 1º do art. 1.084 do Código Civil) e as operações de fusão, incorporação ou cisão (art. 1.122 do Código Civil).

Na hipótese de redução do capital, quando julgado excessivo, a publicação se impõe não só como forma de imprimir ao ato a publicidade necessária, mas, e principalmente, para possibilitar ao credor quirografário opor-se ao deliberado, o que deverá fazer dentro do prazo de noventa dias dessa publicação da ata respectiva.

Diante dessa liberação imposta pela Lei Complementar n. 123/2006, sustentamos que, nos casos de microempresa e de empresa de pequeno porte, o prazo para oposição do credor quirografário deverá ser contado da data de arquivamento da correspondente ata, esta sempre necessária e capaz de tornar o ato oponível a terceiros (§ 3º do art. 1.084 do Código Civil). Nessa perspectiva, o ato de redução, embora arquivado, fica com eficácia diferida até que decorrido o prazo sem que se tenha impugnação de credor quirografário ou se provado o pagamento da dívida ou o depósito judicial do seu valor (§ 2º do art. 1.084 do Código Civil). Com essa orientação estar-se-ia prestigiando o escopo da exoneração das publicações dos atos societários, preservando os interesses dos eventualmente prejudicados com o ato de redução do capital.

Na situação do art. 1.122 do Código Civil, semelhante intepretação se impõe para se chegar a uma norma que atenda aos interesses eventualmente conflitantes. Nos termos do texto normativo, "até noventa dias após publicados os atos relativos à incorporação, fusão ou cisão, o credor anterior, por ela prejudicado, poderá promover judicialmente a anulação deles". Esse prazo deverá, assim, ser computado, ante a ausência da obrigação de publicar, do arquivamento dos atos relativos à operação realizada. O mesmo será observado nas hipóteses de falência, aludida no § 3º do mesmo preceito do diploma codificado.

7.16.8. *PARTICIPAÇÃO E VOTO A DISTÂNCIA: ASSEMBLEIAS DIGITAIS E SEMI-PRESENCIAIS*

O art. 1.080-A, introduzido pela Lei n. 14.030/2020, resultado da conversão da Medida Provisória n. 931/2020, editada no curso da pandemia da Covid-19, veio a, oportunamente, permitir, nas sociedades limitadas, que o sócio participe das assembleias e reuniões e exerça o seu direito de voto a distância. A regulamentação da matéria encontra-se na Seção III do Capítulo II do Anexo IV da Instrução Normativa DREI n. 81/2020.

As assembleias ou reuniões de sócios cotistas podem ser realizadas pelos modos presenciais, semipresenciais e digitais. Estas duas últimas formas de realização passam, pois, a conviver com o meio clássico de realização dos conclaves sociais: presença dos sócios em ambiente físico.

A assembleia semipresencial, híbrida ou parcialmente digital é aquela em que se admite a participação e a votação dos sócios tanto de maneira presencial, no local físico em que se realiza a reunião ou assembleia, quanto a distância, mediante atuação remota, via sistema eletrônico, e/ou pela utilização de boletim de voto a distância, como instrumento do exercício do direito de voto.

A assembleia digital é aquela que se realiza exclusivamente em ambiente virtual, sendo apenas permitidos aos sócios a participação e o voto a distância, os quais se realizam mediante o envio de boletim de voto a distância e/ou por meio de atuação remota, através de sistema eletrônico, como acima consignado.

Para todos os efeitos legais, as reuniões e assembleias digitais consideram-se realizadas na sede social.

O edital de convocação da reunião ou assembleia deve comunicar, em destaque, que a sua realização se dará de forma semipresencial ou por modo digital, conforme o caso, contendo os detalhes necessários para a participação dos sócios e a votação a distância.

Todas as demais disciplinas acerca da convocação, da aferição de presença, da participação a distância, da utilização de sistema eletrônico, do boletim de voto a distância, das assinaturas dos livros e da ata, bem como de seu arquivamento, encontram-se detalhados no aludido diploma infralegal (Instrução Normativa DREI n. 81/2020, Anexo IV, Capítulo II, Seção III).

7.17. SOCIEDADES LIMITADAS DE GRANDE PORTE

7.17.1. *PADRÕES CONTÁBEIS*

Complementando a ampla revisão da legislação societária brasileira, capitaneada pela Lei n. 10.303/2001, restou promulgada a Lei n. 11.638, de 28 de dezembro de 2007, que altera e revoga dispositivos da Lei n. 6.404/76, da Lei n. 6.385/76 e estende às denominadas "sociedades de grande porte", ainda que não constituídas sob a forma de sociedades por ações, as disposições da mencionada Lei n. 6.404/76 sobre a escrituração e a elaboração de demonstrações financeiras e a obrigatoriedade de auditoria independente por auditor registrado na Comissão de Valores Mobiliários – CVM.

Como objetivo mediato, a indigitada legislação de padrões contábeis buscou consolidar o aperfeiçoamento institucional no oferecimento de maior segurança ao investidor e a garantia de efetiva transparência da gestão societária, seguindo a linha mestra

244   CURSO DE DIREITO COMERCIAL – DIREITO DE EMPRESA

adotada na referida Lei n. 10.303/2001 de fortalecimento do mercado de capitais brasileiro, a partir da visão de sua função instrumental de viabilizar o autofinanciamento de companhias.

Nessa esteira, pode-se alinhar como seus principais objetivos imediatos: a) a atualização das regras contábeis brasileiras; b) o aprofundamento e a consolidação da sua harmonização com os padrões internacionais, notadamente com aqueles emitidos pela *International Accounting Standards Board* (IASB) e pela *International Financial Reporting Standards* (IFRS).

Do prefalado diploma emergem, como principais inovações: a) a substituição da Demonstração das Origens e Aplicação de Recursos (DOAR) pela Demonstração dos Fluxos de Caixa (DFC); b) a obrigatoriedade de as companhias abertas adotarem, em suas demonstrações financeiras, a demonstração do valor adicionado, que traduz o valor da riqueza gerada pela atividade empresarial, sua distribuição entre os elementos que a produzem (empregados, acionistas, financiadores, dentre outros), bem como a parcela da riqueza não distribuída; c) a inclusão, para todas as sociedades sujeitas às regras contábeis da Lei de Sociedades Anônimas[141], na classificação do grupo de contas que constam do balanço, dos bens intangíveis como ativo permanente, o qual passa a ser, assim, também expressado pelos bens incorpóreos utilizados na atividade social, como marcas, patentes, direitos autorais, ágio decorrente de expectativas futuras de lucros, o estabelecimento empresarial adquirido (o antigo fundo de comércio), dentre outros; d) a contabilização a valor de mercado dos ativos e passivos em reorganizações societárias (fusões, cisões e incorporações) que envolvam partes independentes e vinculadas à transferência de controle; e) a aplicação às sociedades de grande porte de disposições contábeis da Lei das Sociedades Anônimas.

Podem ser vislumbradas, destarte, as seguintes vantagens institucionais e de mercado carreadas pelas alterações: a) a elevação da transparência de gestão, aprimorando-se as boas práticas de governança corporativa; b) o incremento da segurança nos investimentos no mercado de capitais, notadamente para os investidores estrangeiros; c) a facilitação do acesso das sociedades brasileiras a mercados internacionais; d) a redução da sonegação fiscal; e) a redução do custo de captação.

7.17.2. *SOCIEDADES DE GRANDE PORTE*

Como acima já se registrou, além de a Lei n. 11.638/2007 imprimir nova orientação aos padrões contábeis das companhias, submete as sociedades definidas como de

---

[141]   Até o advento da Lei n. 11.638/2007, essa exigência era feita pela Comissão de Valores Mobiliários (CVM) apenas para as companhias abertas.

SOCIEDADE LIMITADA

grande porte, independentemente da forma societária adotada, às regras de escrituração e elaboração de demonstrações financeiras das sociedades anônimas, as quais ficam também obrigadas a terem suas contas auditadas por auditoria independente, devidamente credenciada pela Comissão de Valores Mobiliários (CVM).

Para esses fins exclusivos, considera-se de grande porte a sociedade ou conjunto de sociedades sob controle comum que tiver, no exercício social anterior, ativo total superior a R$ 240.000.000,00 (duzentos e quarenta milhões de reais) ou receita bruta anual superior a R$ 300.000.000,00 (trezentos milhões de reais) (parágrafo único do art. 3º da Lei n. 11.638/2007).

7.17.3. *A LIMITADA DE GRANDE PORTE*

A forma societária que, na prática, mais sofrerá os efeitos das disposições contábeis da Lei das Sociedades Anônimas será a sociedade limitada, porquanto os demais tipos tratados pelo Código Civil de 2002, além de restarem praticamente em desuso, dificilmente integrariam o conceito de sociedade de grande porte.

Nesse diapasão, urge verificar o campo de incidência das regras contábeis traduzidas na Lei n. 6.404/76 ao serem projetadas nas limitadas. Dentro dessa perspectiva, tema polêmico aflora: a obrigatoriedade de publicação das demonstrações financeiras.

Nutrimos o convencimento de que as sociedades limitadas de grande porte não estão obrigadas a publicar suas demonstrações financeiras.

Cumpre observar, em um primeiro plano, que na versão originária do Projeto de Lei n. 3.741/2000 – o qual resultou na Lei n. 11.638/2007 –, de autoria do Poder Executivo, havia regras claras e objetivas sobre a obrigatoriedade de publicação. Assim, em seu art. 2º, estabelecia que "as disposições relativas à elaboração e à *publicação* de demonstrações contábeis, inclusive demonstrações consolidadas, e a obrigatoriedade de auditoria independente, previstas na lei das sociedades por ações, relativamente às companhias abertas, aplicam-se também às sociedades de grande porte, mesmo quando não constituídas sob a forma de sociedade por ações" e, no § 2º do aludido art. 2º, indicava que "as *publicações* ordenadas neste artigo deverão ser arquivadas no registro do comércio" (grifos nossos).

O texto normativo que restou aprovado não traz qualquer referência à publicação, revelando aquele que constou do substitutivo derradeiramente apresentado. Assim é que o *caput* do art. 3º, que disciplina as demonstrações financeiras das sociedades de grande porte, conta com a seguinte redação:

> aplicam-se às sociedades de grande porte, ainda que não constituídas sob a forma de sociedades por ações, as disposições da Lei n. 6.404, de 15 de dezembro de 1976, *sobre escrituração e elaboração de demonstrações financeiras e a obrigatoriedade de auditoria independente por auditor registrado na Comissão de Valores Mobiliários* (grifo nosso).

Percebe-se aí a intenção do legislador em não submeter as sociedades de grande porte, que não adotem forma de sociedades por ações, ao regime de publicação próprio das referidas companhias.

Se isso já não bastasse para o convencimento do intérprete, concorre para robustecer o entendimento o fato de que a lei especial em comento estende obrigações às sociedades de grande porte que àquelas que assim não sejam consideradas não se impõem, ainda que do mesmo tipo societário. Diante se está, portanto, de uma regra restritiva e de exceção, a qual, como curial, merece interpretação igualmente estrita.

Não há falar que o texto normativo em questão traduziria a ideia de que o legislador disse menos do que desejava, para, na norma que dele resulta, incluir-se a obrigatoriedade de publicação. Com efeito, essa forma de aferição da norma que advém do texto normativo só tem espaço quando dos seus elementos formais não se consiga extrair os efeitos desejados e indispensáveis para a regulação de uma certa conduta ou hipótese, cumprindo ao exegeta completar a lacuna textual. Não é o caso do art. 3º tratado, porquanto a publicação de demonstrações financeiras tem conceito e fim próprios, distintos e totalmente independentes dos conceitos e fins de escrituração e elaboração daquelas demonstrações, elementos esses que constam do texto do preceito. Em outras palavras, a norma se forma com o alcance de todos os seus fins, restando, portanto, completa, para a produção dos efeitos desejados, na medida em que escriturar e elaborar demonstrações financeiras são as obrigações que impõe e que independem do meio de divulgação[142].

Desse modo, pode-se concluir que a sociedade limitada de grande porte está obrigada a seguir as disposições da Lei das Sociedades Anônimas nos seguintes pontos: a) escrituração e elaboração de demonstrações financeiras; b) obrigatoriedade de auditoria

---

[142] O Superior Tribunal de Justiça adotou essa linha de entendimento consoante se tem da decisão proferida no Recurso Especial n. 1.824.891/RJ, relatado pelo Ministro Moura Ribeiro e julgado à unanimidade pelos integrantes da Terceira Turma em 21-3-2023, assim ementado: "Recurso especial. Sociedade limitada de grande porte. Lei n. 11.638/2007. Norma que estabelece expressamente a aplicação da Lei n. 6.404/76 no que se refere a escrituração e elaboração de demonstrações financeiras. Obrigação de publicação. Ato excluído da lei. Silêncio intencional do legislador que implica exclusão da obrigatoriedade das empresas limitadas de grande porte publicarem suas demonstrações contábeis. Incidência do princípio da legalidade entre os particulares. Recurso provido. 1. O artigo 3º, *caput*, da Lei n. 11.638/2007 somente fez referência sobre a obrigatoriedade da escrituração e elaboração das demonstrações financeiras, excluindo expressamente a palavra publicação que constava do projeto de lei. 2. É possível concluir que houve um silêncio intencional do legislador em afastar a obrigatoriedade das empresas de grande porte de publicarem suas demonstrações contábeis. 3. Em atenção ao princípio da legalidade ou da reserva legal, compreendido como base do Estado Democrático de Direito, somente as leis podem criar obrigações às pessoas, sejam elas físicas ou jurídicas. Logo, por falta de disposição legal, não há como obrigar as sociedades limitadas de grande porte a publicarem seus resultados financeiros. 4. Recurso especial provido".

independente por auditor registrado na Comissão de Valores Mobiliários (CVM). Essas determinações trazem vantagens a essas sociedades: a harmonização dos padrões contábeis facilita o acesso ao mercado externo, ao passo que ter suas contas auditadas representa um risco menor na análise de seu crédito, por parte de instituições financeiras e creditícias, acabando por reduzir o custo de sua obtenção, por exemplo.

Não se aplicam, assim, à limitada de grande porte o § 3º do art. 133 (que obriga publicação das demonstrações financeiras antes da realização da assembleia geral ordinária das sociedades anônimas) e o § 1º do art. 176 (que prevê a comparação das demonstrações financeiras publicadas com os números do exercício anterior), todos da Lei n. 6.404/76.

Permanecem aplicáveis a essas limitadas as regras referentes a publicações previstas no Código Civil de 2002, como, por exemplo, a redução do capital julgado excessivo em relação ao objeto da sociedade, as operações de fusão, cisão e incorporação e convocação de assembleia de sócios.

7.18. A EXTINÇÃO DA EMPRESA INDIVIDUAL DE RESPONSABILIDADE LIMITADA – EIRELI

A empresa individual de responsabilidade limitada (EIRELI) desempenhou, apesar de todas as procedentes críticas a respeito de sua disciplina, um papel histórico no letárgico movimento de implantação da sociedade limitada unipessoal. Assim, deve ser vista e dignificada: como fase – talvez desnecessária – de um processo de amadurecimento – bem tardio, é verdade – do legislador brasileiro.

Fenômeno interessante nasceu do processo legislativo de conversão da Medida Provisória n. 1.040/2021, associada ao Projeto de Lei de Conversão – PLV n. 15/2021. O referido PLV previa a extinção da EIRELI, contemplando, para tal, expressamente as revogações tanto do inciso VI do *caput* do art. 44 quanto do art. 980-A, ambos do Código Civil, e determinando, no *caput* de seu art. 41, que as EIRELIs existentes na data da entrada da lei em vigor seriam transformadas em sociedades limitadas unipessoais, independentemente de qualquer alteração em seus correspondentes atos constitutivos.

Todavia, as aludidas revogações do inciso VI do *caput* do art. 44 e do art. 980-A do Código Civil foram objeto de veto pela Presidência da República. Do veto, entretanto, escapou o mencionado art. 41. Destarte, restou da sanção da proposição, diante dos vetos havidos, o texto normativo da Lei n. 14.195/2021, pelo qual as EIRELIs existentes na data do início de sua vigência foram automaticamente transformadas em sociedades limitadas unipessoais, sem que tenham tais pessoas jurídicas de direito privado, a princípio, sido formalmente retiradas do ordenamento jurídico nacional.

Do sistema, portanto, pode resultar a interpretação de que, a despeito do prefalado comando de transformação automática, nada impediria a criação de novas EIRELIs a partir do início da vigência da Lei n. 14.195/2021.

Mas, à luz da falta de racionalidade desse resultado e, ainda, dos elementos históricos e teleológicos, tem-se o efetivo sentimento de que se deve recorrer à busca do sentido imanente do texto normativo, pela utilização das ferramentas de investigação da *mens legislatoris* (pensamento legislativo) e da *occasio legis* (ocasião da lei), a partir da reconstrução do conjunto de fatos orientadores da criação da norma, para se extrair o seu real alcance[143].

Vemos o art. 41 da Lei n. 14.195/2021 como dispositivo que revoga o inciso VI do *caput* do art. 44 e o art. 980-A do Código Civil por incompatibilidade (§1º do art. 2º da Lei de Introdução às Normas do Direito Brasileiro – LINDB).

A revogação tácita, com efeito, é cercada de complexidade, porquanto nem sempre a incompatibilidade é objetiva e manifesta. Melhor seria que viessem de modo expresso as revogações dos preceitos atinentes à EIRELI. Mas as agruras do processo legislativo levaram à adoção de outro procedimento no exercício do poder de veto presidencial ao texto do PLV n. 15/2021. Cabe ao intérprete "transportar-se, em espírito, ao *momento* e ao *meio* em que surgiu a lei"[144], para adequadamente extrair as normas[145] que do texto normativo se devem racionalmente inferir. E, nesse sentido, o prevalecimento do comando explícito do art. 41 citado conduz à revogação dos dispositivos normativos que tratam da EIRELI.

Do contrário, o indigitado art. 41 deveria ser visto como indevida intervenção na liberdade de iniciativa, eis que estaria forçando, no momento de entrada em vigor da Lei n. 14.195/2021, a transformação de todas as EIRELIs em sociedades limitadas unipessoais, mas permitindo que, a partir de então, fossem constituídas novas EIRELIs. Como a lei não deve levar a conclusões absurdas, o melhor caminho é o do entendimento pela revogação em razão da incompatibilidade.

O Ofício Circular SEI n. 3.510/2021/ME, datado de 9-9-2021, adotando essa linha de entendimento, orienta todas as Juntas Comerciais a não mais registrarem EIRELIs, diante da revogação do inciso VI do art. 44 e do art. 980-A do Código Civil, a partir do advento da aludida Lei n. 14.195/2021.

---

[143] Nas palavras de Carlos Maximiliano, a *occasio legis* caracteriza-se como um "complexo de circunstâncias específicas atinentes ao objeto da norma, que constituíram o impulso exterior à emanação do texto; causas mediatas e imediatas, razão política e jurídica, fundamento dos dispositivos, necessidades que levaram a promulgá-los; fastos contemporâneos da elaboração; momento histórico, ambiente social, condições culturais e psicológicas sob as quais a lei surgiu e que diretamente contribuíram para a promulgação; conjunto de motivos ocasionais que serviram de justificação ou pretexto para regular a hipótese; enfim o mal que se pretendeu corrigir e o modo pelo qual se projetou remediá-lo, ou, melhor, as relações de fato que o legislador quis organizar juridicamente" (*Hermenêutica e aplicação do direito*. 19 ed. Rio de Janeiro: Forense, 2007. p. 121-122).

[144] Carlos Maximiliano. *Hermenêutica e aplicação do direito*. 19. ed. Rio de Janeiro: Forense, 2007. p. 122.

[145] Norma(s) compreendida(s) como o resultado da intelecção do intérprete sobre o(s) texto(s) ou dispositivo(s) normativo(s).

Como a transformação das EIRELIs em sociedades limitadas unipessoais é automática, pois decorre de lei, quaisquer alterações que se queira realizar nos atos constitutivos das antigas EIRELIs deverão ser procedidas como se de sociedade limitada unipessoal se tratasse.

A bem da desejada segurança jurídica, a Lei n. 14.382/2022, fruto da conversão da Medida Provisória n. 1.085/2021, promoveu a expressa revogação dos dispositivos que ainda formalmente figuravam no corpo normativo do Código Civil (inciso IV do *caput* do art. 44 e art. 980-A), em medida confirmatória da revogação tácita (art. 20, VI, *a* e *b*).

CAPÍTULO 8

SOCIEDADE EM NOME COLETIVO

A sociedade em nome coletivo caracteriza-se como único tipo societário no Direito brasileiro em que todos os sócios respondem solidária e ilimitadamente pelas dívidas da sociedade. Nessa medida, os sócios – que necessariamente serão pessoas físicas – responderão, pelas obrigações sociais, de forma pessoal (com patrimônio próprio), subsidiária (a responsabilidade do sócio é sempre em grau subsidiário nas sociedades personalizadas), solidária (os credores podem exigir a integralidade do valor de seus créditos de qualquer dos sócios) e ilimitada (respondem com todas as forças do patrimônio pessoal).

Esse conceito de responsabilidade é estabelecido em atenção às dívidas sociais. Contudo, na relação interna entre os sócios, poderão eles, no contrato social, ou por unânime convenção posterior, limitar entre si a responsabilidade de cada um. Esse critério adotado é que vai inspirar o eventual regresso de um sócio em relação aos demais.

A sociedade em nome coletivo adotará, como nome empresarial, uma firma social, também conhecida como firma coletiva ou razão social. Nela poderão figurar um, alguns ou todos os sócios. Não havendo a integração da firma particular de todos os sócios na composição da razão social, esta deverá ser sempre seguida da palavra companhia, empregada por extenso ou abreviadamente.

A administração da sociedade compete, exclusivamente, aos sócios. O contrato poderá dispor qual ou quais os sócios que irão gerir a sociedade. Na omissão, entende-se que todos podem individualmente geri-la.

O uso da firma social dever-se-á fazer nos exatos limites do contrato social, sendo privativo daqueles que detenham os necessários poderes para a realização do negócio jurídico que a sociedade intenta celebrar.

O credor particular do sócio não tem o direito de, antes de dissolver-se a sociedade em nome coletivo, pretender a liquidação da quota do devedor, consoante prevê o *caput* do art. 1.043 do Código de 2002. Porém, sendo a sociedade contratada por prazo determinado, poderá fazê-lo se esta houver sido prorrogada tacitamente, o que se verifica quando, expirado o prazo e sem oposição de sócio, não entre em liquidação, prorrogando-se, assim, por prazo indeterminado. Igualmente poderá o credor particular veicular a pretensão quando, verificada prorrogação contratual, expressamente deliberada pelos sócios, for acolhida judicialmente sua oposição, formulada dentro de noventa dias, contados da publicação do ato dilatório (parágrafo único do art. 1.043). A harmonização do preceito conduz à interpretação de que a limitação imposta ao credor do sócio só se sustenta na sociedade ajustada por prazo determinado. É a inteligência que se deve emprestar à regra do *caput* acima enfocada.

A dissolução de pleno direito desse tipo societário se verifica nas mesmas situações alinhadas para a sociedade simples (art. 1.033[1]) e, sendo sociedade empresária, também pela decretação de falência. As hipóteses de dissolução judicial também serão as previstas para aquelas sociedades (art. 1.034).

Por fim, as sociedades em nome coletivo serão regidas, supletivamente, pelas normas das sociedades simples que se estabelecem como regras gerais no plano do direito societário, como já visto em passagens anteriores.

---

[1]   Com a revogação do inciso IV do art. 1.033 pela Lei n. 14.195/2021 (art. 57, XXIX, *d*) e considerando que o direito positivo vigente não admite a sociedade em nome coletivo integrada por um só sócio, exigindo-se a pluralidade social para a sua formação e continuidade, ficando ela, no curso da vida social, com um único integrante, o caminho natural será o de sua dissolução de pleno direito. Mas, em apreço ao princípio da preservação da empresa, pugnamos que, por analogia, se aplique o estatuído no art. 206, I, *d*, da Lei n. 6.404/76, para permitir que o número mínimo de dois sócios seja reconstituído no prazo de um ano (como regra, as assembleias gerais ordinárias devem obedecer ao interstício de aproximadamente um ano, nos termos do art. 132 da Lei das S.A.). Com a providência, repele-se a dissolução imediata, propiciando-se a recomposição do quadro social, tal qual se vinha construindo no âmbito das então denominadas sociedades por quotas de responsabilidade limitada, à época da vigência do Decreto n. 3.708/1919. Em complementação, remetemo-nos ao que foi desenvolvido no item 6.11.5 do Capítulo 6.

CAPÍTULO 9

SOCIEDADE EM COMANDITA SIMPLES

A sociedade em comandita simples é aquela que comporta duas categorias de sócio: sócios comanditados e sócios comanditários. Os primeiros, necessariamente pessoas físicas, respondem, solidária e ilimitadamente, pelas obrigações sociais; os segundos, pessoas naturais ou jurídicas, respondem somente pelo valor de suas quotas de capital. O contrato social deverá discriminar cada uma dessas classes de sócio.

Aos sócios comanditados cabem os mesmos direitos e obrigações dos sócios na sociedade em nome coletivo. Assim, podem eles, no ato constitutivo ou em convenção unânime posterior (da qual não participam os comanditários), limitar entre si suas responsabilidades. A administração da sociedade é deles privativa e a composição da firma social somente poderá espelhar nome ou nomes dos sócios comanditados.

Portanto, não podem os sócios comanditários emprestar seus nomes para a constituição da razão social nem praticar qualquer ato de gestão, sob pena de responderem como os sócios comanditados, isto é, pessoal, subsidiária, solidária e ilimitadamente pelas dívidas da sociedade. Entretanto, poderá o comanditário ser constituído procurador da sociedade, já que até estranho poderá sê-lo, mas tão somente para a realização de negócio determinado e com poderes especiais para o ato. Do contrário, sendo o mandato exercido de forma genérica, perderá a limitação de sua responsabilidade, visto que se estaria agindo em fraude à lei.

A diminuição da quota social do sócio comanditário, em consequência de ter havido a redução do capital social, somente será eficaz em relação a terceiros após o arquivamento da modificação do contrato social no registro da sociedade. Mas se fará sempre sem prejuízo dos credores preexistentes.

Uma vez diminuído o capital por perdas supervenientes, não pode o comanditário receber qualquer quantia a título de distribuição de lucro, antes de recomposto o capital reduzido. Nos demais casos, o sócio comanditário não é obrigado a restituir lucros recebidos de boa-fé e de acordo com o balanço.

Na hipótese de falecimento de sócio comanditário, a sociedade, salvo disposição contrária prevista no contrato social, continuará com os seus sucessores, que designarão quem os represente.

A sociedade em comandita simples dissolve-se de pleno direito quando, por mais de 180 dias, perdurar a falta de uma das categorias de sócio ou por qualquer das causas previstas para as sociedades simples (art. 1.033) e, se empresária, pela falência.

Na falta da categoria de sócios comanditados, os comanditários nomearão administrador provisório para praticar, até que fique recomposta a sociedade, os atos de administração. Todavia, o administrador não irá assumir a condição de sócio.

No mais, aplicam-se à sociedade em comandita simples as normas da sociedade em nome coletivo, que, por sua vez, é regida subsidiariamente pelas regras da sociedade simples.

Capítulo 10

SOCIEDADES POR AÇÕES

As sociedades por ações são de duas espécies: sociedade anônima e sociedade em comandita por ações.

A sociedade anônima, também chamada de companhia, continuará a ser disciplinada pela legislação especial (Lei n. 6.404/76), não se dedicando à sua disciplina o Código Civil, o qual se limita a afirmar ser o seu capital dividido em ações, obrigando-se cada sócio ou acionista somente pelo preço de emissão das ações que subscrever ou adquirir (art. 1.088), e que, nos casos omissos, serão a ela aplicáveis as suas disposições, isto é, as do Código. Nesse horizonte, aplicam-se à sociedade anônima as regras dos arts. 1.008[1] e 1.127[2] do Código Civil, por exemplo.

O manejo supletivo do Código Civil se faz de forma bastante restrita, porquanto a Lei n. 6.404/76 regula as companhias por inteiro, abrindo pouca margem ao recurso supletório. Deve o intérprete estar atento para o fato de que a incompatibilidade de aplicação de uma determinada regra do Código Civil pode resultar não apenas do confronto com o corpo normativo expresso da Lei das S.A., mas também com seu sistema[3].

Já em relação à sociedade em comandita por ações, que também tem o capital dividido em ações, apesar de reafirmar o princípio de continuar a ser ela regida pelas regras da sociedade anônima, acaba por traçar os seus elementos característicos que a diferenciam da anônima. São eles: a) a sociedade adotará como nome empresarial firma ou denominação; b) somente o sócio (acionista) tem qualidade para administrar

---

[1] "Art. 1.008. É nula a estipulação contratual que exclua qualquer sócio de participar dos lucros e das perdas."

[2] "Art. 1.127. Não haverá mudança de nacionalidade de sociedade brasileira sem o consentimento unânime dos sócios ou acionistas."

[3] Sérgio Campinho. Disciplina, conceito e característica da sociedade anônima ou companhia. In: COELHO, Fábio Ulhoa (Coord.). *Lei das sociedades anônimas comentada*. Rio de Janeiro: Forense, 2021. p. 2.

a sociedade; c) como diretor, o sócio responderá subsidiariamente e de forma ilimitada pelas obrigações sociais, contemporâneas à sua gestão, ao passo que os demais continuam a ter responsabilidade limitada ao preço de emissão das ações subscritas ou adquiridas; d) se houver dois ou mais diretores, estabelecer-se-á a solidariedade entre eles, mas sempre condicionada ao esgotamento dos bens da sociedade; e) a nomeação dos diretores se materializa no estatuto social; f) o prazo de gestão é indeterminado; g) a destituição do sócio-diretor somente se opera com a deliberação de acionista ou acionistas titulares de, no mínimo, 2/3 do capital social; h) o diretor exonerado ou destituído continua, durante dois anos, responsável pelas obrigações sociais contraídas sob a sua administração; i) a assembleia não pode, sem o assentimento dos diretores, alterar o objeto essencial da sociedade, prorrogar-lhe o prazo de duração, aumentar ou reduzir o capital, criar debêntures ou partes beneficiárias.

Como permanece sob a regência das normas relativas à sociedade anônima, continua a não ser aplicável à sociedade em comandita por ações o disposto na Lei n. 6.404/76 sobre voto plural, conselho de administração, autorização estatutária de aumento de capital e emissão de bônus de subscrição (art. 1.090 do Código Civil c/c art. 284 da Lei n. 6.404/76).

O estudo da sociedade anônima refoge ao âmbito desta obra, sendo objeto de uma obra específica denominada *Curso de Direito Comercial: Sociedade Anônima*.

Capítulo 11

SOCIEDADE COOPERATIVA

O Código Civil de 2002 definiu a sociedade cooperativa como sociedade simples (parágrafo único do art. 982). Permanece a ser regida por lei especial (Lei n. 5.764/71), limitando-se o Código a estabelecer suas características fundamentais. Resguardadas essas características, no que a lei especial de sua regência for omissa, aplicam-se-lhes as disposições referentes à sociedade simples (art. 1.096).

Sendo a sociedade cooperativa uma modalidade de sociedade simples, o seu estudo não se localiza no direito de empresa, razão pela qual apenas nos limitaremos a indicar aqueles elementos essenciais à constituição de seu perfil, a saber: a) variabilidade ou dispensa do capital social; b) concurso de sócios em número mínimo necessário à composição de seu órgão de administração, sem, entretanto, haver restrição ao número máximo; c) limitação do valor das quotas do capital social que cada sócio poderá deter; d) intransferibilidade das quotas do capital a terceiros estranhos ao corpo de cooperados, ainda que em razão de herança; e) *quorum* de instalação e de deliberação da assembleia dos cooperados estabelecido em razão do número de sócios presentes ao encontro social e não com base no capital representado; f) direito de cada cooperado a um só voto nas deliberações assembleares, tenha a cooperativa ou não capital e independentemente do valor de sua participação, caso o tenha; g) distribuição do resultado em proporção direta ao valor das operações efetuadas pelo sócio cooperado com a sociedade, podendo ser atribuído juro fixo ao capital realizado; h) indivisibilidade do fundo de reserva entre os sócios, ainda que em caso de dissolução da sociedade; i) responsabilização limitada ou ilimitada dos sócios em relação às dívidas da sociedade cooperativa. É limitada a responsabilidade quando o sócio responde somente pelo valor de suas quotas e pelo prejuízo verificado nas operações sociais, guardada a proporção de sua participação nessas mesmas operações; é ilimitada quando o sócio responde solidária e ilimitadamente pelas obrigações sociais.

Embora sociedade simples, a sociedade cooperativa encontra-se sujeita à inscrição na Junta Comercial, por força de previsão em Lei especial (Lei n. 5.764/71, art. 18), que prevalece na espécie, conforme ressalvam os arts. 1.093 e 1.096 do Código de 2002.

Capítulo 12

SOCIEDADES DEPENDENTES DE AUTORIZAÇÃO

Existem determinadas atividades empresariais que, para serem exercidas pela sociedade empresária, demandam autorização do Poder Público. Dessa forma, as sociedades que pretenderem realizá-las devem obter prévia autorização do Poder Executivo Federal para o respectivo funcionamento.

Mas, em se tratando de sociedade estrangeira, a autorização de funcionamento sempre será exigida, independentemente de seu objeto.

Ao poder concedente da autorização é facultado, a qualquer tempo, cassá-la, sempre que a pessoa jurídica nacional ou estrangeira vier a infringir norma de ordem pública ou praticar atos contrários aos fins declarados no seu contrato ou estatuto social.

Uma vez concedida a autorização, deve a sociedade entrar em funcionamento no prazo de doze meses, contado da publicação do respectivo ato autorizativo. Assim não o fazendo, considera-se caduca a autorização, salvo se por lei especial ou por ato do Poder Público venha a ser outro prazo estipulado.

Passamos a indicar algumas atividades que reclamam autorização de funcionamento por parte do Poder Executivo Federal: a) instituições financeiras (art. 18 da Lei n. 4.595/64); b) sociedades que tenham por objeto a subscrição para revenda e a distribuição no mercado de títulos ou valores mobiliários (art. 11 da Lei n. 4.728/65); c) sociedades de investimento cujo objeto seja a aplicação de capital em carteira diversificada de títulos ou valores mobiliários ou a administração de fundos em condomínio ou de terceiros, para aplicação em carteira diversificada de títulos ou valores mobiliários (art. 49 da Lei n. 4.728/65); d) sociedades equiparadas às instituições financeiras para efeitos legais, tais como os estabelecimentos bancários oficiais ou privados, as sociedades de crédito, financiamento e investimentos, as caixas econômicas e as sociedades que efetuam distribuição de prêmios em imóveis, mercadorias ou dinheiro, mediante sorteio de títulos de sua emissão ou por qualquer forma (§ 1º do art. 18 da Lei n. 4.595/64), bem como as administradoras de consórcio e as sociedades de *leasing* (*vide* Recurso Especial n. 1.646/RJ, Recurso Especial n. 255.999/RS, entre outros); e) sociedades seguradoras (art. 74 do Decreto-Lei n. 73/66); f) operadoras de planos e seguros privados de assistência à saúde (art. 8º da Lei n. 9.656/98); g) bancos de investimento de natureza privada (art. 29 da Lei n. 4.728/65).

12.1. SOCIEDADE NACIONAL

12.1.1. *CONCEITO*

O Código Civil de 2002, no seu art. 1.126, propõe o conceito de sociedade nacional, nos mesmos moldes do Decreto-Lei n. 2.627/40 (antiga Lei das Sociedades Anônimas), que ainda vigorava no seu Capítulo VIII, que cuidava, justamente, das sociedades cujo funcionamento depende de autorização do Governo, das sociedades anônimas nacionais e das companhias estrangeiras, matéria agora integralmente disciplinada pelo atual Código, e de forma mais extensa, imprimindo, portanto, a revogação dos preceitos legais constantes do indigitado Capítulo.

Segundo a definição codificada, "é nacional a sociedade organizada de conformidade com a lei brasileira e que tenha no País a sede de sua administração".

Muito embora o domicílio da pessoa jurídica se estabeleça em razão do funcionamento de sua administração, o certo é que pode a sociedade firmar domicílio especial no seu estatuto ou contrato social (art. 75 do Código de 2002).

Portanto, nada impede que a sociedade apresente sua sede social (domicílio eleito no ato constitutivo) em local diverso do de sua sede administrativa (principal estabelecimento, ambiente onde se situa a sua administração, onde reside o ponto central de seus negócios).

Desse modo, o conceito não foi de formulação das mais felizes, porquanto não se pode dele excluir a necessidade de a sociedade brasileira manter a sua sede social, quando distinta de seu principal estabelecimento, situada também no País.

A Constituição Federal de 1988 foi mais precisa na definição, embora se referisse à empresa brasileira e não à sociedade brasileira, como a melhor técnica reclamava. Na redação originária de seu art. 171, a Lei Maior a definia, no inciso I, como aquela "constituída sob as leis brasileiras e que tenha sua sede e administração no País". Embora todo o artigo tenha sido revogado pela Emenda Constitucional n. 6, de 15 de agosto de 1995, o conceito ainda se faz presente no seu texto, consoante se infere do § 1º do art. 176, que teve redação determinada pela própria Emenda.

À luz do que foi exposto, propomos, com arrimo nos princípios que emergem do direito positivo constitucional e infraconstitucional, o conceito de sociedade nacional como aquela constituída nos termos da lei brasileira, que mantenha sua sede e administração no País. Dessa feita, três são as suas notas essenciais: constituição regulada pela lei brasileira, sede social e administração situadas no País. Faltando qualquer desses elementos, a sociedade seria considerada estrangeira.

A sociedade nacional poderá alterar sua nacionalidade, mas a mudança depende de consentimento unânime dos sócios.

12.1.2. *AUTORIZAÇÃO DE FUNCIONAMENTO*

A autorização para funcionamento será materializada em decreto específico expedido do Poder Executivo Federal, o qual, todavia, poderá recusá-la se a sociedade não atender às condições econômicas, financeiras ou jurídicas especificadas em lei.

O respectivo requerimento deverá ser acompanhado de cópia do contrato social, subscrito por todos os sócios, ou, cuidando-se de sociedade anônima, de cópia, autenticada pelos fundadores, dos documentos exigidos pela respectiva lei de regência para sua constituição (Capítulos VII e VIII da Lei n. 6.404/76). Se o instrumento de constituição da sociedade for público, bastará juntar ao requerimento a correspondente certidão.

Tratando-se de companhia que se constituirá mediante subscrição pública de ações, não poderão os fundadores implementá-la sem antes obter a autorização. Nesse caso, deverão juntar ao requerimento cópias autênticas do projeto de estatuto e do prospecto de constituição. Obtida a autorização e constituída a sociedade é que se procederá ao registro dos seus atos constitutivos.

Permite-se ao Poder Executivo, analisado o contato social ou o estatuto da sociedade requerente, exigir que nele se procedam alterações ou aditamentos, devendo os sócios ou, na hipótese de sociedade anônima, os fundadores cumprir as formalidades para a revisão determinada, fazendo juntar aos autos do processo administrativo no qual se veicula o requerimento a prova do seu atendimento.

Expedido o decreto de autorização, caberá à sociedade fazer publicar o seu contrato social ou, tratando-se de sociedade anônima, o estatuto aprovado, juntamente com os documentos exigidos para sua constituição, em trinta dias, no órgão oficial da União, cujo exemplar servirá de cópia para a inscrição no Registro Público de Empresas Mercantis. Deverá, posteriormente, também no mesmo órgão oficial, e no prazo de trinta dias, promover a publicação do termo de inscrição.

Eventuais modificações do ato constitutivo dependerão de aprovação por parte do Poder Executivo, salvo se decorrerem de aumento do capital social, em virtude de utilização de reservas ou reavaliação do ativo.

12.2. SOCIEDADE ESTRANGEIRA

12.2.1. *ATUAÇÃO DIRETA*

A sociedade estrangeira, independentemente de seu objeto social, para atuar no Brasil, necessita de autorização governamental. A fim de estabelecer-se dentro das fronteiras nacionais por agências, filiais ou sucursais, deve contar com precedente autorização para funcionamento, regularmente expedida pelo Poder Executivo Federal.

O seu requerimento deverá ser formulado ao Poder concedente e estar instruído com os seguintes documentos: a) prova de se achar constituída conforme a lei de seu país de origem; b) inteiro teor do seu ato constitutivo; c) relação completa dos integrantes de todos os órgãos de sua administração, com a devida qualificação (nome, nacionalidade, profissão e domicílio) e, salvo quanto às ações ao portador, o valor da participação de cada um no capital social, quando houver; d) cópia do ato societário que aprovou o seu estabelecimento no Brasil e fixou o capital destinado às respectivas operações no território brasileiro; e) prova da nomeação do representante no Brasil, com expressos poderes para aceitar as condições exigidas para a autorização; f) último balanço aprovado.

Todos os documentos acima referenciados deverão ser autenticados de conformidade com a lei nacional da sociedade requerente e legalizados no consulado brasileiro da respectiva sede. Deverão, outrossim, estar acompanhados de tradução para o vernáculo por tradutor público juramentado, devidamente matriculado na Junta Comercial.

No exame do pedido de autorização, faculta-se ao Poder Executivo Federal estabelecer condições convenientes ao interesse nacional, inclusive exigindo alterações ou aditamentos no contrato social ou estatuto, e, uma vez impostos e aceitos pela sociedade estrangeira requerente, será expedido o competente decreto de autorização, do qual deverá constar o montante de capital destinado às operações no País, cabendo à sociedade promover, em trinta dias, no órgão oficial da União, publicação de seu ato constitutivo traduzido para o vernáculo, do qual constarão as alterações acaso exigidas e os documentos de apresentação necessária que instruíram o requerimento.

A sociedade estrangeira, ainda que autorizada, não pode iniciar suas atividades, senão após promover a sua inscrição na Junta Comercial do estado em que vai se fixar. Se for manter seus estabelecimentos secundários (agências, filiais ou sucursais) em mais de um estado da federação, deverá promover, em cada Junta Comercial respectiva, o competente registro.

O exemplar da publicação no órgão oficial da União, antes referido, servirá de prova para a realização da inscrição no Registro Público de Empresas Mercantis. O requerimento de inscrição será, ainda, instruído com o documento comprobatório do depósito, em dinheiro, em estabelecimento bancário oficial, do capital constante do decreto de autorização, tido como destinado às operações no País. Vê-se, pois, que o capital deverá ser efetivamente depositado em dinheiro, não se admitindo seja representado por bens, ainda que suscetíveis de avaliação pecuniária, ou créditos. A exigência não pode ser ultrapassada, sob pena de não ser concedido o registro e, portanto, frustrar o início de operação legal, apesar de já autorizada. O prefalado depósito poderá ser efetuado após a expedição de decreto, porquanto a lei não o exige antecipadamente, mas deverá preceder ao pedido de inscrição societária no órgão de registro competente.

Uma vez arquivados esses documentos, o registro será realizado por termo lavrado em livro especialmente destinado à inscrição de sociedades estrangeiras, com número de ordem contínuo para todas as sociedades não nacionais inscritas, do qual deverão, obrigatoriamente, constar: a) nome empresarial; b) objeto social; c) prazo de duração; d) local da sede social no país de origem; e) local onde irão se estabelecer as agências, filiais ou sucursais no país; f) data e número do decreto federal de autorização; g) capital destinado à operação no Brasil; h) individuação do seu representante permanente no país.

A sociedade estrangeira funcionará no território nacional com o nome empresarial de que for titular em seu país de origem, facultando-lhe acrescentar as palavras "do Brasil" ou "para o Brasil".

Deverá manter, permanentemente, representante no País, munido dos necessários poderes para resolver quaisquer questões e receber citação judicial pela sociedade. Mas sua atuação, perante terceiros, somente poderá realizar-se depois de arquivado e averbado o instrumento de sua nomeação.

Inscrita a sociedade, deverá esta promover nova publicação, igualmente no órgão oficial da União e no prazo de trinta dias de seu termo de inscrição.

Qualquer ulterior modificação no seu ato constitutivo dependerá de aprovação do Poder Executivo Federal para que produza efeitos no território nacional, reclamando-se, para esse fim, a instauração de novo processo administrativo. Havendo a aprovação, será publicado o novo estatuto ou contrato social no órgão oficial da União e levado a registro, com publicação posterior do termo de inscrição atualizado, também no mesmo veículo, caso se altere algum dos itens dele originariamente constantes, observando, em ambos os casos, o prazo de trinta dias.

Impõe-se à sociedade estrangeira, sob pena de lhe ser cassada a autorização, o cumprimento de certas obrigações, quando em funcionamento. Desse modo, está obrigada a reproduzir nos órgãos oficiais da União e do Estado onde se encontrarem situados os seus estabelecimentos subordinados as publicações que, segundo a lei nacional de origem, seja obrigada a fazer relativamente ao balanço patrimonial e de resultado econômico, bem como os atos de sua administração. Deve, ainda, publicar o balanço patrimonial e o de resultado econômico das suas sucursais, agências ou filiais existentes no território brasileiro.

É permitida a nacionalização da sociedade estrangeira admitida a funcionar no País, ocasião em que promoverá a transferência de sua sede e administração para o Brasil. A nacionalização dependerá de autorização do Poder Executivo Federal, devendo a sociedade, por seus representantes, oferecer, juntamente com o requerimento, os documentos exigidos por lei para a autorização de seu funcionamento, além da prova da realização do capital, pela forma declarada no contrato ou estatuto social, e do ato societário no qual foi deliberada a alteração da nacionalidade.

O Poder concedente tem a faculdade de impor condições que julgar convenientes à defesa dos interesses nacionais e, uma vez aceitas pelo representante legal da sociedade, caso impostas, proceder-se-á, após a expedição do decreto de autorização da nacionalização, a inscrição da sociedade na Junta Comercial do local de sua sede. Feito o registro, providenciar-se-á a publicação do respectivo termo no órgão oficial da União, no prazo de trinta dias.

A sociedade estrangeira autorizada a funcionar ficará sujeita às leis e aos tribunais brasileiros, no que se refere aos atos e às operações realizados no país.

Interessante questão se apresenta no âmbito da insolvabilidade da sociedade não nacional, notadamente no que pertine aos efeitos extraterritoriais.

O primeiro aspecto que abordaremos diz respeito à eficácia da decretação da falência no Brasil de filial de sociedade sediada no exterior.

A Lei brasileira (Lei n. 11.101/2005), em seu art. 3º, após consagrar o princípio do principal estabelecimento – sede administrativa, local onde se concentram os atos de administração, revelando-se, assim, o ponto central de negócios do empresário – para determinar o foro competente para a decretação da falência, completa seu enunciado prescrevendo ser competente o foro de situação da casa filial de sociedade situada fora do país.

Do preceito resulta clara a opção da lei nacional, ao restringir os efeitos da sentença, circunscrevendo-os aos limites das fronteiras do país onde foi decretada. Portanto, a falência da filial decretada no Brasil não atinge a matriz estrangeira.

Conforme anotou Odilon de Andrade[1], "estabelecendo a Lei de Falências que compete ao juiz, em cuja jurisdição tiver o devedor casa filial de outra situada fora do Brasil, declarar a respectiva falência, considerada *ipso facto*, essa filial como estabelecimento

---

[1] *Comentários ao Código de Processo Civil*, v. IX, n. 19.

autônomo e separado do estabelecimento principal com sede no estrangeiro". Sendo assim, conclui que "os credores locais poderão requerer a falência do estabelecimento aqui situado, sendo pagos pela respectiva massa, de preferência aos credores do estabelecimento localizado no estrangeiro", os quais, prossegue o citado autor, "só terão direito ao rateio das sobras, depois de integralmente pagos os credores nacionais".

Mantendo a sociedade estrangeira sua operação no país por intermédio de uma única filial, a situação encontra-se resolvida segundo os princípios acima articulados. Contudo, havendo mais de uma filial, a hipótese ganha novo contorno.

Dois sistemas se propõem a resolver a questão: o sistema da prevenção e o sistema da filial principal. Por aquele, estaria prevento o juízo em que primeiro se ingressou com o pedido de falência; por este, a falência deveria ser requerida e, se fosse o caso, decretada pelo juiz em cuja jurisdição se encontra situada a filial principal da matriz estrangeira.

Para nós, esse último critério é o que mais se adequa ao princípio que emana da regra de competência traçada pela Lei Falimentar. Não se perca de vista que a sociedade estrangeira deverá manter representante no Brasil, responsável por todos os seus atos. Havendo mais de um estabelecimento filial, existirá aquele em que o representante concentrará os atos de administração, que, por isso, seria tido como a principal filial.

O outro aspecto a enfrentar é a falência da sociedade estrangeira decretada no seu país de origem e os seus reflexos na filial brasileira.

A matéria não vem disciplinada pela Lei Falimentar. Na verdade, sua disciplina reportava do Código de Processo Civil de 1939. O Código de 1973 não enfrentou o assunto, limitando-se a exigir a homologação pelo Supremo Tribunal Federal[2] das sentenças estrangeiras para serem exequíveis no Brasil. O Código de Processo Civil de 2015, por sua vez, cuida da homologação de decisão estrangeira e da concessão do *exequatur* à carta rogatória nos arts. 960 a 965.

Apesar de o Código de Processo Civil de 1973 não ter expressamente ressalvado, nas disposições finais e transitórias, a vigência dos preceitos que cuidaram da matéria no Código de 1939, como o fez em diversos assuntos no art. 1.218, e do silêncio do Código de Processo vigente, comungamos do sentimento expressado por Rubens Requião[3] de que ainda vigoram.

Portanto, com apoio no art. 788 do antigo Código de Processo Civil de 1939, temos que a sentença estrangeira que decretar a falência da sociedade alienígena com estabe-

---

[2] Com o advento da Emenda Constitucional n. 45/2004, essa competência passou para o Superior Tribunal de Justiça (art. 105, I, *i*, da Constituição Federal).

[3] *Curso de direito falimentar*, 1º vol., 17. ed., p. 98.

lecimentos subordinados no Brasil, embora homologada pelo Superior Tribunal de Justiça (alínea *i* do inciso I do art. 105 da Constituição Federal), não compreenderá em seus efeitos os estabelecimentos filiais que possua no país. A falência desses estabelecimentos no Brasil somente pode ser decretada pelo juiz brasileiro. Caso se decida por liquidá-los, o proveito obtido será, primeiramente, aplicado no pagamento dos créditos resultantes de suas operações no Brasil, para, havendo sobra, poder remetê-la ao país de origem, onde se processará a sua falência.

12.2.2. *PARTICIPAÇÃO NO CAPITAL DE SOCIEDADE NACIONAL*

Além da atuação direta por meio de estabelecimentos subordinados, poderá a sociedade ou o investidor estrangeiro agir na economia brasileira mediante a participação no capital de sociedade nacional.

Essa, inclusive, tem sido a fórmula preferível, porquanto não se exige o cumprimento das formalidades legais abordadas no item anterior para a atuação direta, além de a sociedade gozar da nacionalidade brasileira.

Portanto, é permitido à sociedade alienígena ou ao investidor estrangeiro em geral ser sócio ou acionista de sociedade nacional[4], devendo observar, entretanto, os requisitos legais para a realização do investimento no País. A lei disciplinará, com base no interesse nacional, os investimentos de capital estrangeiro, regulando, inclusive, a remessa de lucros. Legitima-se, pois, a imposição de restrições à atividade do capital estrangeiro em determinados setores, como medida inspirada na garantia da segurança e/ou interesse nacionais (Constituição Federal, parágrafo único do art. 170 e art. 172).

12.2.3. *RESTRIÇÕES A ATIVIDADES DE ESTRANGEIROS*

Podem ser criadas, como na verdade o são, certas limitações ao exercício da atividade empresarial por sociedades, entidades ou pessoas físicas estrangeiras que pretendam agir de modo direto, ou ainda que participando do capital de sociedade nacional, em determinadas atividades econômicas.

---

4   Desde a primeira edição desta obra, que data de 2002, temos optado por uma interpretação extensiva e não literal da parte final do art. 1.131 do Código Civil, ao enunciar que a sociedade estrangeira possa, "ressalvados os casos expressos em lei, ser acionista de sociedade anônima brasileira". Essa exegese, cumpre registrar, vem sendo também comungada por Tavares Borba (*Direito societário*, 8. ed., 2003, p. 181), ao afirmar: "Embora o Código Civil, que reproduziu a mesma redação do antigo Decreto-Lei 2.627/40, refira-se a 'ser acionista de sociedade anônima brasileira', a interpretação deve ser extensiva, como já o era, para compreender a condição de sócio de qualquer sociedade brasileira".

As restrições são estabelecidas pela Carta Magna, ora vedando de forma expressa a atuação estrangeira em definidos setores econômicos, ora por força de previsão genérica, no sentido de que a lei específica regulará o exercício da atividade pelo estrangeiro.

Passemos à exemplificação dessas restrições:

I) a pesquisa e a lavra de recursos minerais e o aproveitamento dos seus potenciais e dos de energia hidráulica somente poderão ser efetuados, mediante autorização ou concessão da União, por brasileiros ou sociedades nacionais, isto é, constituídas segundo as leis brasileiras e que tenham sua sede e administração no País (§ 1º do art. 176 da Constituição Federal);

II) na ordenação do transporte aquático, a lei estabelecerá as condições em que o transporte de mercadorias na cabotagem e na navegação interior poderá ser realizado por embarcações estrangeiras (parágrafo único do art. 178 da Constituição Federal);

III) lei complementar disporá sobre a participação do capital estrangeiro nas instituições que integram o sistema financeiro nacional, sendo vedados, até que fixadas as respectivas condições, o aumento do percentual de participação, no capital de instituições financeiras com sede no País, de pessoas físicas ou jurídicas residentes ou domiciliadas no exterior, e a instalação de novas agências, no País, de instituições financeiras domiciliadas fora do território nacional (art. 192, *caput*, da Constituição Federal c/c o art. 52 do Ato das Disposições Constitucionais Transitórias, sendo as respectivas redações determinadas pela Emenda Constitucional n. 40/2003);

IV) é vedada a participação direta ou indireta de sociedades ou capitais estrangeiros na assistência à saúde no País, ressalvados os casos expressamente previstos em lei (§ 3º do art. 199 da Constituição Federal);

V) a propriedade de "empresa" jornalística e de radiodifusão sonora e de sons e imagens é privativa de brasileiros natos ou naturalizados há mais de dez anos ou de pessoas jurídicas constituídas sob as leis brasileiras e que tenham sede no País. Em qualquer caso, pelo menos 70% do capital total e do capital votante de tais "empresas" deverá pertencer, direta ou indiretamente, a brasileiros natos ou naturalizados há mais de dez anos, que exercerão obrigatoriamente a gestão das atividades e estabelecerão o conteúdo da programação (art. 222, *caput* e parágrafo primeiro, da Constituição Federal, com redação determinada pela Emenda Constitucional n. 36/2002). A participação de estrangeiros ou de brasileiros naturalizados há menos de dez anos no capital não poderá exceder a 30% do capital total e do capital votante dessas "empresas" e somente se dará de forma indireta, por intermédio de pessoa jurídica constituída sob as leis brasileiras e que tenha sede no País (Lei n. 10.610/2002, art. 2º).

VI) a aquisição ou o arrendamento de propriedade rural por pessoa jurídica ou física estrangeira será regulada por lei, que poderá impor limitações e estabelecer os casos que dependerão de autorização do Congresso Nacional (art. 190 da Constituição Federal).

CAPÍTULO 13

SOCIEDADES COLIGADAS, CONTROLADORAS E CONTROLADAS

Os grupos econômicos são uma realidade no mundo contemporâneo. Apresentam-se como uma técnica de exploração racional da atividade empresarial, na busca do atingimento de um processo de investimentos, pesquisa, produção e comercialização mais eficientes. A aglutinação empresarial é uma forma de encarar eficazmente os desafios da economia de escala.

Fábio Konder Comparato[1] testemunha o fenômeno:

> Não há negar entretanto que os grupos econômicos foram criados, exatamente, para racionalizar a exploração empresarial, harmonizando e mesmo unificando as atividades das várias empresas que os compõem. É graças a essa racionalização administrativa que o lucro marginal é elevado, com a baixa do custo unitário de produção. Eles propiciam a criação de "economias internas de escala", já assinaladas pelos economistas desde fins do século XIX. Todos os sistemas econômicos, qualquer que seja o regime político que os acompanha, tendem a esse mesmo objetivo de agrupamento e coordenação empresarial. A empresa isolada é, atualmente, uma realidade condenada, em todos os setores, máximes naqueles em que o progresso está intimamente ligado à pesquisa tecnológica. A chamada empresa multinacional nada mais é do que uma constelação de empresas, operando em vários países, sob legislações diversas, mas perseguindo, sempre, uma única política global.

Essa percepção se faz presente na Lei n. 6.404/76, que, inspirada na lei alemã das sociedades anônimas de 1965, disciplina duas espécies de grupo econômico: o de fato (*faktische konzerne*) e o de direito, esse último se estabelecendo por meio de contrato de empresas (*unternehmensvertraege*), cujos instrumentos devem ser levados ao registro empresarial para a produção de seus efeitos.

Rubens Requião[2] apresenta bem elaborado conceito sobre as duas modalidades, a partir da lei brasileira, que passamos a adotar. Para o citado autor, são grupos de fato

---

[1] O poder de controle na sociedade anônima, p. 355-356.
[2] *Curso de direito comercial*, 2º vol., p. 245.

as sociedades que mantêm, entre si, laços empresariais através de participação societária, sem obrigatoriedade de se organizarem juridicamente. Relacionam-se segundo o regime legal de sociedades isoladas, sob a forma de coligadas, controladoras e controladas, no sentido de não terem necessidade de maior estrutura organizacional. Diversamente são os grupos de direito que importam numa convenção, formalizada no Registro Público de Empresas Mercantis, tendo por objeto uma organização composta de sociedades, mas com disciplina própria, sendo reconhecidas pelo direito. São por isso grupos de direito[3].

O grupo de direito encontra-se disciplinado no Capítulo XXI da Lei n. 6.404/76 e vem intitulado como "Grupo de Sociedades". É formado mediante convenção, celebrada entre a sociedade controladora e suas controladas, pela qual se obrigam a conjugar recursos e/ou esforços para a realização dos seus respectivos objetos sociais ou para participação em atividades ou empreendimentos comuns. A sociedade controladora do grupo, também denominada sociedade de comando, deve ser brasileira e exercer, direta ou indiretamente, e de modo permanente, o controle das sociedades filiadas, como titular de direitos de sócio ou acionista, ou mediante acordo com outros sócios ou acionistas. Entretanto, é da natureza do grupo de sociedades a independência das personalidades jurídicas de seus componentes, conservando, assim, patrimônios distintos.

O Código Civil de 2002 preocupou-se em definir, tão somente, no âmbito das sociedades contratuais, os grupos de fato. Quando as aludidas sociedades contratuais integrarem um grupo de direito, a sua disciplina obedecerá aos comandos do referido Capítulo XXI da Lei n. 6.404/76.

Para o Código, é coligada ou filiada a sociedade de cujo capital participe outra sociedade, na razão de 10% ou mais desse capital, sem, entretanto, controlá-la. É controlada a sociedade de cujo capital outra participe e detenha a titularidade de direitos de

---

[3] As companhias e quaisquer outras sociedades, sob o mesmo controle ou não, podem constituir consórcio, com o fim de executar determinados empreendimentos, sem resultar, como também ocorre no grupo de sociedades, em uma nova pessoa jurídica. Entre as consorciadas, como regra, não se estabelece a solidariedade, salvo em relação a obrigações trabalhistas (CLT, § 2º do art. 2º), junto a consumidores (Lei n. 8.078/90, § 3º do art. 28), nas licitações e nas execuções dos contratos delas decorrentes (Lei n. 14.133/2021, art. 15, V) e nas obrigações tributárias federais (Lei n. 12.402/2011, § 1º do art. 1º). No âmbito do respectivo contrato, as consorciadas também ficam solidariamente responsáveis pela prática de atos contra a administração pública, restringindo-se tal responsabilidade à obrigação do pagamento de multa e de reparação integral do dano causado (Lei n. 12.486/2013, § 2º do art. 4º). O consórcio de sociedades vem regulado no Capítulo XXII da Lei n. 6.404/76. A relação entre as sociedades é de coordenação, colaboração ou cooperação. As consorciadas atuam coordenadamente para a consecução do fim pretendido, consistindo essa ligação em uma forma específica de concentração empresarial.

sócios que lhe assegure a maioria de votos nas deliberações assembleares ou nas reuniões dos sócios e o poder de eleger a maioria dos administradores, ou, ainda, a sociedade cujo controle, da forma antes referida, esteja em poder de outra, mediante ações ou quotas possuídas por sociedade ou sociedades por esta já controladas. E, por fim, é de simples participação a sociedade de cujo capital outra sociedade participe com menos de 10% do capital volante.

É vedada, salvo disposição especial de lei, a participação recíproca (participação de uma sociedade em outra que seja sua sócia) por montante superior às reservas, exceto a legal. Verificado, na votação do balanço, ter sido o limite excedido, a sociedade não poderá exercer o direito de voto correspondente à participação societária em excesso, devendo esta ser alienada nos 180 dias seguintes à aprovação do balanço.

Tanto as sociedades integrantes de um grupo de fato como aquelas que compõem um grupo de direito conservam suas personalidades jurídicas e, por conseguinte, mantêm patrimônios distintos e obrigações próprias. A regra, portanto, é a de que inexiste solidariedade ativa ou passiva. Cada sociedade, assim, responde individualmente pelas obrigações que contrair. A solidariedade nasce, apenas, por convenção das partes ou por disposição legal específica e excepcional, como nos casos das obrigações de ordem previdenciária (Lei n. 8.212/91, art. 30, IX), trabalhista (CLT, § 2º do art. 2º), por sanções decorrentes de infração a preceitos da ordem econômica (Lei n. 12.529/2011, art. 33) ou por atos contra a administração pública, restrita, porém, à responsabilização pela obrigação de pagamento de multa e de reparação integral do dano causado (Lei n. 12.486/2013, § 2º do art. 4º). No âmbito da defesa do consumidor, o § 2º do art. 28 da Lei n. 8.078/90 optou por prever para as sociedades integrantes dos grupos societários a responsabilidade subsidiária pelas obrigações decorrentes das relações de consumo.

13.1. A CONCENTRAÇÃO EMPRESARIAL E A DEFESA DA CONCORRÊNCIA (O PAPEL DO CADE)

A concentração de empresas, como se ressaltou, é peça-chave na economia de escala, elo viabilizador do desenvolvimento tecnológico e da racionalização dos processos de produção e administração empresarial. A busca de maior competitividade visa a alcançar um maior universo de consumidores e, consequentemente, o lucro, que é o fim de toda e qualquer atividade econômica. No entanto, o grupamento de empresas não pode se estabelecer em prejuízo ao livre mercado, ensejando a formação de cartéis, visando à sua dominação, frustrando a livre concorrência.

A fim de medir os efeitos decorrentes da concentração e das relações empresariais no mercado, seja em razão de ligações societárias (grupos de fato e de direito) ou em função da reorganização societária (fusão, incorporação e até mesmo a cisão, em que se verifica transferência de parcela ou parcelas do patrimônio da cindida), que será no capítulo seguinte estudada, a Lei n. 12.529/2011 submete a análise de certas operações configuradoras de atos de concentração econômica ao Conselho Administrativo de Defesa Econômica – CADE.

O CADE, que se constitui em autarquia federal vinculada ao Ministério da Justiça, é uma entidade judicante com jurisdição administrativa em todo o território nacional, integrante do Sistema Brasileiro de Defesa da Concorrência – SBDC, que também é composto pela Secretaria de Acompanhamento Econômico do Ministério da Fazenda.

À citada autarquia são conferidas atribuições preventiva e repressiva às infrações contra a ordem econômica, devendo orientar suas ações segundo os ditames constitucionais de liberdade de iniciativa, livre concorrência, função social da propriedade, defesa dos consumidores e repressão ao abuso do poder econômico, sendo a coletividade a titular dos bens jurídicos a que deve proteger e conferir a efetividade necessária.

A fim de garantir a sua atuação repressiva às infrações à ordem econômica, dotou-lhe a lei de função judicante administrativa, para resolver questões que envolvam a ordem econômica. Essa atribuição será realizada no âmbito do Tribunal Administrativo de Defesa Econômica, órgão judicante que integra a estrutura orgânica do CADE, que é composta ainda pelos seguintes órgãos: Superintendência-Geral e Departamento de Estudos Econômicos, cada qual com competências específicas determinadas pela Lei n. 12.529/2011 (arts. 9º, 13 e 17). Assim é que ao Plenário do Tribunal Administrativo compete, dentre outras atribuições, decidir sobre a existência de infração à ordem econômica, ordenar as providências que conduzam à sua cessação, aplicar as penalidades previstas e promover o controle de atos de concentração econômica. Suas decisões não comportam revisão no âmbito do Poder Executivo, resultando, assim, coisa julgada administrativa[4]. Por certo, estão sujeitas ao controle e revisão judicial, de competência da Justiça Federal, a quem também compete a execução de suas decisões (do CADE), sendo sempre assegurado o livre acesso à justiça garantido pelo inciso XXXV do art. 5º da Constituição Federal.

No que se refere às infrações contra a ordem econômica, estas se manifestam pelas ações anticoncorrenciais dos agentes econômicos, assim entendidos as pessoas físicas ou jurídicas de direito público ou privado, bem como quaisquer associações de entidades ou pessoas, constituídas de fato ou de direito, ainda que temporariamente, com ou sem personalidade jurídica, mesmo que exerçam atividade sob regime de monopólio legal.

---

[4]   A decisão do Plenário do Tribunal que cominar multa ou impuser obrigação de fazer ou de não fazer constitui título executivo extrajudicial.

As ações anticoncorrenciais ou anticompetitivas são aferidas pelo escopo da operação ou pelos seus efeitos no mercado. Desta sorte, proclama o art. 36 da Lei n. 12.529/2011 constituírem infração à ordem econômica, independentemente de culpa (responsabilidade objetiva), os atos sob qualquer forma manifestados, que tenham por objeto ou possam produzir os seguintes efeitos, ainda que não sejam alcançados: a) limitar, falsear ou de qualquer forma prejudicar a livre concorrência ou a livre-iniciativa; b) dominar mercado relevante de bens ou serviços; c) aumentar arbitrariamente os lucros; e d) exercer de forma abusiva posição dominante.

Para efeitos legais, presume-se posição dominante sempre que um agente econômico isolado ou um grupo de sociedades for capaz de alterar unilateral ou coordenadamente as condições de mercado ou quando controlar vinte por cento ou mais do mercado relevante, podendo esse percentual ser alterado pelo CADE para setores específicos da economia.

São exemplos de condutas caracterizadoras de infração da ordem econômica: a) ajuste ou combinação de preços de bens ou serviços, ofertados individualmente, com concorrente; b) criar dificuldades à constituição, ao funcionamento ou ao desenvolvimento de empresa concorrente ou de fornecedor, adquirente ou financiador de bens ou serviços; c) impor, no comércio de bens ou serviços, a distribuidores, varejistas e representantes, preços de revenda, descontos, condições de pagamento, quantidades mínimas ou máximas, margem de lucro ou quaisquer outras condições de comercialização relativos a negócios destes com terceiros; d) recusar a venda de bens ou a prestação de serviços, dentro das condições de pagamento normais aos usos e costumes comerciais; e) vender mercadoria ou prestar serviços injustificadamente abaixo do preço de custo; f) cessar parcial ou totalmente as atividades da empresa sem justa causa comprovada; g) subordinar a venda de um bem à aquisição de outro ou à utilização de um serviço, ou subordinar a prestação de um serviço à utilização de outro ou à aquisição de um bem; e h) exercer ou explorar abusivamente direitos de propriedade industrial, intelectual, tecnologia ou marca.

A infração implica não só a responsabilidade da pessoa jurídica que a cometer, mas também a responsabilidade individual de seus dirigentes ou administradores de forma solidária. Serão, ainda, solidariamente responsáveis as sociedades integrantes de um grupo econômico, de fato ou de direito, quando pelo menos uma delas praticar ilícito.

No que diz respeito ao controle de atos de concentração econômica, verifica-se importante inovação trazida pela Lei n. 12.529/2011: o regime de análise prévia dos atos de concentração. Essa será uma análise prospectiva, estimando-se os efeitos no mercado que atinge. No sistema anterior, o exame se fazia após a consumação do ato. Era, assim, permitida a sua realização, com verificação *a posteriori*, ou seja, procedia-se a uma análise do ato já realizado. As críticas que recaíam sobre o antigo procedimento concentravam-se, fundamentalmente, na ausência de estabilidade da operação e na consequente falta de segurança dos investimentos, fatores esses que impactavam negativamente nos fundamentos de precificação das operações.

Serão submetidos ao controle prévio do CADE pelas partes envolvidas na operação os atos de concentração econômica em que, cumulativamente, a) pelo menos um dos grupos envolvidos na operação tenha registrado, no último balanço, faturamento bruto anual ou volume de negócios total no País, no ano anterior à operação, equivalente ou superior a 750 milhões de reais; e b) pelo menos um outro grupo envolvido na operação tenha registrado, no último balanço, faturamento bruto anual ou volume de negócios total no País, no ano anterior à operação, equivalente ou superior a 75 milhões de reais[5]. Esses atos não podem, pois, ser consumados antes de regularmente apreciados, sob pena de nulidade e imposição de multa ao infrator.

Encontram-se incluídas nesses atos subsumidos ao crivo de apreciação prévia do CADE, quando as partes envolvidas apresentarem os parâmetros de faturamento acima delineados, as operações de fusão, incorporação, aquisição de controle ou de participação societária. Igualmente se tem em relação à celebração de contratos associativos, consórcio ou *joint venture*, salvo quando destinados a licitações públicas e aos contratos dela decorrentes.

São vedados os atos de concentração que impliquem eliminação da concorrência em parte substancial de mercado relevante, que possam criar ou reforçar uma posição dominante ou que possam resultar na dominação de mercado relevante de bens ou serviços. Poderão esses atos, todavia, ser autorizados desde que sejam observados os limites estritamente necessários para atingir os seguintes objetivos: I – cumulada ou alternativamente: a) aumentar a produtividade ou a competitividade; b) melhorar a qualidade de bens ou serviços; ou c) propiciar a eficiência e o desenvolvimento tecnológico ou econômico; e II – seja repassada aos consumidores parte relevante dos benefícios decorrentes.

---

5   Os valores originalmente previstos nos incisos I e II do art. 88 foram objeto de adequação pela Portaria Interministerial n. 994, de 30 de maio de 2012, dos Ministros de Estado da Justiça e da Fazenda.

CAPÍTULO 14

TRANSFORMAÇÃO, CONVERSÃO, INCORPORAÇÃO, FUSÃO E CISÃO DAS SOCIEDADES

As operações de reorganização societária se traduzem na modificação do tipo ou da própria estrutura da sociedade. Resumem-se elas na transformação, incorporação, fusão e cisão.

Tais figuras vinham, até o advento do Código Civil de 2002, reguladas em lei especial, a Lei n. 6.404/76, mas, apesar disso, serviam como institutos genéricos, aplicáveis a todas as sociedades, não reservados exclusivamente às sociedades por ações. Com o tratamento que o atual Código veio dispensar à matéria, temos a leitura de que, em relação às sociedades anônima e em comandita por ações, a disciplina continuará a ser a da Lei n. 6.404/76; já se a operação se estabelece no âmbito das sociedades contratuais, a regência dar-se-á com apoio no Código, salvo em relação à cisão, visto que por ele não regulada, quando esse Código se limitou a dispor, quanto a ela, tão somente acerca dos direitos dos credores. Portanto, o regramento dos demais pontos ficará submetido às normas da Lei das Sociedades Anônimas.

14.1. TRANSFORMAÇÃO

A transformação é a operação pela qual uma sociedade altera o seu tipo, sem implicar a sua dissolução ou liquidação. Representa mera mutação na sua roupagem, sem lhe afetar a personalidade jurídica. A sociedade mantém a sua personalidade jurídica, porém sob outro tipo societário. Contudo, deve obedecer aos preceitos reguladores da constituição e inscrição próprios do tipo em que se vai converter.

Sua realização depende de consentimento unânime dos sócios, o que se justifica em função das profundas alterações que poderão resultar na responsabilidade destes. A unanimidade só é dispensada se originariamente prevista no ato constitutivo a possibilidade de sua implementação. Nesse caso, será decidida, no momento desejado, pelo *quorum* contemplado no contrato social ou, no seu silêncio, será deliberada, na sociedade limitada, por votos correspondentes à maioria absoluta do capital (art. 1.076,

II, c/c art. 1.071, V). Nas sociedades em nome coletivo e em comandita simples, a omissão resultará na exigência da unanimidade, porquanto o tema envolverá alteração da responsabilidade dos sócios e modificação do nome social, matérias elencadas no art. 997 (arts. 1.046, 1.040 e 999). Havendo a aprovação, quando a unanimidade não for exigida, assegura-se ao dissidente o direito de se retirar da sociedade, mediante o reembolso de seus haveres (art. 1.114). No universo das limitadas, a operação caracteriza uma das hipóteses especiais de recesso, prevista no art. 1.077, uma vez que sempre implicará a modificação do contrato social, devendo o sócio observar o prazo nele previsto para o exercício desse seu direito.

A transformação, em nenhuma hipótese, prejudicará os direitos dos credores, os quais continuarão, até a quitação integral de seus créditos, com as mesmas garantias que o tipo anterior lhes assegurava. Portanto, somente os créditos surgidos após a transformação é que irão obedecer à disciplina do novo tipo societário. Os anteriores permanecerão sob o regramento do tipo precedente.

Desse modo, se uma sociedade em nome coletivo transformar-se em limitada, os credores anteriores à operação permanecerão a desfrutar da responsabilidade pessoal, subsidiária, solidária e ilimitada dos seus integrantes. Somente os créditos nascidos posteriormente é que se sujeitarão à responsabilidade limitada dos sócios ao total do capital social.

Ocorrendo a falência da sociedade transformada, os seus respectivos efeitos só serão produzidos em relação aos sócios que, no tipo anterior, a eles estariam subordinados. Mas, para que a providência se verifique, devem os titulares de créditos anteriores à transformação requerê-la e, assim acontecendo, somente estes se beneficiarão. Usando o mesmo exemplo de transformação de uma sociedade em nome coletivo em limitada, ao credor anterior se faculta postular, na falência da sociedade devedora, seja-lhe assegurada a responsabilidade dos sócios nos termos anteriores à transformação, isto é, a responsabilidade solidária e ilimitada pelas obrigações sociais. Importante anotar que, como a lei (parágrafo único do art. 1.115 do Código Civil) não fixa o prazo para o aludido requerimento, este pode se realizar pelo credor interessado enquanto não proferida a sentença de encerramento da falência. Mas se deixe claro: o benefício só aproveita ao credor que expressamente o requerer.

Indispensável anotar que a Lei Complementar n. 128/2008, ao introduzir um § 3º no art. 968 do Código Civil, criou uma nova figura de transformação: a transformação registral. Passamos, também, a denominá-la transformação imprópria, para distinguir daquela própria de tipo societário, tratada nos arts. 1.113 a 1.115 do mesmo Código, de que antes cuidamos, os quais, contudo, a ela se aplicam no que couber, isto é, no que for pertinente, compatível com a operação criada.

A hipótese verifica-se quando o empresário individual resolver admitir sócio ou sócios, de forma que o exercício da empresa venha a ser realizado por sociedade empresária. Faculta-se-lhe, pois, requerer ao Registro Público de Empresas Mercantis a transformação de seu registro de empresário para registro de sociedade empresária, a qual, entretanto, deverá obedecer, para sua formação, aos preceitos reguladores de constituição de seu tipo.

Com efeito, a figura da transformação registral ou imprópria vem no ensejo de realizar, em toda a sua plenitude, o princípio da preservação da empresa, garantindo a sua permanência e o seu regular exercício, sem solução de continuidade, diante da alteração de seu titular.

Não constitui transformação registral a adoção da unipessoalidade na sociedade limitada. A sociedade limitada pluripessoal, diante da saída de sócios, ficando com um único, automaticamente amolda-se em sociedade limitada unipessoal. E a recíproca também é verdadeira. A sociedade limitada unipessoal pode, mediante alteração do seu ato constitutivo, adotar a pluripessoalidade, ocasião em que o sócio único admitirá um ou mais sócios. Não há, na espécie, qualquer transformação operada em seu registro.

Diante dessa figura da sociedade limitada unipessoal consagrada pela Lei n. 13.874/2019, também nos parece plenamente possível que o empresário individual transforme o seu registro de empresário para o de sociedade limitada unipessoal. É pertinente e recomendável a interpretação extensiva do § 3º ao art. 968 do Código Civil para esse fim, pois, à época de sua edição, a sociedade limitada unipessoal ainda não era admitida no Direito brasileiro. O que o dispositivo normativo pretendeu, efetivamente, foi possibilitar a transformação do registro de empresário individual para o de sociedade. Deve-se interpretá-lo com os olhos voltados para a atual legislação e em sintonia com o novo sistema dela resultante.

14.1.1. *CONVERSÃO*

É possível, ainda, e também sem que a sociedade se dissolva ou se liquide, a alteração do regime de exercício da atividade econômica de sociedade empresária para simples ou desta para aquela. Essa conversão de uma espécie societária em outra demanda alteração do contrato social, a ser averbada no registro originário, para, em sequência, ser o instrumento de conversão levado ao novo registro. Assim, por exemplo, se a hipótese é de conversão de sociedade simples em sociedade empresária, a alteração contratual deverá ser arquivada primeiramente no Registro Civil das Pessoas Jurídicas para, em seguida, ser inaugurado um novo registro na Junta Comercial.

Em relação ao *quorum*, pensamos que o mesmo deva seguir aquele previsto para os tipos societários que revestirem as espécies societárias. Desse modo, se, por exemplo, uma sociedade simples limitada for se converter em sociedade empresária limitada, a deliberação exigirá o *quorum* formado pelos votos de sócio ou sócios correspondentes a mais da metade do capital social (art. 1.076, II), rendendo ensejo ao dissidente exercer o seu direito de recesso nos moldes do art. 1.077 do Código Civil. Por se tratar de operação distinta da transformação, não há que se exigir a unanimidade. Se a operação envolver simultaneamente a conversão de espécie e a transformação de tipo, aí sim, a unanimidade será reclamada. Destarte, a título exemplificativo, se uma sociedade simples limitada for se converter em sociedade empresária, adotando a forma de sociedade anônima, a deliberação deverá ser unânime, porquanto se estará diante de duas operações: conversão e transformação societárias.

A conversão de sociedade simples em empresária ou vice-versa vem amparada no princípio da preservação da atividade econômica, como um todo considerada, permitindo, dessa feita, que a sociedade se conforme com o novo regime jurídico relativo ao seu objeto social, sem ter solução de continuidade, com a garantia da regularidade desse exercício.

14.2. INCORPORAÇÃO

Na incorporação, uma ou mais sociedades (incorporadas), de tipos iguais ou diferentes, são absorvidas por outra (incorporadora), que lhes sucede em todos os direitos e obrigações, devendo todas aprová-la, consoante as regras próprias dos seus respectivos tipos.

Da incorporação não surgirá nova sociedade, uma vez que a incorporadora irá suceder as suas incorporadas, permanecendo ela, incorporadora, com sua personalidade jurídica intacta. As incorporadas é que serão extintas com a implementação da incorporação, cujos respectivos atos deverão ser averbados no Registro Público de Empresas Mercantis.

A deliberação dos sócios da sociedade incorporadora deverá aprovar tanto as bases da operação como o projeto de reforma do ato constitutivo. Compreenderá, outrossim, a nomeação dos peritos para a avaliação do patrimônio líquido da sociedade ou das sociedades a serem incorporadas. Já os sócios da incorporada, após tomarem conhecimento dos termos da operação e da decisão havida no âmbito da incorporadora, aprovando-os, deverão autorizar os administradores a praticar os atos necessários à incorporação[1].

---

[1] O *caput* do art. 1.117, cuja redação foi modificada por emenda do Senado, parece ter saído com erro material ao referir-se à "sociedade incorporada". O preceito, ao submeter à aprovação dos sócios o projeto de "reforma do ato constitutivo", está querendo dizer respeito ao ato constitutivo da incorporadora, porquanto este é que será reformado, uma vez que a incorporada se extingue pela operação. Por outro lado, a leitura do § 1º aponta para o entendimento por nós expressado, na medida em que garante à sociedade que houver de ser incorporada o conhecimento do ato de aprovação pela incorporadora e o submete à sua

14.3. FUSÃO

A fusão consiste em operação na qual duas ou mais sociedades, de tipos iguais ou diferentes, unem-se para formar sociedade nova que as sucederá em todos os direitos e obrigações, determinando, assim, a extinção das sociedades objeto do ato jurídico.

Na criação da nova sociedade dever-se-ão observar as formalidades e a norma reguladoras de constituição de seu tipo, competindo aos administradores fazer inscrever na Junta Comercial de sua sede os atos relativos à fusão.

A providência será objeto de deliberação que obedecerá à forma estabelecida para os respectivos tipos de sociedade que desejam se unir.

A decisão dos sócios, tomada em assembleia ou reunião realizada em cada sociedade, versará sobre a aprovação da fusão em si e, ato contínuo, sobre a aprovação do projeto do ato constitutivo da nova sociedade, bem como sobre a proposta de distribuição do capital social, deliberando-se, ainda, acerca da nomeação dos peritos para a avaliação do patrimônio da sociedade.

Apresentados os laudos de avaliação, os administradores convocarão nova assembleia ou reunião dos sócios para deles conhecer e decidir sobre a constituição definitiva da nova sociedade. Não poderão os sócios votar acerca do laudo de avaliação do patrimônio da sociedade de que participem, dado o notório conflito de interesse. A votação dar-se-á em relação ao laudo da outra ou das outras sociedades que irão se agregar.

As operações de fusão e incorporação na sociedade limitada que demandam *quorum* de votação correspondente ao da maioria absoluta do capital social (art. 1.076, II, c/c art. 1.071, VI) ensejam modalidade específica de recesso ao sócio dissidente, exercitável em trinta dias subsequentes ao conclave em que foram deliberadas (art. 1.077).

Para as sociedades em nome coletivo e em comandita simples não há regra específica traçada no Código. Tomando por referência o princípio que emana do art. 223 da Lei n. 6.404/76, até então regra geral de direito societário, as operações de fusão, cisão e incorporação devem ser deliberadas na forma prevista para a alteração do ato constitutivo. Constata-se que a unidade do princípio foi observada pelo Código Civil no âmbito das limitadas, porquanto o *quorum* para a fusão e para a incorporação é o mesmo que o da alteração do contrato social. Dentro dessa perspectiva, somos levados a concluir que, nas sociedades em apreço, a deliberação demandará consentimento de todos os sócios, na medida em que irão ser alteradas matérias indicadas no art. 997.

---

deliberação. Na verdade, tanto os sócios da incorporada quanto da incorporadora deverão aprovar as condições da operação em todos os seus termos.

Assim, esse é o *quorum* exigido pelo art. 999. Reforça a nossa crença o fato de não ter sido prevista, para a situação, modalidade de recesso especial, tal qual se fez para a sociedade limitada, o que imprime coerência ao raciocínio, uma vez que nesta não se exige a unanimidade para a aprovação de uma das operações.

14.4. CISÃO

A cisão é a operação na qual uma sociedade transfere, para uma ou mais sociedades, constituídas para esse fim ou já existentes, parcelas de seu patrimônio. Verificando-se a versão de todo o seu patrimônio, a sociedade restará extinta, qualificando-se a cisão de total; sendo a versão parcial, a sociedade não se extingue, ocorrendo a divisão de seu capital, nominando-se o evento, nesse caso, de cisão parcial.

A sociedade que absorve parcela do patrimônio da sociedade cindida sucede a esta nos direitos e obrigações relacionados no ato da cisão. Na hipótese de cisão total, em que ocorrerá a extinção da cindida, as sociedades que absorverem parcelas de seu patrimônio sucederão a esta, na proporção dos patrimônios líquidos transferidos, nos direitos e obrigações porventura não relacionados no respectivo ato.

A cisão será deliberada em assembleia ou reunião dos sócios, segundo o modelo peculiar ao tipo societário envolvido.

Efetivada a cisão com extinção da cindida, caberá aos administradores das sociedades que tiverem absorvido as parcelas patrimoniais promover o arquivamento dos atos respectivos; sendo parcial, o encargo tocará aos administradores da sociedade que se dividiu e da que recebeu parcela de seu patrimônio.

O *quorum* para deliberação na limitada será o da maioria absoluta do capital social, consoante se enfrentou no item 7.16.6 do Capítulo 7. Nas sociedades em nome coletivo e em comandita simples, será o que exige unanimidade, como no item anterior se sustentou.

14.5. REFLEXO EM RELAÇÃO AOS CREDORES

O Código Civil, no âmbito das sociedades contratuais, equaliza os reflexos das operações de cisão, fusão e incorporação em relação aos credores, diversamente do que se tem na esfera das sociedades por ações.

Pelo regime da Lei n. 6.404/76, o credor prejudicado em razão de fusão ou incorporação poderá pleitear a anulação do ato (art. 232), o que não se estabelece em relação à cisão, na qual, sendo total, com a extinção da sociedade cindida, as sociedades que absorverem parcela de seu patrimônio responderão solidariamente pelas obrigações da sociedade extinta; sendo parcial, a sociedade cindida e aquela para a qual verteu parcela do seu patrimônio respondem solidariamente pelas obrigações da

TRANSFORMAÇÃO, CONVERSÃO, INCORPORAÇÃO, FUSÃO E CISÃO DAS SOCIEDADES

primeira anteriores à cisão. Contudo, na parcial, permite-se fique estabelecido no respectivo instrumento de cisão que a sociedade ou as sociedades que absorverem parte do patrimônio só se responsabilizem pelas obrigações que lhes forem transferidas no ato, sem que haja solidariedade. Mas, nesse caso, os credores anteriores poderão se opor à estipulação, e, assim o fazendo, a cláusula de ressalva da solidariedade não será eficaz em relação ao oponente (art. 233).

Segundo o tratamento dispensado pelo Código, até noventa dias após publicados os atos relativos à incorporação, fusão ou cisão, o credor anterior, por ela prejudicado, poderá promover judicialmente a sua anulação.

A fim de evitar a consequência, faculta-se à sociedade interessada, sendo líquido o crédito, realizar a consignação da importância em pagamento, o que prejudicará a anulação pleiteada. A medida poderá ser implementada anteriormente à propositura da ação anulatória ou no seu curso.

Sendo, todavia, ilíquida a dívida, a sociedade poderá garantir a sua execução, suspendendo-se, nesse caso, o processo de anulação. A caução pode ser real ou fidejussória.

Ocorrendo a falência da sociedade incorporadora, da sociedade nova ou da parcialmente cindida, qualquer credor anterior terá direito de pedir a separação dos patrimônios, para que os créditos sejam pagos pelos bens das respectivas massas. Mas, para que o direito se verifique, mister se faz que a falência seja decretada dentro do prazo de noventa dias seguintes à publicação dos atos atinentes à operação.

Capítulo 15

LIQUIDAÇÃO DAS SOCIEDADES CONTRATUAIS

15.1. LIQUIDAÇÃO EXTRAJUDICIAL

Vimos que a liquidação extrajudicial se verifica em algumas situações de dissolução de pleno direito da sociedade, impondo-se ao órgão de administração providenciar a investidura do liquidante – item 6.11.5 do Capítulo 6.

O liquidante pode estar previamente nomeado pelos sócios em cláusula do contato social. Se não estiver, será ele eleito por deliberação dos sócios, nada impedindo recaia a escolha em pessoa estranha ao corpo social. O *quorum* dessa deliberação será, na sociedade limitada, o da maioria de votos dos presentes à assembleia ou reunião, se o contrato não impuser maioria mais elevada (art. 1.076, III, c/c art. 1.071, VII), e, nas sociedades simples, em nome coletivo e em comandita simples, será o da maioria absoluta, se o contrato não determinar necessidade de deliberação unânime (art. 999).

Quando indicado no contrato social, sua destituição somente poderá ser realizada por decisão judicial, em ação proposta por um ou mais sócios, provada a justa causa. Se eleito por decisão dos sócios, a destituição poder-se-á viabilizar mediante outra deliberação, observado o mesmo *quorum* para a eleição. No entanto, nada impede que se efetue, também, pela via judicial, como, por exemplo, na hipótese de um sócio vencido na deliberação e que venha, em ação própria, provar a justa causa para a destituição não aprovada na assembleia ou reunião.

Independentemente da forma de sua indicação, o liquidante, não sendo administrador da sociedade, será investido nas suas funções, averbada a sua nomeação no registro da sociedade.

São deveres do liquidante: a) averbar e publicar a ata ou instrumento de dissolução da sociedade – se for judicial, a averbação e a publicação se farão em relação à respectiva sentença; b) arrecadar os bens, livros e documentos da sociedade, onde quer que estejam; c) proceder, nos quinze dias seguintes ao da sua investidura e com a assistência, sempre que possível, dos administradores, à elaboração do inventário e do balanço geral do ativo e do passivo; d) ultimar os negócios da sociedade, realizar o ativo, pagar o passivo e promover a partilha do ativo remanescente entre os sócios; e) exigir dos sócios, quando insuficiente o ativo à solução do passivo, a integralização de suas quotas de capital e, se for o caso, as quantias necessárias, nos limites da responsabilidade de cada um e proporcionalmente à respectiva participação nas perdas, repartindo-se entre os sócios solventes e na mesma proporção o devido pelo insolvente; f) convocar assembleia dos sócios, a cada seis meses, para apresentar relatório e balanço do estado da liquidação, prestando conta dos atos praticados durante o semestre, ou sempre que necessário; g) confessar a falência da sociedade, de acordo com as formalidades prescritas para o tipo de sociedade liquidanda; h) finda a liquidação, apresentar aos sócios o relatório da liquidação e as suas contas finais; i) averbar a ata da reunião ou da assembleia, ou o instrumento firmado pelos sócios que considerar encerrada a liquidação.

A ele compete representar a sociedade, em juízo e fora dele, e praticar todos os atos necessários à sua liquidação, inclusive alienar bens móveis ou imóveis, transigir, receber e firmar quitação. Para gravar de ônus reais os bens da sociedade liquidanda, contrair empréstimos e prosseguir na atividade social, necessita o liquidante de expressa autorização dos sócios, já podendo estar prevista no contrato ou derivar de deliberação, por maioria absoluta. A autorização só é dispensável nas hipóteses de assunção de empréstimos, quando indispensáveis ao pagamento das obrigações inadiáveis.

A representação da sociedade liquidanda pelo seu liquidante, referida no art. 1.105 do Código Civil, é uma representação orgânica, pois ele atua como órgão. É titular de funções indelegáveis. A sociedade em liquidação manifesta a sua vontade por meio deste órgão, que, assim, a presenta nos atos necessários à sua regular extinção.

Em todos os atos, documentos e publicações, deverá empregar a denominação ou firma social sempre seguida da expressão "em liquidação" e de sua assinatura pessoal, declarando a sua qualidade.

A sociedade dissolvida permanece com a sua personalidade jurídica, a qual sobrevive até que ultimada a liquidação. Ela se mantém justamente para que se proceda à liquidação. A dissolução marca o termo das atividades normais da sociedade, mas não o de sua personalidade jurídica, que só encontrará o ocaso quando encerrada a liquidação. Esse é o momento em que se extingue a sociedade.

Responde o liquidante pelos prejuízos causados por culpa no desempenho de suas funções, devendo agir com zelo e lealdade em relação aos interesses da massa liquidanda. Suas obrigações e responsabilidades são, pois, regidas pelos mesmos princípios e preceitos relativos aos administradores.

No pagamento do passivo, o liquidante observará a preferência estabelecida entre os credores, segundo os seus respectivos títulos, pagando proporcionalmente as dívidas sociais vencidas e vincendas. Em relação a essas últimas, procederá ao desconto dos juros da antecipação do pagamento, segundo as taxas de mercado. Sendo o ativo superior ao passivo, faculta-se ao liquidante quitar integralmente as dívidas vencidas, sem obedecer à proporcionalidade. Mas, se assim agir, o fará sob sua pessoal responsabilidade. Portanto, se, ao final, faltarem recursos ao pagamento dos débitos sociais que remanescerem, responderá por estes.

Antes de ultimada a liquidação, mas necessariamente após o pagamento de todos os credores da sociedade, podem os sócios, por maioria absoluta de votos, decidir que o liquidante promova rateios por antecipação da partilha, à medida que se vão apurando os haveres sociais. Com isso, os sócios vão se capitalizando para novos investimentos, não tendo que esperar o final do procedimento para receberem os seus quinhões.

Pago o passivo e partilhado o ativo remanescente, convocará o liquidante assembleia ou reunião dos sócios para a final prestação de contas. O sócio que dissentir de sua aprovação terá o prazo decadencial de trinta dias para promover o questionamento judicial das contas prestadas. O referido prazo será computado a partir da publicação da ata, devidamente averbada, que aprovou as contas. O *quorum* de deliberação variará conforme o tipo societário. Na sociedade limitada será o da maioria de votos dos presentes à assembleia (art. 1.076, III, c/c art. 1.071, VII); nas sociedades simples, em nome coletivo e comandita simples o da maioria absoluta, se o contrato não determinar a unanimidade (art. 999).

Aprovadas as contas, encerra-se a liquidação, averbando-se no registro a respectiva ata, a qual também deverá ser publicada na forma do § 1º do art. 1.152. Só então, após a averbação, é que estará efetivamente extinta a pessoa jurídica.

Pode ser verificada, ao final da liquidação, a existência de algum credor não satisfeito, por descuido, por exemplo, do liquidante. Tal credor terá direito de exigir dos sócios, individualmente, o pagamento do seu crédito, até o limite da soma por eles recebida em partilha. Poderá propor, ainda, em face do liquidante, se for o caso, ação de perdas e danos.

A ação do credor pode envolver apenas um, alguns ou até todos os sócios. Se um deles arcar com a respectiva satisfação do crédito, fica-lhe assegurado o reembolso proporcional junto aos demais, respeitando-se a proporcionalidade dos quinhões sociais.

15.2. LIQUIDAÇÃO JUDICIAL

Procedendo-se à liquidação judicialmente, remete o Código a sua disciplina ao disposto na lei processual, limitando-se a prescrever que o juiz, no curso da liquidação, poderá convocar, quando necessário, reunião ou assembleia dos sócios para deliberar sobre os interesses da liquidação. Tais encontros serão presididos pelo magistrado, que resolverá sumariamente as questões suscitadas, fazendo apensar cópias autênticas das respectivas atas aos autos do processo.

A liquidação judicial vinha regida pelas disposições dos arts. 655 a 674 do Código de Processo Civil de 1939, mantidas em vigor pelo art. 1.218, VII, do Código de 1973. O Código de Processo Civil de 2015, entretanto, em suas disposições finais e transitórias, expressamente revogou a Lei n. 5.869/73, o Código de Processo Civil de 1973 (*caput* do art. 1.046).

Mas interessante questão há de ser enfrentada. No § 2º do art. 1.046, faz-se a previsão de permanência das disposições especiais dos procedimentos regulados em outras leis, aos quais o Código de 2015 será aplicado supletivamente. E, no § 3º do mesmo artigo, tem-se que os processos mencionados no art. 1.218 do Código de 1973, cujo procedimento ainda não tenha sido incorporado por lei, ficam submetidos ao procedimento comum no Código de 2015 disciplinado.

O Código de Processo em vigor, com efeito, apenas cuidou da ação de dissolução parcial (arts. 599 a 609). Assim, considerando que o procedimento do processo de dissolução e liquidação total de sociedade (referido no inciso VII do art. 1.218 do Código de Processo Civil de 1973) ainda não foi incorporado em outra lei; e considerando que suas regras traduzem disposições especiais de procedimento regulado no Decreto-Lei n. 1.608/39 (Código de Processo Civil de 1939), pensamos, salvo melhor e ulterior juízo, que o processo de dissolução e liquidação total de sociedade obedecerá, no que couber, ao previsto nos arts. 655 a 674 do citado Decreto-Lei n. 1.608/39, ou seja, quando compatível e com as devidas conformação e adaptações à nova ordem instaurada pelo Código de Processo Civil de 2015, submetendo-se, no mais, ao procedimento comum nele preconizado. Do contrário, ter-se-ia um hiato em relação a temas importantes que não são respondidos pelas regras do procedimento comum.

Em termos mais claros, cremos que o procedimento comum regerá o processo de dissolução total das sociedades, pinçando-se, diante do hiato legislativo, as regras do Decreto-Lei n. 1.608/39 compatíveis e necessárias ao ordenamento e à direção do processo. Assim é que no procedimento se aproveitam as disposições sobre as causas motivadoras da destituição do liquidante, as regras sobre os seus deveres e o critério para definir a sua remuneração, as quais não se traduzem estritamente procedimentais e servem, assim, de orientação ao curso dos atos judiciais.

O liquidante, portanto, será nomeado pelo juiz na sentença que declarar ou decretar a dissolução, observando o que a respeito dispuser o contrato social. Sendo ele, todavia, omisso, e não havendo, de comum acordo, indicação em petição pelos interessados, pode o juiz convocar o conclave dos sócios para deliberar sobre o tema, uma vez que é matéria que interessa à liquidação, ou desde logo nomear pessoa de sua confiança para o desempenho do mister.

A destituição do liquidante será privativa de decisão do juízo que o nomeou, que poderá agir *ex officio* ou a requerimento de qualquer interessado, quando o liquidante faltar ao cumprimento de seus deveres legais, ou retardar injustificadamente o andamento do processo, ou proceder com dolo ou má-fé, ou, ainda, quando tiver interesse contrário ao da liquidação.

Sem prejuízo dos deveres já alinhados no âmbito da liquidação extrajudicial, vistos no item anterior deste Capítulo, o liquidante deverá: a) levantar o inventário dos bens e fazer o balanço da sociedade, nos quinze dias seguintes à nomeação, prazo que o juiz poderá prorrogar por motivo justo; b) promover a cobrança das dívidas ativas e pagar as passivas, certas e exigíveis, reclamando dos sócios, na proporção de suas quotas na sociedade, observada a forma de responsabilidade que tiverem no respectivo tipo societário, os fundos necessários, quando insuficientes os da caixa; c) vender, com autorização do juiz, os bens de fácil deterioração ou de guarda dispendiosa, e os indispensáveis para os encargos da liquidação, quando se recusarem os sócios a suprir os fundos necessários; d) praticar os atos indispensáveis para assegurar os direitos da sociedade e representá-la ativa e passivamente nas ações que interessarem à liquidação, podendo contratar advogados e empregados com autorização do juiz e ouvidos os sócios; e) apresentar, mensalmente, ou sempre que o juiz o determinar, balancete da liquidação; f) propor a forma da divisão, ou partilha, ou do pagamento dos sócios, quando ultimada a liquidação, apresentando o relatório dos atos e operações que houver praticado; g) prestar contas de sua gestão, quando terminados os trabalhos, ou destituído das funções.

Ao liquidante estranho ao corpo social, o juiz fixará retribuição variável entre 1% e 5% sobre o ativo líquido, atendendo à importância do acervo social e ao trabalho da liquidação.

CAPÍTULO 16

ESTABELECIMENTO EMPRESARIAL

16.1. NOÇÃO

O empresário, pessoa natural ou jurídica, deverá estar devidamente aparelhado para o exercício de sua empresa. Nessa exploração da atividade econômica organizada, utiliza-se o seu titular de um conjunto de elementos, materiais ou imateriais, sem o que não logrará êxito em desempenhá-la.

Esse complexo de bens, disposto segundo a vontade do empresário individual ou da sociedade empresária, que lhes serve de instrumento de realização de sua empresa, é que se denomina estabelecimento.

O Código Civil italiano, em seu art. 2.555[1], define-o como o complexo dos bens organizados pelo empresário para o exercício da empresa. Tal preceito, sem sombra de dúvida, serviu de fonte inspiradora para o conceito adotado pelo nosso Código de 2002, que assim o define: "Considera-se estabelecimento todo complexo de bens organizado, para o exercício da empresa, por empresário, ou por sociedade empresária" (art. 1.142).

O empresário, portanto, reúne e organiza uma série de elementos, com individualidade própria, para um fim determinado: o desempenho de sua empresa. Daí ser pertinente a lição de Navarrini[2], que demonstra ser o estabelecimento o "complexo de várias forças econômicas e dos meios de trabalho que o comerciante consagra ao exercício do comércio, impondo-lhes uma unidade formal, em relação com a unidade do fim". No dizer de Carvalho de Mendonça[3], seria o resultado de um conjunto de "meios idôneos, materiais e imateriais, pelos quais o comerciante explora determinada espécie de comércio", arrematando, em seguida, ser "o organismo econômico aparelhado para o exercício do comércio".

---

[1] "Art. 2.555. L'azienda è il complesso dei beni organizzati dall'imprenditore per l'esercizio dell'impresa."

[2] *Trattato teorico-pratico di diritto commerciale*, vol. IV, p. 6.

[3] Ob. cit., vol. V, Tomo I, p. 15.

À luz desses elementos colhidos do direito positivo e da construção doutrinária, inclusive no direito comparado, podemos dizer que o estabelecimento empresarial é integrado por bens de variadas espécies, que mantêm cada um deles sua individualidade própria, mas que se encontram reunidos pelo empresário que os conjuga e organiza, de modo a apresentarem-se como uma unidade que lhe serve de instrumento para exercitar sua empresa.

O "estabelecimento", portanto, não se confunde com a "casa comercial", que consiste no estabelecimento físico onde o empresário se encontra situado[4]. Em medida imposta pela crescente virtualização experimentada no século XXI, o local onde se exerce a atividade empresária pode ser tanto físico como virtual. Quando o local da realização da atividade for virtual, o endereço a ser informado para fins de registro poderá ser, conforme o caso, o endereço do empresário individual, ou de um dos sócios da sociedade empresária, ou, ainda, do sócio único, na sociedade unipessoal.

16.2. DESIGNAÇÕES

O Código Civil de 2002 veio adotar, simplesmente, a designação "estabelecimento". Mas preferimos utilizar a expressão "estabelecimento empresarial", tendo por referência histórica a terminologia francamente consagrada no Direito brasileiro de "estabelecimento comercial".

Não vemos, outrossim, impropriedade na nomenclatura "fundo de empresa" para expressar o "estabelecimento", visto que sempre foi adotada na doutrina nacional, com inspiração no Direito francês, a expressão "fundo de comércio".

Por fim, podemos, igualmente, empregar o termo "azienda", também utilizado em nosso Direito, por influência do Direito italiano[5].

---

[4] Carvalho de Mendonça deixa bem clara a distinção conceitual que se configura. Leciona o renomado comercialista que, "no sentido vulgar, estabelecimento é a fábrica ou a oficina, o armazém, a loja", identificando cada um desses estabelecimentos físicos, ressaltando, a final, haver também "o escritório, que é o lugar onde se acha a direção superior do negócio, e onde se fazem a escrituração e contabilidade geral" (ob. cit., p. 15, nota 2).

[5] Carvalho de Mendonça enuncia um apanhado de designações colhidas no direito estrangeiro, valendo, aqui, sua repetição: "Aquela expressão equivale ao *negotium* ou *negotiatio* do direito romano, ao *fonds de commerce* do direito francês e belga, à azienda *commerciale* do direito italiano, ao *geschäft* ou *handelsgeschäft* do direito alemão ou austríaco, ao *goodwill* ou *goodwill of trade* do direito inglês e norte-americano". Ressalva, contudo, que "cada um desses direitos trata do instituto sob o ponto de vista não diremos absolutamente diferente, mas peculiar às suas instituições e tradições" (ob. cit., p. 16 e 17). No Código Civil italiano de 1942, no qual se verifica a unificação formal entre os direitos civil e comercial, a expressão utilizada restringe-se à azienda, não mais se adicionando a palavra *commerciale*, tal qual fez o Código Civil brasileiro de 2002, ao empregar somente o vocábulo "estabelecimento". Aliás, a regulação do instituto vem profundamente inspirada no direito positivo italiano.

16.3. NATUREZA JURÍDICA

Diversas teorias podem ser encontradas no Direito estrangeiro tendentes a explicar a natureza jurídica do estabelecimento empresarial. Passamos por sua explicitação e análise, com a final indicação daquela que foi aceita no Direito brasileiro.

Uma primeira corrente que se pode identificar, de origem germânica, propõe gozar o estabelecimento de uma espécie de personalidade jurídica. Seria, assim, pessoa jurídica. Para essa vertente de pensamento, o estabelecimento, uma vez criado por seu titular, viria a adquirir vida autônoma, sendo sujeito de direito. Essa teoria da personalidade jurídica ou da "*Rechtssub-jektivität*", desenvolvida por Endemann[6], não foi aceita no Direito positivo brasileiro e, nem sequer, pela legislação alemã. O Código Civil brasileiro de 1916, na enumeração do seu art. 16, não contemplou o estabelecimento empresarial como pessoa jurídica, caminho seguido pelo de 2002, que não reconheceu outras além daquelas contidas na enumeração do seu art. 44, que alinha as pessoas jurídicas de direito privado.

Não poderia, mesmo, ser diversa a orientação. O fundo de empresa não tem personalidade jurídica. Não é ele capaz de direitos e obrigações. Os bens que o compõem pertencem a seu titular, o empresário. Este é o sujeito de direito e não o estabelecimento, que é o objeto de direito.

Uma outra corrente que também repousa suas origens no Direito germânico é a do patrimônio separado, ou de afetação, ou autônomo.

Essa teoria, exposta por Bekker, que foi seguido por Krükmann, traduz-se na certeza de que o estabelecimento constitui-se em um patrimônio separado, autônomo em relação ao patrimônio geral do empresário, afetado a um determinado fim, que é o exercício da empresa. Destaca-se, assim, o patrimônio empresarial do patrimônio particular do empresário. Aquele, consistente no seu estabelecimento, mostra-se verdadeiramente independente, sendo ele a responder pelas obrigações contraídas no exercício da empresa, estando, pois, a salvo o restante do patrimônio. Tais patrimônios separados, em razão de seu fim, são no Direito francês identificados como "*patrimoines d'affectation*". São figuras jurídicas que, embora sem personalidade jurídica própria, são detentoras de certa autonomia subjetiva.

A doutrina, todavia, não foi albergada pelo Direito nacional, que consagra o princípio da unidade patrimonial do empresário como objeto de direito.

---

[6] Como demonstra João Eunápio Borges, com base no registro de Rotondi em seu *Trattato di diritto dell'industria*, "seguiram-no entre outros Hassenpflug, Galpke e Mommsen, mas a Endemann se deve a sua formulação mais precisa e sua maior notoriedade e difusão" (ob. cit., p. 201, nota n. 27).

292 CURSO DE DIREITO COMERCIAL – DIREITO DE EMPRESA

Já expressamos nossa profunda simpatia à figura do empresário individual de responsabilidade limitada[7], para cuja admissão implicaria a adoção da doutrina do patrimônio separado. O patrimônio do negócio do empresário seria um patrimônio efetivamente autônomo, afetado ao exercício da atividade empresarial, o qual responderia pelas dívidas contraídas na exploração da empresa. Consistiria em um bem singular, especial, em seu patrimônio geral.

Há uma terceira corrente propugnando explicar o fundo de empresa como uma universalidade de direito (*universitas juris*), o que também não é aceito no Direito pátrio, porquanto o estabelecimento não tem sua existência derivada da lei. Não se constitui, como a herança e a massa falida, por exemplo, por força de lei, mas em razão da vontade do empresário.

Por tal motivo é que a doutrina tem convergido na opinião de que o estabelecimento empresarial constitui-se em uma universalidade de fato (*universitas facti*). É um complexo de bens, cada qual com individualidade própria, com existência autônoma, mas que, em razão da simples vontade de seu titular, encontram-se organizados para a exploração da empresa, formando, assim, uma unidade, adquirindo um valor patrimonial pelo seu todo.

O Código Civil, em seu art. 90, ao definir universalidade de fato, bem demonstra o enquadramento do estabelecimento nessa categoria. Segundo a dicção legal, constitui universalidade de fato a pluralidade de bens singulares que, pertinentes à mesma pessoa, tenham destinação unitária, podendo, entretanto, ser objeto de relações jurídicas próprias.

16.4. ELEMENTOS

Como se tem aqui repetido, o estabelecimento resulta da união de diversos elementos, que, entretanto, mantêm sua autonomia, não estando ligados senão em razão da vontade do empresário, que, a qualquer momento, poderá modificar sua composição. Os elementos, portanto, não se fundem, permanecem com individualidade particular, mas o complexo organizado, que resulta da ação de seu titular, o faz unitariamente reconhecido.

Dessa feita, pode o estabelecimento empresarial ser objeto unitário de direitos e de negócios jurídicos, translativos ou constitutivos, que sejam compatíveis com a sua natureza (art. 1.143).

Muito se tenta qualificar o principal elemento que integra o estabelecimento. Para uns, esse destaque giraria em torno do ponto comercial, ou modernamente, ponto

---

[7] *Vide* nosso livro *Sociedade por quotas de responsabilidade limitada*, Capítulos 1 e 4, além dos itens 7.1 e 7.4 do Capítulo 7 desta obra.

empresarial, que se traduz no local onde o empresário se encontra instalado. Mas nem sempre esse elemento será decisivo na organização do fundo de empresa, como nas hipóteses em que o empresário atacadista realiza seu negócio por meio de representantes, sendo aí mais relevante, como aponta Fran Martins[8], a boa qualidade de suas mercadorias, o preço vantajoso de seus produtos e, até mesmo, as condições de pagamento por ele oferecidas. Para outros, seria a clientela. Contudo, como também elucida com precisão o mesmo Fran Martins, a clientela não integra o estabelecimento, mas sim o direito a uma clientela, o que somente se obtém, como testemunha o citado autor, "pela maneira especial de atendê-la, fazendo com que a mesma dê preferência ao comerciante", diga-se, ao empresário. Por isso, conclui que a clientela não pertence ao empresário, estando a ele "ligada apenas pela maneira satisfatória com que foi atendida em suas necessidades".

Na verdade, não há falar em elemento preponderante na composição do fundo de empresa. A organização dos diversos fatores que o compõe é que será decisiva na apuração de seu valor patrimonial. Como registra Eunápio Borges[9], "uma vez adquirida pela organização um certo grau de eficiência, o valor econômico do estabelecimento, como um todo organizado, é superior ao da soma dos elementos em que se desdobrem o capital e o trabalho nele empregados".

Firmada essa visão unitária do estabelecimento, podemos passar a elencar os vários elementos corpóreos e incorpóreos que o constituem.

16.4.1. *ELEMENTOS CORPÓREOS*

Como elementos corpóreos que integram o estabelecimento, temos os bens móveis que o guarnecem, a saber: mobiliários, utensílios, máquinas e equipamentos, bem como as mercadorias e produtos objeto do negócio do empresário.

Muito se discute se os imóveis afetados ao exercício da empresa, de titularidade do empresário, integrariam o estabelecimento. O debate vem profundamente inspirado naquele máxime de os bens imóveis estarem classicamente alijados do âmbito do direito comercial. Os atos relativos a imóveis sempre ficaram na alçada do direito civil, embora, diante do fenômeno da mercantilização desse Direito, já se vinha observando evolução no rígido conceito, como é o caso das sociedades de construção civil, erigidas à condição de sociedades mercantis pela Lei n. 4.068/62.

Rubens Requião[10] posiciona-se contrário à aludida inclusão. Afirma o renomado comercialista: "Somos de opinião que o estabelecimento comercial pertence à categoria

---

[8] Ob. cit., p. 329.
[9] Ob. cit., p. 195.
[10] Ob. cit., 1º vol., p. 250.

dos bens móveis, transcendendo às unidades de coisas que o compõem e são mantidas unidas pela destinação que lhes dá o empresário, formando em decorrência dessa unidade um patrimônio comercial, que deve ser classificado como incorpóreo".

Diversamente se manifesta Fran Martins[11], ao escrever:

> No entanto, quando os imóveis pertencem ao comerciante, para o seu estabelecimento ou para um serviço necessário à empresa comercial – tais como armazéns para depósitos de mercadorias, prédios apropriados para instalações de usinas, etc. – esses imóveis se incorporam ao fundo de comércio e, ao ser vendido o estabelecimento comercial, figuram no mesmo, salvo se de modo diverso for deliberado pelos contratantes. Assume o imóvel o caráter de bem comercial pela sua destinação, do mesmo modo que um móvel de que o comerciante se utiliza para expor os seus produtos se torna também elemento do fundo de comércio, muito embora se distinga da mercadoria, que é adquirida para revender.

Temos que não existe impropriedade na inclusão dos bens imóveis como elementos integrantes do estabelecimento empresarial. Não há na lei qualquer restrição a essa convicção. No campo das sociedades, a questão é de cristalina simplicidade, porquanto o seu fundo de empresa se compõe de todos os bens de sua titularidade. A matéria ganha um contorno mais desafiador no âmbito do empresário individual, visto não ter o Direito brasileiro adotado a teoria do patrimônio separado ou de afetação que resolveria definitivamente a controvérsia. Mas, embora timidamente, testemunhamos uma aproximação ao enunciado daquela doutrina, quando defrontamos com a regra do art. 978 do Código Civil, ao prescrever que "o empresário casado pode, sem necessidade de outorga conjugal, qualquer que seja o regime de bens, alienar os imóveis que integrem o patrimônio da empresa ou gravá-los de ônus real". Não se pode, infelizmente, afirmar a adoção da indigitada teoria pelo direito positivo, porquanto os bens imóveis ou de qualquer espécie que integram o estabelecimento, destinados ao exercício da empresa, não deixam de responder, junto com os particulares do empresário, por todas as suas dívidas, independentemente de terem ou não sido contraídas na execução da atividade profissional. Mas já se pode enxergar evolução no trato da questão ao procurar a lei facilitar a alienação ou oneração do patrimônio imobiliário que integre o estabelecimento. É bem verdade que a redação não foi das mais precisas ao referir-se a "patrimônio da empresa", visto que a empresa não é sujeito de direito, mas sim objeto, na medida em que consiste na atividade econômica organizada realizada pelo empresário. Mas a menção legal deve ser entendida com referência àqueles bens imóveis que se encontram afetados ao exercício da empresa, integrando o estabelecimento, constando de escrituração nos livros do empresário. Diante desse tratamento, não mais se pode ter incerteza ao afirmar que os bens imóveis são elementos do fundo de empresa.

---

[11] Ob. cit., p. 356.

16.4.2. *ELEMENTOS INCORPÓREOS*

Como elementos incorpóreos se destacam várias figuras que merecem, cada uma, análise mais aprofundada, o que se passa a realizar.

16.4.2.1. O PONTO EMPRESARIAL

O ponto empresarial, classicamente denominado ponto comercial (chamado por muitos de propriedade comercial), consiste no lugar, no espaço físico onde o empresário encontra-se situado e para o qual converge sua clientela. Seu sentido decorre da localização do estabelecimento físico, cujo ponto de situação sofre valorização em razão da atuação do empresário. Difere da propriedade imóvel na medida em que nem sempre o empresário é o seu titular. Pode ser o local ocupado, como comumente se tem, através de um contrato de locação. Desse modo, o ponto empresarial se destaca da propriedade imóvel e pertence ao empresário, consistindo, pois, em um elemento incorpóreo do estabelecimento.

Devido a essa condição de bem incorpóreo, a legislação brasileira o protege, garantido, em certas condições, o direito de o empresário obter a renovação compulsória do contrato de locação, restringindo o direito de retomada por parte de seu proprietário.

Essa tutela do ponto, todavia, só se concretiza se verificados os seguintes requisitos: a) o contato a renovar tenha sido celebrado por escrito e com prazo determinado; b) o prazo mínimo do contrato a renovar ou a soma dos prazos ininterruptos dos contratos escritos seja de cinco anos; c) o locatário esteja explorando sua atividade empresarial, no mesmo ramo, pelo prazo mínimo e ininterrupto de três anos (Lei n. 8.245/91, art. 51)[12].

Não chegando locador e locatário, consensualmente, à celebração do pacto de renovação, poderá esse último propor em face do primeiro a competente ação renovatória da locação, observando-se o interregno de um ano, no máximo, até seis meses, no mínimo, antecedentes à data do término do prazo do contrato em vigor, sob pena de operar-se a decadência.

Citado na ação, o locador poderá deduzir como defesa: a) falta do preenchimento das condições legais para a renovação do contrato; b) não atender, a proposta do locatário, ao valor locatício de mercado do imóvel – caso em que se procederá ao arbitramento judicial do valor dos locativos; c) ter proposta de terceiros em melhores condições – situação em que o locatário poderá aceitar as mesmas condições para a renovação; d)

---

[12]   Por força da interpretação que se deve emprestar ao estatuído no § 4º do mesmo artigo, o direito à renovação compulsória da locação deve ser estendido às sociedades simples, desde que regularmente constituídas, visto que elas representam algumas das antigas sociedades civis com fins econômicos ou lucrativos.

não estar obrigado a renovar a locação. Nessa última hipótese, só se admite a retomada: a) para uso próprio do locador; b) para transferência do fundo de empresa existente há mais de um ano, pertencente à sociedade da qual seja detentor da maioria do capital o locador, seu cônjuge, ascendente ou descendente; c) realizar obras no imóvel que importem em sua radical transformação, em razão de determinação do Poder Público; d) para fazer modificação no imóvel, de tal natureza, que aumente o valor do negócio ou da propriedade (Lei n. 8.245/91, arts. 72 e 52).

A garantia de proteção ao ponto empresarial revela-se, outrossim, em dois outros tópicos. Um deles reside na vedação de que o imóvel, uma vez retomado para uso próprio do locador ou da sociedade de que tenham a maioria do capital ele locador, seu cônjuge, ascendente ou descendente, venha a ser destinado ao uso no mesmo ramo do locatário, salvo se a locação também envolvia o fundo de empresa, com as instalações e pertences (ex. arrendamento de um hotel). Igual vedação se verifica, sem a ressalva efetuada, quando o locador apresentar melhor proposta de renovação formulada por terceiro, que não pode, assim, explorar o mesmo ramo do locatário. O outro consiste no direito de o inquilino receber indenização, com vistas ao ressarcimento dos prejuízos e dos lucros cessantes que tiver que arcar com a mudança, perda do lugar e desvalorização do fundo de empresa, se a renovação da locação não se concretizar em razão da proposta de terceiro, ou se o locador, no prazo de três meses da entrega do imóvel, não der o destino alegado na retomada ou não iniciar as obras determinadas pelo Poder Público ou que declarou pretender realizar (Lei n. 8.245/91, §§ 1º e 3º, do art. 52 e § 2º do art. 72).

16.4.2.2. NOME EMPRESARIAL

O nome empresarial se afigura como um bem imaterial do estabelecimento, mas, devido à sua função de elemento de identificação do empresário, iremos estudá-lo com maior minúcia e destaque no Capítulo seguinte, observando, inclusive, o tratamento em separado que lhe foi dispensado pelo Código Civil de 2002.

16.4.2.3. TÍTULO DO ESTABELECIMENTO

O título do estabelecimento identifica o ponto em que se situa o empresário, sendo o elo de atração de sua clientela, na medida em que individualiza a sua loja, o seu estabelecimento físico, para onde devem ser atraídos os consumidores de seus serviços, produtos ou mercadorias, diferenciando-o claramente de seus concorrentes. É o sinal distintivo na fachada da casa onde se exerce o negócio, como os letreiros de uso corrente, podendo ser verificado, ainda, nos papéis de correspondência, cartões, catálogos de produtos etc. Consiste, assim, no rótulo do estabelecimento.

É, muitas vezes, pelo título do seu estabelecimento que o empresário se torna conhecido junto ao público, ganhando notoriedade, razão pela qual desfruta de valor econômico apreciável.

Nos Direitos francês e italiano, não se usa a expressão de título de estabelecimento para designar o local de exercício da atividade do empresário, mas a palavra insígnia. Essa orientação teve forte influência no Direito brasileiro, tanto que Carvalho de Mendonça preferiu esta àquela forma. No entanto, cada componente tem sua característica própria, formando elementos distintos. Consoante o escólio de Requião[13], a insígnia seria "a sigla, emblema ou figura característica usada ao lado do título do estabelecimento".

O título do estabelecimento se manifesta, em regra, por meio de uma expressão de fantasia ("Casa Explanada", "Casa do Alemão", "Company", "Burger King", "Dunkin' Donuts", "Oficina do Chopp", "Café Flore", "Brasserie Lipp", "Galerie Lafayette" etc.), sendo, por diversas vezes, composto por parte do nome empresarial ou pela própria marca, em virtude de deficiência de sua proteção pelo sistema legislativo nacional. Mas nada impede que um empresário possua título de estabelecimento distinto do seu nome empresarial e de suas marcas, posto serem figuras jurídicas diferenciadas. A questão decorre de uma conveniência negocial.

Como se anotou, o nosso direito positivo não se apresenta eficiente na proteção do título do estabelecimento tal qual se mostra em relação à marca e ao nome empresarial. O Decreto-Lei n. 1.005/69 dispunha sobre o assunto, conceituando-o, em seu art. 86, da forma seguinte: "Constituem títulos de estabelecimento as designações deste, acompanhadas ou não de siglas, emblemas ou figuras características". Todavia, o Código de Propriedade Industrial de 1971 (Lei n. 5.772) excluiu de seu âmbito o registro do título de estabelecimento, explicitando que legislação especial deveria cuidar da matéria (art. 119). A Lei n. 9.279/96, que revogou a de 1971, à semelhança do diploma anterior, também não cuidou do seu registro, estando-se até hoje à espera da proclamada lei especial que venha a discipliná-lo.

Porém, em razão do incontestável valor econômico desse elemento incorpóreo do estabelecimento, não se pode, prostradamente, no aguardo de um melhor desenho legislativo, permanecer impávido diante do tema, competindo à doutrina formular soluções que venham a convergir para assegurar sua proteção.

Por isso, tem-se sustentado que, pelos princípios gerais que reprimem a prática do ato ilícito (Código Civil de 2002, art. 186) e a concorrência desleal (Lei n. 9.279/96, arts. 195, V, e 209), não se admite a usurpação do título de estabelecimento de um empresário por outrem.

Entretanto, no caso concreto, pode-se encontrar dificuldade na produção de prova, em eventual conflito entre empresários, para demonstração de quem primeiramente fez

---

[13] Ob. cit., 1º vol., p. 261.

uso do título. Sendo assim, soa-nos plausível a tese esposada por Fran Martins[14], para quem se poderia "admitir que, sob a égide da legislação atual, constando o título de estabelecimento do contrato social, destacado como tal, o arquivamento comprovaria o direito de exclusividade de seu uso, à semelhança do que já está reconhecido para o nome comercial e na falta de norma expressa sobre a matéria". Contudo, deve ficar assentada a visão de que o registro, diferentemente da hipótese do nome e da marca, nesse caso, não seria constitutivo da titularidade do título do estabelecimento, mas serviria como meio de prova para o empresário demonstrar, de forma proficiente, a anterioridade de sua utilização, conferindo maior segurança ao julgador para formar o seu convencimento.

16.4.2.4. PATENTES DE INVENÇÃO E DE MODELO DE UTILIDADE

A Lei n. 9.279/96, ao contrário do que fez em relação ao modelo de utilidade, não traçou o conceito de invenção. Mas a doutrina supre convenientemente a lacuna. Segundo Fran Martins[15], entende-se por invenção "a criação ou concepção de um processo, produto, instrumento ou meio novo que possa ser aplicado à indústria, com a finalidade de melhorá-la". No mesmo sentido flui a definição formulada por Rubens Requião[16]: "[...] inventar é dar aplicação prática ou técnica ao princípio científico, no sentido de criar algo de novo, aplicável no aperfeiçoamento ou na criação industrial".

O Direito preocupa-se em tutelar a invenção, que não se confunde, pois, com a descoberta, a qual, expressamente, vem excluída de qualquer tutela (Lei n. 9.279/96, art. 10, I). A descoberta consiste na explicitação, na exteriorização de uma coisa, até então desconhecida, mas já existente na natureza, ao passo que a invenção implica a criação de algo de novo, de uma coisa ainda inexistente, pressupondo a ação do trabalho humano na produção dessa coisa nova.

O modelo de utilidade já tem seu traço conceitual evidenciado na lei, que o qualifica como "o objeto de uso prático, ou parte deste, suscetível de aplicação industrial, que apresente nova forma ou disposição, envolvendo ato inventivo, que resulte em melhoria funcional no seu uso ou na sua fabricação" (Lei n. 9.279/96, art. 9º). O modelo de utilidade é, assim, dotado de um ato inventivo, e não de atividade inventiva, como ocorre na invenção, verificável sempre que se venha a apresentar uma nova forma conferida a um objeto destinado à utilização prática (utensílios, ferramentas, instrumentos de trabalho etc.), de modo a melhorar o seu uso ou utilidade, dotando-o de maior eficiência ou comodidade em seu manejo ou emprego. Não se trata, pois, de conceber um novo objeto (atividade inventiva), mas sim de conferir uma nova forma àquele já conhecido, atribuindo-lhe nova configuração.

---

[14]   Ob. cit., p. 340.
[15]   Ob. cit., p. 342.
[16]   Ob. cit., 1º vol., p. 265.

Tanto a invenção quanto o modelo de utilidade, por serem patenteáveis, de forma a garantir ao seu autor, herdeiros ou sucessores a sua propriedade, devem atender, além dos requisitos da atividade (invenção) ou ato (modelo de utilidade) inventivo e da aplicação industrial, a outra condição, a qual consiste na novidade. Serão reputados novos quando não compreendidos no estado da técnica, o que consiste em "tudo aquilo tornado acessível ao público antes da data do depósito do pedido de patente, por descrição escrita ou oral, por uso ou qualquer outro meio, no Brasil ou no exterior" (Lei n. 9.279/96, art. 11, *caput* e § 1º).

O art. 10 da Lei n. 9.279/96 elenca um conjunto de criações que não podem ser consideradas invenções nem modelos de utilidade, a saber: a) descobertas, teorias científicas e métodos matemáticos; b) concepções puramente abstratas; c) esquemas, planos, princípios ou métodos comerciais, contábeis, financeiros, educativos, publicitários, de sorteio e de fiscalização; d) as obras literárias, arquitetônicas, artísticas e científicas ou qualquer criação estética; e) programas de computador em si; f) apresentação de informações; g) regras de jogo; h) técnicas e métodos operatórios ou cirúrgicos, bem como métodos terapêuticos ou de diagnóstico, para aplicação no corpo humano ou animal; i) o todo ou parte de seres vivos naturais ou materiais biológicos encontrados na natureza, ou ainda que dela isolados, inclusive o genoma ou germoplasma de qualquer ser vivo natural e os processos biológicos naturais.

O art. 18 da mesma Lei enumera as invenções e modelos de utilidade que não podem ser patenteáveis, quais sejam: a) o que for contrário à moral, aos bons costumes e à segurança, à ordem e à saúde públicas; b) as substâncias, matérias, misturas, elementos ou produtos de qualquer espécie, bem como a modificação de suas propriedades físico-químicas e os respectivos processos de obtenção ou modificação, quando resultantes de transformação do núcleo atômico; c) o todo ou parte dos seres vivos, exceto os microrganismos transgênicos que atendam aos três requisitos de patenteabilidade – novidade, atividade inventiva e aplicação industrial – e que não sejam mera descoberta. Por microrganismos transgênicos entendem-se todos os organismos, exceto o todo ou parte de plantas ou de animais, que expressem, mediante intervenção humana direta em sua composição genética, uma característica normalmente não alcançável pela espécie em condições naturais.

O pedido de patente deverá ser formulado perante o Instituto Nacional da Propriedade Industrial (INPI), e, uma vez concedido, vigorará pelo prazo de vinte anos, em se tratando de patente de invenção, ou de quinze anos, no caso da patente de modelo de utilidade, contado o prazo, em qualquer caso, da data do depósito do respectivo pedido (Lei n. 9.279/96, art. 40).

Durante a vigência, o seu titular tem a propriedade e o uso exclusivo da invenção ou do modelo de utilidade, que se constituem como um bem patrimonial, considerados, entretanto, para efeitos legais, bens móveis, como, aliás, o são todos os direitos decorrentes da propriedade industrial. Podem, pois, ser objeto de cessão, por ato *inter vivos* ou *causa mortis*, total ou parcialmente, e a título oneroso ou gratuito, negócio esse que também pode ser verificado em relação ao pedido de patente (antes da efetiva concessão). Permite-se, outrossim, ao titular da patente, ou mesmo ao depositante do seu pedido, celebrar contrato de licença para exploração, que deverá ser averbado no INPI, tal qual se impõe em relação à cessão, cujos instrumentos deverão ser anotados pelo Instituto, para que possam produzir efeitos perante terceiros, o que efetivamente ocorrerá a partir das respectivas publicações (Lei n. 9.279/96, arts. 5º, 58, 60, 61 e 62).

A patente, uma vez obtida, confere ao seu titular o direito de impedir que terceiros, sem o seu consentimento, produzam, façam uso, coloquem à venda, vendam, ou importem com tais propósitos, o produto objeto da patente ou o processo ou produto obtido diretamente por processo patenteado (Lei n. 9.279/96, art. 42).

Cessam os direitos de propriedade e de uso exclusivo da patente verificada a sua extinção, o que ocorre, nos termos do art. 78 da Lei n. 9.276/96, nas seguintes situações: a) expiração do prazo de vigência; b) renúncia de seu titular; c) caducidade (art. 80); d) falta de pagamento da retribuição anual a que está obrigado o seu titular (arts. 84 e 87); e) ausência de procurador no País da pessoa domiciliada no exterior, devidamente habilitado para representá-la administrativa e judicialmente, com poderes, inclusive, para receber citação. A renúncia, todavia, só será admitida se não prejudicar direitos de terceiros. Uma vez extinta a patente, o seu objeto cai em domínio público.

16.4.2.5. DESENHOS INDUSTRIAIS

A legislação atual sobre propriedade industrial, abdicando de distinguir desenho industrial de modelo industrial, adotou, à semelhança do que fizera a Convenção da União de Paris desde seu primitivo texto, datado de 1883, uma fusão conceitual das prefaladas figuras, reunindo-as sob a designação desenho industrial. Desse modo, tem-se como desenho industrial "a forma plástica ornamental de um objeto ou o conjunto ornamental de linhas e cores que possa ser aplicada a um produto, proporcionando resultado visual novo e original na sua configuração externa e que possa servir de tipo de fabricação industrial" (Lei n. 9.279/96, art. 95).

A propriedade sobre desenho industrial se adquire pelo registro perante o INPI. Contudo, devem estar presentes os requisitos da novidade e originalidade. Novo é o desenho industrial quando não compreendido no estado da técnica, o que se constitui por tudo aquilo tornado acessível ao público anteriormente à data de depósito do pedido de registro no Brasil ou no estrangeiro. Original é aquele do qual resulte uma configuração visual distintiva, em relação a objetos anteriores, podendo essa feição distintiva decorrer da combinação de elementos conhecidos (Lei n. 9.279/96, arts. 96 e 97).

Não pode ser registrado como desenho industrial, nos termos do art. 100 da Lei n. 9.279/96, o que for contrário à moral e aos bons costumes, ou que ofenda a honra ou imagem de pessoas, ou, ainda, que atente contra a liberdade de consciência, crença, culto religioso, ideia e sentimentos dignos de respeito e veneração. Inclui-se, igualmente, na vedação, a forma necessária comum ou vulgar do objeto ou, ainda, aquela determinada essencialmente por considerações técnicas ou funcionais. Não se pode olvidar que art. 98 do mesmo diploma legal desconsidera, como desenho industrial, a obra de caráter puramente artístico.

Ao titular do registro é assegurado o direito de cessão, assim como o de celebrar contrato de licença para exploração, tal qual se viu no âmbito das patentes de invenção e de modelo de utilidade, aplicando-se as regras dos arts. 58 a 63 da Lei n. 9.279/96.

O prazo de vigência do registro é de dez anos contados da data do depósito, prorrogável por três períodos sucessivos de cinco anos cada, extinguindo-se, portanto, ante a expiração do prazo final. Podem, por outro lado, ser causa de sua extinção: a renúncia manifestada por seu titular, desde que ressalvado o direito de terceiros, a ausência do pagamento da retribuição devida ou a ausência de procurador no Brasil, quando domiciliado no exterior o seu titular (Lei n. 9.279/96, arts. 108 e 119).

16.4.2.6. MARCAS

As marcas consistem em sinais distintivos destinados a apresentar e identificar, de forma direta ou indireta, produtos e serviços oferecidos no mercado.

A identificação direta se relaciona especificamente a um serviço ou produto determinado. Dessa feita, temos as denominadas marcas de serviço ou de produto, como aquelas usadas para distinguir serviço ou produto de outro idêntico, semelhante ou afim, mas de origem diversa (Lei n. 9.279/96, art. 123, I).

A identificação indireta se manifesta por meio de duas outras espécies ou categorias de marcas, nominadas marca de certificação e marca coletiva. A primeira é empregada para atestar a conformidade de um produto ou serviço com determinadas normas ou especificações técnicas, notadamente no que pertine à sua qualidade, natureza, material utilizado e metodologia empregada; a segunda é utilizada para a identificação de produtos ou serviços provindos de membros de uma determinada entidade (Lei n. 9.279/96, art. 123, II e III).

Essas categorias de identificação indireta apareceram no direito positivo nacional a partir do advento da nova Lei de Propriedade Industrial, o que tem sido testemunhado pelos estudiosos do direito marcário como uma grande conquista.

Quanto à marca de certificação, escreve José Carlos Tinoco Soares[17] ser ela nada mais que a

---

[17]   *Lei das patentes, marcas e direitos conexos*, 1997, p. 181.

consagrada pelo esmero de fabricação dos produtos ou pela excelência dos serviços prestados pelos membros de uma união ou outro tipo de organização. De uma forma geral, a marca de certificação visa a garantia, uma vez que atesta ou certifica a origem, o material, o modo de fabricação ou prestação de serviços e a qualidade. Essa mesma garantia é, por conseguinte, enfatizada e salientada pelo adquirente dos produtos, que os considera de excelente qualidade, ou da prestação dos serviços, que julgar ser a melhor.

O mesmo autor, abordando marca coletiva[18], assevera ser ela a marca de "toda uma comunidade, de um agrupamento de pessoas jurídicas de natureza privada ou pública, destinada a assinalar e distinguir os produtos e/ou as mercadorias oriundas de uma cidade, região ou país, como se fora o selo de garantia, autenticidade, excelência e qualidade", e arremata, explicitando que

> a marca coletiva, embora pertença a toda a comunidade, em realidade, visa os interesses dos produtores ou industriais que não obstante a utilizem, de per si, tem no conjunto a sua chancela de genuinidade. A titular desses direitos e na salvaguarda daqueles outros, dos seus integrantes, detém para si não só o controle de qualidade, como também da defesa contra os possíveis infratores.

São suscetíveis de registro como marca os sinais distintivos visualmente perceptíveis, tais como palavras, denominações, monogramas, emblemas, símbolos, figuras ou qualquer outro sinal gráfico ou figurativo, desde que não estejam compreendidos na extensa listagem de vedações apresentada pelo art. 124 da Lei n. 9.279/96, tais como: brasão, armas e bandeiras; letra, algarismo e data, isoladamente, salvo quando revestidas de suficiente forma distintiva; cores e suas denominações, salvo se dispostas ou combinadas de modo peculiar e distintivo; indicação geográfica, ou sua imitação suscetível de causar confusão ou sinal que possa falsamente induzir indicação geográfica; nome, prêmio ou símbolo de evento esportivo, artístico, cultural social, político, econômico ou técnico; nome civil ou sua assinatura, nome de família ou patronímico e imagem de terceiros, salvo com consentimento do titular, herdeiros ou sucessores; pseudônimo ou apelido notoriamente conhecidos, nome artístico singular ou coletivo, salvo com o consentimento das pessoas antes referidas; obra literária, artística ou científica etc.

As marcas que adotam sinais ou palavras são denominadas verbais ou nominativas. Quando apenas contêm figuras ou emblemas são chamadas de emblemáticas ou figurativas. Mistas são aquelas que englobam palavras e figuras.

A lei protege a propriedade e o uso exclusivo da marca. Para que se possa desfrutar dessa tutela legal, o interessado deverá promover o seu registro no INPI. Uma vez registrada, fica assegurada ao seu titular a utilização, com exclusividade, em todo o território nacional (Lei n. 9.279/96, art. 129).

---

[18] Ob. cit., p. 182.

A proteção à marca tem amparo em dois interesses a serem juridicamente resguardados: o direito à clientela que se estabelece em favor empresário, coibindo-se, portanto, a concorrência desleal e, modernamente, os interesses dos consumidores dos produtos ou serviços.

Identificam-se, historicamente, tanto no Direito brasileiro quanto no Direito estrangeiro, dois sistemas relativos ao registro da marca: o declarativo e o constitutivo. O primeiro foi adotado pelo Código de Propriedade Industrial de 1969, no qual o registro apenas declarava a propriedade da marca, porquanto já existente precedentemente ao ato de registro, decorrente do uso efetivo por aquele que primeiro a adotasse (regime da ocupação ou da utilização prolongada). O segundo, também conhecido como atributivo, incorporado pelo Código de Propriedade Industrial de 1971 e mantido pela atual legislação, traduz que a propriedade se adquire pelos registros validamente expedidos, sendo titular do direito aquele que primeiro a registrar.

O Superior Tribunal de Justiça[19] referenda a alteração de sistemas operada pela legislação brasileira, como pode ser constatado no julgamento do Recurso Especial n. 52.106/SP, por sua 4ª Turma, que, à unanimidade de votos, declarou:

> Pelo sistema adotado pela legislação brasileira, afastou-se o prevalecimento do regime da "ocupação" ou da "utilização prolongada" como meio aquisitivo de propriedade da marca. O registro no INPI é quem confere eficácia *erga omnes*, atribuindo àquele que o promoveu a propriedade e o uso exclusivo da marca.

O registro da marca pode ser requerido por pessoas físicas ou jurídicas de direito público ou privado. As pessoas de direito privado, naturais ou morais, só podem requerer o registro de marca que tenha relação com a atividade que exerçam efetiva e licitamente. O da marca coletiva fica afeto à pessoa jurídica representativa de coletividade – como as cooperativas, associações, entidades de classe, dentre outras –, a qual, entretanto, poderá exercer atividade diversa da de seus membros, e o da marca de certificação pode ser postulado por pessoa sem interesse comercial ou industrial direto no produto ou serviço atestado (Lei n. 9.279/96, art. 128).

A proteção que se confere à marca, decorrente do registro, é restrita à classe ou às classes de serviços ou produtos nas quais é registrada. O INPI promove uma classificação dos serviços e produtos, a fim de definir o âmbito da tutela a ser concedida. Vigora, assim, o princípio da especificidade, que se traduz, justamente, na proteção limitada à classe ou classes de produtos ou serviços em que a marca se encontra registrada.

A exceção a este princípio se estabelece em relação à marca registrada no Brasil considerada de alto renome, à qual será assegurada proteção especial em todos os ramos

---

[19] *RSTJ* 129/306, maio de 2000.

de atividade (Lei n. 9.279/96, art. 125). Nesse caso, o seu titular poderá impedir sua utilização por qualquer outro empresário, mesmo que dedicado à atividade diversa da sua, porquanto a proteção não se limita a uma ou mais classes, mas se espraia a todos os ramos de atividade[20]. São exemplos de marca de alto renome no Brasil a Coca-Cola, a Kodak e a Xerox.

Não se confunde a marca de alto renome com a marca notoriamente conhecida, regulada no art. 126 da Lei n. 9.279/96, que assim se expressa: "A marca notoriamente conhecida em seu ramo de atividade nos termos do art. 6º bis (I), da Convenção da União de Paris para a proteção da Propriedade Industrial, goza de proteção especial, independentemente de estar previamente depositada ou registrada no Brasil".

Nos termos do aludido preceito da Convenção, tem-se que os países signatários devem recusar ou invalidar marca que

> constitua reprodução, imitação ou tradução, suscetível de estabelecer confusão, de uma marca que a autoridade competente no País do registro ou do uso considere que nele é notoriamente conhecida como sendo já marca de uma pessoa amparada pela presente Convenção, e utilizada para produtos idênticos ou similares.

Da dicção legal emerge que a proteção da marca notoriamente conhecida não reclama registro no Brasil. O INPI poderá, assim, indeferir de ofício o registro de uma marca que reproduza ou imite, no todo ou em parte, marca notoriamente conhecida. Isso porque o que é notório já é de conhecimento geral, ficando, pois, amparado, sem necessidade de qualquer outra formalidade. Mas a proteção se restringe ao ramo de atividade, não obstante gozar de proteção especial.

---

[20] O INPI, em um primeiro momento, fez editar a Resolução n. 110, de 27 de janeiro de 2004, disciplinando o procedimento administrativo para obtenção da proteção especial conferida pelo art. 125 da Lei n. 9.279/96 às marcas de alto renome. Assim é que dita proteção deveria ser requerida ao INPI, pela via incidental, como matéria de defesa, quando da oposição a pedido de registro de marca de terceiro ou do processo administrativo de nulidade de registro de marca de terceiro, em tramitação, o qual, previamente ao exame da oposição ou do processo administrativo de nulidade, apreciaria e decidiria quanto à condição de alto renome da marca. Reconhecido o alto renome da marca, o INPI acolheria a oposição ou o processo administrativo de nulidade e decidiria pelo indeferimento do pedido de registro ou pela nulidade do registro; não reconhecido o alto renome da marca, rejeitaria a oposição ou o processo administrativo de nulidade e decidiria pelo deferimento do pedido de registro ou pela manutenção do registro. Ulteriormente, ao editar a Resolução n. 107, de 19 de agosto de 2013, simplificou o procedimento. Basta, então, o titular de marca registrada no País requerer ao INPI o reconhecimento dessa condição de alto renome, por meio de petição específica, instruída com as respectivas provas. A sua comprovação vincula-se a três requisitos: a) reconhecimento da marca por ampla parcela do público em geral; b) qualidade, reputação e prestígio associado, pelo público, à marca e aos produtos ou serviços por ela assinalados; e c) grau de distintividade e exclusividade do sinal marcário.

ESTABELECIMENTO EMPRESARIAL

Tem-se testemunhado interessante fenômeno em relação a algumas marcas notoriamente conhecidas. Pela sua generalização, em muitos casos, acabam por perder o valor. São os casos, por exemplo, das marcas *Aspirina e Gillete*, em que os consumidores acabam por identificar o gênero do produto pela marca titularizada por um de seus fabricantes. Perdem a função de identificar o produto ou serviço de seu titular, e acabam, pois, a se referir ao gênero do produto ou serviço, incluindo outros produtos ou serviços concorrentes.

A banalização ou generalização da marca deve ser uma preocupação constante do empresário, seu titular. Por isso, dentre o rol de direitos derivados do registro ou, ainda, do simples depósito, encontra-se o de zelar pela sua integridade material ou reputação, podendo o seu titular, dentre outras medidas convergentes para esse fim, impedir a citação da marca em publicações, impressos ou propagandas que tenham conotação comercial (Lei n. 9.279/96, arts. 131 e 132, IV).

Verifica-se que, apesar de haver pontos de identidade entre a marca de alto renome e a marca notoriamente conhecida, ambas se constituem figuras conceitualmente independentes. Mas, dada essa similaridade, há quem afirme[21] ser a marca de alto renome, na verdade, a marca notoriamente conhecida que detém, pelo registro, proteção em todo e qualquer ramo de atividade.

O registro da marca, bem como o seu simples pedido, podem ser objeto de cessão pelo seu titular ou pelo depositante, conforme o caso. A cessão, entretanto, deverá compreender todos os registros ou pedidos em nome do cedente, de marcas iguais ou semelhantes, relativas a produtos ou serviços idênticos, semelhantes ou afins, sob pena de cancelamento dos registros ou arquivamento dos pedidos de registro não cedidos. Deverá o ato ser anotado no INPI e, para produzir efeitos em relação a terceiros, deverá ser publicado (Lei n. 9.279/96, arts. 130, I, 134, 135, 136, I e 137).

Ao titular do registro ou ao depositante de pedido de registro é facultado, igualmente, celebrar contrato de licença para uso da marca, sem prejuízo, porém, de seu direito de exercer controle efetivo e direto sobre as especificações, natureza e qualidade dos respectivos produtos ou serviços. O contrato de licença deverá ser averbado no INPI para ser eficaz em relação a terceiros, o que efetivamente ocorrerá a partir do ato de sua publicação (Lei n. 9.279/96, arts. 130, II, 139 e 140).

Por fim, o registro da marca – e, consequentemente, os direitos dela decorrentes – restará extinto nas seguintes circunstâncias: a) expiração de seu prazo de vigência; b) renúncia de seu titular em relação aos produtos ou serviços assinalados pela marca, o

---

[21] José Carlos Tinoco Soares, ob. cit., p. 204.

que pode se verificar de forma total ou parcial; c) caducidade; d) inexistência de representante no País, se o seu titular for domiciliado no exterior (Lei n. 9.279/96, art. 142).

O registro marcário vigorará pelo prazo de dez anos, computado da data de sua concessão, prorrogável por iguais e sucessivos períodos (Lei n. 9.279/96, art. 133), do que resulta que o seu titular poderá preservar o seu registro até quando lhe convier. Para obter a prorrogação, deverá o interessado requerê-la durante o último ano de vigência do registro, pagando a competente retribuição. Como derradeira oportunidade, permite-se, caso o pedido de prorrogação não tenha sido formulado naquele interregno, que o titular o faça dentro de seis meses subsequentes à expiração do termo final de sua vigência, mediante pagamento de retribuição adicional.

A caducidade ocorre, por seu turno, nas hipóteses de o titular do registro não iniciar a utilização da marca no Brasil no prazo de cinco anos de sua concessão, ou quando, embora iniciado, o uso tiver sido interrompido por mais de cinco anos consecutivos, ou, ainda, se, no mesmo prazo, a marca tiver sido utilizada com modificação que implique alteração de seu caráter distintivo original, salvo se justificado o desuso por razões legítimas apresentadas pelo seu titular. Qualquer pessoa interessada poderá requerer a caducidade do registro, devendo ser intimado o titular para se manifestar e provar o uso da marca ou justificar o seu desuso (Lei n. 9.279/96, art. 143).

16.4.2.7. AVIAMENTO

O estabelecimento empresarial, como por nós estudado, é formado por diversos elementos, cada qual com individualidade própria, organizados pela vontade do empresário, que imprime, na organização desses fatores, a sua ciência e criatividade. O grau de eficiência que resulta dessa organização capacita o estabelecimento a produzir lucros, o que é o fim almejado pelo empresário, na conjugação do capital, da tecnologia e do trabalho. Nesse fator se traduz o aviamento.

Por tal razão, Carvalho de Mendonça[22] o qualificou como a "aptidão ou disposição do estabelecimento comercial ao fim a que se destina", sendo, destarte, prossegue o citado comercialista, "o índice da prosperidade e da potência do estabelecimento comercial ao qual se acha visceralmente unido", para concluir que "a transferência do aviamento supõe a do estabelecimento e a aquisição do aviamento é indispensável para conferir ao adquirente do estabelecimento o título de continuador ou sucessor".

Portanto, o aviamento não é propriamente um elemento do estabelecimento empresarial que se possa isoladamente considerar como os demais que o integram, mas sim um atributo, que detém, entretanto, um valor econômico destacado.

---

[22]   Ob. cit., vol. V, tomo I, p. 21-22.

Giuseppe Valeri apresenta fórmula matemática, repetida pela doutrina nacional, entre os quais Eunápio Borges[23] e Requião[24], que bem traduz e sintetiza que o valor do aviamento é o *plus*, o algo mais que se identifica a partir do somatório dos valores isolados do estabelecimento, na composição de seu preço final. Assim, se os elementos que o compõem têm singularmente os valores a + b + c + d..., o valor do estabelecimento será o somatório das parcelas acrescido do valor do aviamento, isto é, a + b + c + d... + x, sendo, portanto, x o valor do aviamento.

À vista desses princípios, podemos conceituar o aviamento como a qualidade, o atributo do estabelecimento, traduzido na sua capacidade de gerar lucros, derivado da proficiência de sua organização na conjugação dos diversos fatores que o integram.

Determinados ingredientes que, pouco a pouco, vão se formando concorrem para a constituição do aviamento. Com inspiração na lição de Carvalho de Mendonça[25], podemos apresentá-los da forma seguinte: a) aparelhamento; b) clientela ou freguesia; c) solidez do crédito; d) reputação do empresário.

O aparelhamento se perfaz pelo complexo de trabalho, capital e tecnologia empregado pelo empresário para colocá-lo na posição de manter, com bom êxito, o exercício da atividade econômica empresarial.

A clientela consiste no conjunto de pessoas que habitualmente se dirigem ao estabelecimento físico do empresário para realizar negócios, adquirindo bens ou serviços por ele produzidos ou negociados.

Muitos consideram a expressão "clientela" como sinônimo de "freguesia", aplicando-as indistintamente. Contudo, existe sensível diferença entre elas[26].

A clientela se traduz pelo elemento subjetivo da ação do empresário que se esforça com o emprego de técnicas para conquistá-la. O conjunto dessas qualidades subjetivas do titular do estabelecimento é que atrai o grupamento de pessoas que, de forma costumeira, realizam as aquisições de produtos ou serviços de que necessitam na casa comercial, criando-se uma certa fidelidade.

A freguesia já possui um conceito desprendido da qualificação subjetiva do empresário, sendo seu ponto catalisador, de ligação do grupamento de pessoas ao estabelecimento, fatores outros de natureza objetiva, como a localização do estabelecimento. É o que os franceses chamam de "*achalandage*", que consiste na clientela transeunte ou

---

[23] Ob. cit., p. 196.

[24] Ob. cit., 1º vol., p. 306.

[25] Ob. cit., vol. V, tomo I, p. 22-23.

[26] *Vide* profundo estudo realizado por Oscar Barreto Filho, *Teoria do estabelecimento comercial*, 1969, Max Limonad Editora.

passageira, como se constata com o conjunto de pessoas que adquire produtos ou serviços em lojas de aeroportos, estações ferroviárias ou rodoviárias.

A solidez do crédito e a reputação do empresário se revelam pelo bom nome de que desfruta na praça de sua atuação, em que facilmente consegue obter financiamento e boas condições de pagamento para aquisição de bens ou matérias-primas (higidez do crédito) e na qual se notabiliza pela boa qualidade de suas mercadorias ou serviços, pela perfeição técnica de seus produtos ou serviços, pelo preço competitivo aliado a essa qualidade, o bom atendimento etc.

16.5. NEGOCIABILIDADE

O estabelecimento empresarial, como já foi aqui falado, pode ser objeto unitário de direitos e de negócios jurídicos, translativos ou constitutivos, desde que compatíveis com a sua natureza.

Portanto, pode ser objeto de alienação, usufruto ou arrendamento, por exemplo. Exige o Código Civil de 2002 que o respectivo instrumento seja averbado à margem do registro do empresário individual ou da sociedade empresária e que seja publicado na imprensa oficial, para que produza seus efeitos perante terceiros. Portanto, a lei vem a reclamar o instrumento escrito para a eficácia perante terceiros desses negócios jurídicos.

16.5.1. *ALIENAÇÃO OU TRANSFERÊNCIA DO ESTABELECIMENTO*

O empresário, na condição de proprietário do fundo de empresa, pode aliená-lo ou transferi-lo.

Entretanto, por funcionar como garantia de seus credores, o ato de transmissão deverá observar determinadas condições. Para a sua eficácia se exige que o transmitente fique com bens livres e desembaraçados suficientes ao pagamento de seus credores existentes à época do traspasse. Do contrário, a eficácia dependerá do pagamento de todos esses credores, ou do consentimento, expresso ou tácito, destes. Por consentimento tácito, compreende-se aquele resultante do silêncio dos mencionados credores após o transcurso de trinta dias, contados de suas respectivas notificações, que se podem perfazer por via judicial ou extrajudicial.

A desobediência a esse procedimento caracteriza ato de falência, podendo os credores, presumindo a insolvência do devedor, requerê-la, com apoio do art. 94, III, *c*, da Lei n. 11.101/2005.

Decretada a falência do empresário ou da sociedade empresária, a declaração de ineficácia da alienação ou transferência poderá ser obtida por meio da ação revocatória ou, ainda, incidentalmente nos autos do processo de falência (art. 129, inciso VI e parágrafo único, da Lei n. 11.101/2005), tenha ou não o contratante conhecimento do estado econômico do devedor, seja ou não a intenção deste fraudar credores, retornando, assim, os bens para a massa falida, mediante a arrecadação do estabelecimento pelo administrador judicial, a fim de que produzam recursos tendentes ao pagamento dos credores do devedor falido.

Sendo o traspasse realizado eficazmente, o adquirente responde pelos débitos anteriores ao ato, desde que regularmente contabilizados nos livros do empresário transmitente. Este, entretanto, continuará solidariamente obrigado pelo pagamento durante o prazo de um ano, contado, para os créditos vencidos, da publicação na imprensa oficial da transferência, e, para dos vincendos, da data dos respectivos vencimentos.

Não constando do instrumento de transmissão ressalva a respeito, o negócio implicará a sub-rogação do adquirente nos contratos celebrados para a exploração do estabelecimento, salvo naqueles de caráter pessoal. Poderão os terceiros rescindir o contrato em noventa dias, contados da publicação do respectivo ato no órgão oficial, caso demonstrem causa justa, ressalvada, aí, a responsabilidade do alienante.

A cessão dos créditos referentes ao estabelecimento traspassado produzirá efeitos em relação aos respectivos devedores, a partir do momento em que ocorra a publicação da transmissão. O devedor, todavia, ficará efetivamente exonerado se de boa-fé pagar ao cedente.

16.5.2. CONCORRÊNCIA

Na transmissão de direitos sobre o estabelecimento, um ponto que vem desafiando a argúcia dos juristas é o da possibilidade de o cedente ou de o arrendador, por exemplo, fazerem concorrência ao adquirente ou ao arrendatário.

Sempre nos mostramos simpatizantes da tese segundo a qual a alienação e o arrendamento do estabelecimento trazem implícita a cláusula de não concorrência. Não podem, assim, o alienante ou o arrendador fazer concorrência com o adquirente ou com o arrendatário. Com efeito, o empresário, cedendo o estabelecimento em atividade, deve garantir, como sustentava Carvalho de Mendonça[27], a probabilidade de conservar o cessionário o negócio, a situação ou posição que adquiriu, traduzido na clientela possível e não real, uma vez que não garante o futuro das relações jurídicas entre seus clientes e o cessionário, mas sim "o gozo pacífico de seu sucessor, cumprindo-lhe evitar a prática de qualquer ato pessoal que possa desviar ou sequer enfraquecer ou turbar aquelas relações".

---

[27] Ob. cit., vol. V, tomo I, p. 23.

No entanto, essa obrigação de não fazer concorrência, ou seja, de não se estabelecer novamente com o mesmo ramo do negócio cedido, para ter validade, deve estar limitada ao menos no tempo, senão também no espaço e no objeto. Portanto, à míngua de disciplina legal específica, a ideia da cláusula de não concorrência como implícita ao negócio jurídico de cessão do estabelecimento não vingou na nossa jurisprudência. Se fazia ela dependente de cláusula contratual expressa.

Sobre o tema se tem o famoso *"leading case"*, cujos advogados das partes litigantes foram, nada mais nada menos, que Carvalho de Mendonça e Rui Barbosa, onde o assunto foi profundamente debatido. O primeiro sustentava que o alienante do estabelecimento estava obrigado, ainda que implicitamente, a garantir a transferência da clientela na venda do fundo de empresa, à época chamado de fundo de comércio, não podendo fazer-lhe concorrência, tese que, após sair derrotada na instância inferior, acabou por prevalecer no Supremo Tribunal Federal, em grau recursal. Todavia, nos embargos opostos ao aresto, já elaborados por Rui Barbosa, a orientação foi modificada pelo *Pretório Excelso*, que sufragou o entendimento de que "a renúncia do direito ao exercício de determinado ramo de comércio ou indústria não se presume. Ela deve ser expressa, ou pelo menos resultar de modo inequívoco dos termos do contrato para que na solução dos conflitos não prevaleça contra o princípio soberano da livre concorrência".

O Código Civil de 2002, adotando orientação, a nosso ver, mais adequada, acaba por albergar a visão da cláusula implícita, traduzida no dever de abstenção por parte do cedente de concorrer com o cessionário, prescrevendo em seu art. 1.147 que, "não havendo autorização expressa, o alienante do estabelecimento não pode fazer concorrência ao adquirente, nos cinco anos subsequentes à transferência". Nos casos de arrendamento ou usufruto do estabelecimento, dita proibição se estende durante o período de vigência do contrato.

A limitação se impõe, pelo prazo previsto, sempre que houver perigo de concorrência, ou, em outras palavras, sempre que potencialmente a concorrência puder se realizar. Não havendo, a restrição não se justifica. Desse modo, se o alienante vem a se estabelecer no mesmo ramo, como por exemplo de panificação, mas em praça distinta, de forma a não ser possível identificar ato concorrencial, não haverá óbice à iniciativa, ainda que dentro dos cinco anos de ressalva legal.

CAPÍTULO 17

NOME EMPRESARIAL

17.1. CONCEITO

O nome empresarial é o elemento de identificação do empresário. É sob ele que o empresário exerce sua empresa, obrigando-se nos atos a ela pertinentes e usufruindo dos direitos a que faz jus. Funciona como o elo de identificação do titular da empresa perante a comunidade onde exerce sua atividade econômica. Por isso, todo empresário, pessoa física ou jurídica, demanda de um nome para exercer sua atividade profissional.

17.2. ESPÉCIES

O nome empresarial pode ser de duas espécies: firma – individual ou coletiva – e denominação.

O empresário individual adotará sempre como nome uma firma individual, que deverá ser constituída por seu nome civil, empregado de forma completa ou abreviada[1], o qual constituirá o seu núcleo. Faculta-se-lhe, ainda, aditar designação mais precisa sobre sua pessoa ou sobre o gênero de atividade que exerce (exemplo: João Pereira Relojoeiro). A firma servirá não só como nome, mas também como assinatura do empresário, podendo ser substituída pela assinatura com certificação digital ou meio equivalente que comprove a sua autenticidade[2] (Código Civil de 2002, arts. 968, II, e 1.156).

---

[1] Por indicarem ordem ou relação de parentesco, não se admite a abreviação das expressões *Filho, Júnior, Neto* ou *Sobrinho*, por exemplo.

[2] Fica ressalvado o disposto no inciso I do § 1º do art. 4º da Lei Complementar n. 123/2006, que institui o Estatuto Nacional da Microempresa e da Empresa de Pequeno Porte, para prever que o processo de abertura, registro, alteração e baixa da microempresa e empresa de pequeno porte, bem como qualquer exigência para o início de seu funcionamento, deverão ter trâmite especial e simplificado, preferencialmente eletrônico, opcional para o empreendedor. Para esse fim, poderão ser dispensados o uso da firma, com a respectiva assinatura autógrafa, o capital, requerimentos, demais assinaturas, informações relativas ao estado civil e regime de bens, bem como remessa de documentos,

As sociedades empresárias poderão operar sob firma coletiva – também conhecida como firma social ou razão social – ou denominação. A utilização de razão social, tal qual se verifica em relação ao empresário individual, representa o nome sob o qual a pessoa jurídica exerce sua empresa e assina-se nos atos a ela referentes. No ato constitutivo respectivo, deverá haver cláusula ou campo específico, a fim de se demonstrar como aqueles que têm poderes de representação assinarão a firma social. A atuação sob denominação, que consiste tão somente no nome da sociedade empresária, vem exigir, para que ela se obrigue ou exerça seus direitos, que o seu representante legal assine sobre a denominação social o seu nome civil.

A adoção de firma social ou denominação pela sociedade é definida, como regra, em função do tipo de responsabilidade dos sócios. Nas sociedades em que figuram sócios ou sócio com responsabilidade ilimitada, respondendo, assim, pessoal e subsidiariamente com todas as forças de seu patrimônio particular pelas dívidas sociais, o nome empresarial adequado é a firma ou razão social; se todos os sócios limitarem suas responsabilidades no contexto societário, o nome empresarial deverá ser denominação.

A lógica da regra geral, acima explicitada, consiste no fato de que o nome empresarial deva dar conhecimento a terceiros que se relacionam com a sociedade, do grau de responsabilidade dos sócios.

Portanto, a sociedade em que houver sócio de responsabilidade ilimitada operará sob firma na qual deverá figurar o nome do sócio ou os nomes dos sócios[3] com este tipo de responsabilidade, bastando para a sua formação a adição ao nome de um desses sócios da expressão "e companhia" ou sua abreviatura[4], caso não possa a razão social ser formada pelo nome de todos os sócios.

As sociedades em nome coletivo e comandita simples deverão se identificar por firma. Na primeira, poderão todos os sócios emprestar seus nomes para sua constituição; na segunda, somente os sócios comanditados poderão integrá-la, aditando-se necessariamente a expressão "e companhia" por extenso ou de forma abreviada. Se na sociedade em nome coletivo não se utilizar o nome de todos os seus integrantes na formação

---

na forma estabelecida pelo Comitê para Gestão da Rede Nacional para Simplificação do Registro e da Legalização de Empresas e Negócios (CGSIM). No caso do microempreendedor individual (art. 18-A da Lei Complementar n. 123/2006), também se observa semelhante sistemática, adicionando-se, ainda, a dispensa de informação relativa à nacionalidade (§§ 4º e 5º do art. 968 do Código Civil).

[3] Os nomes dos sócios poderão figurar de forma completa ou abreviada, admitida a supressão de prenomes.

[4] O aditivo "e companhia" ou "& Cia." poderá ser substituído por expressão equivalente, tal como "e filhos" ou "e irmãos".

da razão social, esta também deverá ser seguida da mesma expressão. De logo se percebe que, quando a firma for dela seguida, somente se saberá o tipo da sociedade com a consulta do contrato social. É o caso da firma J. Carvalho e Cia. Para saber se se trata de sociedade em comandita simples ou em nome coletivo, dever-se-á necessariamente recorrer ao contrato social, uma vez que nesses tipos societários não se contempla a aposição de seu elemento indicativo no nome empresarial. A única certeza que os terceiros terão ao lerem a firma social é a de que o sócio J. Carvalho responde ilimitadamente. Para aferir que sócio ou quais sócios encontram-se acobertados pela expressão "e Cia", bem como o tipo de sociedade, deverão obter a certidão do ato constitutivo na Junta Comercial.

Tem-se, em conclusão, que os sócios que figuram na firma coletiva responderão de forma pessoal, subsidiária, solidária e ilimitada pelas dívidas da sociedade. É a convicção que os terceiros poderão inferir.

A sociedade anônima, seguindo igualmente a regra geral, adota como nome empresarial uma denominação, já que todos os acionistas respondem limitadamente. A denominação, que pode espelhar um nome de fantasia e terá como facultativa a designação do objeto social, deverá ser integrada pela expressão "sociedade anônima" ou "companhia", empregada por extenso ou abreviadamente, o que facilita a identificação do tipo societário pelo seu nome, dada a existência de elemento indicativo em sua composição (exemplos: Cia. Guanabara de Tecidos, Petróleo Ipiranga S/A e Companhia Vale do Rio Doce).

Faculta-se que na denominação de sociedade anônima figure o nome de fundador, acionista ou pessoa que haja concorrido para o bom êxito de sua formação (exemplo: João Pinto Engenharia S/A).

No sistema do art. 3º da Lei n. 6.404/76, não vem permitido o emprego do vocábulo "companhia" ao final da denominação, estando a regra assim enunciada: "A sociedade será designada por denominação acompanhada das expressões 'companhia' ou 'sociedade anônima', expressas por extenso ou abreviadamente, mas vedada a utilização da primeira ao final".

Concluía-se, pois, que a denominação poderia ser integrada pela expressão "sociedade anônima" no seu início, meio ou fim e pela palavra "companhia" no início ou no meio.

Porém, pela disciplina do art. 1.160 do Código Civil de 2002, não se tem igual limitação, o que significa afirmar que o emprego da palavra "companhia" não mais está vedado ao final da denominação[5].

---

[5] Entretanto, a já revogada Instrução Normativa n. 104, de 30 de abril de 2007, do Departamento Nacional de Registro do Comércio (DNRC) não se apercebeu da sutil modifica-

A lógica que inspirou o regramento da Lei n. 6.404/76 residiu no fato de que a aposição do vocábulo "companhia" ao final poderia gerar confusão com a firma de uma sociedade em nome coletivo ou comandita simples (ou ainda de uma sociedade de capital e indústria, existente no Direito anterior ao atual Código), quando a denominação espelhasse um nome próprio. O nome Cia. Pinto de Carvalho refletia, com segurança, uma denominação de sociedade anônima; já o nome Pinto de Carvalho e Cia. dava a certeza de se tratar de uma firma social.

No regime do Código Civil, o perigo da confusão desapareceu por completo, quando se veio a exigir que a denominação fosse designativa do objeto social (art. 1.160). Haverá obrigatoriamente a indicação do objeto no nome empresarial, o que era facultativo no sistema anterior ao Código. Note-se, ainda, em reforço, que na composição da firma social das sociedades em nome coletivo e em comandita simples sequer se admite a indicação do gênero de atividade, tal qual foi permitido na firma individual, sem esquecer o fato de que ao final da razão social não se pode empregar a palavra "companhia", mas a expressão "e companhia" (arts. 1.156 e 1.157).

Dentro desse ambiente foi que o Código de 2002 não vedou a utilização da palavra "companhia" ao final da denominação, apesar de não soar adequadamente, fato que nos levou a acreditar que, embora superada a proibição, não se veria, como não se viu, o seu emprego na vida prática.

Todavia, com o advento da Lei n. 14.195/2021 – que, ao atribuir nova redação ao inciso III do art. 35 da Lei n. 8.934/94, reeditou a parte final do preceito, que estava derrogada pelo Código Civil, segundo a qual a indicação do objeto social no nome empresarial é facultativa –, foi conferido novo rumo à questão, pela sucessão da lei no tempo, retornando a regra ao nosso direito positivo e, desse modo, derrogando a exigência da designação do objeto na composição da denominação social feita pelo § 2º do art. 1.158 e, até então, pelos arts. 1.160 e 1.161 do Código Civil. Estes últimos preceitos (arts. 1.160 e 1.161) passaram a ter novas redações, conferidas pela Lei n. 14.382/2022, apenas para

---

ção pelo hodierno Código introduzida, mantendo, na regra da alínea *b* do inciso III do seu art. 5º, a mesma orientação que resultava do art. 3º da Lei n. 6.404/76, vedando a expressão "companhia" ao final do nome. O mesmo *cochilo* se percebe, sucessivamente, nas supervenientes Instruções Normativas n. 116, de 22 de novembro de 2011, do DNRC (alínea *b* do inciso III do art. 5º) e n. 15, de 5 de dezembro de 2013, do Departamento de Registro Empresarial e Integração (DREI) (alínea *b* do inciso III do art. 5º), que revogou a indigitada Instrução n. 116, mantendo a vedação de sua utilização ao final, e também na atual Instrução Normativa DREI n. 81/2020, prosseguindo-se, portanto, com a mesma proibição (item 15.1 da Seção I do Capítulo II do Manual de Registro de Sociedade Anônima, que funciona como Anexo V da referida Instrução Normativa).

adequá-los à nova ordem e, assim, deixar consignado nos textos normativos respectivos que será facultada a designação do objeto social, tudo em consonância com a aludida Lei n. 14.195/2021. Com efeito, poderia o legislador ter aproveitado o ensejo para também atualizar a redação do § 2º do art. 1.158.

Diante do fato, volta a ganhar força a orientação de não mais se permitir a utilização da expressão "companhia" ao final, em razão da superveniente perda do fundamento que, ao menos legislativamente, a autorizava.

A sociedade anônima, diante do quadro atual, opera sob denominação integrada pelas expressões "sociedade anônima" ou "companhia", utilizadas por extenso ou de forma abreviada, não se admitindo o emprego do vocábulo "companhia" ao final. Faculta-se, outrossim, seja feita a designação do objeto na composição da denominação social.

As sociedades limitada e em comandita por ações constituem-se em exceções ao enunciado geral, permitindo-se que utilizem, a seu critério, tanto firma social quanto denominação.

Na primeira, na qual todos os seus sócios respondem de forma limitada, o nome empresarial adequado seria a denominação. Apesar disso, permite a lei a utilização de firma social. Mas, para não gerar dúvida junto a terceiros da responsabilidade dos sócios, demanda-se que a firma ou a denominação sejam ao final integradas pela palavra "limitada" ou sua abreviatura. Utilizando-se de firma social, ela será composta com o nome de um ou mais sócios, desde que pessoas físicas; entretanto, não perderão a limitação da responsabilidade pelo só fato de figurarem na razão social. Repita-se: a palavra "limitada" é sempre elemento caracterizador do tipo societário. Por tal razão é que a sua omissão, pelo administrador que empregar o nome empresarial no título de obrigação da sociedade, gera, para ele, em princípio, responsabilidade solidária e ilimitada perante o credor de tal obrigação. A respeito do tema, reportamo-nos ao item 7.5 do Capítulo 7, no qual foi a matéria enfocada com maior profundidade.

Adotando a sociedade limitada denominação, nela não mais deverá ser obrigatoriamente designado o objeto social, estando a anterior exigência contida no § 2º do art. 1.158 derrogada, como acima se anotou. Permite-se, ainda, que dela constem os nomes de um ou mais sócios, sejam estes pessoas físicas ou jurídicas.

Desse modo, temos os seguintes exemplos: Guanabara Indústria de Móveis Ltda., na qual se empregou expressão de fantasia e com a designação facultativa do objeto; J. Almeida Viagens e Turismo Ltda., na qual a denominação apresenta nome de sócio e também traz a designação do objeto social; e J. Carvalho e Cia. Ltda., utilizando-se o nome de sócio, sem designação do objeto social. Vê-se, pelos exemplos, que a estruturação do nome empresarial, valendo-se de nomes civis, não é capaz de distinguir, por si só, a espécie utilizada, ou seja, se denominação ou razão social. A distinção somente se fará possível, consoante já consignado no item 7.5 do Capítulo 7, mediante a consulta do contrato social, verificando-se se no instrumento há campo próprio indicando como os administradores irão assinar a firma social, uma vez que, como já se anotou, a razão social é nome e assinatura da sociedade empresária. Não havendo o campo próprio, a conclusão é a de que a espécie de nome empresarial consiste em denominação. Essa é a nova configuração da matéria.

A firma da sociedade limitada unipessoal deverá conter o nome civil do sócio único pessoa natural, acrescido da palavra limitada, empregada por extenso ou de modo abreviado (Paulo Pinto Ltda.). Após o nome civil do sócio único da limitada unipessoal, poderá ser acrescida, se assim desejar ou quando já existir nome empresarial idêntico ou semelhante, designação mais precisa de sua pessoa ou de sua atividade (José Pinto Eletrônicos Ltda.). Se adotar denominação, esta seguirá as mesmas regras referentes à da sociedade limitada pluripessoal.

A sociedade em comandita por ações poderá adotar firma social, na qual deverão figurar tão somente os acionistas que têm qualidade para administrá-la, os quais respondem subsidiária e ilimitadamente pelas obrigações sociais. Exige-se a adição da palavra "e companhia" ou sua abreviatura, quando houver acionistas não diretores ou, ainda que dirigentes da sociedade, não figurem na composição da razão social. Contudo, permite a lei que, em lugar de firma, a sociedade adote denominação, aditada da expressão "comandita por ações". Aqui se verifica uma novidade em relação ao tratamento dispensado à matéria pela Lei n. 6.404/76, a qual, no parágrafo único do art. 281, exigia a indicação do elemento de identificação da sociedade em ambas as situações, isto é, tanto na opção pelo uso de firma quanto no caso da escolha de denominação. No sistema do Código Civil a exigência estranhamente somente se apresenta quando a sociedade operar sob denominação. É o que resulta das normas do art. 1.157 combinado com o art. 1.161. Portanto, diante do novo quadro, no caso de utilização de firma, com ou sem o emprego da expressão "e Cia.", mister se faz a investigação do estatuto para se saber o tipo societário, uma vez que pode se confundir, conforme o caso, com as sociedades em comandita simples ou em nome coletivo, somente emergindo da leitura da razão social a certeza de que o sócio ou sócios que nela figuram possuem responsabilidade ilimitada.

A partir da inclusão de um art. 35-A pela Lei n. 14.195/2021 na Lei n. 8.934/94, admite-se a utilização pelo empresário individual ou pelas sociedades do número de inscrição do CNPJ como nome empresarial, seguido da partícula identificadora do tipo societário, quando exigida por lei, como nos casos da sociedade limitada e da sociedade anônima, por exemplo.

17.3. MICROEMPRESA E EMPRESA DE PEQUENO PORTE

A Lei Complementar n. 123/2006, em seu art. 72, disciplinou a nome empresarial dos empresários individuais e sociedades empresárias enquadrados[6] como microempresa e empresa de pequeno porte. Impunha que acrescentassem à sua firma ou denominação, conforme o caso, as expressões "Microempresa" ou "Empresa de Pequeno Porte", ou suas respectivas abreviações, "ME" ou "EPP", sendo, ainda, facultativa a inclusão do objeto da sociedade na denominação social.

O referido artigo, no entanto, foi revogado pela Lei Complementar n. 155/2016, sendo certo que os efeitos de sua revogação apenas foram produzidos a partir de 1º de janeiro de 2018. Dessa data em diante, ficou proibido o registro de nome empresarial contendo a designação de porte ao seu final.

17.4. PRINCÍPIOS INFORMADORES

O nome empresarial deverá atender aos princípios da veracidade e da novidade (Lei n. 8.934/94, art. 34; Código Civil de 2002, arts. 1.163 a 1.165, e Instrução Normativa DREI n. 81/2020, arts. 18, 22, I, e 23).

O primeiro princípio, também conhecido como princípio da autenticidade, impõe que a firma individual seja composta a partir do nome do empresário e, em se tratando de razão social, a partir do nome dos sócios da sociedade empresária.

O empresário individual poderá deparar-se com problemas de homonímia, o que não é raro de acontecer, uma vez que diversos empresários poderão ter o mesmo nome civil. A solução reside na adição de designação mais precisa de sua pessoa ou do gênero de atividade, a fim de diferenciá-los (Código Civil de 2002, art. 1.156 e parágrafo único do art. 1.163).

Em razão desse princípio é que o nome civil do sócio que vier a falecer, for excluído ou se retirar da sociedade não pode ser conservado na razão social (art. 1.165 do Código Civil).

A denominação, como já foi visto, somente é permitida nas sociedades anônima, limitada e em comandita por ações, em que haverá necessariamente a indicação do elemento caracterizador do tipo societário. A denominação apresentará em seu núcleo uma expressão de fantasia, consistente em palavras de uso comum ou vulgar na língua nacional ou estrangeira, ou, ainda, nome de sócio (limitada, S/A ou comandita por ações), fundador ou pessoa que haja concorrido para o bom êxito de formação da sociedade (S/A ou comandita por ações). A inclusão de nome civil em denominação de-

---

[6]   O enquadramento, bem como o reenquadramento e o desenquadramento de microempresa e empresa de pequeno porte, pelas Juntas Comerciais, será efetuado nos termos da Instrução Normativa DREI n. 81/2020.

verá ser tratada como expressão de fantasia, razão pela qual a retirada, exclusão ou falecimento do sócio cujo nome figurou na sua composição não implica a sua alteração, podendo ser nela conservado. A regra do art. 1.165 do Código Civil só se aplica às firmas sociais, como expressamente previsto no preceito.

O segundo princípio, o da novidade, traduz que não poderão coexistir, na mesma unidade federativa, dois nomes empresariais idênticos ou semelhantes, prevalecendo aquele já protegido em razão do prévio arquivamento da declaração de firma individual, ou do ato constitutivo das sociedades empresárias, ou de suas alterações que impliquem modificação do nome. Não serão, assim, arquivados os atos com nome idêntico a outro já existente e eventuais casos de confronto entre nomes empresariais por semelhança poderão ser questionados pelos interessados, a qualquer tempo, por meio de recurso ao DREI (Código Civil de 2002, art. 1.163; e Lei n. 8.934/94, art. 35, V e § 2º, com redação conferida pela Lei n. 14.195/2021).

17.5. ALIENABILIDADE

O nome empresarial, como elemento de identificação do empresário individual ou da sociedade empresária, funciona como o nome civil da pessoa natural e, como tal, não pode ser objeto de transmissão, porquanto é por seu intermédio que se identifica a pessoa física ou jurídica do empresário. Nesse sentido, não se permite, conforme proclama o art. 1.164 do Código Civil, seja objeto de alienação.

No entanto, não se pode desconsiderar relevante aspecto que cerca o nome empresarial: além de ser fonte de identidade do empresário, constitui-se em um bem patrimonial incorpóreo, que compõe o estabelecimento empresarial. Munida dessa convicção, não proíbe a lei (parágrafo único do art. 1.164) a sua transferência, desde que conjuntamente com o estabelecimento que integra, mas impõe determinadas condições a serem observadas, a saber: a) cessão do estabelecimento realizado por ato *entre vivos*; b) permissão de utilização expressa no instrumento contratual; c) emprego do nome do cedente, precedido do nome do adquirente, com a qualificação de sucessor.

Não há aqui se confundir a figura ora tratada com a da cessão de quotas. Nesta, pode-se alterar toda a composição societária sem que a regra venha a incidir, uma vez que a pessoa jurídica permanece a mesma. Naquela, o fundo de empresa tem a sua titularidade alterada (muda de dono), sendo adquirido por outra sociedade empresária ou mesmo por empresário individual.

17.6. PROTEÇÃO AO NOME EMPRESARIAL

A proteção ao nome empresarial, tal qual ocorre com as marcas e outros "signos distintivos" de empresa, tem assento constitucional (Constituição Federal, art. 5º, XXIX).

Todavia, os termos dessa proteção devem advir da lei ordinária, consoante o próprio mandamento da Lei Maior. É, portanto, no âmbito da legislação infraconstitucional que serão identificados os sistemas de proteção.

De início, deve-se registrar que o sistema protetivo do nome empresarial vem pautado em dois princípios: a tutela da clientela e a tutela do crédito do empresário. Pelo primeiro, objetiva-se coibir a concorrência desleal, derivada de possíveis confusões provocadas nos consumidores em razão da identidade ou semelhança das expressões nucleares que compõem os nomes iguais ou semelhantes; pelo segundo, tem-se por escopo proteger a higidez do crédito do empresário na praça na qual atua, que poderia ser prejudicada com a publicidade de protestos e requerimentos de falência em face de empresário com nome idêntico ou semelhante.

Em razão desse cenário é que a proteção não se restringe ao ramo de atividade do empresário, como ocorre no direito marcário.

Havendo identidade em relação a outro nome já inscrito, deverá ser acrescentada designação que o distinga, como ordena o parágrafo único do art. 1.163 do Código Civil. A regra, em nossa visão, deve ser extensível à semelhança, porquanto pequenas variações gráficas, por exemplo, não são capazes de espancar confusões, como no caso dos núcleos "Ypiranga" e "Ipiranga".

A proteção ao uso exclusivo do nome empresarial deriva da simples inscrição do empresário individual, ou dos atos constitutivos das sociedades empresárias, ou respectivas averbações das suas alterações quando envolverem modificação de nome, no Registro Público de Empresas Mercantis (art. 1.166). Idêntica proteção se estende às denominações das sociedades simples (nas quais se inserem as cooperativas), associações e fundações que, para os efeitos de proteção, são equiparadas ao nome empresarial (parágrafo único do art. 1.155).

Contudo, a grande questão que cerca essa proteção é o seu âmbito: se nacional ou regional.

Antes de abordar o tratamento dispensado à matéria pelo atual Código, passemos ao posicionamento do assunto no Direito precedente à sua vigência.

Fran Martins[7] já vinha expressando o sentimento de a proteção ser restrita à circunscrição da unidade federativa da Junta Comercial que realizou o arquivamento. Confira-se a sua opinião, *in verbis*:

> Até a 12ª edição deste livro defendemos a ideia de que o registro do nome comercial em uma Junta Comercial dava o direito de uso exclusivo desse nome, em todo o país, baseados

---

[7] Ob. cit., p. 338.

na legislação que tratava da matéria. O projeto de lei que deu origem à Lei n. 8.934, de 1994, adotava esse posicionamento, na esteira do dispositivo do art. 5º, XXIX, da Constituição Federal de 1988, determinando que a proteção ao nome comercial abrangeria todo o território nacional, conforme dispunham os §§ 1º e 2º do art. 33 do projeto. Ocorre que tais dispositivos foram vetados pelo Presidente da República, razão pela qual o Dec. n. 1.800, de 1996, regulamentando a Lei que instituiu o Registro Público das Empresas Mercantis e Atividades Afins, manteve a disciplina estabelecida pelo Departamento Nacional de Registro de Comércio na Instrução Normativa n. 05, de 1986, segundo a qual a proteção ao nome empresarial em outra unidade federativa que não a da sede social dependia de arquivamento, em cada Junta Comercial, de certidão expedida para esse fim. Assim, o art. 61 do Dec. n. 1.800, de 1996, estatui que a proteção ao nome empresarial decorre automaticamente do arquivamento da declaração de firma mercantil individual, do ato constitutivo de sociedade comercial ou das respectivas alterações, circunscrevendo-se à unidade federativa da Junta Comercial que procedeu ao arquivamento (§ 1º), podendo-se estendê-la a outras unidades da federação mediante requerimento da empresa interessada (§ 2º), na forma da Instrução Normativa n. 53, de 06 de março de 1996, art. 13, §§ 1º e 2º.

Em nossas aulas sempre sustentamos posicionamento diverso, apesar do respeito à opinião do insigne comercialista. Isso porque o Decreto Regulamentar e a Instrução Normativa, por serem atos normativos juridicamente inferiores, não poderiam servir de arrimo à solução da controvérsia, na medida em que o Brasil adotou a Convenção da União de Paris, por intermédio do Decreto n. 75.572/75, cuja revisão de Estocolmo de 1967 foi promulgada no Brasil por meio do Decreto n. 635, de 21 de agosto de 1992, nela não havendo amparo para a exigência de um registro especial a fim de que o nome empresarial possa gozar de proteção em todo o território nacional. Com efeito, assim dispõe o seu art. 8º: "O nome comercial será protegido em todos os países da União sem obrigatoriedade de depósito ou registro, que faça ou não parte de uma marca de indústria ou de comércio".

O Superior Tribunal de Justiça[8] já vinha proclamando o entendimento de que à luz da indigitada Convenção a proteção se fazia no âmbito nacional, a partir do simples arquivamento do ato constitutivo na Junta Comercial, não havendo, assim, base para alterar o entendimento em razão de um Decreto ou Instrução Normativa que não revoga preceito constante de Convenção Internacional ratificada pelo Brasil.

---

[8] *Vide* os precedentes consubstanciados nos Recursos Especiais n. 6.169/AM (publicado no *DJU* de 12-8-1991) e n. 9142-0/SP (publicado na *RSTJ* n. 36/321 – agosto de 1996). Nesse último, o Relator, Ministro Sálvio de Figueiredo, assim expressou: "Quanto ao ponto, a jurisprudência deste Tribunal, em exegese construtiva, tem entendido ser bastante o arquivamento dos atos constitutivos no Registro do Comércio para conferir ao nome comercial proteção nacional e internacional (art. 8º da Convenção de Paris/1883, ratificada pelo Brasil por meio do Decreto 75.572/75). Não mais se requer que, para proteção em todo o País, o interessado obtenha registro em todas as Juntas brasileiras (cfr. REsp 6.169-AM)".

Gabriel F. Leonardos[9] testemunha o fato de que o nome empresarial "pode ser protegido dentro de limites geográficos maiores ou menores, conforme exigido por cada caso concreto, sempre de acordo com as regras que reprimem a concorrência desleal ou parasitária. Esse âmbito geográfico, variando com a distintividade do nome e o grau de seu conhecimento pelo público consumidor, pode ser inferior ao de um Município, abranger vários Estados ou todo o território nacional e, inclusive, ser internacional, de acordo com o art. 8º da Convenção da União de Paris", explicitando que a "possibilidade de haver proteção em âmbito geográfico que ultrapasse a fronteira de Estados não cria qualquer inconveniente, porque a jurisprudência reconhece que as Juntas Comerciais somente têm o dever de realizar buscas de anterioridade *ex officio* com relação aos nomes de empresas arquivadas perante elas próprias".

A legislação que disciplina a extensão da proteção deve ter sempre em mira esses princípios acima enunciados. Porém, o Código Civil, em seu art. 1.166, restringe a proteção ao uso exclusivo do nome empresarial aos limites da correspondente unidade federativa em cuja Junta Comercial estiver inscrito o empresário ou estiver arquivado o ato constitutivo da sociedade empresária, ou as respectivas averbações. Para que o uso exclusivo seja garantido em todo o território nacional exige-se o registro na forma de lei especial. Cria-se, assim, mais um registro atributivo de direito, burocratizando e encarecendo a proteção do nome empresarial, que já gozava de uma disciplina de proteção conveniente, como constante da Convenção da União de Paris.

Mas, como a indigitada Convenção tem força de lei ordinária, o Código Civil vem sobre ela prevalecer, conforme já julgou em casos análogos o Superior Tribunal de Justiça, como se vê no Recurso Especial n. 74.376/RJ[10], assim ementado: "Tratado Internacional. Lei ordinária. Hierarquia. O Tratado Internacional situa-se formalmente no mesmo nível hierárquico da lei, a ela se equiparando. A prevalência de um ou de outro regula-se pela sucessão no tempo".

Diante do quadro posto, tem-se, em suma, que a proteção ao nome empresarial decorre automaticamente do registro e fica circunscrita à unidade federativa da Junta Comercial que o tiver procedido. A proteção na circunscrição de outra Junta Comercial resultará da abertura de filial nela registrada ou do arquivamento de pedido específico nesse sentido formulado e instruído com certidão expedida pela Junta Comercial da localidade da sede.

Outra regra merecedora de reprovação trazida pelo Código de 2002 localiza-se no seu art. 1.167, que garante "ao prejudicado, a qualquer tempo, ação para anular a inscrição do nome empresarial feita com violação da lei ou do contrato".

---

[9] Crítica à Regulamentação ao Nome de Empresa no Novo Código Civil, *IOB* 3/18811.
[10] *DJU* Seção I, de 27-11-1995, p. 40.887.

Efetivamente, o dispositivo, ao não contemplar uma limitação de tempo para balizar a pretensão do eventual prejudicado, vem criar instabilidade e incerteza nas relações jurídicas entre empresários. A perpetuidade ou imprescritibilidade da pretensão à anulação não encontra eco na melhor dogmática que se estabelece para a matéria. Toda violação de direito deve gerar para o respectivo titular uma pretensão que, entretanto, deve ser extinta em prazo que a lei venha determinar, prazos esses modernamente curtos.

A norma objetada, contudo, refere-se à anulação, mas não à pretensão à obtenção de reparação de danos, decorrentes do uso indevido. Esta, em nossa opinião, prescreve em três anos, nos termos do inciso V do § 3º do art. 206 do hodierno Código.

Por derradeiro, prevê o Código o cancelamento da inscrição do nome empresarial, a requerimento de qualquer interessado, nas hipóteses de cessação do exercício da atividade para que foi adotado, ou quando se ultimar a liquidação da sociedade que o inscreveu (art. 1.168), visto que desaparecem os pressupostos inspiradores de sua proteção, na medida em que não haverá mais créditos ou clientela a serem protegidos. Todavia, o cancelamento motivado pela cessação do exercício da atividade deveria exigir um lapso temporal para que fosse efetivado. Defendemos a ideia de que o requerimento, nesse caso, deveria ser condicionado ao transcurso de interregno razoável, porquanto a inatividade pode ser apenas transitória, fruto, às vezes, até mesmo de estratégia empresarial.

17.7. CONFLITO ENTRE NOME, MARCA E TÍTULO DE ESTABELECIMENTO

Vimos, no item 16.4.2.6 do Capítulo 16, que a proteção da marca se estabelece no âmbito da classe na qual se encontra registrada no INPI. É o denominado princípio da especificidade que informa a solução de eventuais conflitos. A jurisprudência, tanto antes quanto após o advento da Lei de Propriedade Industrial de 1996 (Lei n. 9.279) referenda a orientação.

No antigo Código de Propriedade Industrial (Lei n. 5.772/71), o princípio vinha inscrito no art. 59. O Superior Tribunal de Justiça, ainda sob sua vigência, dentre outros julgados, afirmava: "O direito de exclusividade de uso da marca, decorrente de seu registro no INPI, é limitado à classe para a qual é deferido, não sendo possível a sua irradiação para outras classes de atividades. Aplicação do princípio da especificidade. Precedentes do STJ"[11].

Na atual legislação, o princípio emana dos arts. 124, XIX, 125 e 126. Já sob o império da nova lei se manifestou a 1ª Câmara Cível do Tribunal de Justiça do Paraná[12],

---

[11]   Recurso Especial n. 142.954/SP, 4ª Turma, publ. *DJU* de 13-12-1999.
[12]   Apelação Cível n. 91780400, julg. em 31-10-2000.

em decisão assim ementada: "Direito Comercial. Marca. 'Triumph' e 'Triumph do Boticário'. Proteção relativa e limitada à classe de atividade. Empresas que atuam ramos de atividades distintos, comercializando produtos pertencentes a classes diferentes. Impossibilidade de confusão ou associação com marca alheia pelo consumidor".

Como a tutela no direito marcário sempre visa à repressão à concorrência desleal, o que também serve de suporte à proteção do título de estabelecimento, a sua preservação se limita ao ramo de atividade do empresário.

Com relação ao nome, em razão de a tutela basear-se, além da proteção à clientela, na proteção ao crédito, seu campo de defesa não se limita à atividade.

Mas entrando em conflito marca e nome empresarial, marca e título de estabelecimento ou nome e título, como se resolve a contenda?

Primeiramente se tem que afirmar a ilicitude da colidência, fazendo nascer para o prejudicado a pretensão de obstar o uso por parte do terceiro, além de demandar perdas e danos. A base para a assertiva reside no princípio que reprime a concorrência desleal, insculpido nos arts. 5º, XXIX, da Constituição Federal, 124, V, e 195, V, da Lei n. 9.279/96. Assentada a premissa, o eventual conflito deve resolver-se segundo os princípios da especificidade e novidade, aplicáveis analogicamente às situações, visto que nessas colidências o que se visa a proteger é o direito à clientela do empresário, reprimindo-se a concorrência desleal, predatória ou parasitária.

Em interessante *"leading case"*, o Superior Tribunal de Justiça[13] dirimiu, pautado nesse princípio, conflito entre marca e nome empresarial, em decisão ementada da forma seguinte:

> Direito comercial. Marca e nome comercial. Colidência. Registro. Classe de atividade. Princípio da especificidade (art. 59 da Lei n. 5.772/71). Interpretação lógico-sistemática. Recurso conhecido e provido. Não há confundir-se marca e nome comercial. A primeira, cujo registro é feito junto ao INPI, destina-se a identificar mercadorias, produtos e serviços. O nome comercial, por seu turno, identifica a própria empresa, sendo bastante para legitimá-lo e protegê-lo, em âmbito nacional e internacional, o arquivamento dos atos constitutivos no Registro do Comércio. Sobre eventual conflito entre uma e outro, tem incidência, por raciocínio integrativo, o princípio da especificidade, corolário do nosso direito marcário. Fundamental, assim, a determinação dos ramos de atividade das empresas litigantes. Se distintos, de molde a não importar confusão, nada obsta possam conviver concomitantemente no universo mercantil.

Também em caso interessante, no qual se discutia o direito de utilizar como título de estabelecimento expressões idênticas constantes em nome empresarial e marca de titulares distintos, o mesmo Tribunal assim se pronunciou[14]:

---

[13]   Recurso Especial n. 9.142-0-SP, 4ª Turma, *in RSTJ* n. 36/320 – agosto de 1992.
[14]   Recurso Especial n. 30.636-3-SC, 4ª Turma, publ. *DJU* de 11-10-1993.

Tanto o registro realizado nas juntas comerciais (denominação social ou nome de fantasia), quanto o levado a efeito junto ao INPI (marca), conferem à empresa que os tenha obtido o direito de utilizar, com exclusividade, em todo o território nacional, a expressão que lhes constitui o objeto como título de estabelecimento, como sinal externo capaz de distingui-la, perante a generalidade das pessoas, de outras que operam no mesmo ramo de atividade. Havendo conflito entre referidos registros, prevalece o mais antigo, em respeito aos critérios da originalidade e novidade.

No que se refere à prescrição das pretensões de cessação do uso por terceiros, temos que o prazo é o do art. 205 do Código Civil de 2002, ou seja, dez anos, tendo em vista não haver prazo menor especificado, não se podendo admitir interpretação ampliativa ou extensiva em matéria prescricional. Quanto à demanda de reparação pelas perdas e danos, o prazo de prescrição já é o de três anos, nos termos do inciso V do § 3º do art. 206.

A única hipótese em que o prazo de dez anos não se aplica é no conflito entre nomes, na qual, como foi visto, nos termos do criticado art. 1.167, não há prazo prescricional previsto. Nas demais situações sempre prevalecerá aquele prazo, como nos conflitos entre marcas, marca e nome etc.

Capítulo 18

O REGISTRO DE EMPRESAS

Os empresários individuais e as sociedades empresárias encontram-se vinculados ao Registro Público de Empresas Mercantis, que fica a cargo das Juntas Comerciais.

A sociedade simples, por sua vez, subordina-se ao Registro Civil das Pessoas Jurídicas, o qual, entretanto, deve obedecer às normas fixadas para o Registro Público de Empresas Mercantis, caso a sociedade venha a adotar um dos tipos de sociedade empresária.

O Registro Público de Empresas Mercantis vem disciplinado no âmbito da Lei n. 8.934/94, cujas finalidades compreendem: a) conferir garantia, publicidade, autenticidade, segurança e eficácia aos atos jurídicos dos empresários individuais e das sociedades empresárias; b) cadastrar os empresários e as sociedades empresárias, nacionais e estrangeiras, com atividade no País; c) proceder à matrícula e seu cancelamento dos agentes auxiliares do comércio.

Os serviços registrais devem ser exercidos em todo o território nacional, de maneira uniforme, harmônica e independente pelo Sistema Nacional de Registro de Empresas Mercantis (SINREM). Tal sistema era composto pelo Departamento Nacional de Registro do Comércio (DNRC) e pelas Juntas Comerciais. O DNRC, entretanto, restou extinto pelo Decreto n. 8.001, de 10 de maio de 2013, e, em seu lugar, foi criado o Departamento de Registro Empresarial e Integração (DREI), originalmente inserido na estrutura da Secretaria da Micro e Pequena Empresa da Presidência da República e atualmente vinculado à Secretaria de Governo Digital da Secretaria Especial de Desburocratização, Gestão e Governo Digital do Ministério da Economia. Assim, diante da extinção do DNRC, suas funções foram absorvidas pelo DREI.

O DREI dispõe de funções supervisora, orientadora, coordenadora e normativa no plano técnico do registro, e supletiva, no plano administrativo, no qual se destacam: a) supervisionar e coordenar as Juntas Comerciais, estabelecendo normas e diretrizes gerais do registro; b) solucionar dúvidas verificadas na interpretação das leis e demais atos normativos relacionados com o registro, baixando instruções para esse fim; c) estabelecer normas procedimentais de arquivamento de atos das firmas individuais e das sociedades empresárias; d) exercer fiscalização sobre as diversas Juntas Comerciais; e) promover estudos, reuniões e publicações sobre assuntos pertinentes ao registro; f) coordenar a manutenção e a atualização do cadastro nacional das empresas em funcionamento no País.

As Juntas Comerciais são órgãos locais, com funções executora e administradora dos serviços de registro. Haverá, portanto, uma Junta Comercial em cada unidade da Federação, com sede na capital e jurisdição na área da circunscrição territorial respectiva. Encontram-se, assim, subordinadas administrativamente ao governo da unidade federativa onde se localizam e, tecnicamente, ao DREI.

Os eventuais conflitos, oriundos de atos decorrentes de questões pertinentes a registro de competência das Juntas, devem ser dirimidos perante a Justiça Federal e não frente à Estadual, justamente em função dessa subordinação técnica. O Superior Tribunal de Justiça tem jurisprudência firmada sobre o tema, como se infere do Conflito de Competência n. 15.575/BA, julgado pela 2ª Seção[1], no qual se atestou: "Os serviços prestados pelas Juntas Comerciais, apesar de criadas e mantidas pelos Estados, são de natureza federal. Para julgamento de ato, que se compreenda nos serviços de registro de comércio, a competência é da Justiça Federal". No mesmo sentido, o julgamento proferido no Conflito de Competência n. 43.225/PR, pela 2ª Seção: "Conflito de Competência. Registro de Comércio. As juntas comerciais estão, administrativamente, subordinadas aos Estados, mas as funções por elas exercidas são de natureza federal. Conflito conhecido para declarar competente o Juízo Federal da 3ª Vara de Londrina – SJ/SP". Ari Pargendler, relator do acórdão, cita, em seu voto, a doutrina por nós aqui formulada.

Já as querelas que envolverem aspectos administrativos se encontram afetas à Justiça Estadual, como nomeações de vogais e questões relativas ao funcionalismo.

Às Juntas Comerciais incumbe: a) executar os serviços de registro; b) elaborar a tabela de preços de seus serviços; c) processar a habilitação e nomeação dos tradutores públicos e intérpretes comerciais; d) elaborar os respectivos regimentos internos; e) expedir carteiras de exercício profissional das pessoas legalmente inscritas; f) assentar usos e práticas mercantis.

Os atos de registro compreendem a matrícula e seu cancelamento, o arquivamento e a autenticação.

A matrícula é o ato de inscrição dos leiloeiros, tradutores públicos, intérpretes comerciais, trapicheiros e administradores de armazéns-gerais.

---

[1]   *DJU*, Seção I, de 22-4-1996, p. 12.512.

O arquivamento compreende os documentos relativos à constituição, alteração, dissolução e extinção das firmas individuais e das sociedades empresárias. São também sujeitos a essa modalidade de registro os atos relativos a consórcio e grupos de sociedade, os concernentes a sociedades empresárias estrangeiras autorizadas a funcionar no País, as declarações de microempresa e de empresa de pequeno porte, bem como todos os atos e documentos que possam interessar ao empresário individual e às sociedades empresárias.

O § 1º do art. 35 da Lei n. 8.934/94 estabelece uma regra geral de que os registros dos atos constitutivos e de suas alterações, bem como daqueles atos que conduzam à extinção da pessoa jurídica, ocorrerão independentemente de autorização governamental prévia. Os órgãos públicos serão informados dos registros sobre os quais manifestarem interesse pela Rede Nacional para a Simplificação do Registro e da Legalização de Empresas e Negócios (Redesim).

O Código Civil utiliza-se, correntemente, como vimos ao longo desta obra, do termo "averbação", o que se traduz em uma modalidade de arquivamento, relativo aos atos modificativos da inscrição do empresário e da sociedade empresária, consoante deflui do § 2º de seu art. 968.

Os atos levados a arquivamento na Junta Comercial são dispensados de reconhecimento de firma, inclusive em procurações (art. 63 da Lei n. 8.934/94, com redação atribuída pela Lei n. 14.195/2021)[2].

Importante chamar atenção para o fato de que o empresário, pessoa física ou jurídica, que não proceder a qualquer arquivamento no interregno de dez anos consecutivos deverá comunicar à Junta Comercial que deseja manter-se em atividade, como exige o art. 60 da Lei n. 8.934/94, sob pena de ser considerado inativo, com o cancelamento de seu registro. Realizado o cancelamento, verifica-se a perda automática da proteção ao nome empresarial e, se o empresário ou a sociedade empresária vier a operar, o fará irregularmente. Atente-se para o fato de que o cancelamento não implica a dissolução da sociedade, visto não ser uma de suas causas, mas sim o seu funcionamento como sociedade em comum, caso retorne ou permaneça em atividade. Nesse caso, a reativação do registro, para não incorrer no exercício irregular da atividade empresarial, obedecerá aos mesmos procedimentos exigidos para sua constituição, estando, inclusive, sujeita à verificação prévia do nome empresarial (o que se chama no linguajar prático de efeti-

---

[2] Os documentos oriundos do exterior não são favorecidos pela dispensa de reconhecimento de firma, salvo se essa formalidade tiver sido cumprida no consulado brasileiro, quando, então, a dispensa é autorizada (art. 39 do Decreto n. 1.800/96, com redação determinada pelo Decreto n. 11.250/2022).

vação de "busca" sobre o nome), a fim de não haver colidência, caso outra sociedade empresária já tenha registrado igual nome. Idêntico procedimento se impõe ao empresário individual.

Contudo, exige a lei, para que a Junta efetive o cancelamento do registro, que o seu titular seja previamente notificado, mediante comunicação direta ou editalícia, podendo o empresário ou a sociedade empresária, atendendo à comunicação, elidir o cancelamento. Uma vez cancelado o registro, a Junta Comercial fará a devida informação às autoridades arrecadadoras de tributos e contribuições, no prazo de dez dias.

Os sócios da sociedade empresária, diante da notificação, poderão, caso não desejem mantê-la em funcionamento, encerrar legalmente as atividades da pessoa jurídica, procedendo à regular dissolução e liquidação.

O Código Civil de 2002 cuida de alguns aspectos referentes ao ato de registro, e, sendo assim, suas regras são as que prevalecem na regulação da espécie, aplicando-se, de forma complementar, as normas da Lei n. 8.934/94 (Código Civil, art. 2.037).

Segundo a disciplina codificada, o registro deverá ser requerido pela pessoa com obrigação legal para fazê-lo, como os administradores das sociedades empresárias, e, no caso de demora ou omissão, por qualquer sócio ou interessado.

Os atos e documentos a ele sujeitos, devem ser encaminhados à Junta Comercial no prazo de trinta dias, contado da respectiva lavratura. Assim procedendo, os efeitos do registro retroagem à data do instrumento. Nada impede, porém, que se apresente fora deste prazo, mas os seus efeitos somente serão produzidos a partir da data de sua concessão pela Junta. As pessoas legalmente obrigadas a requerê-lo, neste caso, ficam sujeitas a responder pelas eventuais perdas e danos que vierem a resultar em decorrência do registro a destempo. Não se pode deixar de relembrar que a ata de reunião ou assembleia de sócios, na sociedade limitada, deve ser registrada em prazo mais exíguo, vinte dias após a realização do conclave, constituindo, assim, exceção à regra geral.

O ato subordinado a registro não pode, antes do cumprimento das respectivas formalidades, ser oposto a terceiro, a não ser no caso de comprovação de que este o conhecia. O terceiro, por sua vez, como regra, não poderá invocar ignorância, desde que registrado o ato.

Nesse compasso, torna-se elucidativo exemplificar: suponha-se que em uma sociedade limitada os sócios, reunidos em assembleia, deliberam alterar o contrato social, para nele inserir certas restrições aos poderes de gestão social, como a vedação à concessão de avais e fianças em nome da sociedade. A respectiva ata é levada a registro em quinze dias do evento, sendo o ato devidamente registrado pela Junta Comercial. Caso o administrador, no décimo dia após a deliberação, venha a prestar fiança em nome da pessoa jurídica, esta ficará obrigada perante o terceiro pelo ato garantido,

O REGISTRO DE EMPRESAS

salvo se provar que ele tinha ciência da restrição à época ainda não registrada, sem prejuízo, obviamente, da responsabilização do gestor infrator, eis que, na relação interna da sociedade, ele já estaria vinculado à nova orientação traçada. O mesmo se verificaria caso a fiança fosse prestada após o requerimento do registro pela sociedade, por meio de seu órgão de representação legal, mas antes de sua efetiva conclusão pela Junta Comercial. Isso porque o terceiro não teria como, pelo efeito de publicidade do registro, tomar conhecimento da restrição aprovada pela assembleia dos sócios[3]. A teor do art. 1.154 do mesmo diploma, o ato sujeito a registro, repita-se, somente pode ser oponível a terceiro após o cumprimento das respectivas formalidades. Portanto, a regra que emerge dos §§ 1º e 2º do art. 1.151 do Código de 2002 c/c o art. 36 da Lei n. 8.934/94, segundo a qual o registro, quando requerido no prazo legal, retroage à data do ato, deve ser vista com racionalidade, para excepcionar determinadas situações, como a objeto do exemplo formulado, de modo a não gerar incompreensões, sempre respeitando a ressalva estampada no prefalado art. 1.154. Ao permitir que os efeitos do registro venham retroagir à data do documento ou ato registrado, quer a lei outorgar a condição de regularidade à providência nela materializada desde a sua data ou instrumentalização, mas sem prejudicar o direito e interesse de terceiros. A interpretação harmônica dos preceitos, portanto, se impõe.

Quando a lei exigir a publicação de determinados atos ou documentos, como, por exemplo, o anúncio de convocação de assembleia ou reunião de sócios (art. 1.072 c/c § 3º do art. 1.152), a ata de assembleia ou reunião que aprovar a redução do capital (§ 1º do art. 1.084) e as operações de incorporação, fusão ou cisão (art. 1.122), caberá ao órgão responsável pelo registro verificar a regularidade das publicações, antes de procedê-lo. Igualmente, incumbe-lhe conferir a autenticidade e a legitimidade dos signatários do requerimento, bem como fiscalizar a observância das prescrições legais concernentes ao ato ou documentos apresentados.

Assim, por exemplo, na hipótese de assembleia de sócios de sociedade limitada, convocada para deliberar sobre alteração do contrato social, que acaba por decidir pela modificação, caberá à Junta Comercial, antes de realizar o registro, verificar se a assembleia foi corretamente convocada e instalada, se os trabalhos observaram as formalidades legais, com a extração da respectiva ata autenticada pelos administradores ou pela mesa diretora dos trabalhos, e se o *quorum* de deliberação foi atendido.

Eventuais irregularidades encontradas ensejam notificação do requerente que, sendo possível, poderá saná-las, observando as formalidades legais exigidas. Seria caso

---

3   Acerca do uso indevido e do abuso (ato *ultra vires*) do nome empresarial, remetemo-nos ao que foi discorrido no item 7.13.7 do Capítulo 7, no qual a vinculação da sociedade perante os terceiros de boa-fé é desenvolvida.

de atuação sanatória, no exemplo acima, a ausência de autenticação da ata lavrada. Nesse caso, a falha poderia ser corrigida com a autenticação posterior, apresentando o documento ao registro dentro do prazo fixado para o cumprimento da exigência. As situações de inobservância das formalidades de convocação e instalação ou do *quorum* de deliberação não estariam sujeitas à ação sanatória do interessado, impondo-se a repetição do ato.

Salvo expressa exceção legal, como no caso do art. 1.131, *caput* e parágrafo único, nos quais só se exige a publicação no órgão oficial da União, todas as demais publicações ordenadas no Código serão efetuadas no *Diário Oficial da União* ou do Estado, conforme o local da sede do empresário ou da sociedade empresária, e em jornal de grande circulação. Em se tratando de publicações atinentes a sociedades estrangeiras, serão elas efetuadas no *Diário Oficial da União* e do Estado onde tiverem suas filiais, sucursais ou agências.

Por fim, cabe ressaltar que os empresários ou as sociedades empresárias que se enquadrem como microempresa ou empresa de pequeno porte encontram-se dispensados de publicação de qualquer ato societário, nos termos do art. 71 da Lei Complementar n. 123/2006.

CAPÍTULO 19

PREPOSTOS DO EMPRESÁRIO

O Código Civil de 2002 veio reservar todo um Capítulo para dispor sobre os prepostos do empresário (Capítulo III do Título IV do Livro II, que compreende os arts. 1.169 a 1.178), destacando, expressamente, os gerentes e contabilistas. Os prepostos são aqueles que prestam serviços ao empresário individual ou à sociedade empresária, sendo irrelevante a natureza do vínculo – se subordinado ao regime da CLT, se ligado por contrato de prestação de serviços, de cessão de mão de obra etc. – para configurar, para fins do direito obrigacional, a relação de preposição.

Assim é que o empresário, pessoa física ou jurídica, na condição de preponente, fica responsável pelos atos de quaisquer de seus prepostos, desde que realizados no interior de seu estabelecimento físico e se relacione com a atividade empresarial ali desenvolvida, ainda que não tenha havido autorização expressa e por escrito para a sua realização. Atendidos esses pressupostos de lugar e objeto da atividade econômica organizada, obriga-se o empresário pelos atos de seus prepostos, independente da natureza do vínculo de preposição, devendo fazer cumprir os termos das contratações por eles implementadas. Quando, entretanto, os atos negociais forem praticados pelo preposto no ambiente externo do estabelecimento, o empresário somente estará obrigado dentro dos limites dos poderes por ele outorgados a seu preposto, por instrumento escrito, cuja exibição a terceiros poderá ser suprida por certidão ou cópia autenticada de seu teor.

No exercício de suas funções, os prepostos estão sujeitos a responder junto ao empresário por aqueles atos que o obrigue diante de terceiros. Se por culpa se gerou o liame obrigacional, ficam obrigados, pela via do regresso, a indenizar o preponente pelos desembolsos e prejuízos experimentados em razão do ato; se por dolo, sem embargo do direito de regresso do preponente que vier pessoalmente a por ele responder, ficará com este solidariamente responsável junto a terceiros.

Ao preposto é vedada a prática de certos atos sem que esteja expressamente autorizado pelo preponente, sob pena de responder pela reparação dos danos causados e de serem retidos os lucros da operação. Nessa ordem, não pode negociar por conta própria ou de terceiros, nem tomar parte, ainda que indiretamente, de operação do mesmo gênero que lhe foi cometida. Outrossim, fica-lhe obstado, sem autorização escrita, fazer-se substituir no desempenho da preposição, sob pena, nesse caso, de responder pessoalmente pelos atos do substituto e pelas obrigações por ele contraídas.

Como acima se destacou, duas espécies de prepostos foram explicitamente referidas pelo Código – o contabilista e o gerente.

O contabilista é o responsável pela escrituração dos livros do empresário. Desse modo, os assentos lançados nos livros ou fichas do preponente, por qualquer dos prepostos encarregados de sua escrituração, produzem, ressalvada a hipótese de má-fé, os mesmos efeitos se fossem lançados pessoalmente pelo empresário.

O gerente é o preposto permanente no exercício da empresa, presente, pois, na sede do empresário, ou em sua sucursal, filial ou agência, cujas funções são de organização e direção do trabalho em um desses estabelecimentos físicos, exercendo posto de chefia dentro da estrutura organizacional da empresa.

Não há se confundir a figura do gerente tratada pelo Código de 2002 com a do administrador da sociedade empresária. Este não é um simples preposto da pessoa jurídica, mas integra o seu órgão de administração, através do qual a sociedade torna presente a sua vontade, exteriorizando e afirmando a sua personalidade jurídica. É, pois, o seu representante legal. Aquele, o gerente legalmente concebido, pode vir até a representar a sociedade na prática de certos atos, mas o fará na condição de mandatário.

Com o fito de ressaltar a natureza jurídica diferenciada, o próprio Código abandona o uso do vocábulo "gerente" como sinônimo de administrador ou diretor de sociedade. A legislação comercial anterior utilizava indistintamente as expressões para caracterizar o gestor e representante legal das sociedades mercantis. O Código de 2002 vem abolir a fórmula.

Não exigindo a lei poderes especiais, presume-se autorizado o gerente a praticar todos os atos necessários ao exercício dos poderes que lhe foram conferidos. As limitações contidas no instrumento de outorga desses poderes, para serem oponíveis a terceiros que de boa-fé se relacionam com a sociedade, devem estar devidamente arquivadas na Junta Comercial. Do contrário, o ato somente não vincula o empresário, pessoa física ou jurídica, se for provado que o terceiro que tratou com o gerente tinha ciência das restrições. Para a mesma finalidade, eventuais modificações, ou a efetiva revogação do mandato, devem ser levadas a registro.

Permite o Código que o gerente possa agir em juízo, em nome do preponente, pelas obrigações resultantes do exercício de sua função. Mas essa atuação fica limitada a estas situações. Por decorrência lógica, não se pode também ter dúvida ao asseverar que o gerente estará habilitado a receber citação judicial em nome do empresário individual ou da sociedade empresária, quando a demanda disser respeito aos atos por ele praticados. Dessa forma, por exemplo, se um cliente de certa instituição financeira firmar com o gerente um determinado contrato de mútuo, válida será a citação recebida por este preposto, em ação proposta pelo mutuário, que tenha por objeto o questionamento do indigitado contrato.

Finalmente, prevê a legislação codificada que o empresário responde, juntamente com o gerente, pelos atos realizados por tal preposto em seu próprio nome, mas à conta do preponente.

CAPÍTULO 20

LIVROS EMPRESARIAIS

20.1. LIVROS OBRIGATÓRIOS E FACULTATIVOS

O Código Civil de 2002 veio dispor acerca dos livros empresariais e de sua escrituração. Diante do sistema adotado, temos que os livros empresariais podem ser de duas espécies: obrigatórios e facultativos (§ 1º do art. 1.179). Dentre os obrigatórios, há o comum e os especiais (art. 1.180). O comum é aquele que se exige em relação a qualquer empresário, independentemente de sua atividade, e especiais são aqueles impostos por lei para certos empresários, seja em função de seu ramo de atuação, seja em razão de uma condição especial em que se encontre, ou em consequência da utilização de mecanismos tendentes a documentar e facilitar a operação com os créditos decorrentes de suas vendas ou serviços.

Diante das regras do vigente diploma codificado, o único livro comum obrigatório é o Diário, o qual, entretanto, poderá ser substituído por fichas no caso de escrituração mecanizada ou eletrônica. No Diário devem ser lançadas, com clareza, todas as operações decorrentes da atividade econômica exercida pelo empresário. Ditas operações devem ser individualizadas, indicando-se a caracterização do documento respectivo, e escrituradas dia a dia. Será nele ainda lançado o balanço patrimonial e o de resultado econômico (art. 1.184).

Na hipótese de adoção do regime de fichas de lançamento, o empresário fará uso do livro "Balancetes Diários e Balanços", que será escriturado de modo que registre a posição diária de cada uma das contas ou títulos contábeis e o balanço patrimonial ou de resultado econômico, no encerramento do exercício (arts. 1.185 e 1.186).

Além de impor ao empresário individual e à sociedade empresária a obrigação de adoção de uma escrituração regular em seus livros, exige o Código que procedam ao levantamento anual de balanço patrimonial e de resultado econômico[1] (art. 1.179). O primeiro deverá exprimir com fidelidade e clareza a situação real do empresário, indicando, distintamente, o ativo e o passivo; o segundo demonstrará a conta de lucros e perdas. Dessas obrigações somente se isentam os pequenos empresários (§ 2º do art. 1.179), tais quais definidos no art. 68 da Lei Complementar n. 123/2006.

Dentre os livros obrigatórios especiais podemos destacar os livros a que todas as sociedades anônimas estão obrigadas a escriturar, conforme relação constante no art. 100 da Lei n. 6.404/76, o Livro de Atas da Assembleia dos Cotistas, nas sociedades limitadas que adotem a figura da assembleia (§ 1º do art. 1.075), o Livro de Registro de Duplicatas, que devem ser mantidos e escriturados pelos empresários que emitem esses títulos de créditos (Lei n. 5.474/78, art. 19), o Livro de Balancetes Diários e Balanços dos estabelecimentos bancários (Lei n. 4.843/65), o Livro de Entrada e Saída de Mercadorias dos Armazéns Gerais (Decreto n. 1.102/1903, art. 7º), os livros dos leiloeiros exigidos pelo art. 31 do Decreto n. 21.981/32, dentre os quais se encontram o Diário de Entrada, o Diário de Saída e o Diário de Leilões, além de outros relativos à atividades dos corretores de navio, de mercadorias, tradutor público etc.

No rol dos livros facultativos, temos os livros Caixa, Conta-Corrente, Obrigações a Pagar, Obrigações a Receber, além daqueles que o empresário, a seu critério, quiser utilizar.

Os livros empresariais, sejam eles obrigatórios ou facultativos, para produzirem efeitos jurídicos, devem observar um critério de escrituração e estar devidamente autenticados no Registro Público de Empresas Mercantis. A escrituração, que deverá ficar a cargo de contabilista legalmente habilitado, será feita em idioma e moeda corrente nacionais e em forma contábil, por ordem cronológica de dia, mês e ano, sem intervalos em branco, nem entrelinhas, borrões, rasuras, emendas ou transportes para as margens. Permite-se o emprego de códigos numéricos ou abreviaturas, que deverão constar de livro próprio e separado do empresário, igualmente autenticado (arts. 1.181, 1.182 e 1.183).

20.2. LIVROS FISCAIS

Afora os livros empresariais obrigatórios, em razão de determinados princípios de fiscalização, as leis tributária, previdenciária e trabalhista instituem outros livros que também se impõem ao empresário, pessoa física ou jurídica. Sobre eles não iremos nos

---

[1] Pode a lei especial obrigar certas categorias de empresários ao levantamento de balanços e outros demonstrativos em periodicidade menor, como é o caso das instituições financeiras, as quais, por força do estabelecido no art. 31 da Lei n. 4.595/64, deverão fazê-lo a cada semestre.

20.3. EXIBIÇÃO JUDICIAL DOS LIVROS EMPRESARIAIS E SUA FORÇA PROBANTE

Os livros empresariais são legalmente protegidos contra verificações indevidas ou arbitrárias. Somente poderão a eles ter acesso aqueles que, por força de lei e nos termos por ela traçados, forem legitimados. Emana, assim, do art. 1.190 do Código Civil de 2002 o princípio geral de que, ressalvadas as hipóteses expressamente previstas na legislação, "nenhuma autoridade, juiz ou tribunal, sob qualquer pretexto, poderá fazer ou ordenar diligência para verificar se o empresário ou a sociedade empresária observam, ou não, em seus livros e fichas, as formalidades prescritas em lei".

Estas restrições, no entanto, não se aplicam às autoridades fazendárias, no exercício da fiscalização do pagamento de tributos, nos termos estritos das respectivas leis especiais (art. 1.193). O preceito, portanto, encontra-se sintonizado com o Código Tributário Nacional, que é hierarquicamente superior ao Código Civil, visto ter *status* de lei complementar, o qual, em seu art. 195, preceitua que: "Para os efeitos da legislação tributária, não têm aplicação quaisquer disposições legais excludentes ou limitativas do direito de examinar mercadorias, livros, arquivos, documentos, papéis e efeitos comerciais ou fiscais dos comerciantes, industriais ou produtores, ou da obrigação destes de exibi-los". Entretanto, a fiscalização tributária ou previdenciária, limita-se ao exame dos pontos objeto da investigação (Súmula 439 do STF).

Permite, ainda, a lei, a exibição em juízo desses livros, quando destinados à realização de prova e solução de questões judiciais. Essa exibição pode se realizar em parte ou de forma total.

A exibição total ou integral dos livros e papéis de escrituração do empresário individual ou da sociedade empresária somente pode ser deferida pelo juiz quando necessária para resolver questões pertinentes à sucessão, comunhão, sociedade, administração ou gestão à conta de outrem, ou em caso de falência. É o que preceitua o art. 1.191, *caput*, do Código Civil de 2002, que tem correspondência no art. 420 do Código de Processo Civil de 2015. A eventual recusa por parte do empresário em exibi-los, ensejará a apreensão por ordem judicial.

No âmbito dos processos de falência e de recuperação judicial, os credores já têm assegurado o direito de exame dos livros e papéis do devedor (art. 22, I, *b e c*, c/c art. 104, II e V, e § 1º do art. 51 da Lei n. 11.101/2005), regras essas que se harmonizam com os arts. 1.190 e 1.191 do Código Civil.

A exibição parcial pode ser determinada de ofício ou a requerimento do interessado, em qualquer ação judicial, sempre que se afigurar de utilidade para a solução da demanda, devendo o exame ser procedido na presença do empresário ou de pessoa por este habilitada, extraindo-se suma que interessar ao litígio, bem como reproduções autenticadas (Código Civil de 2002, § 1º do art. 1.191 e Código de Processo Civil de 2015, art. 421), ficando, entretanto, limitado às transações entre os litigantes (Súmula 260 do STF). A recusa na apresentação implica tomar-se como verdadeiro o fato alegado pela parte, que se pretendia pelos livros ou documentos provar. Contudo, a confissão ficta resultante da recusa poderá ser elidida por prova documental em contrário (art. 1.192), prestigiando-se a verdade real para a solução da contenda.

Achando-se os livros em outra jurisdição, nela será procedido o exame, perante a respectiva autoridade judicial.

O empresário individual e a sociedade empresária devem conservar em boa guarda toda a escrituração, correspondência e papéis concernentes à sua empresa, até que se consume a prescrição ou decadência tocante aos atos neles consignados (Código Civil, art. 1.194, e Código Tributário Nacional, parágrafo único do art. 195).

REFERÊNCIAS

ABRÃO, Nelson. *Curso de direito falimentar*. São Paulo: Saraiva, 1978.

_____. *Sociedade por quotas de responsabilidade limitada*. 5. ed. São Paulo: Saraiva, 1995.

ABREU, Jorge Manuel Coutinho de. *Curso de Direito Comercial*: Sociedades. Coimbra: Almedina, 1999.

ABRIANI, N. et al. *Diritto della societá*. Milano: Giuffrè, 2005.

ANDRADE, Odilon. *Comentários ao Código de Processo Civil*. Rio de Janeiro: Forense, 1964. v. IX.

ASCARELLI, Tullio. *Iniciación al estudio del derecho mercantil*. Barcelona: Bosch, 1964.

ÁVILA, Humberto. *Teoria dos princípios*: da definição à aplicação dos princípios jurídicos. 4. ed. 3. tir. São Paulo: Malheiros Editores, 2005.

BARRETO FILHO, Oscar. *Teoria do estabelecimento comercial*. São Paulo: Max Limonad, 1969.

BORBA, José Edwaldo Tavares. *Direito societário*. 8. ed. Rio de Janeiro: Renovar, 2003.

BORGES, João Eunápio. *Curso de direito comercial terrestre*. 5. ed. Rio de Janeiro: Forense, 1991.

BRUNETTI, Antônio. *Trattato del diritto societá*. Milano: Giuffrè, 1948.

BULGARELLI, Waldírio. *Fusões, incorporações e cisões de sociedades*. 4. ed. São Paulo: Atlas, 1999.

CALÇAS, Manoel de Queiroz Pereira. *Sociedade limitada no Novo Código Civil*. São Paulo: Atlas, 2003.

CAMPINHO, Amaury. *Manual de falência e concordata*. 7. ed. Rio de Janeiro: Lumen Juris, 2001.

CAMPINHO, Sérgio. *Curso de direito comercial:* sociedade anônima. 8. ed. São Paulo: Saraiva, 2024.

_____. *Curso de direito comercial*: falência e recuperação de empresa. 14. ed. São Paulo: Saraiva, 2024.

_____. *Estudos e pareceres.* Rio de Janeiro: Processo, 2021.

_____. *Curso de sociedade anônima.* Rio de Janeiro: Renovar, 2015.

_____. *Falência e recuperação judicial de empresa:* o novo instituto da insolvência empresarial. 7. ed. Rio de Janeiro: Renovar, 2015.

_____. *Sociedade por quotas de responsabilidade limitada.* Rio de Janeiro: Renovar, 2000.

_____. Cláusula atípica no contrato social de sociedade limitada: uma evolução necessária. In: COELHO, Fábio Ulhoa; TEPEDINO, Gustavo; LEMES, Selma Ferreira (Coord.). *A evolução do direito no século XXI*: seus princípios e valores (ESG, liberdade, regulação, igualdade e segurança jurídica): homenagem ao Professor Arnoldo Wald. São Paulo: IASP, 2022. v. 2, p. 1.067-1.077.

_____. Disciplina, conceito e característica da sociedade anônima ou companhia. In: COELHO, Fábio Ulhoa (Coord.). *Lei das sociedades anônimas comentada*. Rio de Janeiro: Forense, 2021. p. 2.

_____. Limitação da responsabilidade do acionista. In: COELHO, Fábio Ulhoa (Coord.). *Lei das sociedades anônimas comentada*. Rio de Janeiro: Forense, 2021. p. 19-21.

_____. A dissolução da sociedade anônima por impossibilidade de preenchimento de seu fim. *Revista da Faculdade de Direito da Universidade do Estado do Rio de Janeiro*, UERJ, n. 03, 1995.

_____. Sociedades simples e empresárias: necessidade de uma revisão de conceitos. In: COELHO, Fábio Ulhoa; LIMA, Tiago Asfor Rocha; NUNES, Marcelo Guedes (Coord.). *Reflexões sobre o projeto de Código Comercial.* São Paulo: Saraiva, 2013. p. 425-436.

CAMPINHO, Sérgio; PINTO, Mariana. *A sociedade limitada na perspectiva de sua dissolução.* 3. ed. São Paulo: Saraiva, 2024.

_____. O recesso na limitada. In: AZEVEDO, Luís André N. de Moura; CASTRO, Rodrigo R. Monteiro de (Coord.). *Sociedade limitada contemporânea.* São Paulo: Quartier Latin, 2013. p. 115-153.

CARVALHOSA, Modesto. *Comentários ao Código Civil*: Parte Especial do Direito de Empresa. São Paulo: Saraiva, 2003. v. 13.

CASTRO, Amilcar de. *Comentários ao Código de Processo Civil*. Rio de Janeiro: Forense, 1963. v. 10.

CERQUEIRA, João da Gama. *Tratado de propriedade intelectual*. Rio de Janeiro: Forense, 1946.

COELHO, Fábio Ulhoa. *Curso de direito comercial*. 6. ed. São Paulo: Saraiva, 2002. v. 1.

_____. *Curso de direito comercial*. 6. ed. São Paulo: Saraiva, 2002. v. 2.

_____. Limitação da responsabilidade e desconsideração da personalidade jurídica. In: COELHO, Fábio Ulhoa (Coord.). *Lei das sociedades anônimas comentada*. Rio de Janeiro: Forense, 2021. p. 25-28.

COMPARATO, Fábio Konder. *O poder de controle na sociedade anônima*. 3. ed. Rio de Janeiro: Forense, 1983.

CORDEIRO, António Menezes. *Direito europeu das sociedades*. Coimbra: Almedina, 2005.

_____. *Manual de direito das sociedades*. Coimbra: Almedina, 2004 (v. I) e 2006 (v. II).

COSTA, Ricardo Alberto Santos. *A sociedade por quotas unipessoal no direito português*. Coimbra: Almedina, 2002.

FARIA, Bento de. *Código Comercial brasileiro*. 2. ed. Rio de Janeiro: A. Coelho Branco Filho Editor, 1945.

FEDERICO, Giudice del. *Codice Civile esplicato*. Napoli: Edizone Simone, 1995.

FERREIRA, Waldemar. *Instituições de direito comercial*. Rio de Janeiro: Freitas Bastos, 1946. v. I.

_____. *Sociedades por quotas*. 5. ed. São Paulo: Monteiro Lobato, 1925.

_____. *Tratado de direito comercial brasileiro*. São Paulo: Freitas Bastos, 1965. v. XV.

FUX, Luiz. *Curso de direito processual civil*. Rio de Janeiro: Forense, 2001.

GONÇALVES NETO, Alfredo de Assis. *Direito de empresa*: comentários aos artigos 966 a 1.195 do Código Civil. 10. ed. São Paulo: Thomson Reuters Brasil, 2021.

LEONARDOS, Gabriel F. Crítica à regulamentação do nome de empresa no Novo Código Civil. *IOB* 3/18811.

LOBO, Jorge. *Sociedades limitadas*. Rio de Janeiro: Forense, 2004. v. I.

LUCENA, José Waldecy. *Das sociedades limitadas*. 6. ed. Rio de Janeiro: Renovar, 2005.

MACHADO, Hugo de Brito. *Responsabilidade tributária e infração da lei. IOB* 1/7737.

MARTINS, Fran. *Curso de direito comercial.* 27. ed. Rio de Janeiro: Forense, 2001.

_____. *Sociedade por quotas no direito estrangeiro e brasileiro.* Rio de Janeiro: Forense, 1960. v. I.

MAXIMILIANO, Carlos. *Hermenêutica e aplicação do direito.* 19. ed. Rio de Janeiro: Forense, 2007.

MENDONÇA, Carvalho de. *Tratado.* Rio de Janeiro: TYP do Jornal do Commercio, de Rodrigues & C, 1919.

MICHALSKI, Lutz. *Kommentar zum Gesetz betreffend die Gesellschaften mit beschränkter Haftung.* Beck: München, 2002.

MIRANDA, Pontes de. *Comentários ao Código de Processo Civil.* Rio de Janeiro: Forense, 1949.

_____. *Tratado de direito privado.* 3. ed. Rio de Janeiro: Borsoi, 1972. Tomo L.

NAVARRINI, Umberto. *Trattato teorico-pratico di diritto commerciale.* Torino: Fratelli Bocca Editori, 1921.

PACHECO, Silva. *Processo de falência e concordata.* 12. ed. Rio de Janeiro: Forense, 2001.

PEIXOTO, Carlos Fulgêncio da Cunha. *A sociedade por quotas de responsabilidade limitada.* Rio de Janeiro: Forense, 1956. v. I e II.

PEIXOTO, Matos. *Revista Jurídica da Faculdade Nacional de Direito da Universidade do Brasil,* v. IX, p. 9 a 47.

PLANIOL. *Traité élémentaire de droit civil.* 4. ed. Paris: Libraire Générale de Droit & de Jurisprudence, 1906. v. I, n. 243, p. 95.

RAMOS, André Luiz Santa Cruz. *Direito empresarial.* 10. ed. Rio de Janeiro: Forense; São Paulo: Método, 2020.

REQUIÃO, Rubens. *Curso de direito comercial.* 24. ed. São Paulo: Saraiva, 2000. 1º v.

_____. *Curso de direito comercial.* 22. ed. São Paulo: Saraiva, 2000. 2º v.

_____. *Curso de direito falimentar.* 17. ed. São Paulo: Saraiva, 1998. 1º v.

RIPERT, Georges; ROBLOT, René. *Traité élémentaire de droit comercial.* Paris, 1972. v. I.

ROUBIER. *Le droit transitoire – Conflits des lois dans le temps.* 2. ed., n. 38. Paris: Dalloz et Sirey, 1960.

ROUSSEAU, Jean-Jacques. *Traité des societés à responsabilité limiteé.* Paris, 1952.

SOARES, José Carlos Tinoco. *Lei de patentes, marcas e direitos conexos.* Rio de Janeiro: Revista dos Tribunais, 1997.

TEIXEIRA, Egberto Lacerda. *Das sociedades por cotas no direito brasileiro*. São Paulo: Max Limonad, 1956.

TEPEDINO, Gustavo et al. *Código Civil interpretado conforme a Constituição da República*. Rio de Janeiro: Renovar, 2004. v. I.

THEODORO JÚNIOR, Humberto. *A reforma da execução do título extrajudicial*. Rio de Janeiro: Forense, 2007.

THOMAZETTE, Marlon. *Curso de direito empresarial*: teoria geral e direito societário. 3. ed. São Paulo: Atlas, 2011.

VALERI, Giuseppe. *Manuale di diritto commerciale*. Florença: Casa Editrice Dott. Carlo Cya, 1950.

VALVERDE, Trajano de Miranda. *Comentários à Lei de Falências*. Rio de Janeiro: Forense, 1948. v. I.